シリーズ 転換期の国際政治 3

開発援助アジェンダの政治化
―――先進国・途上国関係の転換か？―――

増島 建 著

晃洋書房

目　　次

序　章　先進国・途上国関係と開発援助というアプローチ　1

第Ⅰ部　冷戦後の世界を迎えて

第 1 章　冷戦後における先進諸国の国際政治認識と政策配置　19

1　認 識 枠 組　(19)
　　——2つの世界？——
2　政 策 配 置　(28)

第 2 章　途上国をめぐる国際環境の変化と開発援助　34

1　1990年代における途上国の環境変化　(34)
2　伝統的国際開発協力体制の特徴　(40)
3　1990年代における開発協力体制の変容　(41)
4　その後の展開と展望　(46)

第3章 OECDと冷戦後世界
―――拡大と統合―――　　　　　　　　　　　　　51

はじめに　(51)
1　OECDの機構と課題　(52)
2　OECDの対応　(55)
　　―――同心円政策―――
3　OECDと移行諸国　(57)
4　OECDと途上国　(61)
5　OECDによる適応過程の位置づけ　(67)

第4章 フランスと冷戦後世界
―――対アフリカ関係の再編―――　　　　　　　73

はじめに　(73)
1　冷戦後世界と米国・フランス　(74)
2　フランス・アフリカ関係の環境変化　(79)
3　フランスの対アフリカ政策の転換　(87)
4　その後の展開と展望　(98)

第Ⅱ部 民主主義・ガバナンス
―――開発援助アジェンダの政治化（1）―――

第5章 民主主義・ガバナンスというアジェンダの登場　113

はじめに　(113)
1　開発援助と民主主義・ガバナンスの従来の関係　(114)
2　民主主義と援助のリンケージの背景　(119)
3　DAC諸国の政策スタンス　(123)
4　国際組織の政策スタンス　(127)
5　民主主義・ガバナンスというアジェンダ登場の位置づけ　(130)

第6章　DACと民主主義・ガバナンス　　137

はじめに　(137)
1　成長と衡平（1987-1989年）　(138)
　　――経済開発の枠内での認識――
2　参加型開発（1989-1990年）　(141)
　　――経済と政治のリンケージの認識――
3　PD・GGアプローチ（1991-1993年）　(143)
　　――政治そのものの認識――
4　PD・GGアプローチはどこへ？（1993年-）　(145)
5　その後の展開と展望　(148)

第7章　フランスの開発援助と民主主義・ガバナンス　　155

はじめに　(155)
1　民主主義・ガバナンスというアジェンダと米国・フランス　(156)
2　公式スタンスの変遷　(158)
3　フランスのコンディショナリティーの事例研究　(163)
4　フランスのコンディショナリティーの特徴　(167)
5　民主主義・ガバナンス支援プロジェクト　(170)
6　その後の展開と展望　(173)

第Ⅲ部　紛争・安全保障
　　――開発援助アジェンダの政治化（2）――

第8章　紛争・安全保障というアジェンダの登場　　179

はじめに　(179)
1　開発援助と軍事・安全保障の従来の関係　(179)
2　冷戦後の新たな展開　(182)
3　DACメンバーの政策　(185)
4　紛争・安全保障というアジェンダ登場の位置づけ　(196)

第9章　DACと紛争・安全保障　202

はじめに　(202)
1　DACにおける安全保障・開発リンケージの起源　(202)
2　DACにおける紛争・安全保障アジェンダの導入　(204)
3　脆弱国家論　(208)
4　DACによる取り組みの位置づけ　(214)

第10章　フランスの開発援助と紛争・安全保障　218

はじめに　(218)
1　紛争・安全保障というアジェンダと米国・フランス　(219)
2　フランスの対アフリカ軍事協力体制の形成　(221)
3　フランスの対アフリカ軍事協力体制の特徴　(224)
4　アフリカの憲兵から平和維持の兵士へ　(229)
5　軍事協力・開発援助のインターフェースの新たな展開　(234)
6　フランスによる適応の位置づけ　(238)

終　章　21世紀初頭の先進国・途上国関係と途上国の主権　243

1　開発援助アジェンダの政治化と先進国・途上国関係　(243)
　　　──変化の中の継続性──
2　2000年代以降の国際政治認識と政策配置　(246)
3　途上国の主権の行方　(252)
おわりに　(258)

あとがき　(267)
引用文献一覧　(271)
人名索引　(303)
事項索引　(306)

序　章

先進国・途上国関係と開発援助というアプローチ

　冷戦後の世界はどのようなものになるのであろうか？　ベルリンの壁が崩壊し，ソ連が解体したとき，この問いは世界の指導者，国民誰もがもっていたものであった．一方では，西側の体制原理（自由民主主義・市場経済）の勝利をもって世界の対立が終焉に向かうとの楽観的な見方が提起された [Fukuyama 1992]．そこでは，世界が経済的には市場経済，政治的には自由民主主義に向かうとの楽観的な将来像が想定されていた．本書で取り上げる経済協力開発機構（Organisation for Economic Co-operation and Development: OECD）など国際組織による統合・包摂の方向性はそうした見方を体現したものであった．他方では，バランス・オブ・パワーの観点から，冷戦後の世界では紛争が多発することになるとして悲観的な見方が打ち出されていた [Mearsheimer 1990]．この見方は，旧ユーゴスラビアの崩壊に伴う一連の紛争によって裏打ちされることになった．

　冷戦終焉当時に提起されたこれら2つの見方は，方向性は正反対であったが，ともに途上国については主たる対象として論じてはいなかった点で共通していた．冷戦後世界をめぐる先進諸国における議論は，西側諸国と旧東側諸国の関係，ないしは西側諸国間の関係（米国と同盟国の冷戦後の関係，資本主義の様々なモデル）を主な対象として展開されたといってよいであろう．

　しかし冷戦終焉時にはもう1つの議論が展開されたことを今日想起する必要があるのではなかろうか．すなわち東西問題が解決した後に残るのは南北問題であり，世界の中心課題は先進国と途上国の関係になるとの見方である[1]．

　冷戦終結から25年以上を経て，今日世界の中心的課題が途上国との関係にあることを否定することはできないであろう．1990年代は，旧ユーゴスラビアにおける内戦の他に，ソマリア，ルワンダなど途上国を舞台にした内戦への国際的関与が進んだ．さらに2001年9月以降には，アフガニスタン，イラクへの軍

事介入が行われ，平和構築・国家建設が今日の国際関係の緊要の課題となった．中国，インドなど一部の途上国は驚異的な経済成長を遂げ，新興国として既存の国際秩序に挑戦するようになった．このように今日では先進国・途上国関係の重要性は自明であろう．

いったい冷戦終焉から今日までの間に先進国・途上国関係はどのような変化を被ったのであろうか？　先進諸国において，途上国認識はどのような展開を遂げたのであろうか？　先進国と途上国の関係を再検討する意義は，今日かつてなく高まっているといわなければならない．そのためには，まず冷戦の終焉前後に立ち戻り，当時の認識・議論を再検討することから始める必要があろう．

本書はこのような歴史的パースペクティブの下で，冷戦後の先進国・途上国関係を，1990年代初頭から今日に至るまで再検討することを課題とする．こうした歴史的再検討によって今日においては結果として自明な事柄が，当時考えられた様々なオプションの時々の選択の積み重ねであることが明らかになるであろう．そうした作業を通して，先進国・途上国関係の今後を展望する手がかりの一助とすることが本書のねらいである．

以上の課題に答えるために，本書では，冷戦後の先進国・途上国関係の具体的な形態である開発援助を取り上げて事例研究を行う．1990年代以降に開発援助においてみられた重要な変化は，開発援助のアジェンダが「政治化」したことである．ここで開発援助アジェンダの政治化とは，途上国における民主主義・ガバナンス，そして安全保障・紛争が，開発援助の対象として取り上げられるようになったことを具体的には指している[2]．ガバナンスや安全保障は，いずれも今日の途上国が抱える焦眉の課題であり，先進諸国の開発援助政策において主要な位置を占めるに至っている．途上国への支援を行う開発援助において，こうした課題が取り上げられるのは，今日では当然のように思えるであろう．しかし，開発援助においてはそもそも，内政不干渉が原則であり，経済・社会開発がもっぱら対象とされてきたことを考えれば，その変化の大きさに注目せざるをえない．先進諸国が開発援助の名の下で，途上国の内政への関与を強めるようになったのは，いったいどのような背景の下で，どのような選択の結果によるものなのであろうか？

本書では，このような開発援助分野での変化を，先進国・途上国関係の中に位置づけることによってその意味を検討する．同時に，開発援助アジェンダの政治化という変化は，先進国・途上国関係自体に逆にどのような意義をもつの

かを考究しようとする．

(1) 先進国・途上国関係という視角

本書では，従来から南北問題ないし南北関係として主として国際経済論において取り扱われてきた課題である，国際関係における経済的格差に基づく国家・地域間の非対称的関係を取り上げる．南北問題についての研究は数多く内外でなされてきた[3]．その多くは，主として国連などの国際交渉の場における先進諸国（「北」）と途上諸国（「南」）の関係を扱ったものである．そのため，国連における南北交渉への注目度が低下するにしたがって，南北問題・南北関係を主題とした研究は減少した[4]．またそもそも国際関係論・（国際）政治学においては，南北関係はあまり対象として取り上げられてこなかった[5]．その理由としては，この分野では，従属論などマルクス主義の影響を受けた経済分析が中心であったこと，また国際関係論において中心的位置を占めるリアリズム系の研究では「大国」が重視される傾向があることが挙げられる[6]．そのために先進国・途上国関係の政治学的分析は，こうした研究動向の中では，正面からなされることがほとんどなかったのである[7]．

本書では，従来南北関係として扱われていた対象を，先進国・途上国関係と呼ぶことにしたい．それは，南北関係・南北問題が，経済的側面を主に指すことから，国際関係における力関係の変化に着目した政治学的研究を主眼とする本書では，別の用語法が望ましいと考えたからである[8]．もとより先進国や途上国という用語法には，発展・開発のみの尺度で国を分類することについての批判があり，またその基準は何かといった点について議論が存在する．ここでは先進国・途上国関係を，形式的に平等な世界（主権国家体制）にあって，主として社会経済的な格差に起因する非対称的関係として定義したい．そして通常とられる考え方にしたがって，OECD加盟諸国を先進国，DACリスト掲載国（本章第3章にて詳述）を途上国として便宜上考えることにしたい[9]．

それでは今日の世界において先進国・途上国関係は，どのような意義をもっているのであろうか？　一方には，先進国・途上国関係は，今日の世界では副次的な重要性しかもたないとの見方がある．リアリズムの立場の研究においては，大国間のパワー争いが着目されるが，こうした見方によれば，小国である途上国との関係はあくまで副次的意味しかもたないことになる．他方では今日の世界で，米国と影響力を争う存在としては，中国が挙げられることが多く，[10]

現在世界で注目を浴びているのは南々関係や「第二世界」[Khanna 2008][11]であるとの主張がある．実際，中国，インド，ブラジルなどが展開する独自の外交活動には目をひくものがある[Khanna 2008]．さらに，そもそも先進国・途上国の区分自体が，途上国が多様化した今日においては，意味をなさないとの見方もある[Harris, Moore and Schmitz 2009][12]．

しかし今日の世界における最も重要な課題の1つが，イラク，アフガニスタン，イエメン，ソマリアなどにおける平和構築や，国際テロリズムの脅威への対応であるとすれば，途上国の安定が鍵を握ることはいうまでもない．また新興国の今後の動向は世界経済のみならず，国際政治にも大きな影響を与えるものである．このように途上国の重要性が増大した中では，先進国・途上国関係は今日の世界において決定的に重要な位置を占めているといっても過言ではあるまい．このように今日的意義を有する先進国・途上国関係は，一般的には以下のような意味をもっていると考えることができる．

1つは，先進国・途上国関係それ自体がもつ本質的重要性である．冷戦中に途上国は，時には「熱戦」の戦場となり，米・ソの影響力争いの場としての戦略的重要性をもっていた．また資源価格高騰（1970年代の石油危機，2000年代の資源価格の高騰）の時代には，途上国のもつ経済的な重要性が高まることになった．さらに国連やその他の国際組織においては，先進国・途上国はそれぞれのグループ（G77など）を形成しているのをはじめ，地球環境問題などにおける権利義務関係において実質的な差異がもたらされている[13]．

第2には，国際関係の背景要因としての重要性である．今日の世界における多くの課題――核兵器・大量破壊兵器の拡散，地球環境問題，人口問題，資源問題，貧困問題など――には，先進国・途上国間の利害関係が複雑に絡み合っている．もとよりそれぞれの問題に固有の要因も重要であり，先進国・途上国間の利害の対立が具体的に果たす役割も異なるであろう．しかし先進国・途上国間の対立がこうした一連の世界的問題の背景にあることは指摘できよう．

第3には，先進国・途上国関係が，国際関係における他の諸関係との代償要因となる点が指摘できる．帝国主義時代のフランスの植民地獲得への衝動は，ヨーロッパにおいてドイツに敗北したことの代償という側面が強かったことが指摘されている．ビスマルク（Otto von Bismarck）など当時のヨーロッパの指導者も，ヨーロッパ諸国間の関係において，アフリカなど域外辺境地域での対立がもつ重要性を自覚していた．実際，多くの先進国間の対立は，域外における

対立が争点であることがむしろ多かったとの指摘もある［Lippmann 1915: 113; 127］。冷戦期においては、むしろ「衛星国」とされる途上地域の政府によって、超大地域が途上国に「引きずり込まれる」現象がみられた。冷戦後においても、国内ないし地域問題の解決のために、大国の関与を自ら招く行動が途上国によってとられていたのである［Salama 1996］。

先進国・途上国関係のもつ意味は、上のような実質的内容に限られるものではない。すなわち、先進国・途上国関係は1つの認知空間を形成していると考えられるのであり、いわば国際関係の認識プリズムとして、我々の見方を規定し、行動に一定の影響を及ぼしてもいる。本書では、このような認知空間としての先進国・途上国関係の側面にも注目したい。

本書はこのように1990年代における先進諸国の対途上国政策と認識枠組みの冷戦後の変化を分析することによって、今日における先進諸国・途上国関係分析の一助となることを目指したものである。

(2) 焦点としての開発援助

先進国・途上国関係は、軍事・政治・経済・社会など多岐にわたるが、本書では、開発援助に焦点をあてる。開発援助は、先進諸国から途上国への資金の中では、公的資金に分類されるものである。途上国への公的資金は、1980年代においては、銀行貸し付けや直接投資などの民間資金を上回っていたが、それは1960年代以降今日までの期間全体においてはむしろ例外であった。1990年代以降は、民間資金が圧倒的に大きな比重を占めている（図1）。開発援助は、もはやかつてのような重要性がなくなったとの指摘も多い。それではなぜ本書で

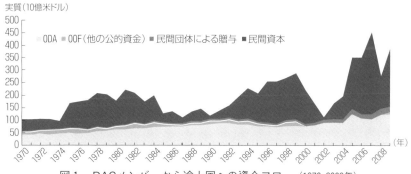

図1　DACメンバーから途上国への資金フロー（1970-2009年）

（出所）OECD［2011：9］。

は開発援助に焦点を合わせるのであろうか．

　たしかに開発援助は，もはや先進国から途上国への資金のフローにおいて民間資金にはるかに及ばない比重しかもたなくなった．しかし，サハラ以南アフリカや後発開発途上国（Least Developed Countries: LDC）のように民間資金が入りにくい地域・国においては，ODAは今日においても国外からの主要な資金となっている．また民間資金(特に銀行貸し付けと証券投資)は短期的な変動が激しく，比較的安定した外的資金であるODAは，途上国全体にとっても引き続き重要な役割を果たしている．このように開発援助は，今日においても先進国・途上国関係において無視できない役割を果たしている．そして本書にとって最も重要なことは，開発援助が民間資金と異なり，先進国政府が基本的には自らの意思でその量・使途を決定できるという特徴をもっているという点である．そのため開発援助は，先進諸国の対途上国政策を分析する上で欠かせないものといえる．本書はこうした理由から，開発援助の変化に焦点を合わせることによって，先進諸国の途上国への政策の変化を照射しようとするものである．

(3) DACとフランスという事例

　本書では，開発援助アジェンダの政治化が，なぜ，どのようにして進んだのかを，先進国・途上国関係の中に位置づけ，開発援助委員会（Development Assistance Committee: DAC）とフランスを事例研究として取り上げることによって明らかにする．本書の特徴の1つは，DACとフランスというその重要性にもかかわらず，これまで比較的取り上げられることの少なかった国際組織と国を事例研究として取り上げる点にある．

　開発援助分野での国際組織として最も注目され，取り上げられることが多かったのは世界銀行である．それに比べるとDAC自体は正面から取り上げられることが少なかった[17]．そうした中で世界における主要なドナーの唯一のフォーラムであるDACを本書で取り上げることにはあまり説明は要しないであろう．DACは，1960年に形成された開発援助グループ（Development Assistance Group: DAG）に由来し，1961年にOECDが発足した後は，その下部機関として活動している．開発援助に関する二国間(バイ)ドナーの集まりであり，世界銀行や国際通貨基金（International Monetary Fund: IMF）などの国際組織もオブザーバーとして参加しており，名実ともに世界で唯一のドナーのフォーラムである[18]．DACにおける議論は，援助政策に関する先進諸国の動向を反映した

ものとなっており，本書においてもDACでの議論によって先進諸国の動向をみることにしたい．また先進諸国の冷戦後世界への対応全般を扱う第Ⅰ部においては，DACのみならずOECD自体をも広く分析対象とする．[19]

本書におけるもう1つの事例研究はフランスである．DACの事例は，フォーラムとしてのDACの性格を反映して，理論的な議論の分析が中心にならざるをえない．DACメンバーの実際の行動・政策（実践）を検討するためには，DACにおける議論の分析だけでは十分であるとはいい難い．この点を補うには，具体的に特定のドナーを取り上げる必要がある．

ドナー国として最も対象として取り上げられてきたのは米国である点はいうまでもないであろう．もとより最大の援助国である米国の動向は重要である（本書においても随所で米国の事例を取り上げる）が，本書でフランスを取り上げるのは，次のような理由に基づいている．かつてフランスはアフリカ，中東，アジア，大洋州，米州・カリブ海など世界各地に植民地を有し，これら植民地のほとんどが独立した今日も，密接な関係（「新植民地主義」ともいわれる）を特にアフリカ諸国との間で保っている．このようなフランスの事例は他に例がないものである．[20]このような途上国との間で最も密接な関係をもった国の1つであるフランスの政策の変化を取り上げることによって，冷戦後世界での米国とは異なる先進国・途上国関係の変化のあり方をみることができよう．本書ではさらに，フランスの事例を米国をはじめとする他のDACメンバー国との比較を行うことで，DACメンバー全体に目配りをすることを心がけた．

このように本書の特徴は，従来取り上げられることの多かった世界銀行や米国ではなく，DACとフランスを取り上げる点にある．DACは国連や世界銀行などと異なり，途上国は代表されておらず，先進国のみから成る排他的な組織である．そこでは，途上国の内政にふみこんだ議論が他の国際組織に比して容易であると考えられるであろう．さらにDACは，世界銀行と異なり，オペレーション（融資など）は行っていないことから，政策的議論が組織的に制約されることなく展開されると考えられよう．しかし実際には，本書が明らかにするように，OECD／DACでは，こうした点にもかかわらず，様々な点で途上国の内政への関与についてはむしろ慎重な姿勢がみられたのである．

また同様にフランスは，「新植民地主義」と揶揄されるほど緊密な関係をアフリカ諸国との間で築いてきており，これら諸国の内政への関与は他の国に比して容易であると考えられるであろう．しかし本書で示されるのは，むしろ

1990年代以降のフランスは，アフリカ諸国との間での新植民地主義的な関係から脱却しようとするのである．従来内政干渉をしばしば行ってきたフランスは，次第にアフリカ諸国の自律性をむしろ尊重する方向に動くことになるのである．

本書はこのように，先進国のみから成るOECD/DAC，そしてそのメンバー国の中でも，最も内政干渉的と思われるフランスを事例として取り上げる．この事例研究を通して，しばしば考えられるように，1990年代以降に先進国による途上国内政への関与が一方的に進んだのではなく，そこには錯綜したダイナミズムが存在したことが明らかになるであろう．

(4) 本書の射程・方法

本書が対象とするのは，主として1990年代及びそれ以降の時期である．以下に述べるように，1990年代（特に前半）には，リベラリズムに基づく途上国の世界経済への統合，市場経済化，民主化が，先進諸国や国際組織を通して進められた．開発援助においても，こうした方向が打ち出されるとともに，冷戦という戦略目的の喪失に対応して，貧困削減など社会的な目標が1960年代後半以来再び前面に出てくることになった．第2章で述べるように，開発援助は第二次世界大戦以降に形成されてから，最大の転期を1990年代に迎えることになるのである．

本書では，開発援助において従来はほとんど「タブー」であった政治的性格の援助——民主主義・ガバナンス・紛争・安全保障をめぐる——がいかに導入されるに至ったかを検証することによって，1990年代にみられた先進国・途上国関係における変化の諸相を照射しようとするものである．本書は1990年代以降に民主主義・ガバナンス，紛争・安全保障が開発援助の課題として取り上げられる過程を開発援助アジェンダの政治化としてとらえ，その意義と限界を分析しようとする．

こうした開発援助アジェンダの政治化は1990年代に進んだが，21世紀に入るとこの流れはさらに進み，今日においては定着した感がある．9.11を経てテロとの戦いという新たな戦略目的が浮上するとともに，開発援助においても安全保障との結びつきが一層模索されるようになった（特に，アフガニスタン，イラクにおける復興プロセス）．さらに，途上国における国家の役割が，平和構築・国家建設の中で見直されるようになった．このように，21世紀に入ると，1990年代

にみられた開発援助アジェンダの政治化は一層進んだとみることができる．本書はこうした今日的な問題意識から，1990年代及びそれ以降に起こった変化の意義と射程を明らかにしようとするものである．

　本書では，選択の結果として実際にとられた政策だけを分析するのではなく，どのようなオプションが当時政策決定者にとって利用可能であったのか，そしてどのような選択（選択の回避を含めて）がなされたのかを，できるだけその当時の文脈において明らかにすることを目指したい．それは，新たな状況への適応の困難さ自体が，既存の体制・慣行との間で起こる衝突を示していると考えられるからであり，さらにいったんとられた適応の仕方がその後の展開を規定していく（広く緩い意味での経路依存）と考えられるからである．1990年代から今日に至るまで，先進国において対途上国政策に関してどのような議論が行われ，どのような政策オプションが選択されたのかを分析することは，開発援助アジェンダの政治化に内包された問題点を明らかにすることにも資するであろう．

　開発援助アジェンダが政治化された過程はもとより単線的なものではなかった．先進国・国際組織側の議論・行動は，様々な拘束の下でなされた点も忘れてはならないであろう．そうした拘束としては，第1に途上国側の反応（抵抗）が挙げられるが，それだけではなく先進国側にも途上国の内政に関与することへの各国・国際組織においてある種の逡巡がみられたことも挙げることができる．こうした先進国側の態度は，主権国家システム自体に多分に根差していた．本書では，先進国・国際組織による政策決定過程を検討することによって，開発援助アジェンダの政治化のダイナミズムを明らかにすることを目指している．

　次に本書における方法論について，ここで必要な限り触れておきたい．本書は特定の理論自体の適用やその検証を目指したものではない．本書はまず何よりも1990年代以降という未だに一次資料を用いることができない「直近の歴史」("history of the present")の叙述である[21]．本書は基本的には，冷戦終焉後から今日まで，先進諸国の対途上国政策がどのように展開してきたのかを開発援助の事例研究を交えながら叙述したものである．本書ではこうした歴史分析に社会科学上の理論的枠組，概念を適用することによって，一次資料を使用できないというハンディを補うことを企図した．このように理論的視座を導入すること

によって，より一般的な形で（反証可能な形で）議論を展開することができようし，分析をよりシャープなものにすることができよう。[22]

そのような意味での理論枠組として，本書は特に政治学・国際関係論分野における一連の理論・比較研究に依拠している．本書では，OECD/DACという国際組織（及び世界銀行をはじめとする他の国際組織）とフランス（及び米国など他の先進諸国）という国を対象として取り上げており，基本的には政治学・国際関係論における国際組織論及び外交政策論を参照している．ここでは本書全体に関わる枠組として以下の2つを取り上げる．

(a) 変化の過程

本書においては，（冷戦の終焉という）変化への適応過程という観点から，国家，国際組織の対応を検討することを課題としている．本書で取り上げる先進諸国・国際組織の政策の変化の過程において共通にみられる特徴は，冷戦の終焉という大きな国際環境の変化にもかかわらず，変化の過程は遅々として漸進的なものにとどまっていたということである．このような過程は理論的にはどのようにとらえることができるのであろうか？

国家，国際組織の変化や適応に関する理論研究は，それぞれ外交政策論，国際組織論において別個に行われてきている．しかし両者に共通する理論研究として注目されるのは，政策分析論である．政策分析論は，国際組織，国家を問わず，政策の変化を説明する理論的道具立てを有しており，本書においては特に参考になる．

政策の諸要素（目的と手段）と結果の関係は，新設計（redesign），漂流（drift），改造（conversion），重畳（layering）の4つに分けることができる［Howlett, Ramesh and Perl 2009: 202-208］．新設計とは，政策の目的と手段を根本的に再構築し，政策の目的・手段との間で整合的で一貫したものにしようとの意図的な試みであり，最適なパターンであるがしかし現実にはほとんどみられない．漂流は，政策目的が変化する一方で，手段が一定である場合に起こるパターンであり，新たな目的との間で手段が一致しないことから，非効率的である．改造は，政策目的に合わせて政策手段の組み合わせを変えようとの試みがなされるものであり，間違った政策がもたらされるパターンである．しかし現実にほとんどの場合みられるパターンは重畳である．重畳は，通常みられる政策変化のパターンであり，新たな目的と手段が既存のものに単に付け加えられるもので，以前の

目的及び手段との間でそれぞれ整合性を欠くことがしばしばみられる．現実の多くの政策変化は，このような次善の策の積み重ねによる漸進的なものである．本書において検討するOECD/DAC及びフランスの適応過程も，基本的には以前の政策との整合性の精査を行うことなく，場当たり的に対応を重ねたものとみることができるのであり，基本的にはこうした重畳の過程としてとらえることができる．

(b) 政策統合

事例研究で扱う民主主義・ガバナンス，紛争・安全保障というイシューが開発援助アジェンダとして取り上げられていく過程については，領域横断的(cross-cutting) イシューの政策統合 (policy integration) の1つとしてとらえることができる[23]．すなわち，基本的には経済的な意味での開発というイシューと，民主主義・ガバナンスや紛争・安全保障という別個のイシューがどのように政策として統合されるのかという問題である．

既に1990年代までに開発援助が直面した領域横断的イシューは，環境とジェンダーであった[24]．環境とジェンダーというイシューがどのようにして開発援助のアジェンダとして取り込まれたかについては，ここで細かく立ち入ることはできないが，本書における事例研究との関連では以下の点が指摘できる．すなわち，次の3つの要因が，政策統合の帰結を考える上で重要であると考えられる．第1は，そのイシューの性格である．統合される2つのイシューの間の親和性（ここでは開発という概念からの政策距離が近いかどうか）が高ければ，それだけ両者の統合が進みやすいであろう．第2は，そのイシューの自律性（自律的な担当機能別官庁の存在を含む政策コミュニティーの自律性の強さ）である．当該イシューの自律性が強ければ，統合は逆に困難になると考えられる．第3には，政策統合を進める促進者（トランスナショナルな運動など）の強さである．促進者が組織化され強力であれば，政策統合を求める力はそれだけ強いものとなる．これら3つの仮説はもとより検証されたものではないが，イシューごとの政策統合を比較検討するために，ジェンダーと環境の事例に関する既存研究から一般的命題として抽出したものである．

それでは本書で扱う民主主義・ガバナンス，紛争・安全保障については，環境やジェンダーという他の領域横断イシューとの比較からどのようなことがいえるであろうか？

まず最も政策統合が困難であると思われるのが，紛争・安全保障というイシューである．紛争・安全保障というイシューは，① その性格において開発からの政策距離が非常に大きく，② イシューの自律性という点では，国防省をはじめとする政策コミュニティーの自律性が非常に強く，③ 政策統合の促進者が弱い，との特徴がみられる[25]．

次に民主主義・ガバナンスというイシューをみてみると，① 開発との政策距離は安全保障の場合ほど大きくはないが環境，ジェンダーほど近くはなく，② 自律性は専任の官庁が存在しないなど大きくはない，③ 政策統合の促進者はジェンダーほど強力ではないが，安全保障の場合ほど小さくはない．このことから民主主義・ガバナンスは，安全保障ほど政策統合は困難ではないが，ジェンダー，環境の場合よりも政策統合は容易ではないと考えることができる．

本書ではこのような政策統合に関する考え方にたって，第Ⅱ部で民主主義・ガバナンスというイシュー，第Ⅲ部で紛争・安全保障というイシューが開発援助のアジェンダとして登場する背景，過程，意味を検討する．

(5) 本書の構成

本書は，3部構成をとっている．すなわち，第Ⅰ部 「冷戦後の世界を迎えて」，第Ⅱ部 「民主主義・ガバナンス——開発援助アジェンダの政治化（1）——」，第Ⅲ部 「紛争・安全保障——開発援助アジェンダの政治化（2）——」である．

まず第Ⅰ部では，冷戦の終焉を迎えて，先進諸国で新たな時代の到来がどのように認識され，どのような適応が議論されたのかを検討する．第1章では冷戦後の世界が先進諸国においてどのようにイメージされたのかを，特にその中で途上国はどのように位置づけられたのかを検討する．次いで第2章では，先進諸国による冷戦後の開発途上国政策全般の変化を取り上げる．第3章では，OECD/DACの冷戦後世界への適応を検討する．第4章では，事例研究で取り上げるフランスの対途上国政策の冷戦後における再検討の態様を検討する．

次いで第Ⅱ部及び第Ⅲ部では，本書の事例研究を成す先進諸国の開発援助アジェンダの政治化を対象とする．このうち第Ⅱ部では，民主主義・ガバナンスを，第Ⅲ部では，紛争・安全保障を取り上げる．年代史的にみれば，1990年代初めにアジェンダとして登場したのが民主主義・ガバナンスであり，紛争・安全保障に関しては1990年代後半から議論されるようになった．したがって，第Ⅱ部と第Ⅲ部は，基本的に年代順になっている．

事例研究である第Ⅱ部と第Ⅲ部は，それぞれ3つのテーマからなる．第Ⅱ部，第Ⅲ部とも最初のテーマ（第5章及び第8章）として，それぞれ民主主義・ガバナンス，紛争・安全保障が開発援助のアジェンダとして登場する経緯と意義をまず検討する．

　次いで2番目のテーマ（第6章及び第9章）として，先進諸国のフォーラムであるOECD/DACにおける議論を取り上げる．そこでの焦点は，新たなイシューの登場に際して，組織がどのような適応をするのかにある．本書では，国際組織の理念がどのように変化するのかという観点から，主として制度的な拘束に着目する．国際関係における理念の役割に着目するコンストラクティビズムの理論枠組や社会学上の組織理論に依拠した上で，DACが新しい理念に直面した際に生じた組織上の拘束を分析することによって，いかに新しい政治的アジェンダの登場のインパクトが大きなものであったか，そして既存の理念・組織体系との間で衝突がみられたのかを明らかにする．

　次いで3番目のテーマ（第7章及び第10章）として，個別のドナーとしてフランスの事例が扱われる．そこではDACでの多分に抽象的な性格の議論を補う観点から，DACメンバーであるフランスが実際にはどのような政策・行動をとってきたかを検討する．フランスと米国が多くの点で類似点をもっていることに鑑みて，冒頭で米国との比較を行い，フランスの事例の位置づけをまず明らかにする．第7章では，フランスによる民主化・ガバナンス支援を，そして第10章では紛争・安全保障に関連した援助を分析する．EU加盟国であるフランスの政策を全面的に検討するには，EUの政策そしてフランスのEUにおける役割をも分析対象とする必要があり，本書でもEUの政策に必要に応じて言及する．

　そして最後に，事例研究の結果を，2001年9.11以降の新たな展開をふまえた先進国・途上国関係に関する議論の中に位置づけ，将来を展望することを終章において試みる．

注

1) そのような当時なされた報道の例としてRobert S. Greeberger, "North-South Split: With Cold War Over, Poorer Nations Face Neglect by the Rich," *Wall Street Journal*, May 18, 1992.

2) 政治化（politicization）は，日常用語においては，ある問題が政治的論争の対象となること（政治問題化）を意味することがあるが，本書では途上国の内政への正面からの関与がなされるとの意味で用いている．援助が途上国の政治に何らかの形で影響を与え

ることはいうまでもないが，本書では，直接途上国の内政にインパクトを与えることを明示的に目標とする援助に焦点をあわせて，これを開発援助アジェンダの政治化としてとらえている．このような用語法は，大隈［2007: 161］にもみられる．また大平［2008］は開発援助の政治化について論及しており，本書と問題意識を共有していると思われる．

3) 川田［1977］，西川［1979］，斎藤［1982］などを参照．国連等における豊富な実務経験に基づく研究として，谷口［2001］がある．Singer［1977］も参照．

4) Bierthtaker［1995］は，南北関係は1960年代から1970年代の間は重要であったが，その後は実質的意味を失うに至ったと述べている．

5) Lake［2008］は「学問としての国際関係論は，国際的ヒエラルキーの問題をほぼ無視してきた」と述べている．Lake［2009］も参照．日本で数少ない国際政治学における貴重な研究としては，山本［2006］，特に第3章「階層の国際政治学」がある．

6) 例外はリアリズムの系譜に属するKrasner［1985］による研究である．

7) 途上国に関する国際関係論における研究を理論的流派に沿って概観したものとして，Alden, Morphet and Vieira［2010］が参考になる．

8) もともと「南北問題」「南北関係」には，南と北という地理的な意味合いが含まれているため，現実に合わない側面がある（南半球のオーストラリアなどは先進国である）として，適切な用語法ではないとの指摘が従来からあったこともふまえている．また一国における南北対立（イタリア，南北戦争時の米国など）を連想させることも考慮する必要があろう．そのため，英語文献においては，"Global North"，"Global South" なる用語が近年多く用いられるようになっている．

9) Singer［1977］など欧文による研究においては，「豊かな国・貧しい国」，「大国・小国」，ないしは「強大国，弱小国」といった用語法が用いられているが，定義や基準があいまいであり，また政治的にも問題をはらんだ表現であろう．なおOECD加盟国，DACリスト掲載国の基準は，もとより前者は国際組織の加盟という政治的決定であり，ともに1人あたりGNIによる高所得国・中所得国・低所得国という世界銀行による区分をふまえたものになっている．なおチリ，メキシコ，トルコというOECD加盟国は高中所得国としてDACリストにも掲載されている（2014年現在）．これは，これらの国が近い将来に高所得国に移るまでの暫定的な状態であると考えるべきであろう．なおチリは2016年まで高所得国であれば2017年からDACリストから外れることになっている．

10) 中国の扱いについては，経済規模からみれば世界第2位であるが（2014年），1人当たりGNIでは7400米ドルと未だに低水準であり（世界銀行地図方式，1人当たりGNI，世界ランキング100位），依然として途上国である．実際中国のGDPが日本を抜き世界第2位になった後に（2011年2月15日），中国外務省の報道局長は，「中国の1人当たりGDPは世界の100位前後に名を連ねている．1億5000万人の貧困人口を抱え，中国は依然として途上国であるとの属性に変わりはない」と述べていた．『日本経済新聞』2011年2月16日朝刊．中国は，政治的・軍事的には既に大国であったが，今日では経済的に大国でもあると同時に途上国でもあるという性格づけが現在も妥当するであろう．ただし，1人当たり国民所得の増加のペースも速く，大国であると同時に先進国であるという地位に至るまでの過渡期として現在は位置づけられよう．

11)「第二世界」は，1人あたりGNIが3000ドルから6000ドルに位置する諸国を指す．カー

12) しかしかわりとなる枠組が依然としてないため，この二分法が当分続くであろうとしている．
13) 国連における南北対立の固定化を批判的に論じるのは，Weiss［2009］である．
14) 高橋［2008］所収の「帝国主義」は，欧米の帝国主義競争における「周辺」の重要性を強調している．
15) 核拡散，麻薬問題，環境問題などは「グローバル・イシュー」として国家間の水平的問題として扱われるが，問題の根源を理解するためには南北関係として見ることが必要であろう．逆に，日本の多くの援助担当者が，日本は近い過去まで途上国であったとの意識を長い間もっていたのは，南北問題のプリズムがその有用性が失われた後でも時間を超えて影響を及ぼす例として考えることができよう．コンストラクティビズムの観点から，途上国の自己認識（「南」）を分析しているのが，Alden, Morphet and Vieira［2010: 15］である．
16) 本書では，開発援助（development aid）を主として用いるが，対外援助（foreign aid），ODA（official development aid）も基本的に同義として用いている．
17) DAC自体に関する研究は依然として少ない．初期のDACに関しては，Esman and Cheever［1967］, Rubin［1965］, Schmelzer［2014］を参照．批判理論に基づく研究としては，Ruckert［2008］がある．日本における数少ない研究として，尾和［2014］がある．
18) 2015年11月時点では以下の合計29メンバーから成っている．オーストラリア，オーストリア，ベルギー，カナダ，チェコ，デンマーク，フィンランド，フランス，ドイツ，ギリシャ，アイスランド，アイルランド，イタリア，日本，韓国，ルクセンブルグ，オランダ，ニュージーランド，ノルウェー，ポーランド，ポルトガル，スロバキア，スロベニア，スペイン，スウェーデン，スイス，イギリス，米国及び欧州連合（EU）．
19) 中国など新興国ドナーの増大する役割についても論じる必要があるが，ここで議論の主たる対象となる開発援助アジェンダの設定においては，引き続き先進諸国のドナーが決定的な役割を果たしていくと考えられよう．
20) 本書では，断りがない限りサハラ砂漠以南アフリカを指すことにする．
21) Garton Ash［2000: xv-xxvii］は，現代では以前のように政策決定者が文書に依拠して政策決定を行うことが少なくなっており（電話やメールなどその他の手段の比重の上昇），一次資料が利用可能でない「現在の歴史」を研究することの必要性を強調している．
22) 政治史分析における理論的視座の重要性を説いた篠原［1986］が代表例である．本書では理論を取捨選択的に利用するアプローチ（eclectic approach）を掲げるSutter［2015］から示唆を受けている．またより理論的な観点からではあるが，Sil and Katzenstein［2010］は，狭い学問的課題だけでなく，現実の課題の解明に貢献することを目指す総合的なアプローチを提唱しており，参考になる．
23) 政策統合の概念は，領域横断的イシューの管理に関する基本的な概念である．関係する他の概念としては，政策の整合性（policy coherence），メインストリーム化（mainstreaming），調整（co-ordination）などがある．ここでは政策統合に関する様々な論点（水平型統合と垂直型統合の区別や，政策統合と政策調整・協力の区別）に立ち

入ることなく,「既存の政策領域を超え,しばしば個別の政府機関の制度的責任に対応しない,領域横断的イシューの政策形成における管理に関わる問題」として政策統合を考えることにしたい.このように定義された政策統合が,開発援助において民主主義・ガバナンスや紛争・安全保障との関連においてどの程度,どのように進むのかを検討するのが本書第Ⅱ部及び第Ⅲ部の主たる課題となる.政策統合の概念については,Meijers and Stead [2004] が参考になる.
24) 環境及びジェンダーと開発領域の関係については多くの文献があるが,特にLevy [1992], Painter [2004], Nunan, Campbell and Foster [2012], OECD [2014] を参照.
25) これに対して対極に位置するのはジェンダーの事例である.すなわち,①開発からの政策距離はそれほど遠くなく(社会的開発に位置づけられる),②専任の官庁がないなど自律性は弱い,③他方では,女性運動などトランスナショナルな政策統合を進める促進者が強い.環境というイシューの場合には,① 開発からの距離はかなり大きい(しかし安全保障ほどではない),② 専任の官庁は存在(環境省)し自律性はある(しかし国防省ほどではない),③ トランスナショナルな促進者は強力,である.

第Ⅰ部　冷戦後の世界を迎えて

第Ⅰ部では，冷戦終焉後に先進国・途上国関係がどのように変化したかを先進諸国の対途上国認識と政策を分析することによって検討することが課題である．

　第1章では，まず先進国側における冷戦後の国際政治認識の中で対途上国認識を位置づけ，途上国との関係を正面から取り上げた先駆的な議論を検討する．さらにこうした認識に基づく政策がどのようなパターンに分類することができるかを考察する．

　次いで第2章では，第1章における先進諸国における途上国認識のあり方の分析を踏まえて，実際の国際政治の展開の中で途上国がどのように位置づけられたかを様々な角度から検討する．さらに開発協力体制がその中でどのように変化したかを，伝統的な開発協力体制からの転換という視点から提示する．

　そして第3章においては，先進国クラブとしてのOECDを取り上げる．冷戦後世界への国際組織の対応は一般的に遅々としたものであり，OECDも例外ではなかった．しかしOECDの場合には，その成立自体が冷戦の産物であったために，冷戦の終焉は組織のアイデンティティーそのものを揺るがすものであった．OECDの冷戦後の再編の試みを，組織全般，旧東側諸国の体制移行，途上国向け開発援助の再検討，の側面から分析する．

　最後に第4章では，先進国の具体的事例としてフランスの冷戦後世界への適応を取り上げる．フランスは冷戦の「受益者」であったことから，冷戦の終焉は他の先進諸国以上に深刻で重大なものとして認識された．フランスの対途上国政策は，旧フランス領アフリカ向けの政策と同一視されるほど，アフリカ中心であった．そのため冷戦後におけるフランスの途上国政策の見直しは，何よりもアフリカとの関係において現れることになった．フランスの対アフリカ政策の動揺を分析することによって，フランスの対途上国政策の変化のありようが明らかになるであろう．

第1章

冷戦後における先進諸国の
国際政治認識と政策配置

1 認識枠組
―――2つの世界?―――

　冷戦終焉前後にみられた国際政治の今後の方向性に関する議論においては，既にみたように東西問題（東側諸国の混乱への対応）あるいは北々関係（先進諸国間の関係）が中心になるとの見方が中心を占めていた．そうした中で，南北関係（途上国との関係）がむしろ重要であるとの見方も少数ではあったが存在していた．たとえば歴史家ポール・ケネディらによる議論である［Chase, Hill and Kennedy 1996］．ケネディらは，冷戦後の米国がとるべき戦略に関する一連の議論――フクヤマの「歴史の終焉論」［Fukuyama 1992］，ハンティントンの「文明の衝突」［Huntington 1996］，カプランの「来るべきアナキー」［Kaplan 1994］，大前の「ボーダーレスの世界」［Ohmae 1991］など――では，米国がとるべき戦略を考えることはできないとした．冷戦後の世界では，大国間の政治も引き続き重要であるが，途上国における安定を確保することが米国にとって決定的に重要だとするのである．

　こうした見方は，以下第3章及び第4章でみるように，政策決定者の間でも一部とられていたものであり，今日の時点からみると，どのような観点から冷戦後世界において途上国問題が重要であるとの認識に達していたのかは探究されるべき課題であろう．

　ケネディらの政策論は，冷戦後に展開されていた1つのタイプの議論に基づいていたと考えることができる．1990年代初めの時点において，先進諸国においては，途上国との関係をめぐって注目すべき議論がいくつか提起されたが，

そこには1つの共通した認識があった．それは，先進国と途上国が2つ（ないしは3つ）の区別されるべき地域に分かれているとの認識である．一方は平和と繁栄を享受し，他方は紛争と低開発にあえぐ，という構図である．前者においては，主権国家の枠組みを超えた取り組みが行われ始めており，後者においては主権国家中心のリアリズムの世界が展開されるとの見方である．

　1970年代からマルクス主義の影響を受けた従属論などにおいて，ウォーラーステインらが世界を中枢と辺境に分け，前者による後者の収奪という形で世界資本主義の特徴を見出していた．1990年代初頭に新たに登場した議論は，従属論系以外の論者（米国ではリアリズムの論者が中心）によって先進諸国の冷戦後における新たな戦略を模索する中で提起された点が特徴的である．

　こうした議論は先進国各国において展開されたが，特にフランス，米国，イギリスにおける議論が注目される．そこで以下では，基本的に公刊された時期の早い順に代表的な議論を，便宜上それらが提起された国ごとに検討していくことにしたい．

(1)　フランスにおける議論

　最も早い段階で体系的に世界が分断されていることを主張した議論は，日本ではほとんど知られていないが，フランスのジャン＝クリストフ・リュファンによる『帝国と新たな野蛮』である［Rufin 1991］．出版された当初から同書はフランス及び世界各国で注目された．1991年という時点で，冷戦後の先進国・途上国関係の見取り図を大胆にスケッチしていて，その意義は今日においても減少することはない．

　リュファンは，現代フランスにおける最も著名な作家の1人として知られている（アカデミー・フランセーズ会員，1997年，2001年ゴンクール賞受賞）が，もともとは医師としてNGO「国境なき医師団」の創設にあたった．その後，国防大臣顧問，国防研究所部長なども歴任しており，地政学に関する研究・教育（パリ政治学院）を行うなどしてきた．さらに近年はNGO「貧困救済フランス委員会」（Action contre la faim）の代表でもあった．サルコジ大統領によって2007年に駐セネガル大使に任命されたが，ワッド（Abdoulaye Wade）・セネガル大統領と対立して2010年7月に辞任した．

　リュファンは，『帝国と新たな野蛮』の中で，カルタゴとのポエニ戦争に勝利した後のローマ帝国と冷戦後の世界を比較している．当時のローマ帝国では，

目的意識が失われ，方向感覚がなくなりつつあった．同時代の歴史家ポリビウス（Polybios）は，「野蛮」な周辺地域からローマ帝国を防衛することに新たな目的を見出す形で，ローマ市民のメンタリティーを変えようとしていた．現代においても，冷戦後に方向感覚を失った先進国が，途上国の「野蛮」から自己を防衛しなければならないという形で新たな目的意識を見出そうとの動きがある．リュファンは1991年の時点でこう指摘していた．

リュファンは，途上地域を，先進国と途上国との境界にある「要塞」（limes）からの距離に応じて3つの地域に分ける．1つは「緩衝国家」（tampon）であり，先進国にとって安全保障・経済利益の面で死活的に重要な地域である．中東の石油産出国，巨大な市場である中国，インドなどがこれにあたる．先進諸国はこの地域での安定のためには，軍事介入すら辞さない．2つ目は「貿易拠点国家」（comptoir）であり，シンガポール，南アフリカ，パナマ，コロンビアなどが挙げられている．これはより深く「南」の奥に入り，「要塞」とのコンタクトを失い，「北」との間では利益のネットワークでしか結びついていない．「北」は利益を守るために介入することがあり，場合によっては軍事的に介入することもあるが，何としても守ろうとするものでもない．3つ目は「未開国家」（terrae incongnitae）である．「南」の最も奥にあり，「要塞」から最も遠く，「北」とのコントラストが最も大きく，「分裂」・「後退」・「野蛮」によって特徴づけられている．リベリア，ソマリア，スーダンなどが具体例である．そしてこれら途上国での混乱が「北」に波及しないように食い止めようとする方策が先進国において模索されるとする．

したがって，そこには戦後の非植民地化以降を特徴づけていた開発のイデオロギー（「北」と「南」は開発の程度が異なるだけで，「南」もいずれは「北」のようになる）とは異なり，「北」と「南」に永続的な断絶を見出す別のイデオロギー（これをリュファンは「要塞イデオロギー」と呼ぶ）が見出せるとする．要塞イデオロギーの下では，世界は連続した一体ではなく，「北」（文明）と「南」（「野蛮」）の間の二項対立が固定されるという．要塞イデオロギーは，文明を守ると称して，「野蛮」が文明を台無しにしないように2つの世界を分断しようとする（「世界大のアパルトヘイト政策」[6]）．

こうした構図における問題は，このような不平等を固定化する外交が，今日の時代においてますます強まる平等主義との間で引き起こす衝突，矛盾であるという．それが典型的に現れるのは，「北」との接触が最も多く，それゆえ開

発が進み,「北」との統合の問題が生じる「緩衝国家」においてとなる．トルコのEU加盟問題にみられるように,「野蛮」からの緩衝の役割を果たせるように「北」からの支援で開発が進み,その結果として「北」への統合の希望が「緩衝国家」において強まる一方で,「北」の要塞主義によって「北」への統合を拒絶される（移民などの流入を恐れて）ことで,「北」からの差別に対する不満が増大していくという緊張関係がみられるとするのである.

リュファンの議論では，どの国がどの地域に属するか（先進国か途上国か，後者であれば3つのうちどの地域か）は，歴史的経緯などによって所与の前提とされている観がある．したがって，次に検討する米国における議論（シンガーとウィルダフスキー）のようにそれぞれの地域の国内的基盤（民主主義か否か）は，リュファンの場合にはそれほど重要性をもたない．たとえば「緩衝国家」には，民主制の国も権威主義の国もある．リュファンにとって「北」と「南」を分かつのは，国内体制の性格ではなく,「南」に対する「北」としての共通の脅威認識なのである.

リュファン自身は，このように自己の繁栄を自己の内部に閉じこもって守ることに「北」が汲々とする傾向に抵抗することを目指しているとして，その前提として「北」の世界を覆いつつある要塞イデオロギーを明らかにしたのだとする．皮肉なことに，冷戦終焉直後の早い段階でリュファンによって指摘された「北」の新たな方向性（要塞主義）は，1990年代の国連の積極主義の動き（ソマリアなどへの関与）の中で杞憂に終わったかにみえたが，その後ははっきりとみてとれる流れとなった観がある（リュファン自身が，2001年に同書の再版へのあとがきでも述べている［Rufin 2001］）．9.11後における対テロ戦争は，一時的にであってもこうした「要塞主義」を克服することにつながるのであろうか.

それだけになおのこと，リュファンの主張するように「要塞主義」を「乗り越える」ことは困難であると思われてならない．先進諸国が，国内の政治・経済体制の改革に忙殺されればされるほど，内にこもる衝動が強まる傾向があるのではなかろうか．「要塞主義」イデオロギーは，そうした先進諸国の動向と一致する方向性をもっているだけに，それをリュファンが目指すように克服することができるのであろうか.

(2) 米国における議論

冷戦後の世界像を「自由民主主義の勝利＝歴史の終焉」としていち早く示し

ていたフクヤマは，途上国の位置づけについても言及していた[Fukuyama 1992: 276-84]．フクヤマは，世界は当面予見しうる将来にわたって，西欧・米国など自由民主主義を実現した「歴史後世界」(post-historical world)と，第三世界の多くから成る「歴史世界」(historical world)の2つに分裂し続けるであろうとした．世界が2つに分かれるのは，工業化とナショナリズムが第三世界では西欧に比べて遅く到来したため，行動パターンが先進諸国と異なったものとなるからであるという．歴史後世界では，国家間の相互作用の中心は経済的なものとなり，権力政治という旧来のルールは次第に当てはまらなくなる．それに対して歴史世界では，各国の発展段階に応じて，宗教・民族・イデオロギー上の紛争が多発し，権力政治が継続するというのである．2つの世界は，並列するが別々の存在であり続けるとするが，いくつかの軸によって結びつきがみられるとする．1つは，石油であり，石油が歴史世界に集中しているために，歴史後世界は歴史世界との関係を維持しなければならない．第2は，人の移動である．歴史後世界は，人種主義・民族主義的でない形で外国人の排除を正当化することができず，また経済的に移民労働者を必要とする事情がある．第3には，世界的規模の問題があり，歴史世界における核拡散，環境問題への懸念を歴史後世界がもつという．

　フクヤマと同時期に，国際政治学者のゴールドガイアーとマクフォールは「2つの世界の物語」と題する論文を発表した[Goldgeier and McFaul 1992]．この論文は，明示的に「2つの世界」論を米国の代表的な国際政治学の学術誌で全面的に展開しており，注目される．同論文は，冷戦後の世界（特にヨーロッパ）が不安定になると予測するミアシャイマーらのリアリスト[Mearsheimer 1990]に対して反駁し，ヨーロッパなどの先進諸国においては，パワーの追求ではなく富の追求が中心原理となるので平和が実現すると主張する．その上で，周辺(periphery)においては引き続き各国の厳しい対立がみられるとし，構造的リアリズムが妥当するとした．

　ゴールドガイアーとマクフォールによれば，このように冷戦後の世界では，2つの異なるロジックが働く中心と周辺への世界の分裂が顕著になるというのである．中心と周辺は，地政学的に所与であるとされており，以下にみる他の議論にみられるような，その成立の国内基盤（民主制など）は考慮されていない．同論文では，なぜ世界が2つに分かれるのか，変化の方向性がみられるのか，等の議論はほとんど行われておらず，また国家の脆弱性が顕著な途上国におい

て，国内・国際の峻別を前提とする構造的リアリズム$^{7)}$が彼らの主張するように妥当するのかどうか，など疑問が残る．この論文は，彼らの問題関心がヨーロッパにあるためか，途上国との関係についてはあまり論及していないが，比較的早い時期に，米国の国際政治学の理論的な立場から世界が2つに分かれるとの論点を提起した点において注目される．

「2つの世界の物語」から1年後に刊行されたのが，シンガーとウィルダフスキーによる『本当の世界秩序──平和圏と騒乱圏──』（初版は1993年）である[Singer and Wildavsky 1996]．同書は，国際関係理論上の論争を主眼としたゴールドガイアーとマクフォールの論文と異なり，米国など先進諸国が現実の世界においてとるべき政策的議論に主眼がおかれている．同書は，冷戦後に世界が，一層の混乱に向かっているのか（Coming Anarchy?）それとも自由民主主義の勝利という形で収斂に向かっているのか（End of History?），一見理解しがたいかのようにみえるが，それは世界が1つのものとして考えられているからであるとする．世界を「平和圏」（zones of peace）と「騒乱圏」（zones of turmoil）の2つに分けて考えれば，現実の世界がそれぞれ別の枠組で理解できるとした．前者においては，民主主義体制の下で富が蓄積され平和が実現し，後者においては，非民主主義体制の下で開発が課題となり紛争が多発する，というのである．同書の特徴は，世界が2つに分かれるのは，地政学的な要因によってではなく，国内体制が民主主義であるかによるとしている点である．また民主主義・自由主義経済という国内政治経済体制と，先進国間の平和が密接に結びついているとの民主的平和論に議論の根拠を求めている．その点で同書は，世界が2つに分かれる根拠を国内体制に求めており，リアリストの議論とは理論的に一線を画している．しかし同時に，国内体制を民主化することによって世界の平和と安定が達成できるとの米国の政権（民主党クリントン（Bill Clinton）政権以来であるが，特に共和党ジョージ・W.ブッシュ（George W. Bush）政権の対外認識）にもみられた政策に理論的基盤を与えるものであった点も注目される（同書は共和党系のフーバー研究所の研究員によるものである）．その点で新保守主義（ネオコン）の議論に近いものとみなすことができよう．

こうした一連の米国における国際政治学的研究はその後も幅広く参照されることになった$^{8)}$．その中で代表的なものは，スノーとブラウンによる国際関係論のテキストである[Snow and Brown 1996]．同書では，全編を通して世界を「第一層」（"first tier"）と「第二層」（"second tier"）の2つに分けて叙述を展開して

いる．第一層は，通常考えられる先進諸国から成っており，安定した民主主義国ないし先進的な市場経済国であるとされる．第二層はそれ以外の国であり，それらは，① 発展国，② 資源国，③ 部分的発展国，④ 発展可能国という4つのサブ層に分かれるとする．同書の興味深い点は，末尾に世界各国をこれらのカテゴリーに分類する表を掲載している点である．スノーとブラウンによれば，通常行われる分類（先進国と途上国）は一方が他方より劣ることを示唆することになるため，それを改善するために第一層と第二層という分類を用いたとしている．またこの分類は，第二層が第一層の地位に上昇したいという希望をもっているとの前提に基づいているとするのである．

(3) イギリスにおける議論

次にイギリスにおける代表的な議論として，クーパー［Cooper 2003］[9]とブザン［Buzan 1998］を取り上げる．

クーパーは，EUにおいて理事会事務局長をつとめたイギリスの外交官である（その後EU対外代表特別顧問）．クーパーの議論はヨーロッパが主権概念を相対化した点で現代の世界において独自の性格をもつ点を強調したものとなっているが，歴史的なパースペクテイブからその位置づけを与えており，参考になる．ヨーロッパの外交官によるリアリストとしての観点から現在の世界秩序全体を考えるものとなっており，示唆に富むものである．

クーパーによれば，世界は，前近代，近代，ポスト近代の3つに分けられるという．この区分は1648年以降続いてきた主権国家体制の下で，主権に固執するか否かをメルクマールとしてなされるという．前近代とは，主権国家が確立しておらず，混乱・無秩序が支配する地域であり，具体的にはソマリア，アフガニスタンなどが挙げられる．近代は，主権国家への執着が強く，国内政治と国際政治を厳格に峻別しようとする地域であり，第二次世界大戦後の非植民地化の中で成立した途上国を主として指す．具体的には中国，インド，イランなどが含まれる．そこでは集団主義的な行動様式がとられる．これに対して，ポスト近代は，主にEUを中心とするヨーロッパを指しており，主権国家を超えた法による秩序がみられ，国内政治と国際政治の垣根がなく，個人主義的価値観が追求される地域であるとされる．中南米諸国や，日本なども含まれるとされるが，米国は，国内の憲法が何にもまして優先すべきとの考えが強い点で自国の主権に固執しており，（ポスト近代への移行の動きもみられるものの）近代に属

するとしている．

　このようにクーパーは，「先進国と途上国」という形の2つに分かれた世界との見方ではなく，3つに分かれた世界との見方をとっている．また世界がなぜ分かれるのかについては，主権についての考え方にその根拠を求めており，その点で国内基盤を重視した議論を展開している．いかにEUがポスト近代として歴史的に新しいシステムをもたらしたかを論じることに主眼があるためか，クーパーはこの3つの世界の相互関係，その将来の展望についてはほとんど論じていない．さらに「前近代」との呼称は，これらの諸国の問題の多くが実際には近代の産物（経済発展，主権国家体制）であることを考えれば，誤解を招く恐れがあろう．

　次に取り上げるのは，安全保障が専門の国際政治学者ブザンである．ブザンはクーパーとほぼ同じ時期に議論を展開している（そのためか2人ともお互いに参照し合っていない）．ブザンはクーパーと同じく前近代，近代，ポスト近代という用語法を採用している．しかしブザンは，クーパーのように世界が3つに分かれるとするのではなく，一方における前近代・近代から成る紛争圏と，他方におけるポスト近代の平和圏の2つに分かれると主張する．

　ブザンは，世界がこの2つに分かれるのは，システムの構成単位たる国民国家の国内政治・経済・歴史的背景に根ざしているとしており，国内基盤を強調する点で，さきにみたゴールドガイアーとマクフォールという米国のリアリストの議論とは理論的に異なっている．また米国は，ポスト近代に属するとしており，クーパーとは異なった見方をしている．それは，メルクマールを単に主権についての考え方だけでなく，国内体制一般の性格に求めたためであろう．

　その一方でブザンは，世界は2つの圏に分かれるとしつつも，2つの圏がまったく別個のものではなく，相互に密接に関わったものであると主張し，その両者の関係こそが21世紀最大の問題であるとするのである．その上で，ポスト近代たる先進諸国が，近代・前近代の地域に対してどのような行動をとるかについて2つのシナリオを挙げる．1つのシナリオは，ポスト近代が，メキシコ，中央ヨーロッパ，トルコ，北アフリカなどに緩衝地帯を築いて，前近代・近代の紛争圏から離れようとするというものである．これは上述のリュファンのいう要塞主義に近いものと言えるであろう．もう1つのシナリオは，ポスト近代は，システム全体にコミットして，自己のイメージに沿った新世界秩序の形成を推進しようとするというものである．これは，世界の統合に楽観的なリベラルや，

ブッシュ政権及びその理論的背景にあるいわゆるネオコンの考えと共通するところがある。ブザン自身は2つのシナリオのどちらを支持するわけでもなく、またどれが最終的に採られるかの判断も下していない。2つのシナリオの間で、ポスト近代は揺れていくことであろう、と冷静に述べるにとどまっている。

　こうしてさまざまな視点から、冷戦直後には、世界が何らかの形で2つ(クーパーの場合は3つであるが)に分かれるという漠然とした認識が進んでいたのである。そして相互の協力が可能でリベラリズムが妥当する先進国圏に対して、途上国圏では対立と紛争のために協力が困難で、リアリズムがむしろ妥当するとの認識がこれらの論者によって多かれ少なかれ共有されていた。このような認識については、そもそもこのような二分法が妥当であるのか、及び先進国圏・途上国圏それぞれの性格づけが妥当であるかについて議論の余地があろうが、さらに以下の2つの観点から批判することが可能であろう。

　1つは途上国圏ではリアリズムによる政策が妥当するとの見方に関するものである。そもそもリアリズムは、国家が国際政治の中心的アクターであり、内部が凝集的で一体である国家が存続のために競い合うという見方である(「ビリアード・ボール・ゲーム」)。ところが途上国における国家は、そのような凝集性をもった存在ではないことがむしろ常態である。「弱い国家」(weak state)がむしろ特徴であり、国外の脅威に対抗して自己の存続をはかるというよりは、弱い国家基盤の下で、国内での脅威からどのようにして自己を守るかが政権の関心事となる。そうした途上国圏において、凝集的な国家が対外的に影響力を競い合うとの見方がはたして妥当するのか疑問であろう[11]。

　もう1つの点は、異なるものとして認識される2つの地域の関係がどのようなものかについての分析が総じて弱いことである。今まで取り上げてきた議論から、あえて2つの圏の関係についての見方を抽出すると大きく2つに分けることができる。一方には、2つの地域は基本的に分かれており、峻別できるとの見方がある(分断)。ゴールドガイアーとマクフォールの議論や、シンガーとウイルダフスキーの議論では、2つの異なる世界に分かれるとの指摘がみられたが、いかに両者が結びつくかについてはほとんど触れられていなかった[12]。クーパーの議論においても、3つの世界の相互関係についての議論はほとんどなされていない。もう1つの見方は、世界が2つの地域に分かれているとしても、両者は離れがたく結びついているとする(相互連結)。これは、リュファン、フクヤマ、

ケネディ他,ブザンの議論においてみることができる.「いかにポスト産業諸国が望んでも,より人口が多く,騒乱に満ちた別の世界から隔離されることは不可能である」[Chubin 1993] との認識がそこにはみることができよう.[13]

以下では,今まで検討してきた冷戦後の先進国による途上国認識をもとにして,先進国による対途上国政策のあり方を分析することにしたい.まず先進諸国における政策パターンを類型化し,それぞれが2つの地域の関係についてどのような考え方を展開しているかを検討する.

2 政策配置

(1) 政策類型

冷戦後の開発途上国との関係についての先進諸国におけるこうした一連の認識(ひいては政策論議)はどのような政策配置をもたらすことになったのであろうか.以下においては,途上国の主権についての考え方(干渉主義か国内優先主義か)と国内のイデオロギー配置(左派か右派か)の2つを軸にして4つの類型(理念型であり,実際の立場はその間で様々でありうる)を抽出する(図1-1).

まず左下(①)には,途上国の形式的主権を尊重するとともに,先進国国内において左派に位置する主張が入る.こうした立場を代表するのは,伝統的な左派(第三世界主義者)であり,労働組合など基本的に国内利益を主たる関心事項にもつNGOなどが含まれる.[14]

図1-1 政策配置

(出所)著者作成.

次に右下（②）には，国益追求の世界というリアリズムの世界観を有し，途上国への介入には慎重な立場をとり，先進国の国益を優先すべきとする右派（保守側）の論者が入る．世界（特に紛争と貧困の地域とされる途上国）への積極的な関与には消極的であり，その意味で米国においては孤立主義的な外交姿勢をとる論者が代表的である．バウアー（Peter Thomas Bauer）[Shleifer 2009] に代表される自由主義経済学者や，米国におけるブキャナン（Pat Buchanan）のような孤立主義的傾向の保守主義者が入る．リバタリアンといわれる個人の自由を尊重し，国家や国際組織に拘束されることを嫌う立場もこれに含まれるであろう．彼らは，国内問題に関しては保守的な立場をとり，対外的には干渉を嫌う立場をとっている [加瀬 2007: 263-65]．代表的論者であるポール（Ron Paul）は，中央銀行の存在によって政府による戦争・対テロ戦争などの遂行が可能になったとして，連邦準備制度（FED）の解体を主張している [Paul 2009]．さらにリアリズムの観点から米国の重大な国益が関わった場合にのみ選択的介入を認める論者が含まれる．具体的には，ベトナム戦争にリアリズムの観点から反対したモーゲンソー（Hans Morgenthau）らの国際政治学者らが挙げられる．

主権国家体制の存続に固執している（その意味で途上国の主権もそのコロラリーとして基本的に尊重すべきとする）こうした論者たちの主張は，従来からみられたものであったが，イデオロギー的に左右に分かれていた．1990年代以降の配置で目新しいのは，途上国の主権について，場合によっては一部制限を認める形で外部からの干渉を肯定しようとする論調がはっきりと出てきたことである．

その1つは，右上（③）に位置する立場である．追求すべき価値に関しては先進国の国益であるとするもので，政治的には右派に位置し，途上国の主権については必ずしも尊重すべきものではないとの考え方である．こうした考え方は，保守的意見の中でも比較的新しく，ネオコンと呼ばれる対外干渉をいとわない論者たちによって米国では主張されている．

最後に挙げることができるのが左上（④）に位置する主張である．これも比較的新しい主張であり，いわば左派的な対外干渉主義の立場である．これは，人権など人道上の目的のためには，抑圧の当事者であることが多い途上国政府にもはや任せておくことはできないとして，国際組織や他国の干渉を求める立場である．ここではこうした立場をネオリベラルとよぶことにしたい．人道救援型のNGOやそれを支援する政治家などがこうした立場をとっており，途上国側の人権状況を重視し，先進国においては左派的な立場にある一方で，途上

国の主権については必ずしも絶対のものとは考えない点が特徴である.
　以上みてきたように，やや大まかに分類をした嫌いはあるが，1990年代初めの段階での先進諸国の対途上国関係についての基本的な分裂は，左派・右派それぞれが途上国の主権の尊重の立場をめぐって2つに分かれた，4つの基本的立場から構成されているとみることができるのである.

(2) 分断か相互連結か

　分断か相互連結かの論争については，4つの政策類型は次のように対応していると考えることができよう.
　先進諸国と途上国の関係について，どちらかというと両者が分断されているとみるのが①と②である．途上国の主権を尊重する立場であることからみて，これはある意味で当然であろう．①は，伝統的な左派・NGO関係者の立場であり，途上国の政治（民主化）は途上国に任せるべきで先進諸国は口出しすべきでないとの主張に典型的にみることができる．②の論調としては，国際政治学者バン・エベラを挙げることができる．バン・エベラは，冷戦後の世界では，米国にとって重要なのはヨーロッパであり，第三世界ではないとする論文を1990年に発表している[Van Evera 1990]．これは同じリアリストであるミアシャイマーが，別の観点から冷戦後のヨーロッパの安定に懸念を表明したのと軌を一にしている[Mearsheimer 1990]．また先にみたゴールドガイアーとマクフォールの「2つの世界の物語」は，途上国地域においては，ネオ・リアリズムが引き続き妥当するとして，市場主義が支配する先進諸国とはっきりと異なるとしており，両地域は分断（decoupling）されていると主張している.
　これに対して両者が結びついていることを強調するのが③と④である．ここには先進国側（「北」）から途上国側（「南」）への流れを強調するものと，途上国側から先進国側への流れを強調する議論，さらには双方向性を強調する議論があるが，それらを含めたそれぞれの特徴は以下の通りである.
　まず③の立場であるが，これは保守派でありながら途上国への関与をむしろ積極的に推進しようとするところに特徴がある．この立場には，「南」からの脅威を重視する立場から介入を主張する議論（典型的なネオコンの立場）と，「北」の価値を積極的に広めることができるとの楽観的な議論（フクヤマなど）の2つの方向性がある．いずれの立場にも共通しているのは，介入を考慮すべきだとする場所が極めて選択的にとらえられている点である．すなわち，言辞は別と

して，実際には「北」側にとって安全保障・経済上の利益から死活的である地域（中東など）に対してしか基本的に関心を示さない．

これに対して④では，途上国の主権については，人権などの価値に照らして，場合によっては「北」が介入することもやむなしとする考え方である．個別的・選択的な性格が強い③に対して，普遍的な（したがって場所を選ばず，「北」にとっての利益の重大性を第一には考えない）性格をもっている点が特徴である．こうしたネオリベラルとしては，イグナティエフ（Michael Ignatieff），クシュネル（Bernard Kouchner）らの国際人道主義者を挙げることができる．多くの左派的デイスコースが，分析の焦点をむしろ世界システムにあてて途上国の内実をシステムの派生物としてしかみていない点から明らかなように，実際には途上国への「北」の関与には実際には積極的でない点を考慮すると，この④の立場にたつのは左派の中ではむしろ少数であったことに注意する必要があろう．

③と④はこのように基本的に区別できるが，両者には強い相関性があり，また人的にも③の多くは，左派出身である（その意味で④と近い）ことが多い．こうした点からすれば，③と④の違いはそれほど大きくないとの指摘もありえるであろう．

第2章では，実際の途上国の国際環境を分析し，本書の事例研究で取り上げる開発援助の位置づけを行う．

注

1) ケネディらの議論は，Kupchan［2002］に紹介されている．
2) 同書は，*Foreign Affairs*誌に1993年に掲載された論文がもとになっている．
3) 世界システム論については，Wallerstein［1974］，藤原［1985］，田中［1989］を参照．
4) 米国とイギリスにおける議論については，山本［2006: Ch.3］が紹介し，詳細な解説を展開している．
5) Balencie, Grange and Rufin［1999］など地政学に関する著作も多い．
6) 「世界大のアパルトヘイト」なる概念は，他の論者によっても使用された［Kohler 1978; Alexander 1996］．土佐［2003: 150］も早くから「世界システム中心部における自由は，周辺における一種の奴隷状態の上に成り立っている」構図としてグローバル・アパルトヘイトに論じている．
7) ネオ・リアリズムと同義．モーゲンソー（Hans Morgenthau）らの古典的リアリズムに対して，国際政治の構造的特徴（アナキー）から導き出される自助（self-help）の原理が国家の行動を規定するとする考え．代表的論者は，ウォルツ（Kenneth Waltz）［Waltz 1979］．
8) キョヘインも同様の議論を行っている［Keohane 2000］．

9) 同書に所収の関係論文は1996年に発行されていた．同様の議論を展開したものとして，田中［1996］がある．田中はクーパーと異なり，自由主義的民主制と市場主義経済の成熟度をメルクマールとして「第1圏域（新中世圏）」，「第2圏域（近代圏）」，「第3圏域（混沌圏）」に世界各国を分類している．クーパーと異なり，田中によれば米国は新中世圏に属するとしている．
10) この点の指摘は，Hurrell［2007: 77］参照．
11) この点については，キャラハンが早くから指摘し，フクヤマを批判していた［Callahan 1994］．
12) 土佐［2003: 156; 注50］は「シンガー＝ウィダフスキー［ママ］の場合は，紛争圏の問題にアメリカがコミットする必要を説きながらも，一方で，平和圏と紛争圏とは分割可能で，後者が前者を著しく脅かすことがない以上，放って置いても大丈夫だという心情を吐露している．」としている．しかし同書はむしろ基本的には紛争圏は放って置けないが，具体的な介入については個別に検討する（その場合はできるだけ多国間で行う）としていると思われる［Singer and Wildavsky 1996: 200-201; 214-215］．
13) 土佐［2003: 92］はこの点に関して次のように述べている．「平和圏と紛争圏とが歴史的にも同時代史的にも構造的に結びついていることについて注意を払わなければ，アフリカやアジアの一部などを野蛮な土地とする『新野蛮主義』（中心／周辺＝文明／野蛮というエスノセントリックな見方）に陥ってしまう」．また田中［1989: 216］は，「新中世圏」が「混沌圏」の混乱の解決のための財政的負担を行わなければ，「新中世圏」を特徴づける自由主義的民主主義と市場主義経済という普遍主義的な理念が偽善であるとして信頼性が失墜することになるとしている．
14) 中野［2011］は「保護する責任」（R2P）に絞って反対論を展開している．中野は「援助大国の市民組織・NGO・諸国人との『つながりによる平和』」を主張しており，必ずしも孤立主義ではないが，途上国の主権を尊重すべきであるとしている点で①に入れることができるであろう．
15) ブキャナンについては，加瀬［2007: 261-63］参照．
16) ネオコン（新保守主義）及びその対外政策に関する考え方については特にイラク戦争後に多くの研究が現れた．ここでは，本書執筆に当たり特に有益であったものを記すにとどめたい．1980年代に，イデオロギー的対外政策，福祉国家官僚制への反発，サプライサイド経済学へのコミット，「敵対的文化」（米国が全ての悪の根源だとするニューレフトの見方）への反発，を内容とする固有の思潮（古典的保守主義と区別された）としてネオコンが誕生したとするのは，Bell［1992］である．またユダヤ人系知識人や政策決定者が果たした役割については，Friedman［2005］が詳しい．自身ネオコンであった（その後転向）フクヤマによれば，ネオコンに共通する考え方は，① 民主主義・人権や一般的に諸国の国内政治への関心，② 米国のパワーを道義的目的のために使用することができるとの信念，③ 重大な安全保障の問題を解決する上で国際法や国際機構に対する懐疑，④ 野心的な社会的エンジニアリングはしばしば予期しない結果をもたらし，目的を台無しにするとの見方，であるという［Fukuyama 2006: 4-5］．また権力を行使するネオコンを厳しく批判するDorrien［2004］も参照．
17) 経済ドクトリンとしての用語法もあり，混乱を招くかもしれないが，ネオコンとの対

比のためにあえて用いることとした.中山［2003］は,「リベラル・デモクラテイック・インターナショナリスト」との呼称を用いている.
18) リーフは,イグナティエフやクシュネルらの積極的人道介入論者を「グローバル楽観主義者」("global optimist")と呼んでいる［Rieff 2002: 342］.リーフは彼らに対しては批判的な立場をとっている.
19)「1968年世代」の1人で,ドイツの左派過激派の活動家であったヨシュカ・フィッシャー（Joschka Fischer）は,外相として9.11後に米国のネオコンの代表的人物であるウオルフォビッツ（Paul Wolfowitz）国防次官と会った際に,ドイツで1970年代に会っていた左派活動家たちと似通った点を直ちに感じとることができたという［Kundnani 2009: 268］.

第2章
途上国をめぐる国際環境の変化と開発援助

　第1章で検討したように冷戦後の先進諸国においては，世界が2つに分かれるとの見方が提起されていた．その上で，途上国への介入を躊躇せずに進めるべきであるとの考え方と，逆に先進国の国内を第一に考えるべきという政策的には相反する両方の考え方がみられた．本章は第1章での先進諸国における国際政治認識の分析に続いて，途上国をめぐる国際政治の実際の展開を分析する．

1　1990年代における途上国の環境変化

　途上国をめぐる国際環境の変化を検討することによって，1990年代における開発援助の転換の背景を見出すことができる．ここでは，分析の便宜上，まず経済的な側面について検討し，次いでその影響も含めて，政治的な側面を考察することにしたい．

(1)　経済的変化

　途上国をめぐる経済的変化はグローバル化によるインパクトが最たるものである．グローバル化という用語が頻繁に用いられるようになるのは1990年代であるが，それによって指される現象（ここでは国境を越えた資本・商品の大規模で急速な移動，という経済的側面を中心に考えておく）自体は新しいものでないことは旧聞に属することであろう[1]．実際，貿易が経済全体に占める割合は，第一次世界大戦後の方が1990年代よりも高かったとの指摘もあり，また労働力の移動についても同様の指摘がなされている．1990年代に新たな展開をすることになるのは，情報・通信産業の急速な発達と経済活動に占めるその比重の増加である[2]．そうした中で途上国に関係した変化として挙げられるのは，特に以下の3点で

あろう．

　第1に，途上国の分化が進んだ点が指摘できる．もとより石油危機を契機にして，産油途上国と非産油途上国に既に分化がみられたが，90年代を迎える時点では，成長能力など経済パフォーマンスに根ざした分化が進んでいた．1980年代はアフリカにとって「失われた10年」であったが，中南米諸国にとっても事情は同じであった（図2-1参照）．そうした停滞した地域と比べて，アジア諸国の一部（NIES[3]）は高い成長率を維持して，90年代を迎えようとしていた．この傾向は90年代に入っても続くことになり，特に中国，インドが台頭することになった．世界経済全体に占める途上国の比重は90年代を通して高まるが（世界の輸出全体に占める途上国の割合は，1990年の24％から2000年の32％に上昇），そのほとんどは成長を維持した一部の中所得国によるものであった．そしてこうした世界経済への統合の成果にあずかれない低所得国は，停滞したままであった．こうした中で先進諸国の対途上国政策も，成長地域への政策と停滞地域への政策へと分化することになった．

　第2に指摘できるのは，途上国の多くで経済政策の斉一化が世界銀行・IMFの構造調整融資の下で進行したことである．もとより構造調整は，途上国政府の自主性を十分に尊重しなかったなどの理由で世界銀行・IMF自らが失敗であったと認めるようになるが，多くの途上国は世界銀行・IMFの主導によって，従来の輸入代替工業化政策を転換し，経済の自由化を進めることを余儀なくさ

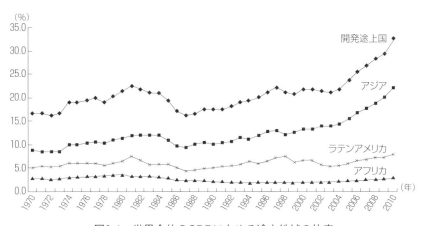

図2-1　世界全体のGDPに占める途上地域の比率

（出所）Nayyar [2013: 62].

れた．途上国は結果的には，世界銀行・IMF及びその背後にある先進諸国への依存を深めることになった．

第3には，ほとんどの途上国が世界の自由貿易体制に参加することを目指すようになり，関税及び貿易に関する一般協定（General Agreement on Tariffs and Trade: GATT）のウルグアイ・ラウンドはそうした途上国側と先進国側の駆け引きが行われる場となった．それによって途上国側は，構造調整の際のように個別的ではなく，途上国側全体として交渉に関わることになったため，結果として先進国への依存が一層進むことになったとの指摘がある．他方では，こうした交渉の場において，途上国側は，既に述べたように国民所得の面で分化の度合いを高めていたにもかかわらず，一致して行動した点も注目される[4]．

以上概括的に検討してきたように，90年代を迎えて，途上国は国民所得による分化が進み，先進諸国への依存を強めていたが，構造調整への対応や貿易自由化の国際交渉においてみられたように，必ずしも全面的な依存を深めたとみることは正しくないであろう．また，先進国への経済的依存における地域ごとの重要な違いも同時に指摘しなければならない．東アジアでは直接投資，中南米では証券投資，サハラ以南アフリカでは公的資金の比重が高かった［Jones and Stallings 1995: 172］．

(2) 政治的変化

途上国をめぐる政治的変化としては，冷戦の終焉のインパクトを挙げなければならない．冷戦の終焉は，国際政治においては，米・ソの二極体制から米国主導の体制への転換とみることができる［Ikenberry 2010: 535-56］[5]．このようなシステムの変化は途上国に対してどのようなインパクトを与えることになったのであろうか．まずはこうしたシステム変化の影響に関する議論を検討してみたい．

一方には,冷戦の終焉のインパクトを楽観的にとらえる見方が存在していた．第1章でみたように冷戦終焉を自由民主主義の勝利ととらえ，これを「歴史の終焉」という形で提示したのはフクヤマであった．フクヤマは，市場経済と民主政治が世界的なコンセンサスを獲得したとした．冷戦後の世界において途上国をも含めて，調和的な結果を予想した［Fukuyama 1992］[6]．

他方には，冷戦終焉後の途上国は，厳しい冬の時代を迎えるとの議論がみられた．「もはや傀儡でも，クライエントでも，戦略的拠点でもなくなったこれ

らの国々は，今では一般的にかつあからさまに完全な国際的義務とみられるようになった基準,価値,手続きに服するかどうかによって判断されるようになった」[Chubin 1993]との見方もあった．

　途上国を対象とした地域研究においては，一般的に冷戦の終焉が途上国に対してこのような悲観的なインパクトを強調する見方が強い．代表的な議論として以下の3つをここでは取り上げることとしたい．

　1つは，途上国にとって冷戦の終焉は，「政治的空間」の減少をもたらしたとの見方である．ジャクソンは，途上国の支配者たちと一般の国民とを注意深く区別して議論を進めており，「途上国」といっても途上国政府をここでは指しているのであり，その国の国民にとっては別の意味をもつことを否定していない．この前提の上で途上国にとって冷戦の終焉は，「政治的空間」の減少をもたらしたとジャクソンは指摘する[Jackson 1993]．政治的空間とは，途上国政府が米国・ソ連という二大超大国の間で自由に行動することのできる可能性を具体的には指していた．冷戦期には，途上国はそうした一定の行動の自由をもっていたが，冷戦の終焉とともにそれを失うことになったというのである．したがって，途上国にとっては，冷戦後の世界では政治的空間が減少したという意味で，不利になったということになるのであり，その意味でジャクソンの議論は前述の自由主義的論者たちの議論（冷戦の終焉は良い結果をもたらす）の対極にある見方なのである．

　第2には，冷戦と途上国の紛争との関係についての議論が指摘できる．まず「減圧効果」(decompression effect)に関する議論を挙げることができる．これは冷戦中に，米・ソの二大超大国によって抑制されていた途上国における内戦が，冷戦後になって起きるようになったことを指している．すなわち冷戦期においては，米・ソの直接対立に結びつかないようにするため，内戦がむしろ抑えられていたが，冷戦後には民族・宗教・階級対立など国内の対立が武力紛争として現われることになったというのである[Acharya 1998: 174]．

　次に指摘されるのは，「解凍効果」(de-freezing effect)である．冷戦中には，東西両陣営がイデオロギー争いを繰り広げ，それぞれその普遍性を主張していたことから，途上国内部における多様性を抑える働きをしていた（階級などのカテゴリーにより対立が表象されていたため）．冷戦後は，こうして抑制されていた多様性が解き放たれ，噴出することになった[Sen 2000: 74]．

　第3に挙げられるのは，冷戦と途上国の主権に関する議論である．冷戦時には，

「第二世界」(社会主義諸国) が存在していたため,南北間の対立がぼかされていた.冷戦の終焉によって,「南」は「北」のパワーと直接対峙することになり,性急な「北」は,「南」に関与の度合いを高めるようになったというのである [Ayoob 1995: 61-62].さらに,いったん途上国が独立をする過程で法的な主権を獲得し,国際的承認を受けてからは,途上国の領土の不可分性はその領域内部の状況がどのようなものであっても (分離独立運動などあっても) 尊重されるとの規範が冷戦時には存在していた [Ayoob 1995: 66].この規範は非植民地化の過程で,植民地期に形成された境界線を尊重する形で民族自決を認めるとの国際的な慣習によって形成され,途上国各国の分裂,崩壊を望まない米ソ双方によって尊重される形で定着したのである [Ayoob 1995: 67].こうした途上国の主権をめぐる状況は,冷戦後に大きく変化することになった.ソ連の終焉,旧ユーゴスラビアの分裂,スロバキアとチェコへのチェコスロバキアの分裂,エチオピアからのエリトリアの分離などによって,冷戦後に国際社会が,従来のように領土の既存の境界線に固執していないことが明らかになった [Ayoob 1995: 67-68].特にソ連の崩壊は,ソ連のような大国も盤石ではないことを示した点で,主権の脆弱性を認識させることになった[Clapham 2003: 33-34].国連においても,途上国の内部での状況が国際平和に密接な関わりをもつことが認識されるようになった[11].

このように第三世界研究においては,冷戦終焉が途上国に今までにない困難をもたらしたことを強調する傾向がある.ただ注意すべきは,冷戦の終焉の影響は,地域によってその現われ方がさまざまである点である[12].その意味で全体的な分析は,地域的バリエーションの分析によって修正・補足される必要がある.

まず中南米においては,キューバにおけるカストロ政権の存在によって,イデオロギー・体制対立としての冷戦が存続し続けた [Domínguez 1999][13].その意味で2014年12月17日にオバマ (Barack Obama) 大統領がキューバとの国交回復を政策として表明したことは,冷戦が中南米においても終焉することであると受け止められているのが示唆的である[14].

アジアでは,ソ連の勢力が後退したことによって,アジアで数少ないソ連の衛星国であったモンゴルで,モンゴル人民党による一党独裁体制から複数政党による自由選挙が1990年に実施された.しかし中国,ベトナム,北朝鮮では共産党体制が続くことになるなど冷戦終焉の直接的インパクトは総じてそれほど大きくなかった [Yahunda 1996; Kumaraswamy 2000].

中東における冷戦終焉のインパクトは，同地域での冷戦の展開の特性を反映して独自のものであった．もとよりソ連の崩壊によって，ソ連の中東での影響力の後退がみられたが，新たに大きな変化を中東地域全体に引き起こすことはなかった．ソ連寄りであった国家主導の社会主義的体制はナセル（Gamal Abdel Nasser）のエジプト，イラクとシリアのバース党体制であったが，1967年の6日間戦争によって衝撃を受け，1970年のナセルの死後に登場したサダト（Anwar Sadat）による体制転換（国内の社会主義政策の転換と親ソから親米への外交の変化）によって1970年代始めには「中東では冷戦は終焉していた」[Saull 2010]．冷戦の終焉は，パレスチナ・イスラエル和平を進展させ，湾岸戦争での反イラク連合を強化し，イエメンの統一をもたらし，ソ連寄りであったシリアなどに改革の圧力を加えさせることになったが，他の地域ほど大きな影響は与えなかったのである．その一方で，冷戦時には共産主義者へ関心が集中したことから，イスラム過激派勢力が伸張し，その後のイスラム過激派によるテロなどの一連の問題を顕在化させることになった [Sluglett 2013]．

　サハラ以南アフリカは，アフリカの角地域や南部アフリカで冷戦の影響がみられたが，アジアや中東と比べると，米ソの関心は低かった．アフリカにおける冷戦はその意味では，むしろ1970年代半ばから1980年代半ばにかけて展開した「第二次冷戦」（ソ連・キューバ兵がアンゴラ，モザンビークなどに進出）によって本格的に始まったといえる [Clapham 1997]．さらに，アフリカの紛争や低開発の原因は，基本的に国内の政治経済的要因によるものであって，冷戦の終焉の影響はそれほど大きなものではなかった [Sommerville 1999]．それでも，冷戦と最も関わりのあった南部アフリカでは，南アフリカにおけるアパルトヘイト体制が動揺する中で，ナミビアでは1988年にはキューバ兵と南アフリカ兵の撤退が実現し（1990年に独立），アンゴラ，モザンビークでは，内戦の解決に向けての動きが顕在化することになった．さらに冷戦の終焉は，アフリカ諸国の多くで民主化を促進することになった．ベナン，エチオピア，コンゴなどマルクス主義政党が政権にあった国々では，ソ連の援助の停止という直接的な打撃を受けることになった．さらに西側陣営に属していた国々においては，従来は冷戦での考慮から国内の強権体制が批判されることがなかったが，冷戦後はこれらの国々（ケニアなど）においても米国などから国内体制への批判が明示的に行われるようになるのである [Gazibo 2006: 165-68]．

　このような途上国をとりまく国際環境の中で，先進諸国の開発援助体制はど

のような変化を受けることになったのであろうか．以下では，まず冷戦期に形成された開発援助体制の特徴を示した上で，冷戦後世界での変化を分析する．

2　伝統的国際開発協力体制の特徴

　冷戦期に形成された開発協力体制が，冷戦終焉後の世界で挑戦を受けたことによって，1990年代初めに開発援助は転換を迫られた．それではそもそも伝統的開発協力体制はどのような特徴をもっていたのであろうか．

　先進諸国の開発協力政策は，第二次世界大戦の混乱を経て生まれたブレトンウッズ体制の成立，冷戦の文脈の中で展開された米国主導の途上国支援（1949年のポイントフォー），西欧諸国による植民地開発政策，などを直接の契機として成立し，展開した．旧植民地が大挙して独立国家となった1950年代後半から1960年代初めにかけて，開発は世界大の問題として認識されるようになった[15]．援助を中核とした国際開発協力の体制がこうした中で成立したと考えることができる[16]．そのような伝統的国際開発協力体制は，以下の3つの特徴を有していた．

(a) 主権尊重（内政不干渉）

　第1の特徴は，途上国が新たに獲得した主権を尊重するとの原則である[17]．非植民地化後の世界においては，援助を国家間関係として位置づける形で途上国の主権を尊重するとの原則に基づくことになったのは，自然な成り行きであった．もとより先進国・途上国関係が現実において対称的でなかったことはいうまでもないが，重要なのは，まさに現実の力関係に差があればあるほど，かえって公式の主権国家同士としての名目上の平等が強調される傾向にあったという点である．バンドン会議（1955年）において強調された内政不干渉原則は，新たに独立を獲得した国々にとっては侵されざる原則と考えられるようになった．

(b) 開発主義

　第2の特徴としては，60年代初めに近代化論として定式化された考え方が開発援助の理念的基盤を形成していた点である[18]．この考え方によれば，先進国と途上国は，同じ発展の道を歩んでいるのであり，異なるのは発展段階のみであるとされたのである．ロストウ（W.W.Rostow）による「離陸」に関する議論は，

代表的なものであった[Rostow 1960]．経済開発を進めることによって途上国は，先進国と同じような道を歩むことができるとする開発主義は，開発援助の理念的バックボーンを成していた．

(c) 戦略目的

第3の特徴は戦略目的である．冷戦の最中に形成された国際開発協力体制は，途上地域がソ連側に傾くのを防ぐとの戦略目的をその正当性の根拠として掲げ，西側先進諸国の国内政治における支持を調達してきた．もとより，一部の北欧諸国が，中立的外交政策の下であえて社会主義国（タンザニアなど）への支援を行ってきた事例はあり，また開発援助が人道目的に依拠していた側面もあった．しかし戦後の援助体制が，冷戦において西側の戦略の一環として位置づけられてきたことは，否定することのできない事実である．

こうした国際開発協力体制の特徴が，根本的な挑戦を受けたのは1990年代に入ってのことであった．主権尊重，開発主義，戦略目的，の3つのすべてにおいて1990年代に挑戦がみられたのである．

3 1990年代における開発協力体制の変容

以下では，先進国内部における変化，途上国における変化，そして国際的要因，に分けて冷戦後の開発協力体制変容の態様を分析したい．

(1) 先進国側の要因

先進諸国内部の要因としては，まず財政赤字が挙げられる．第二次世界大戦後に恒常化した福祉国家の下で，先進諸国はほとんど例外なく多大な財政赤字に悩むことになった（図2-2）．もとより財政的制約があっても，予算項目の何に重点をおくかは各国政府それぞれが決めるところであり，それが直ちに援助予算の削減に結びつくわけではない．しかし総じて援助予算は他の予算項目に比して「保護されていない」とされており（予算を支持する強力な国内ロビーの不在），援助予算の減少という「援助疲れ」がDAC諸国において現れることになった（図2-3）．その主な原因は先進国の財政赤字に求めることができる．

先進国側におけるもう1つの要因として，新自由主義の台頭が指摘できる．

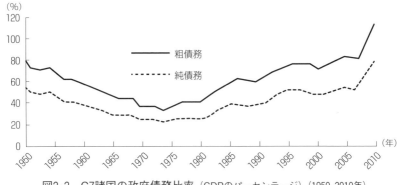

図2-2　G7諸国の政府債務比率（GDPのパーセンテージ）(1950-2010年)
（出所）Cottarelli and Schaechter [2010].

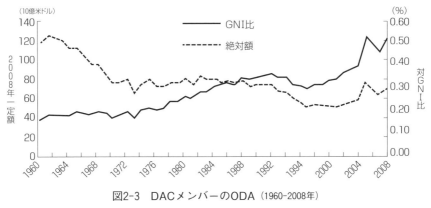

図2-3　DACメンバーのODA (1960-2008年)
（出所）OECD [2010].

これは経済政策ドクトリンとして，福祉国家への反動から先進各国において1980年代以降影響力を増してきたものである．その意味では財政赤字の増大と密接に関連しているが，それが援助に与えるインパクトは独立したものと考えられる．国内経済政策において特殊法人の整理，補助金の削減などは90年代の先進諸国にほぼ共通してみられた動向である．なぜ国内においては克服すべき対象である政府による補助金と類似した資金を，ノン・プロジェクト援助という形で途上国に対して引き続き供与するのか？　なぜ途上国政府高官の親族がしばしば実権を握り，民間セクターの発展を阻害する可能性のある国営企業あ

るいは半国営企業にODAが与えられ続けているのか？　先進国において，こうした疑問がODAに対して向けられたのは，自然な成り行きであった[23]．こうした動向によって，構造調整の名の下で規制緩和や民営化が，米国の影響が強いIMF・世界銀行を通して，途上国に対して求められていったのである．

　先進国における「援助疲れ」や新自由主義は，従来の開発援助が依拠していた途上国による国家主導の開発政策の遂行を困難にする傾向があった．その意味でこうした展開は，公共政策によって途上国経済を先進国経済に追いつかせるとの開発主義の考え方を掘り崩すことになった．

(2)　途上国側の要因

　次に途上国側の要因をみておこう．まず政治的民主化が多くの途上国で80年代末から90年代始めにかけて進んだことが挙げられる[24]．第Ⅱ部で詳述するように，その過程で途上国の民主化支援に開発援助を利用すること（コンディショナリティー及び具体的なプログラム）が広く行われるようになるとともに，構造調整の過程で既に自律性を浸食されていた途上国は，一層先進国からの干渉を受けるようになった．

　第2に指摘できるのは，本章第1節でみた途上国の多様化である．たしかに冷戦の終焉は，一方では東西対立を基本的に取り除く結果となり（アジア，中南米など例外はあるが），冷戦後の世界の対立は南北問題に帰着するとの見方もなされるようになった．しかしその南北対立自体は今までにないほど複雑なものとなった．従来途上国と考えられてきたメキシコ，韓国が「先進国クラブ」であるOECDに相次いで加盟するなど，途上国からの「卒業」という事態が生じていた．これは先進国と途上国の区別が形式的にも流動的であることを確認することになった[25]．また一部のNIES諸国は急激な経済成長によって，OECD加盟国の一部よりも高い1人あたりGNIを実現するなど事実上先進国化した．さらに，世界銀行などによる購買力平価に基づいた統計(GDP値)では，中国は日本，ドイツを上回る経済大国としてみられるようになった．先進諸国における予算の縮減と相まって，急速な経済成長を遂げた途上国への援助を正当化することはこうした状況では困難になった．

　このように途上国の変化は，従来の開発協力体制が依拠していた内政不干渉原則や，途上国が先進国のキャッチ・アップをしているとの開発主義の考え方に重大な修正を迫るものであった．

(3) 国際的要因

国際的要因としては，冷戦終焉の直接・間接のインパクト及びグローバル化を挙げることができる．既に本章第1節において検討したが，ここでは開発援助との関わりに絞って取り上げることにしたい．もとよりこの2つの現象は相互に関連しているが，ここでは分析上個別に検討することにする．

(a) 冷戦終焉のインパクト

まず冷戦終焉の開発援助へのインパクトとしては以下の3つを挙げることができる．

第1に，米国など一部のDAC諸国にとっては，戦略的目的，なかんずく冷戦においてソ連に対抗することが援助プログラムの主要な動機であった．実際1980年代を通してアメリカの対外援助の25％余りは例年イスラエル，エジプト向けが占めてきたのは，米国援助の戦略的性格をよく示していた［Lancaster 2007: 79］．冷戦の終焉に伴ってこうした戦略的正当化の基盤が掘り崩されてしまったのである．冷戦終焉後10年間にDAC諸国の中で米国の援助額の減少が著しいのは，この間の事情を端的に物語っている[26]．

第2に，冷戦後世界の特徴として途上地域での紛争の増加が指摘されている（詳しくは第8章参照）．冷戦時にも米・ソの代理戦争として多くの地域紛争（アンゴラ，モザンビークなど）が起こったが，冷戦後の1990年代において紛争は，当時よりもむしろ増加することになった．すなわち1990年代前半においては，冷戦時から冷戦後世界への転換期としての性格を反映していくつかのカテゴリーの紛争が同時に起こっていた．第1に，冷戦後も解決されず続く紛争があった．第2のタイプは，冷戦後の復興過程での混乱に基づくものであり，カンボジア，アンゴラなどがある．そして第3に，既に述べた減圧効果と解凍効果によって冷戦後に登場してきた新しいタイプの紛争，旧ユーゴスラビア，ルワンダなど民族的対立と政治的要因（権力をめぐる争い）が結びつき発生した，大規模な社会の混乱を伴う「複合的緊急事態」（complex emergencies）とよばれるものがある[27]．特にこのタイプの紛争では，悲惨な事態が現出することから，マスメディアを媒介として先進国世論の関与が強まり，先進諸国は何らかの対応を迫られることが多い．こうした紛争による開発援助への直接のインパクトは，「伝統的な」ODAが圧迫されるのではないかという懸念であった．すなわち難民・避難民救済のための緊急人道援助が大規模に行われ，そのための支出は長期的

開発を目的としたODAを事実上圧迫することになった．さらに，一部DAC諸国は，PKO予算などもODAとしてカウントするよう求めており，「伝統的」ODAはさらに縮小されることになりかねないとみられていた．

しかし冷戦終焉の最も重要なインパクトは，途上国において開発問題が開発問題として初めて取り組まれる機会をもたらしたということに求められる．すなわち，戦略的考慮によって，従来は「バッド・ガバナンス」により開発をむしろ妨げてきた（その責任は先進国，途上国ともに共有されるべきであるが）政権への援助が行われてきたが，冷戦後はそれが困難になったのである．冷戦という戦略的考慮がなくなることによって，開発問題は開発問題それ自身として取り組まれる可能性がでてきたのである．すなわち，開発が進まないのはなぜかが厳しく問われるようになり，途上国の政策，さらにはガバナンス自体が開発にもつ意味が援助機関によって問われるようになった．もとより伝統的な地政学的考慮や貿易上の考慮が，冷戦後においても引き続き先進国の援助政策に影響を与え続けるのは否定できない．しかし第二次世界大戦後に開発援助が誕生したのはまさに冷戦の落とし子であったという事情があったこと，その後においても開発を促進するはずの援助の効率性を妨げる最大の要因が冷戦であったことは広く指摘されているところである．その意味で，途上国政府は開発，住民の福祉の向上に関して従来にも増して責任を問われることになり，先進国側においても援助の効率性に関して従来以上に責任を求められることになった．すなわち途上国側にとっては，ガバナンスのあり方が，そして先進諸国側にとっては援助の効率性が問われるようになったのである．

従来の開発協力体制の柱であった冷戦の中での戦略的性格が薄れるとともに，その下で問われることのなかった途上国のガバナンス・政策が問われるようになったのである．これは従来の国際開発協力体制が依拠してきた内政不干渉原則の侵食とみることができる．

(b) グローバル化のインパクト

もとよりグローバル化と冷戦の終焉は切っても切れない関係にある．グローバル化が世界的に進んだ背景には，冷戦の終焉による東側諸国の崩壊によって市場経済が初めてほぼ全世界を覆い，関税と貿易に関する一般協定（GATT）のウルグアイ・ラウンドにおいてみられたように，途上国も世界経済に統合される方向が基本的な流れになったことがあった．[28] 他方，冷戦の終焉，ソ連の崩壊自体が，

ソ連をはじめとする東側諸国がグローバル化に対応できなかったためとの見方もある．このように冷戦の終焉とグローバル化は，密接に関連しているが，ここでは便宜上，冷戦の終焉と別の国際的要因として，グローバル化を考えたい．

グローバル化の下では，政策間の矛盾や制度の優劣などが市場の力によって問われるようになり，その限りで首尾一貫した政策の遂行が求められる面がある．その反面，変化があまりにも急激なために，安定した形での開発政策の遂行がかえって困難になることがある．先進国側にとっては，政策間(援助・貿易・外交・投資など)の整合性や，他国との協調が従来にも増して求められることになる．また途上国にとっても，市場経済からの信号に迅速に応答する政策が求められることになった．

こうした中では，途上国は，グローバル化への対応に成功する国と，グローバル化から取り残される国への途上国の二極分化が進むことになった．伝統的な開発援助が依拠していた単線的な経済発展プロセスを全ての途上国において実現できるという想定は，維持することが次第に困難になった．

4 その後の展開と展望

以上検討してきたように，開発援助は1990年代に入り，冷戦の終焉とグローバル化の進展の中で，転換を迫られることになった．主権尊重，開発主義，戦略目的という戦後の開発協力体制の特徴は，大きな挑戦を受けることになったのである．そうした挑戦に応える中で，1990年代の開発協力体制は新たな特色をもつようになった．

1つ目の特色は，ミレニアム開発目標（2000年）の採択にみられるような貧困へのフォーカスである[29]．これは，1970年代初めに社会的性格の援助(ベーシック・ヒューマン・ニーズ)が先進国側から提起されたのに対して，途上国側が国内政策に関する主権侵害であるとして総じて消極的であったことを想起すれば，その変化の大きさに驚かざるをえないであろう．また経済開発による近代化への信頼が圧倒的であった1960年代と比べれば，経済開発の有無にかかわらず貧困を対象にするとのアプローチは，単線的な経済発展という見方からは大きな変化である．さらに，冷戦期には，冷戦における戦略的考慮によって援助が左右されていたことからすれば，援助の目標を貧困解消・削減とするに至ったのは大きな転換であった．

もう1つの特色が，本書でいう開発援助アジェンダの政治化である．開発援助と民主主義・ガバナンス・紛争・安全保障との関連がどのように形成されたのかは以下の第Ⅱ部・第Ⅲ部の課題であるが，ここでは，貧困アジェンダの登場と開発援助アジェンダの政治化は，以下のような意味で相互に関連する関係にあったことを指摘するにとどめたい．

　第1の連関は，1980年代に，貧困削減・撲滅のためには市民社会（NGO）が開発過程に参加することが重要であるとの参加型開発の考え方が浸透し，また民主化・ガバナンス［元田 2007: 62-65］改革の要請からも意思決定への市民社会の参画が強調されるようになった．こうして元田がいう「開発を進める方法」として，民主主義・ガバナンスと貧困への取り組みの有機的連関が考えられるようになったといえよう．

　第2の連関は，援助機関の正統性の次元である．貧困アジェンダと政治的アジェンダ（民主主義・ガバナンス・紛争・安全保障）は，ともに援助機関が新たな正統性を模索する中で採択されたものであった．貧困が世界銀行のアジェンダとして初めて採択されたのは1990年の世界銀行報告においてであったが，その直接の背景は，米国議会と反貧困NGOの連携（1987-1989年）であったとされるのは示唆的である［Babb 2009: 164-66］．世界銀行は，構造調整への批判の高まりに直面して正統性を模索する中で，有力加盟国（特に米国）の意見への感受性を高めていたのである．その意味で，貧困アジェンダと政治的アジェンダが，1990年代にともに世界銀行などによって正面から取り上げられるようになったのは，援助機関による冷戦後の世界における新たな正統性の模索という共通の背景があったと考えることができよう．

注
1）現代のグローバル化の経済的側面の歴史的位置づけについては，［Frankel 2000］を参照．「20世紀末の世界経済は，19世紀末の世界経済と多くの点で類似している」との指摘は，Nayyar［2002: 7-8］を参照．
2）1990年代以降のグローバル化の特徴については，田所の言うように，① 影響が日常生活の様々な部分に及び人々のアイデンティティーなど「社会の深い層」にまで及ぶようになったこと，② 情報通信テクノロジーが動因であること，を挙げることができよう［田所 2004］．
3）新興工業経済地域（NIES）は，韓国・台湾・香港・シンガポールなど工業化による急速な経済成長を遂げた国などを指す．
4）以上の記述は，Rhode and Toniolo eds.［2008］に依拠している．

5）国際政治学では冷戦後に明確になった米国の優位が続くのかをめぐって論争が展開された［Layne 1995; Brooks and Wohlforth eds. 2008］．
6）Kupchan［2002: Ch.2］における冷戦後の世界地図を参照．
7）第二次世界大戦後の非植民地化によって，主権国家としての内実を備えているかどうか（積極的主権: positive sovereignty）ではなく，独立を希求する人民に対して国連によって与えられた国際的な正統性を主たる根拠とする（消極的主権: negative sovereignty）ことからすべての国家の形式的な平等が認められることになった．そのため，途上国では肯定的主権を欠き，否定的主権を備えた「准国家」（quasi-state）がほとんどを占めることになったという．
8）たしかにこの見方に対しては，途上国におけるさまざまな紛争はむしろ1960年代に起こるようになってきていたのであり，冷戦の終焉がきっかけとなってひき起こされたものではないとして，懐疑的な見方もある．実際，中米のエルサルバドル，ニカラグアなどでは，米・ソの代理戦争として内戦がひき起こされた．しかし内戦という点に限ってみれば，冷戦終焉以降においては明らかにそれ以前と比べて頻発するようになった（第8章図8-1参照）．
9）ジャクソンの議論は途上国政府（ないしは支配層）の行動の自由に焦点をあてているため，自由主義論者の議論と必ずしも位相を同じくしない点に留意するべきであろう．
10）旧ユーゴスラビアなどがこうした例にあたるであろう．この見方は，冷戦中においても実際にはアイデンティティー・社会経済的利益・権力へのアクセスをめぐる対立が潜在的ではあれみられたことを過小評価するきらいはあるが，それらが可視化するのが妨げられていた点を指摘している点では首肯できるものであろう．
11）バーネットは，冷戦期の国際秩序を特徴づけた規範（法的主権と領土の不可分性）を第一世代と呼び，1990年代以降に主権の内実（経験的主権）と国家の正統性が欠如した状態が国際平和に脅威となるとの見方に移行したとしている［Barnett 1995］．
12）イエメン内戦が終結して南イエメンと北イエメンが統一（1990年），カンボジア和平（1991年），など冷戦の終焉によって地域紛争が解決に向かった例は数多くある［Halliday 1995: 53］．しかしアジアや中南米ではヨーロッパでの冷戦後も冷戦が続いていた．全般的研究としては，Neuman ed.［1998］を参照．
13）なおカスタニエダは，中南米諸国は，冷戦の終焉とともに，行動の自由が拡大するのではなく，以前よりも行動を拘束されることになるとしていた．米国がもはや冷戦上の考慮から自己抑制することがなくなり，さらにソ連という対抗パワーが消滅したことにより，（特に左翼政権にとって）非同盟路線をとることが困難になったことが，その理由として挙げられている［Castañeda 1993］．
14）"U.S. to Restore Full Relations With Cuba, Erasing a Last Trace of Cold War Hostility," *The New York Times*, December 17, 2014.
15）ケネディ（John F. Kennedy）大統領の提案によって，国連総会が60年代を「（第一次）国連開発の10年」としたことによく示されている．
16）国際援助体制を「レジーム」と位置づける研究としては，Wood［1986］，Lumsdaine［1993］があり，日本では稲田［2004; 2013］，小川［2008］，佐野・髙橋・遠藤［2014］などの研究がある．よく知られているように，ラギーは国際貿易や国際通貨と比べて，

国際開発援助では，レジームが規範としての性格が弱く，構成要素間の関連がほとんどなく，また履行メカニズムが不十分であるとして，「准レジーム（quasi-regime）として位置づけられるべきであるとした［Ruggie 1983: 435-36］．そのため国際政治学におけるレジーム概念を開発援助分野に用いる近年の日本における議論においても，単一の援助レジームというよりは，複数のレジームに着目する傾向がみられる．稲田は単一の援助レジームという用語法と併用する形で，「構造調整レジーム」，「貧困削減戦略レジーム」について言及している．小川も，単一の開発援助レジームではなく，複数のレジームの並列として開発援助分野をラギーに倣って位置づけており，国連システム及び世界銀行がそれぞれ主導する2つのレジームの相互作用を分析している．また，佐野・高橋・遠藤は，ドナーと被援助国の相互作用によって特定の時期に形成される合意の組み合わせとして「援助レジーム」を定義し，構造調整レジームと貧困削減レジームについて論じている．本書においては，こうした一連のレジーム論には特に立ち入ることはせず，「国際開発協力体制」としてとらえることにしたい．城山［2007］は，国際援助分野を「システム」としてとらえており，本書と同様の視点にたっていると思われる．

17) 最も典型的には，「第二次国連開発の10年」を宣言した国連決議は第46項において次のように述べている．「財政的・技術的支援は，途上国の経済・社会的進歩の促進のみを目指すべきであって，先進国によって受け取り国の主権を害する形ではいかなる形であれ用いられてはならない」（Resolution no. 2626 "International Development Strategy for the Second United Nations Development Decade," adopted on October 24, 1970, General Assembly 25th Session）．
18) Latham［2000］を参照．
19) 開発主義に関しては，末廣［1998］，藤原［1998］が特に参考になる．
20) もとよりこれら3つのレベルは，現実には相互に関連しあっているが，ここでは分析上の目的のために単純化している．
21) 1980年代後半からG7諸国のGDPに占める政府債務比率は1980年代から上昇するようになった（ただし政府債務がG-7諸国中最も深刻であったイギリスは，1950年代から1990年代まで債務比率が低下し続けた）［Cottarelli and Schaechter 2010］．
22) 1992年から1997年までは，絶対量・対GNI比ともにDACの援助量は減少した．
23) ODAは民間部門に対しても有益な役割を果たしているとの擁護論を展開したものとして，Toye［1993］を参照．
24) この民主化過程については，Huntington［1991］参照．
25) 途上国リストとしての機能を果たしている「DACリスト」（http://www.OECD.org/dataOECD/32/40/43540882.pdf, 2011年6月11日アクセス）を参照．
26) 1962年から1988年にかけて米国のアフリカ向け援助のほとんどは，エチオピア，ケニア，リベリア，ソマリア，スーダン，ザイールの6カ国向けであった（ケニアを除く5カ国は通常崩壊国家と考えられている）．ハーブストは，「グローバルな戦略的考慮によって人工的に高く維持された外部からの資金の流入は，国家が直面していた根本的な諸問題を隠し，指導者が適応しなければいけなかった時点を遅らせる効果をもった．冷戦と結びついていた援助がなくなると，これらの国々は崩壊した」としている［Herbst 2000: 260］．

27) 複合的緊急事態とは,自然災害ではなく武力紛争によって引き起こされ,緊急・人道援助が必要とされる事態を主として指す言葉として,1980年代後半から使用されるようになった［OECD 1999］.またKeen［2008］も参照.
28) 途上国と国際貿易体制の関係についてはOECD［1992b］が参考になる.
29) 貧困が援助政策の焦点として1990年代に浮上したのは,直接的には1980年代にIMF・世界銀行を中心に導入された構造調整への反省からであるが,冷戦後に援助機関が戦略的性格以外の正当化の根拠を貧困に求めたことが指摘できよう.貧困へのアプローチについては,多くの研究があるが,世界銀行における貧困概念の導入過程を分析した以下の研究が参考になる［Sindzingre 2004; Finnemore 1996: Ch.4］.
30) 当時のコナブル（Barber Conable）世界銀行総裁（在任1986-1991年）は,民間銀行の出身ではなく共和党上院議員としての経歴をもっており,NGOがロビー団体として議会で急速に力をつけてきたことに極めて敏感であったという［Guilhot 2005: 216］.

第 *3* 章

OECDと冷戦後世界
──拡大と統合──

　第3章では，先進国のフォーラムとしてのOECDにおける冷戦後世界への適応過程を分析する．OECDは，自由民主主義・市場経済モデルの妥当性を体現する国際組織として，メンバーシップ拡大の道を選ぶとともに，同心円状に外部世界を図式化して対外関係を再編成することを試みた．そうした中でOECDの対途上国政策がどのような転換を遂げることになったのかを検討する．

はじめに

　OECDは先進諸国のフォーラムであり，今日のグローバル・ガバナンスにおいて独自の位置を占めている．以下で検討するようにOECDは予算や法的拘束力の面で他の国際組織に比べて見劣りする．それにもかかわらず，OECDは資本移動の自由化，汚職対策，環境規制などにおいて大きな影響を与えた．近年のOECD研究においては，OECDによる「ソフトなガバナンス」[Martens and Jakobi eds. 2010]，「ソフトな規制」[Marcussen 2004]，に関心が集まり，OECDがどのようにして世界で影響を及ぼしているのかが注目されている．そこではOECDが有している理念の普及，政策評価，統計の作成という3つの役割が鍵となるとされている [Martens and Jakobi eds. 2010]．

　他の多くの国際組織と同じように，OECDもまた，冷戦終焉期の世界の大きな変化に直面して，適応を迫られた．特に，1980年代末から90年代前半にかけて生起した冷戦終焉や民主化（旧社会主義国・途上国における）によって，OECDは以下に述べるように，自らのアイデンティティーに関わる挑戦を受けることになったのである．それは，今日グローバル・ガバナンスを担う国際組織は，

その多くが冷戦期に形成されたか,発展したという事情が背景にある.

本章はOECDが,1990年代の挑戦をどのように認識し,どのように適応しようとしたのかを検討することを通じて,OECDに集う先進諸国が全体として冷戦後の世界にどのように適応しようとしたのかを分析することを目的とする.中でも世界各地での民主化の進展は,OECDに対して,自己の組織の拡大という問題を 突きつけることになった.特に民主化した東欧諸国は経済水準も相対的に高く,政治的民主化によって,従来は西側諸国に限定されていたOECDのメンバーシップを根本から転換する問題が生じることになったからである.

本章は,できるだけ幅広い観点からOECDによる1990年代の挑戦への適応を分析することを目指したい.OECDが,自己を取り巻く状況の大きな変化に対して,組織としてどのように適応しようとしたのかに着目する.その際,OECDの組織としての基本的特徴が,OECDによる適応のあり方にどのような影響を及ぼしたのか,さらに変化に適応する過程でOECD自身がどのように変化することになったのかを明らかにしたい.

1 OECDの機構と課題

(1) OECDの機構上の特徴

OECDが民主化の問題に直面することになった1989-1990年には,OECDは世界の主要先進24カ国を加盟国とする「金持ちクラブ」であると一般に考えられていた.他方では,加盟24カ国のうち20カ国がヨーロッパ地域の国であったことから,東欧の変化には敏感であった.

OECDによる1990年代初頭の変化への対応を考えるには,OECDがもっている以下の機構上の特徴をふまえておく必要がある.

第1は,「閉鎖的クラブ」という性格である.国連,世界銀行などにおいては,メンバーシップがグローバルであったことから,東側諸国や途上国における民主化は加盟国との関係という内部問題としての基本的性格をもっていた.それに対して,OECDにおいては,メンバーシップが限られていたために,冷戦終焉後には非加盟国との関係が問われるようになったのである.

OECDは1961年に設立(欧州経済協力機構——OEEC——を引き継ぐ形で)されたが,新規加盟は日本(1964年),フィンランド(1969年),オーストラリア(1971年),そしてニュージーランド(1973年)だけであった.そしてニュージーランドの

加盟が認められた1973年からメキシコの加盟が認められる1994年まで，実に20年以上にわたってその扉は閉ざされてきたのである．またオブザーバーとして一部の会議への参加が認められたのもユーゴスラビアのみであった（例外的に韓国，メキシコなどが加盟前に一定の分野の委員会への参加が認められた）．こうした「閉鎖的クラブ」としての性格は，OECDに一定の同質性を保ち，先進諸国が共通に抱えた問題への対応をめぐる議論を効果的に行うことを可能とした面があった．

したがって，冷戦後の世界にどのように適応するかは，OECDにとっては「対外政策」上の問題であった．その意味ではEUが，中・東欧諸国の民主化・市場経済への移行という事態を前にして直面した拡大問題と問題状況は類似していた．OECDの場合には，もともと権限が比較的小さいフォーラム機関であったため，統合が進んでいたEUにおいてみられた組織の自律性の強化（「深化」）の問題は，それほどの重要性をもたなかった．むしろ，「閉鎖的クラブ」で可能であったとされる実質的な議論を，どのようにして確保していけばよいか，という問題がOECDに突きつけられることになった．

第2には，OECDはフォーラムであり，国連諸機関や国際金融機関のようなオペレーション（技術協力・資金協力）は基本的に行わないことである［Jacobson and Cox 1972: 6］．設立当初以来ギリシャ，トルコという低開発の加盟国に対して技術協力を実施し，また1960年代初めには地中海地域プロジェクトを実施したが，その後は加盟国・非加盟国双方に対しても一切オペレーションを行ってこなかった．OECDは，オペレーションを行わなかったために，フォーラムないしはシンクタンクとしての性格が明確になったといえる．後にみるように，OECDとして技術協力を中・東欧諸国を手始めにして行うに際して，このフォーラムとしての性格を薄めることになるのではないか，との慎重論がでることになった所以である．

第3は，経済・社会的目標である．OECDの設立条約にはOECDの主要な目的として3つが記されている．1つは世界経済の成長に貢献することであり，第2はOECD内外の途上地域の開発に貢献すること，第3が貿易の拡大に貢献することであった．一般に，OECDは経済活動に関する組織であると考えられており，民主化のような政治的事項とは関わりがないものと考えられていた．実際，OECDの設立条約にはNATOの場合（北大西洋条約前文）と異なり民主主義の文言はなく，しいていえば「個人の自由」という箇所があるだけである．しかも

この箇所は，過去のOECD閣僚理事会コミュニケの中では1976年に一度参照されているだけなのである．[11]

(2) OECDの直面した課題

以上のような機構上の特徴をもったOECDが，1980年代末から90年代初めにかけて直面した課題は，次の3つに分けて考えることができる．

(a) 冷戦の終焉

冷戦の終焉は多くの国際組織に衝撃をもたらした．それはこれらの国際組織が，冷戦の最中に文字通り冷戦の落とし子として生まれたという事情による．中でもOECDは，歴史的に冷戦と密接に結びついていた．OECDの前身のOEECは，マーシャル・プランの受け皿として米国の要求に沿う形で形成された組織であった．ヨーロッパの復興がほぼ成し遂げられた50年代末に，米国とカナダを加えてOECDとする試みが模索された．その背景には，冷戦において経済的側面がその重要性を増している中で，バーデンシェアリング（負担分担）を求め始めていた米国の意向が強く働いていた．[12] その意味で，中立諸国などが，OECDを「経済版NATO」とみていたのは理由なきことではなかった．

そのため冷戦終焉によって，OECDは「西側先進国クラブ」としての自己正当化をはかることが困難となったのであり，別の形でメンバー国に対してその有用性を弁証する必要性に迫られていくことになったのである．

(b) 他の国際組織との競争

加盟国の財政状況の悪化によって，どの国際組織も予算の面で引き締めを余儀なくされ，それと同時に国際組織の重複性の問題（overlap）も従来以上に問題とされるようになった．

OECDは経済・社会の様々な分野において活動しているが，条約に定められた3つの中心分野（経済一般，開発，貿易）においては，他の国際組織との競争が一層厳しくなっていた．経済政策一般については，サミットの制度化によってOECDの重要性は低下することになった．経済予測の面では，IMFとの間で競っている．開発の分野でも，世界銀行の重要性の増大にともなって，調査研究の面でOECD（DAC）の相対的重要性は低下しているといわざるをえない．さらに貿易の面では，世界貿易機関（World Trade Organization: WTO）の発足にともなっ

て，改めてOECDの役割が問われるようになった．

(c) OECD経済の比重の低下

世界の主要な経済大国をメンバーとして含むOECD諸国の世界経済全体に占める比率は，近年の一部開発途上国の急激な経済成長によって相対的に減少してきた［OECD 1997a: 68］．[13]

OECDが域外国との関係強化を真剣に考慮し始めたのは，こうした認識に基づきまとめられた1988年の「主要開発途上国とOECD」という事務局報告（"Oyake Report"）が端緒であった．[14] その意味で，OECDが冷戦後に拡大を模索することになったのは，1980年代からの流れを引き継いだものであった．

2　OECDの対応
――同心円政策――

先に述べたように，OECDにとっては，1990年代の挑戦は，拡大問題と非加盟国との関係の見直しに他ならなかった．しかし，その契機としてはすでに1980年代から進行していたOECD経済が世界経済に占める比重の低下などがあった．ここでは，OECDが，域外諸国一般との関係をどのように再検討しようとしていたのかを分析することにしたい．

(1)　「OECDモデル」の定式化

OECDにおける意思決定の最高の場である閣僚理事会（毎年5-6月に開かれる）において，冷戦後の状況（特に民主化）が初めて取り上げられたのは，1990年であった．同年の閣僚理事会コミュニケは，「ドイツで起こったこと」及びそれに続く中・東欧，開発途上国での民主化は，「OECDモデル」の普及を表しているとしてこれを歓迎，OECDとしてもその支援にあたる必要性を強調した．「OECDモデル」とは，多元的民主主義，人権の尊重，競争的市場経済を指すとされ，OECDはこれらの価値を共有する諸国の集まりであるとされた．これ以降，OECDの様々な文書においてこの定式化が用いられることになった．[15]

既にみたようにOECDの設立条約には民主主義の文言はなく，[16] 何を根拠に民主主義をOECD加盟の条件にするのかが注目されていた．OECDとしては，規約にある「個人の自由」にはあえて参照せず，OECDが現実に民主主義国から

構成されているという点にのみ根拠を求めたのである．その意味では，1970年代の南欧加盟国（スペイン，ポルトガル，ギリシャ）の民主化によって，OECDが事実上民主主義国を代表するようになったことが決定的に重要であった．

(2) 同心円政策

民主主義を「OECDモデル」として歓迎するとしても，民主化した全ての国と同じ関係をもつわけにもいかない．OECDとしての優先順位，言い換えれば世界像をもつ必要があった．

OECDの世界像は，当時同心円のメタファーによって考えられていた．同心円の構成はどの時点に考えられたかによって異なるが，新規加盟が決定された1994年の時点では次のように考えられていた（図3-1参照）．まず中心にはOECD加盟24カ国があり，そのすぐ外側には近い将来OECDへの加盟が可能な東欧諸国（移行パートナー：PIT），すなわち，ポーランド，チェコ，ハンガリー，スロバキアと，早期加盟が見込まれていたメキシコ，韓国が位置している．第2の円には，アジア・中南米の高度成長国，その他の東欧諸国が含まれていた．これらの諸国との間には，OECDと何らかの対話が行われていた．第3，第4の円には（両者を分けるのは困難であるが），それ以外の開発途上国が含まれていた（いずれもOECDとは直接の関係はなし）[平田 1994]．

図3-1　OECDからみた世界

(出所) 平田 [1994]．

こうした同心円状のOECDの対外関係の考え方自体には，OECDにおいてコンセンサスがあったと考えられる．しかしどの国が具体的に同心円のどの円に位置づけられるかについては，OECD加盟国の間で必ずしも一致していなかった．ドイツ，オーストリアを中心とした中欧諸国や北欧諸国にとっては，東欧諸国との関係の強化が優先的課題であった．また米国，カナダにとっては，北米自由貿易協定（North American Free Trade Agreement: NAFTA）を成功させるために，メキシコとOECDのつながりを強化することが第一の狙いであった．さらに日本，オーストラリア，ニュージーランドにとっては，アジアとの関係強化，特に韓国の加盟が最重要課題であった．こうした地域的利害の思惑の違いから，OECD加盟国間で活発な駆け引きが行われることになった［東野 1999: 438］．

3 OECDと移行諸国

同心円状に描かれたOECDの世界戦略の中核を成すのは，移行諸国と名づけられ第2の円を構成した，中・東欧諸国，新独立国家（NIS）とよばれた旧ソ連の各国との関係であった．これら移行諸国に対するOECDの政策は，加盟を視野に入れつつ技術協力を行うというものであった．当初から中・東欧の「成熟経済」とされたハンガリー，チェコスロバキア(当時)，ポーランドについては，特に前二者がOEECに参加の意志を示しながらソ連によって阻止された歴史的経緯に鑑み，米国がその加盟を強く支持していた．民主化との関連で問題が唯一生じることになるのは，チェコと分離した後のスロバキアであった．メチアル（Vladimir Mečiar）政権の人権抑圧を主な理由として，同国の加盟交渉は延期されたのである［東野 1999: 442］．

オペレーションは行わないとのOECDの伝統が，一部加盟国の慎重論を押さえて破られるに至った背景には，ヨーロッパでの冷戦による東西の分断を克服し，旧東側諸国を共通の価値観をもった体制として確固たるものにしようとの西欧加盟諸国及び米国の強い意思があったといえよう．

(1) CCEET

OECDは1990年に欧州移行経済協力センター（Centre for Co-operation with European Economies in Transition，以下CCEET）を設置して，移行諸国への技術協

力に乗り出した．CCEETはゼッキーニ（Salvatore Zechini）事務総長補が所長を兼任し，中・東欧諸国を対象にしたセミナーなどを開始した．

CCEETは統括組織としての性格をもち，それ自体でスタッフを抱えることはせず，むしろOECDの様々な部局が行う中・東欧関係の作業を調整し，またCCEETで計上された予算・人員を関係部局に配置する形でスタートした．このような形で当初支援活動が行われた背景には，域外国支援のオペレーションを通常活動に完全に組み込むことは避けたいとのOECDとしての考えをみることができる．

1991年にはCCEETの予算・人員は以下の通りであった．CCEETは約477万ユーロ（当時は3130万仏フラン）の予算で，OECD全体の予算の約3.3％を占めていた．これはOECDの専門的部局の中では，経済総局，科学・技術・産業局に次ぐ規模であった．専門スタッフは27人が計上され，このうち22人は他の部局に配置された．

3年後の1994年にはCCEET予算は約1532万ユーロ（当時は1億50万仏フラン）となり1991年の3倍を越え，予算全体に占める比率は約8.5％へと大幅な伸びを示した．これは経済総局の予算をも上回りOECDの専門部局予算中最大となった．専門スタッフの数も75人と急増した．

CCEETの活動は当初は中・東欧諸国のみを対象としていたが，その後のソ連の解体という事態の進展によって旧ソ連諸国をも対象とするようになった．当初は対象国全てに共通のセミナーなどを組織していたが，1992年から以下の3つのプログラムを行うようになった．

第1は一般作業プログラム（GWP）であるが，このプログラムは全ての中・東欧諸国，NIS諸国に開かれたもので，これら移行諸国に共通する課題について，広範な参加にもとづく活動を行った．特に，民営化，投資，税制に関しては諮問委員会を設置してOECDと移行諸国の間で常設の議論の場を提供することが目指された．将来的な優先事項としては，以下の4つが考えられていた．① 企業セクターの改革（労働市場，社会問題を含む），② 市場経済を支える法的・制度的枠組みの建設，③ 市場経済の機能のために必要な信頼性のある統計の整備，④ 貿易・農業・環境・教育などの鍵となる分野での構造調整，である．

第2はPITプログラムである．1991年3月に設置されたこのプログラムは，チェコスロバキア（当時），ポーランド，ハンガリーの3カ国を対象としており，加盟を含めたOECDとの関係の強化を前提にしていた．内容としては，OECDの

下部機関への参加，OECDの内部情報へのアクセス，OECDへの研修生の受け入れ，を通してPIT各国の実状に合った形で経済政策，その他のセクター別の政策の審査などが行われた．

　第3は，旧ソ連NISへの技術協力である．1992年から旧ソ連の4大共和国（ベラルーシ，ロシア連邦，カザフスタン，ウクライナ）に対して技術支援が開始された．これはしばらくして全てのNISを対象とするように拡張された．内容としては，市場経済の法的・制度的インフラの整備，民営化を柱とした企業セクターの改革，労働市場・社会問題へのインパクトを中心とした防衛産業の転換問題，政策決定者にとって信頼のできる統計の整備，原子力の安全と環境問題，が含まれていた．

(2) SIGMA

　以上のようなCCEETの主要な活動と密接に関連したプログラムとして，EUとの共同プロジェクトとして「中・東欧諸国のガバナンス・管理の改善のための支援」(Support for Improvement in Governance and Management, 以下SIGMA) がある．SIGMAは当初はポーランド，ハンガリー，チェコ，スロバキアというPIT諸国のOECDへの加盟を支援する目的で開始されたが，その後他の諸国にも拡大された［Carroll and Kellow 2011: 159-160］．以下では同プログラムについて若干詳しく検討することにする．

　EC（欧州共同体）とOECDとの間でSIGMAを設置する合意は1991年12月になされていたが，正式に協定が署名されたのは1992年5月になってのことであった．EUの東欧諸国への支援プログラムであるPHARE (Poland and Hungary Assistance for the Restructuring of the Economy)[19] との共同イニシアティブであり，予算も7割ほどがPHAREによって賄われていた．対象国は当初はPIT諸国，ルーマニア，ブルガリアであったが，後にバルト3国を含む中・東欧11カ国に拡大された．OECDでは，トルコ，ギリシャへの技術支援を管轄していたPUMA（公共管理局）が担当部局であった．

　1994年でみると，予算は329万ユーロ（当時は2160万仏フラン）であり，そのうちの7割がPHAREからの拠出で，残りはOECD (CCEETとPUMA) 及び一部加盟国の拠出（デンマーク，トルコ，オランダ，フィンランド，カナダ，ノルウェー，オーストリア）から成っていた．専門スタッフとして1994年には11名がOECDにおかれた．

SIGMAの目的は，OECDとECの間で署名された協定の中に次のように記されている．「市場経済を支え，民主的で多元的なガバナンス・システムの基盤を提供し，公共政策を実行できる効率的で効果的な公共制度の発展を支援する．」具体的には，EU加盟候補国が加盟のための条件（「EUアキ」acquis communautaire）を受け入れるだけでなく，実際に実行することができるように能力強化をはかることが目指されていた［Pal 2012: 103-104］．このような目的の下で，SIGMAは以下の5つの分野において支援を行った．

(a) 公共制度の改革

政治的転換という嵐の後の課題として，行政機構を新しい状況に適合させるために，行政改革を推進する必要が移行諸国では高まっていた．この行政改革の構想・執行,社会的パートナーの間で行政改革の必要性の認識を高めること，各国行政制度のプロフィールをデータ化することなどの活動が行われた．

(b) 政策形成の管理

移行諸国では，政治変動直後の政治そのものへの関心から，セクター間の利害の対立の調整やEUなど国際組織への加盟のために必要な制度の整備などへと関心が移行していた．厳しさを増す財政状況の下で，政府活動の効率性を高める必要があった．SIGMAは，政府の政策の形成と執行を改善し，政令・法律の管理を高め，政府機構の構造の改善（省，エージェンシー），政策形成の基盤の整備（公務員制度の制定など）などを内容とするプログラムを実施した．

(c) 歳出の管理

近代的な予算制度や公共入札の導入の必要性は自覚されていたものの，体制変動の混乱の中で，財政当局はこうした改革になかなか取り組むことができないでいた．SIGMAでは，予算計画の過程と構造，財政監察・会計，公共入札のシステム，外部会計監査のシステム，などについての支援を行った．

(d) 公務員制度

SIGMAは，移行諸国が行っていた公務員制度改革についても支援を行った．まず人的資源管理政策の形成について協力するとともに，公務員制度の法的基盤整備，公務員の養成・研修，さらにはSIGMA参加国の間での人的・制度的

なネットワークづくりを促進するプログラムを実施した.

(e) 行政のコントロール
　移行諸国では行政監督の制度（会計検査，憲法審査，オンブスマンなど）や執行府の行動を抑制する制度（行政制度の確立，公務員倫理の確立，外部監察など）の重要性が認識されるようになってきた．その背景には，行政が自由に批判されるようになったことや，外国からの投資の流入が阻害されるおそれがあるとして，政府も対策を取り始めたという事情があった．さらにSIGMAは，行政手続きや市民の権利に関する法律の整備を支援した．

　以上みてきたように，中東欧諸国に対しては，本格的な技術支援というOECDの性格を転換させる可能性をもった政策がOECDによって採用された．それは西欧諸国の強いイニシアティブによるところが大きかったが，米国も一貫して支持を与えてきたのである．こうした中では，それ以外のOECD諸国（日本，オーストラリアなど）は積極派に引きずられる形で追随することになった．日本，オーストラリア，ニュージーランドなどは，OECDの第一部予算（分担金による）によってこうした活動が賄われることは欧州中心主義であるとしていた．こうした批判をかわすために，OECDは次第にこれらの活動をヨーロッパ以外の国々にも開放するようになった．1995年にCCEETの活動対象国にモンゴルとベトナムが新たに加わり，CCEETから移行経済支援センター（CCET）へと改称した（ヨーロッパに限定されることがなくなった）．さらにスペイン，ポルトガルが求めていた中南米地域や他のアジア諸国にも活動範囲を広げ，CCETは1997年に非加盟国支援センター（CCNM）へと改組された．このように当初は中東欧諸国から始まった非加盟国との関係の強化は，メンバー国間の駆け引きによって，次第にグローバルになっていったのである.[20]

4　OECDと途上国

　OECDにとって外縁を形成していたのが，OECDの下部機関として開発援助に関するフォーラムであるDACと途上国との関係であった（独立機関である開発センターについてはここでは扱わない）．以下では，OECD及びDACにおいて，冷戦後に途上国との関係がどのように再構成されたかを検討したい（OECDにおける

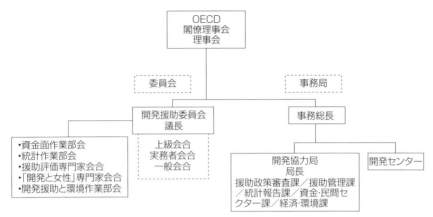

図3-2　1990年代初めのOECDにおける開発問題に関する組織図
（出所）著者作成.

開発問題に関する組織図は図3-2参照）.

　まず，冷戦後，途上国の定義が曖昧になったことが指摘されなければならない．特に東側諸国たる「第二世界」の崩壊は，途上国の再定義を迫ることになった．DACでは，加盟各国の利害の調整を経て，アルバニア，ルーマニアなどは途上国として「DACリスト」（以下詳述）に掲載された．中央アジア諸国，その他の旧ソ連NIS諸国についても同様の措置がとられた．移行諸国と途上国とは，したがって，重なり合う部分があった．

　また，OECD諸国の政策決定者は，移行諸国と途上国という2つのカテゴリーの国々をそもそも別個のものとして明確に区別していなかったのではないかと思われるふしがある．東欧諸国に対しては欧州復興開発銀行（European Bank for Reconstruction and Development: EBRD）の設立規約にみられるように民主主義・人権の尊重を強調していたが，同様の姿勢を途上国に対しても示さなければ整合性に欠けるとの認識が特に西欧諸国の政府関係者においてみられた.[21]

(1)　ODA概念の見直し

　1990年代初めにDACでは，冷戦期に生まれた援助のあり方自体がさまざまな形で問われるようになった．DAC上級会合では，ODA概念それ自体の再定義が議題として取り上げられることになったのである．ODA概念の見直しは，ODA対象国を規定する「DACリスト」の改定問題と，ODAを従来からの定義

を維持して限定的にとらえるか，それとも新たな問題群をも含めて広くとらえるか，という定義自体の問題が密接に絡む形で提起されることになった．

　まずDACリストであるが，これは事実上開発援助の受け取り対象国としての資格を規定する役割を果たしてきたものであった．もともとは，1962年にDAC諸国から途上国への資金の流れが定義されるようになった際に作成されたものであり，内容は次の通りであった．「南アフリカを除くアフリカの全ての国と領土；米国とカナダを除く米州；オーストラリア，ニュージーランド，日本を除く非共産主義アジア・太平洋；ヨーロッパでは，以下の国のみ：キプロス，ジブラルタル，ギリシャ，マルタ，スペイン，トルコ，ユーゴスラビア」．このリストは，当初は単に統計上の役割をもっていたに過ぎなかったが，その後援助の受け取り資格要件としてDAC諸国によって使用されるようになったものである．いくつかの微調整があったが（中国とベトナムが1980年代に相次いで掲載され，スペインが1983年に除外），基本的に1962年以来1990年代初めまで変化はなかった．冷戦後に東側諸国がDACメンバーからの援助を求めて，DACリストへの掲載を求めるようになり，DACリストの改定問題が課題として浮上したのである[22]．

　DACは暫定的な措置として，1992年11月にDACリストを以下のように改定することで合意した．すなわち，既にみたように，5つの中央アジア共和国（カザフスタン，キルギスタン，タジキスタン，トルクメニスタン，ウズベキスタン）をリストに加えるとともに，リストに掲載されていた高所得国を，3年の暫定期間を経てリストから順次外すとの決定であった．この決定はあくまでアドホックなものであり，また新たな国を加える一方でほぼ同数の国を外すという意味で，リスト自体の構成には大きな修正を行わないという妥協的性格のものであった．

　DAC各国の間では以下にみるように意見の相違がみられたが，それは従来からDACリストの整合性・根拠が問われていたものの，各国の利害関係が錯綜するDACリストを根底から見直すことについては，DAC諸国は「パンドラの箱」を開けることになるため，従来から手つかずであったという経緯があった．各国の意見対立は，DACリストの根本的改定を主張する諸国（世界銀行による1人当たりGNIなどの統計を根拠にして）とそれに反対する国々の間で主として展開された．

　北欧諸国は貧困を基準としてDACリストを全面的に見直すことを主張し，

フランス，イギリスなどもアドホックなリストの改定に反対との立場から全面的改定を主張した．それに対して，米国と日本はリストの全面的改定に反対した[23]．両国は，それぞれイスラエル，一部の東南アジア諸国が援助対象から外れることを懸念して，リストの全面的改定に反対したといわれる．

他方，ODA概念の内容については，伝統的な援助（福祉目的，譲渡性，公的資金，DACリスト向け）の内容に限定した排他的定義を維持するとの方向を示したのは，イギリス，フランス，ノルウェー，スウェーデン，カナダなどであった．それに対して，難民対策，PKO関連など新たな課題に対処するための資金もODAに含めるという包含的定義を主張したのは，オランダ，スペイン，ベルギーなどであった．

こうしたODAの定義（包含的か排他的か）に関する議論と，DACリスト改定問題に関する議論は，複雑に絡み合っていた．日本は，伝統派に位置しており，旧東側諸国（「第二世界」）にODAが流れることを警戒し，またあくまで開発援助の内容の拡大には反対するとの姿勢であった．これに対して，多くのヨーロッパ諸国は，東欧諸国への支援の強化が共通する立場であり，アフリカ諸国との関係が濃い（したがって援助が旧東側諸国に流れることに警戒的であった）フランスのような国でさえも，他のヨーロッパ諸国との連帯が優位したのは興味深いものがある．同時にこれらヨーロッパのDAC諸国（北欧諸国を含めて）が，ODA概念の拡張には一部の国（オランダ，スペインなど）を除いて反対であったのは，錯綜した利害関係を示していたといえよう．

結局，妥協案が成立して，移行期間を入れた上でリストの全面的改定を認めるとともに，リストを2部構成にすることによってODA概念を「薄めない」（内容上の拡張，および旧東側諸国への傾斜の両面から）との形になったのである[24]．冷戦の終焉による「第二世界」の崩壊を前にして，DACでは，DACリストを所得水準により合理化することによって，あくまで途上国としての性格をもつ国（「東側の中の南」）のみを援助対象国としてDACリストに掲載する一方，それ以外の資金の流れを公的援助（Official Aid: OA）という新しいカテゴリーとするとの便法で，DAC諸国としての対応をまとめることができたのである．そこには，南北関係の政策手段としての援助という性格を，冷戦後の新たな状況においてもなお維持したいとのDAC諸国の意思をみることができよう．

(2) 拡大と直接対話

OECDによる途上国との関係の再検討は,以上みてきたようにDACを中心に開発援助の調整においてなされていた.しかし一部の途上国との間では,OECD加盟や直接対話という形での適応が模索された.OECDとして途上国との間で直接関係がもたれていたのは,高度成長アジア諸国DAEs (Dynamic Asian Economies) とOECDがよんでいた一部の国々,そして中南米諸国の一部との間であった.しかしそこには,民主体制を強固なものにするという東欧の場合にみられたOECD側の動機はあまり前面に出ることはなく,経済的考慮が優先していた.またDAEsとの間では,技術協力は当初は行われなかった.

韓国,メキシコのOECD加盟にあたっては,1990年代初めの加盟候補国であったハンガリー,チェコスロバキア(当時),ポーランドに対してと同様,民主主義,人権の尊重,市場経済という価値観を共有していることが条件の1つとして挙げられていた.一部OECD加盟国からは,韓国やメキシコがそうした価値観を共有しているかについて疑問の声も出された[25].しかし韓国の場合には,OECDに加盟させることによって経済の自由化を韓国政府に進めさせるとの米国の狙いや,日本によるアジア太平洋地域へのバランスの配慮,アジアの成長地域と関係を深めたい西欧諸国の思惑,があった.またメキシコの場合には,NAFTAを成功させるとの米国・カナダの強い意思があった.このように,韓国・メキシコのOECD加盟に関しては,それらの国の民主化との関連は,中・東欧諸国の場合と比べて,総じて大きくなかったといえよう.

(3) 援助政策の見直し

DACは,1996年5月に「21世紀を形成する――開発協力を通じた貢献――」と題した戦略文書を発表し,先進諸国と途上国の関係の見直しを試みた[DAC 1996].この文書はミレニアム開発目標に直接影響を与えるなど,その後の開発協力政策の展開にとって極めて重要な意味をもつものである[26].以下では同文書を先進国側の冷戦後世界への適応の例として取り上げ,その背景,意味を考察してみたい.

DACがこのような見直し作業を行ったのは日本政府のイニシアティブの下であったといわれる.たしかにその通りであるが,米国,フランス両国とも同じ時期に途上国との関係を見直す必要を感じていたのであり,むしろDAC中心メンバーにおける共通の問題意識の産物として同文書はとらえるべきである

と思われる．同文書において注目される点は以下の通りである．

(a)「パートナーシップ」

同文書では先進諸国と途上国の関係が「パートナーシップ」として位置づけられている．これは1995年のDAC上級会合で採択された決議において用いられた用語であるが，既に1991年にノルウェー政府によって提案されていたものであった．

具体的には，パートナーである先進国と途上国は双方の責任分担を明示した協約（compact）を結び，① 途上国の責任分野，② 先進国（及び国際組織）の責任分野，③ 共同責任の分野，を定めている．①としては，適切なマクロ経済政策，社会開発と参加の拡大，信頼できる政府と法の支配，能力の強化，国内貯蓄の活用，健全な財政運営，協力的な対外関係が挙げられている．②としては，追加的資源の活用，国際的貿易・投資制度の整備，効果的な援助，能力の強化と参加の拡大への支援，情報・技術・ノウハウの支援，政策の整合性（人権や武力紛争に影響を与える政策など援助以外の側面においても），援助調整の強化，が述べられている．最後の③は，開発資源の創出，武力紛争の防止，腐敗の防止，市民社会の活用，急成長している途上国や地域機関の活用，となっている．

途上国がなすべきことを途上国の内政・外交にまでふみこんで先進諸国間の集まりであるDACが提示したのは，構造調整や良いガバナンスのコンデイショナリテイーによって事実上常態化していた途上国の主権の「浸食」を契約的文書という形で公式化したものとも考えられよう．DACの会合では，途上国の予算の作成も先進諸国が事実上行うべきであるとする発言もなされており，先進国と途上国の間で先進国側が優勢な力関係を明白にもつに至ったことが如実に反映されていた．

同政策文書はまた途上国と先進国の関係はパターナリズムに基づくものであってはならないとしていた．本書の事例研究で取り上げるフランスとアフリカの関係は伝統的にパターナリスティックな色彩が強く，現在でもそうした傾向がみられる．それだけにこうした表現がDACで採択された陰にはフランス自体の政策の変化が窺えて興味深い[27]．いずれにしても，同文書は，途上国との関係を責任あるものとしてとらえようとしている点で，冷戦後に開発問題がそれ自体として扱えるようになったことが例証されている点で興味をひくものである．

(b) 成果重視

　DAC政策文書の特徴は，貧困，初等教育，乳児死亡率などで2005年ないし2015年までに一定の成果を挙げることを謳って，具体的な数値目標を示した点にある．これは従来援助の中心的考え方であった援助量重視 (input-oriented) に対して成果重視 (output-oriented) への転換をはかったものとされる．これはODAを対GNP比で0.7％供与するとの先進国の国連の場における国際公約が事実上死文化している中で，新たな方向を打ち出そうとしたものともいえるが，ODAの役割が内外で問われる中，途上国に対しては援助量での期待をしないよう警告するとともに，先進国国内世論に対しては人道的目的を掲げることでODAの維持を正当化しようとしたものとみることができる．

(c) 政策の整合性

　従来から政策の整合性 (policy coherence) は開発協力においていわれてきており，1960年代始めには既に援助と貿易政策の整合性への言及がみられた．しかしDACにおいてこのテーマは，80年代後半から再び取り上げられるようになった．このテーマの登場は，「援助疲れ」の登場と時期を同じくしており，その背景には援助量の停滞があった．援助の停滞，あるいは今後停滞が予想されるのを前にして，DACに集う援助関係者は貿易など他の広範な政策手段を活用することを掲げるようになったのである．その意味で従来からの政策の整合性に関する議論は，援助の効率性に関する議論の一環として解釈することが基本的にできた．しかし環境保護との整合性，あるいは本文書におけるように人権保護，武力紛争防止との整合性という考え方は，本書の第Ⅱ部・第Ⅲ部でみるように，むしろ新たな課題の登場に対応した開発概念の拡張の一環としてとらえるべきであろう．

5　OECDによる適応過程の位置づけ

　OECDは1990年代の新たな国際環境に対応する過程で，メキシコ，韓国，チェコ，ポーランド，ハンガリーという5カ国を新たな加盟国として受け入れた．また積み残しであったスロバキアも2000年には加盟を果たした．さらに2010年にはチリ，スロベニア，イスラエル，エストニアが加盟した．OECDの1973年以来の「閉ざされたクラブ」としての性格は，大きく変化したといえるであろ

う.

またOECDと域外国との関係の面でも,既にみたCCETからCCET(バルト3国,南東欧諸国さらには中央アジア,ベトナムなどアジアの移行諸国にもその対象を広げてきた)へ,そしてNIESとの対話を担当してきたリエゾン・調整ユニットと統合する形でCCNMが設立された.さらに従来から途上国とのコンタクトの薄さを批判されてきたDACにおいても,「21世紀を形成する」戦略に盛り込まれたパートナーシップを具体化すべく,途上国との関係の強化が模索され始めていた.非加盟国との関係強化は,もはや冷戦終焉に伴う一時的な動きではなく,OECDの本質的な活動の一部に組み込まれた感があった[28].

こうした動きは,OECDの機能が変化しつつあるものとしてとらえるべきであろう.従来OECDは,その閉鎖性のゆえに,均質的な国々の間で実効的な議論を行えるフォーラムとして,その存在価値を主張しえた.しかしながら,もとより議論の質を維持しようとの動きもみられたものの,ある程度組織の均質性を犠牲にしてでも,拡大をするとの方向性が全体として打ち出されたものと考えられる.OECDに集う先進諸国は,OECDを民主主義・市場経済を体現するモデルとして再構成することによって,1990年代以降の世界の政治・経済的変化に適応することを試みたのである.その背景には自由民主主義が果たす安定化の役割への暗黙の期待をみることができる.「統合」(integration)にせよ「包摂」(inclusiveness)にせよ,OECDには世界の安定化を果たす機能が期待されていたとみるべきであろう[29].

このようにOECDは,民主化・市場経済化を世界規模で促進し,拡大による世界の安定化を自らの新たな役割として見出すことになった.それはどのような意義を有するのだろうか.ここでは,以下の3点を指摘したい.

第1にOECDは対外的に「民主主義・市場経済」を掲げ,拡大を目指すことによって,組織的に自己の変革を迫られることになった.その1つは,国際レベルにおけるOECDの「民主化」である.OECDでの決定・議論に,世界の各地域の利害が反映されるべきだとの考えが,OECD内部においても強まってきたことが指摘できる.1999年の閣僚理事会に,非加盟国のインド,中国,ロシア,アルゼンチン,インドネシアなどが招かれ説明を受けたのはその意味で興味深い.紛糾し,頓挫した多国間投資条約(Multilateral Investment Treaty: MIA)をめぐっても,NGOや途上国からの批判はあったものの,OECD側の意図としては,むしろ非加盟国との協議が当初から考慮されていた.さらに,EUにおいて拡大の問題か

ら組織の構造の議論（深化）が切り離せないように，OECDでも拡大にあわせて意思決定方式を全会一致から多数決制に変えるべきであるとの意見がおこってきた[30]．また，議会（欧州審議会，NATO）組織や労働組合・経営者団体との接触は従来からあったが，最近ではさらにOECDの代表性を高めようとの動きや，出版物・会議の公開などによる透明性の確保などの動きもみられる．こうした近年のOECDの変化は，不十分で遅々としたものとの批判もありえるが，基本的には，OECD自体のガバナンス改革の動きの現れとしてみることができよう．

第2に指摘できるのは，民主主義・市場経済モデルにおけるバランスの問題である．もとよりOECDの拡大プロセスにおいて，民主主義と市場経済の相対的比重の判断は異なったものとなりえた．中・東欧諸国の加盟においては，経済よりは政治的側面が重視されたといえる［West 2011: 76］．それに対して，今日問題になっている新興経済諸国との関係強化は[31]，中国の例にみられるように民主主義というよりは経済的側面がその判断の基盤にあるいえるであろう．

第3には，「地域主義によるグローバル化」の動きを指摘することができる．既にみたように，ヨーロッパの加盟国が中東欧諸国の加盟を推進し，韓国とメキシコの加盟においては，それぞれ日本，米国の後押しがその背景にあった[32]．そしてこうした地域主義的考慮がOECDにおいて認められたのは，中東欧諸国の加盟によってOECDの地域バランスがヨーロッパにさらに傾くことを防ぐとの考慮によるところが大きかった[33]．このような地域的配慮は，今日振り返ってみるとメキシコ加盟をめぐる米国の政策に直接的には端を発すると思われる．従来米国はOECDが創設されて以降，OECDにおける均質性を守るため，オーストラリア，ニュージーランドの加盟にも最後まで反対をしたとされる[34]．その背景には，アルゼンチン，ブラジル，イスラエル，そしてソ連（多分に戦術的な動きであったが）などが当時加盟を目指していたため，いったん新規加盟を認めると歯止めがきかなくなるとの判断があった．こうした米国の姿勢は，メキシコ加盟に際して根本的に変化することになった．メキシコが「先進国」として経済・社会・政治的に成熟しているかという疑問の声があがっていたにもかかわらず，米国はNAFTAを成功させるという地域的配慮のため（あるいはメキシコからの移民を防ぐためという国内的事情），従来の姿勢を一変させたのである[35]．こうして「パンドラの箱」が開かれ，その後の拡大の波を招くことになったのである．

翻ってみると，OECDは発足当初から「外向き」(outward-looking)であるこ

とを期待されていた．OEECからOECDへの転換を主導した米国とフランスは，ともに異なる理由からではあったが，域外国（途上国）との関係をもった「外向的」組織を求め，それがOECDの"D"（Development）が生まれた最大の要因であった［Masujima 1999: 362］. 石油ショック後の混乱の中で，途上国との対話の強化がOECD全体の認識として共有された時期が1970年代後半にみられたが，あくまでOECDの歴史の中では例外であった．1990年代以降の新たな展開は，その意味でOECDの当初の理念が発現したものとも考えられるのである．

注

1）OECDは，他の国際組織（国連，世界銀行など）に比べて，あまり研究されてこなかったが，グローバル・ガバナンスへの関心の高まりの中で，近年多くの研究がなされるようになった．OECDに関する簡明な研究史としてClifton and Díaz-Fuentes［2011］がある．OECD全般に関する代表的な研究として，Schmelzer［2016］, Woodward［2009］, Mahon and McBride eds.［2008］, Carroll and Kellow［2011］, Bonvin and Morrisson［1998］, Martens and Jacobi eds.［2010］, Bocquet［2012］などがある．日本における研究としては，谷口［1999］，村田［2000］が特に参考になる．

2）国際組織と民主化の問題一般については，最上［1994］が鋭い問題提起を行っている．またアルチブギ［1999］は，国連での民主主義の問題として，①加盟国内の民主主義，②国の間の民主主義，③グローバルな問題の民主的な取り扱い，の3つの相互に関連する視点を提示している．本書においても，「民主化」はこの3つのレベルにおいて考え，その相互連関性に着目する．

3）OECDの原加盟国は，オーストリア，ベルギー，デンマーク，フランス，ドイツ，ギリシャ，アイスランド，アイルランド，イタリア，ルクセンブルク，オランダ，ノルウェー，ポルトガル，スペイン，スウェーデン，スイス，トルコ，イギリス，米国，カナダの20カ国であり，その後日本（1964年），フィンランド（1969年），オーストラリア（1971年），ニュージーランド（1973年）が加盟した．

4）Joyner［1999］が，加盟国との関係として，国連と民主主義の関連を取り扱っていて，特に参考になる．

5）Masjima［1999］でその過程を分析した．Shmelzer［2016］も参照．

6）中・東欧の民主化へのEUの対応については，［Pridham 1999］が特に参考になる．

7）もう1つの国際組織のタイプは，サービス提供組織（service organization）である．

8）ギリシャ，トルコ，スペイン，ポルトガルおよび准加盟国（associated country）のユーゴスラビアに対しては，OEECの時代（1956年）から技術協力が行われており，1970年にはOECDによって835万仏フランが支出されていた．このプログラムは1994年に終了するまで続いた．

9）これらについては，Schmelzer［2014: 181-182］参照．

10）OECD設立条約第1条を参照（http://www.oecd.org/general/conventionontheorganisationforeconomicco-operationanddevelopment.htm，2016年8月3日アクセス）．

11) 「OECDメンバー国政府は，社会進歩，拡張された開発協力，個人の自由が確保される市場志向的な開放的経済システムに依拠し……」("Communiqué of the Council," June 25, 1976).
12) 当時米国国務省経済担当国務次官補であったEdwin E. Martinへの筆者によるワシントンでのインタビュー（1997年8月11日）.
13) 1995年の世界全体のGDP（1992年購買力平価による）に占めるOECDの割合は56％であった．2020年には30％近くまで低下すると予想されている（OECD加盟国に変化がないなど一定の条件での1つのシナリオによる）.
14) この点についてはFührer [1994] に簡単な記述がある．
15) 「OECDメンバー国政府の閣僚は，ヨーロッパ，特にドイツで起こっている歴史的変化を歓迎する．これらの動きは，多くの途上国で起こっている最近の変化とともに，多元的民主主義，人権の尊重，競争的市場経済というOECD諸国に共通の基本的価値への動きを現している」("Communiqué of the Council," May 31, 1990).
16) ハンガリーの初代OECD大使が次のように述べているのはOECD設立条約には民主主義の文言が含まれているという誤解がかなり広範であったことを窺わせる．「1960年の条約によれば，メンバーになるにはハンガリーは既にそうであるが民主主義であるだけでなく，市場経済でなければならない」[OECD 1997b: 37].
17) OECDは1980年代始めから中東欧諸国の問題（債務問題）を検討していたが，中東欧諸国と本格的に関係をもつようになるのは1990年になってのことである [Carroll and Kellow 2011: 96].
18) OECD [1992a] による．以下の記述（SIGMAの項も含む）も各年のOECD活動報告を参照した．
19) 1989年に発足したECによる中東欧支援プログラムで，後に中東欧10カ国に拡大された．PHAREについては，以下が参考になる（http://www.europarl.europa.eu/enlargement/briefings/33a1_en.htm, 2016年8月3日アクセス）.
20) これらの動きについては，Bonvin and Morrisson [1998: 97-109] に詳しい．
21) この点は，DACが途上国に対して課した民主化コンデイショナリテイーの動きが，ベルリンの壁崩壊直後の熱狂（euphoria）の中で行われたことを想起すれば理解されるであろう．
22) 以上の記述は主として以下に依拠している（"History of DAC List," http://www.OECD.org/document/55/0,3343,en_2649_34447_35832055_1_1_1_1,00.html, 2010年6月6日アクセス）.
23) 「OECDの援助対象リスト全面見直し論浮上」『日本経済新聞』1992年10月3日．
24) DACリストの2部制は，2005年に廃止された．これ以降は，単一のDACリストのみが存在するようになる（http://www.oecd.org/dac/stats/historyofdaclistsofaidrecipientcountries.htm, 2013年4月14日アクセス）．この点についてはRaffer and Singer [2001: 80-83] も参照．
25) 同じように政治面で問題を抱えていた中欧諸国，メキシコに比して，OECDによる韓国への対応は厳しかったといわれる．韓国の場合は労働組合への政府による弾圧が問題とされ，労働法の改正などがOECDによって課題とされた．当時OECD事務局の担当者

による論稿であるWest［2011］を参照．
26）同文書を端緒として，ミレニアム開発目標や援助の効率性に関するパリ宣言などが誕生することになった．この間の経緯についてはde Renzio and Mulley［2007］を参照．
27）本書第4章参照．
28）域外国との関係強化が将来にわたるOECDの新たな役割であるとするのは，Ougaard［2011］である．
29）今日では中国など新興国の取り込みがOECDの課題となっている．OECDが新興国の加盟を期待する一方で，新興国側はOECDを必要としていないとの厳しいOECD評価を行うのが，Mahbubani［2013］である．
30）日本政府OECD代表部の野上義二大使（当時）への『ル・モンド』紙のインタビュー（*Le Monde*, 14 avril 1998）．
31）ロシアは加盟候補国であるが，ウクライナ問題を受けて2014年3月に加盟交渉は中断された．ブラジル・中国・インド・インドネシア・南アフリカは，拡張関与国（Enhanced Engagement Countries）とされ，OECDの経済政策サーベイなど様々な活動に参加している．メンバーシップとは直接のつながりはないが，長期的には加盟が予想されている（http://www.OECD.org/pages/0,3417,en_36335986_36339083_1_1_1_1,00.html, 2011年6月12日アクセス）．
32）メキシコについては，APEC（アジア太平洋協力）加盟国であった米国，カナダ，オーストラリア，ニュージーランド，日本が加盟を支持したのをはじめ，スペインが歴史的なつながりから支持したとされる［Carroll and Kellow 2011: 97］．
33）チェコ（1995年12月），ポーランド（1996年11月），ハンガリー（1996年5月），スロバキア（2000年12月）のヨーロッパ4カ国の加盟と，韓国（1996年12月）・メキシコ（1994年5月）の非ヨーロッパ諸国の加盟との間でバランスをとるという「対称的」加盟ロジックがとられたという［Clifton and Diaz-Fuentes 2011: 558］．ただし，時期的にはメキシコ加盟が先駆けとなった点は注意すべきであろう．
34）米国がオーストラリアの加盟に当時終始一貫して反対であったことは外交文書によっても確認されている［Carroll 2014: 36］．
35）同様の地域化の動きは，GATTのウルグアイ・ラウンドにおいてもみられたものであり，ヨーロッパ諸国が結束を強めたのに対して，米国は中南米諸国を取り込む動きをみせたという［Stallings and Streek 1995: 84］．
36）もう1つの理由はOECDがトルコやギリシャという低開発メンバーを内部に抱えていたという事情であった．

第4章

フランスと冷戦後世界
——対アフリカ関係の再編——

はじめに

　2010年はフランスにとって「アフリカの年」であった．その50年前の1960年に，旧フランス領14カ国がフランスからの独立を宣言したのである．フランスのサルコジ（Nicolas Sarkozy）大統領は，2010年にアフリカ独立50周年を祝賀するための大々的な行事を実施するとして，「2010年——アフリカの年——」省庁間ミッションを設置し，トゥーボン（Jacques Toubon）元文化相を2009年6月に事務局長に任命した．最大のイベントは，2010年7月14日のフランス革命記念日（「パリ祭」）の恒例のパレードに，旧フランス領13カ国の軍隊が参加するというものであった．フランス軍と並んでアフリカ13カ国の兵士400人余りがシャンゼリゼ大通りを行進し，各国首脳がサルコジ大統領とともに見学した．サルコジ大統領は，「我々が祝賀するのは，アフリカ人の兵士がフランスの防衛・解放に果たした役割という血のつながりである」とのメッセージを発した．

　サルコジ大統領の意気込みにもかかわらず，「2010年——アフリカの年——」イニシアティブは不発に終わった．「なぜ悪名高い独裁者を招待するのか」，「フランスの新植民地主義を賛美するだけではないか」など内外の批判によって，祝賀行事は大幅に縮小されたのである．同じ1960年にイギリスからは，ソマリアとナイジェリアが独立したが，旧宗主国イギリスはフランスのようなイベントは行わなかった．なぜ旧宗主国が元植民地諸国の独立50周年を自ら「祝賀」するのかは，独立後も今日までフランスがこれらアフリカ諸国との間で深い結びつきを保ってきたことを抜きにしては理解できないであろう．

　こうした継続性の陰でフランス・アフリカ関係は歴史的な転機を1990年代に

迎えていた．本章は，1990年代以降のフランスの対アフリカ政策の変化に注目し，その過程を分析する．以下では，まず本章を本書全体のテーマである冷戦後の国際政治における先進国・途上国関係の中に位置づけるため，米国との比較を行う．それをふまえて，フランス・アフリカ関係の特質を整理し，次いでフランス・アフリカ関係をとりまく冷戦後の環境の変化を明らかにする．その上で近年のフランスの対アフリカ政策の変化を分析し，その背景を考察する[4]．

1　冷戦後世界と米国・フランス

　本章では，フランスの対アフリカ政策に焦点を絞り，1960年代から形成された伝統的な政策が1990年代の国際環境の激変に適応する中で，どのように変化することになったのかを分析する．そのためにまず，より広い文脈の中に位置づけることを試みたい．すなわち，先進諸国による冷戦後の世界への適応の中に，フランスの対アフリカ政策の事例を位置づけることから始めたい．他の先進国の事例として，その重要性から米国を取り上げる．

(1)　米国

　米国は冷戦後の世界においても，第二次世界大戦直後と同じように，世界中に展開された基地・兵員の大幅な縮小を行うことなく今日に至っている．もとよりその間に9.11による新たな脅威の認識・対応がみられたが[5]，それ以前の1990年代を通して，対外関与の顕著な縮小はほとんどみられなかったのである[6]．

　1990年代の米国でも，冷戦後の新しい世界への適応をどのように行うべきかについて議論が行われた．第二次世界大戦後の世界で米国にとっての主要な脅威として認識されていたソ連が崩壊したことは，当然のことながら米国の戦略，対外関与のあり方を根本的に転換するものと思われた．しかし，実際にはそのあり方は大きく転換することがなく，米国は旧ユーゴスラビア，ソマリア，イラク等に軍事介入するなど，対外関与縮小の動きはみられなかったのである[7]．それはどのように説明できるのであろうか？

　その背景としては，冷戦の終焉が，米側の完全な勝利とみられたことから，戦略の転換を必要とするような「対外的ショック」として認識されなかったことがまず指摘できる．むしろ冷戦期の封じ込め戦略という形での対外関与政策

が正しかったとの認識が強まることになったのである［Dueck 2006: 127-128; 132］[8]．ブッシュ（父）(George H. W. Bush) 政権の対外政策が「現状維持プラス」("status quo plus") とよばれたのはそのためであった［Kupchan 2002: 22］．

とはいえ，米国においても，いくつかの政策オプションが提示されていたのであり，その中には，米国の対外関与の大幅な縮小を求めるものもあった．デュエックによれば，1992年以降米国には4つの戦略オプションがあったという．1つは，戦略的撤退 (strategic disengagement) であり，米国の対外関与を大幅に縮小すべきであるとする考え方であった．ネーダー (Ralph Nader) のような進歩的リベラルや，ブキャナンのような右派ナショナリストなどがその主要な唱道者であった．第2のオプションは，大国間の勢力均衡の維持のみに米国は腐心すべきであるとするリアリストによる主張であり，キッシンジャー (Henry Kissinger) らによって提唱された．これら2つの主張は，米国の対外関与の縮小という方向に向いたものであった．第3のオプションは，米国優位 (primacy) の追求を主張するものであり，「ネオコン」の代表格の1人であるケーガン (Robert Kagan) をはじめとする論者がその代表者である．第4のオプションは，リベラル国際主義であり，多国間主義の選好や人権などの価値の追求を内容とする国際主義である．クリントン政権によって実際に採用されたのは，このリベラル国際主義と，米国の優位の追求をめざす第3のオプションの混合であった[9]．

デュエックが述べるように，米国では文化的伝統のために，リアリズム的な純粋な勢力均衡戦略は支持を獲得することができなかった．また冷戦が米国の勝利に終わったことから，戦略を変化させる必要はなく現状維持が望ましいとの認識が米国では流布することになった．そのため実際には，冷戦時の封じ込め戦略の延長線上にあるとみることができた（対外関与の維持という点で）リベラル国際主義が，クリントン政権によって採用されたとみることができる［Kupchan 2002: 115］[10]．さらに，長期にわたる冷戦が終わり，米国内が一種の「休息状態」にあったという国内社会上の要因が重要である．1992年，1996年，2000年の大統領選挙では，国内問題が争点であり，またメディアも外国支局閉鎖を進めるなどしており，米国民の「内向き」志向が強まっていたのである．米国にとって1990年代は，その意味で，「わがままな」(self-indulgent) な時代だったのである［Chollet and Goldgeir 2008: 316］．こうした国内世論の方向は，対外政策においては強い現状維持志向をもたらすことになった．

このような戦略的継続性の中で，1990年代の米国外交における途上国の位置づけはどのようなものであったのだろうか？　ブッシュ（父）政権においては，冷戦終焉から間もなくであり，ソ連が崩壊しても引き続きロシアに対して警戒を緩めてはならないとの考えが強かった．外交上の優先順位は，引き続きロシアや旧東側諸国への対応，そして同盟国との連携におかれていた．湾岸戦争は，その意味で，皮肉にも当初は「東」への関心が強かったブッシュ政権をして「南」に向かせることになったのである．クリントン政権においては，選挙中は反対を表明していたNAFTAの批准に努め，GATTのウルグアイ・ラウンド合意のとりまとめに動くなど，グローバル化を促進するリベラリズム的政策が実行された．そこでは，なかんずくメキシコや中国など経済的に重要な途上国への大きな関心が示された．さらに民主主義の世界的な拡張（ソ連，東側諸国の崩壊はその成功の証とされた）が，世界の平和と繁栄をもたらすとの考えから，途上国への民主化支援が行われたが，中東諸国や中国に対しては現状維持政策がとられたように，その政策は普遍的性格のものではなく，あくまで選択的なものであった．ソマリア，ルワンダへの対応をみても，理論的に首尾一貫したドクトリン（民主化など）に基づくというよりは，状況の必要性に迫られての対応に終始したといえよう．

(2)　フランス

　フランスにおいても，米国の場合と類似した適応過程（序章で言及した重畳のプロセス）を見出すことができる．

　フランスにおいて冷戦の終焉は，まず何よりも，国際政治におけるフランスの影響力の低下としてとらえられた．フランスは冷戦後の世界においても，以前と同じように存在感を示すことができるのか？　1990年代初めのフランスでは，こうした問いが多く聞かれるようになった．冷戦期には，米・ソの間にたって一定の行動の自由度を確保することができたが，冷戦終焉によってフランスの行動の自由度は低下することになるのではないかとの見方がなされるようになった[11]．フランスの国際政治学者イロンデルによれば，フランスの国防関係者の間では，冷戦の終焉は逆説的にも（米国におけるように勝利したとの認識ではなく）フランスが冷戦に敗北したとの感情が圧倒的であったという［Irondelle 2011: 43］．もとよりフランス人は悲観的な行動哲学をもった国民であるとされるので，時代の転換にあたって特に悲観的な見方が噴出することになったという側

面もあろう．しかし，フランスの将来について悲観的な議論があふれるようになったことは，それが客観的な事態を反映した見方かどうかは別として，それ自体が1つの現実を形成していたと考えなければならない．

このように冷戦後世界への悲観的な見方が流布する中で，冷戦終焉時に政権の座にあったミッテラン（François Mitterrand）大統領の対応はどのようなものだったのであろうか？　米国の場合と同じく，フランスにおいても，当初は以前からの政策が基本的に継続されたとみることができる．ドイツ再統一，ソ連の崩壊，東欧諸国の民主化というフランスにとっての戦略環境の極めて大きな変化がみられたにもかかわらず，フランスの政策は直ちに大きく転換することはなかった．既にみたように，米国の場合には，冷戦の終焉は従来の政策の勝利であるととらえられたことから，当初大きな変化がみられなかったことを説明することが可能であった．しかしフランスの場合には，少なくとも国防エリート層の間ではあたかもフランスが敗北したかのような認識が流布していたのであり，過去の政策からの変化を求める圧力は米国における場合よりも強かったと考えられる．その点では，フランスでは1981年以来，ミッテラン大統領が継続して政権にあったため（1981-1995年在任），政策の変更がなされにくかったという内政上の要因が，過去の政策の惰性と相まって重要であったと考えられる．

とはいえ，政府内及び一部のエリートの間では，冷戦後世界への適応に関して，活発な議論が行われていた．ミッテラン期のフランスの国防政策を研究したゴーチェによれば，フランスが直面した危険には3つのものがあった．1つ目は，ソ連の崩壊によって生じたヨーロッパ中央部における戦略的空白であり，2つ目は混乱や諸国の無秩序，そして3つ目に「南」からの脅威への懸念，であった［Gautier 1999: 34］．フランスでは，冷戦終焉直後から冷戦後世界の不安定さを強調する研究等が多く出版された．特に諸国家間の混乱と「南」からの脅威に関しては，政府関係のシンクタンク等においても，研究が行われた［Gautier 1999: 40］．

こうした悲観的な世界情勢認識を反映して，1989年から1991年半ばまでのフランス政府の方針は，極めて慎重なものであった．ゴーチェによれば，米国やイギリスに比べて，フランスの国際情勢認識の変化は遅かった．しかし，湾岸戦争の停戦が実現し，モスクワでの政府転覆の試み（1991年8月）が失敗した頃から，フランス政府は，微妙ではあるが次第に認識を変化させていった．すなわち，①ヨーロッパ大陸から戦争の危険は遠のいたかもしれないが，まだフ

ランスの利益を直接・間接に脅かす可能性のあるリスクは増加しつつある，② 新しい国際環境は，成長と安定のいくつかの極（ヨーロッパ含む）の間のダイナミックな均衡の結果として生まれたものである，との認識であった［Gautier 1999: 44-45］．このように，冷戦後世界が不安定で予測し難いものであるとの厳しい認識は次第に，世界は不確実ではあるが，統合と破壊の間の微妙なバランスの上にあるとの分析に道を譲るようになったのである［Gautier 1999: 45］．

　こうしてフランスでは，途上地域（「南」）からの脅威（内戦，難民，大量破壊兵器，麻薬など）を中心に据えて冷戦後世界の不安定性を強調する分析は，政府の採用するところとはならなかった[13]．すなわち，冷戦後の戦略の対象を，単純に「東」の脅威から「南」の脅威へと移すことにはならなかったのである．政府内における冷戦後世界に関する一連の議論を集約する形で，1972年以来初めて刊行された「国防白書」においては，「東」から「南」へ脅威が移ったとの分析を採用しない理由が次のように述べられている．「南」といっても，実際には多様であり，諸国は異なるロジックに依拠している．地域主義をめざす諸国もあれば（例えばASEAN），単独で地域へゲモニーをめざす国（例えばインド）もあれば，国内の不安定をそのまま対外行動に反映させる国もある［Livre blanc 1994: 10］．すなわち，全体的な「南」からの脅威ではなく（menace globale），様々な相互に関連する分散したリスク（risques diffus liés）が認識されたのである［Livre blanc 1994: 59］．これらの脅威としては，世界における人口・富の配分にかかる緊張，弾道ミサイル・核兵器の拡散による国際関係の不安定，ソ連崩壊・東欧諸国の再編や中東・マグレブ諸国におけるイスラム原理主義の進展，中東・アジアにおける軍拡などによる地域的危険性，が考えられていた．

　1992年以降，フランスではこのように，当初みられた新しい冷戦後の世界への恐怖から，より均衡のとれた認識へと変化がみられた．また脅威が拡散しているとの認識は，国境における国土防衛という従来からの戦略概念を大きく修正することになった．そこでは，国土防衛に代わって，世界における様々な脅威に対応するための体制・理論が求められるようになった．

　フランスにとってのアフリカのもつ意味も，このような戦略的再編成の動きの中で変化することになった．こうした動きは，世界大でのフランスの利益を合理的に追求することを意味しており，従来からの既得権益や心情的つながりに基づいていたフランス・アフリカ関係もその意味で合理化を迫られることになった．

2 フランス・アフリカ関係の環境変化

　それでは冷戦後の新しい国際環境に適応する中で，フランスにとってアフリカの位置づけはどのように変化したのであろうか．以下では，まずそもそもフランスにとってのアフリカ外交の位置づけがどのようなものだったのかを検討する．それに続いて，冷戦後におけるアフリカの戦略的位置の転換，アフリカ経済の世界経済での周辺化，そしてアフリカ諸国・フランス双方における世代交代と民主化のインパクト，の順でフランス・アフリカ関係をとりまく環境の変化の態様を分析する．

(1) フランス・アフリカ関係の特質

　フランスが独立後のアフリカと営んできた関係は，「新植民地主義」あるいは「特殊な関係」と評される[14]．その基本的性格は以下のようなものであると考えることができる．第1は，歴史的関係である．ほとんどのフランス語圏アフリカ諸国は，かつてフランスの植民地であり，セネガルのように17世紀から植民地化された（サンルイ地域）国もある．戦後これらアフリカ諸国が独立してからの関係は，植民地時代からの延長線上にあった．第2は，構造的関係である．フランスとアフリカの関係は，外交・経済の面にとどまらず，人の交流，文化的繋がり，通貨関係，軍事，さらにはそれぞれの内政にわたって長年にわたる結びつきが築かれてきている．総じてフランスとアフリカの間の関係は，国家間関係にとどまらず，社会間関係のレベルに至る深いものとなっている．第3は，心情的関係である．フランス・アフリカ双方共，パターナリスティックな感情（アフリカ側が「子供」，フランス側が「父親」）をもっており，アフリカ側は驚くほど安易かつ自然にフランスの介入を求め，またフランスも大胆と思えるほどの介入をする傾向がある．アフリカ諸国とフランスの間には，双方においてこのように利害関係・国家間関係に収斂しない強い心情的要素がある[15]．

　以上3つの特徴が相まって，フランスとアフリカの関係が「特殊」であるとされるのであるが，こうした要因がフランス語教育の重視・アフリカ人エリート層のフランスへの留学というフランスの政策によって強化されてきたことにも注目すべきであろう．逆にいえば，アフリカ諸国が独立した後も続いたフランス・アフリカ関係の根深さは，こうしたフランスの植民地・協力政策の恩恵

を受けたアフリカ人エリート層の存在に多分に依拠していたのであり，世代交代が進めば変わりうる点を忘れてはならないであろう．

　このようなフランス・アフリカ関係の基本的性格の下で，フランス外交におけるアフリカの位置づけはどのようなものだったのだろうか．そもそもフランス外交において対アフリカ関係は，通常の外交政策案件と異なるものであった．1990年代にフランスでアフリカ政策，また経済・軍事協力政策一般の改革が語られる時，アフリカ外交の位置づけ（「正常化」，「陳腐化」）が必ずといっていいほど問題とされたのはそのためである．

　アフリカにおけるプレゼンスは，フランス外交の上では，核兵器の保有と並び，世界大の影響力を有する国としての地位を維持するための1つの手段として位置づけられている．こうした重要性をもったフランスのアフリカ外交には，公式のディスコース（言説）を分析すると，以下のような特徴がみられる．

　第1は，フランスの「栄光」(grandeur)の追求である．フランスの（特に対アフリカ）外交には，具体的利益の追求だけでなく，（時にはそれよりもむしろ）抽象的なプレスティージを求める傾向がみられる．フランスの経済協力をめぐる議論において，世界経済の一大成長地域であるアジアに貿易・経済協力を重点的に行うべきではないかとの経済エリートによる主張が1980年代以降みられた．しかしこうした主張がフランスの「栄光」を求める外交政策エリート全体によってなかなか取り入れられなかったことは示唆的である[17]．技術協力の重点を，フランス語教育に長らくおいてきたことはこうしたアプローチを体現したものであると考えられる．アフリカ駐留のフランス軍人の間に「ファッショダ・シンドローム」[18]と呼ばれるメンタリティーがみられると指摘されることがあるが，これも歴史的にアフリカでイギリスと対抗しつつフランスの「栄光」を守ろうとしてきたことのなごりであると考えられよう．今日でもこうしたメンタリティーが存在するとの指摘もなされており，後述するようにルワンダにおけるフランスの政策を説明する1つの要因として取り上げられることがある[19]．

　第2は，「格好の裏庭」(à la mesure de la France)[20]というアフリカの位置づけである．フランスのような「中大国」にとっては，せいぜいアフリカにおいてヘゲモニー国として振る舞えるとの意味で自嘲的に語られることが多い．内容としては，アフリカ諸国をバックにすることによって，ヨーロッパ域外にも勢力圏をもった国として世界的な地位（rang）・発言権（特に国連安全保障理事会常任理事国として）を確保することができる．アフリカにおいては，フランスの有す

る限定的な手段でも，文化・政治・経済・軍事・ODA等全ての面で主導権がとれる，が含意されている．

第3は，アフリカとの「連帯」(Solidarité avec l'Afrique) である．これは，フランス植民地主義のスローガンであった「文明化の使命」(mission civilisatrice)[21]が形を変えて今日まで残ったものと考えられる．フランスはアフリカに対して特別の「責任」を有するといわれるのもこの「連帯」に由来すると考えることができる．

このように「特殊」とされるフランス・アフリカ関係ではあるが，現代の国際関係において類例がないわけではない．形式的には独立したにも関わらず主権国家関係に収斂しない点は，第二次世界大戦後においても，ソ連と東欧諸国の関係や米国と中米・カリブ海諸国の関係にも見出すことができる[22]．クラズナーが述べるように，大国は，その勢力圏 (sphere of influence) とされる地域においては，国際政治体系の原則である内政不干渉は守らず，その利益に従って干渉を繰り返すことがみられた [Krasner 1999a][23]．こうした主権原則が貫徹しない事例の1つとして，戦後のフランス・アフリカ関係はとらえることができよう．

しかもその中でもフランスの事例は，歴史的・構造的・心情的な紐帯が強いため，独特の性格を醸し出している点が注目される．

(2) 冷戦後のフランス外交におけるアフリカ

次に冷戦後のフランス外交におけるアフリカの位置づけを検討したい．そのためには，a) 冷戦後のフランス外交全体におけるアフリカの位置づけ，b) フランスの対アフリカ外交の意味の変化，c) フランス外交再編におけるアフリカの位置づけの変化，を分析する必要がある．

a) 冷戦後のフランス外交

冷戦後のフランス外交においては，優先順位に基づき，以下の3つの同心円状の「連帯の円」がみられるようになったとの指摘がある[24]．第1の円は，EUとの関係，第2の円はNATOとの関係，第3の円が「アフリカ・フランコフォニー (フランス語圏)・地中海」との関係である．EU及びその加盟国との二国間関係から成る第1の円はフランスにとっては「外交」の範疇を超えた親密な関係を構成するものであり，第2の円は安全保障のために避けて通ることのできない

(その意味で理性的な判断に基づく) 関係である．これに対して第3の円は，心情に基づく関係であるとされる．サハラ以南アフリカとの関係はこの第3の円に位置するものであり，フランスが世界で発言権をもつために欠かせない地域とされる．

b) フランス外交におけるアフリカ自体の意味の変化

世界大の冷戦が終焉したことによってアフリカがフランスにとってもつ意味はどのような変化を被ったのだろうか．既にみたように，冷戦終焉は世界におけるフランスの影響力の低下をもたらしたとフランス国内では広く考えられていた．冷戦の終焉によってアフリカにおいては，西側陣営の「アフリカにおける憲兵」としてのフランスの役割は終わったと考えられた．冷戦下において，フランスはアフリカにおいて自由に振る舞えたが，それはあくまでも米ソ対立という特殊な戦略環境においてのみ可能であったと認識されるようになった．実際冷戦後には，アフリカはもはやフランスにとって所与の勢力圏ではなく，他国 (米国，中国など) との間で競争がみられる地域となるのである．

c) フランス外交再編におけるアフリカの位置づけの変化

さらにフランス外交の冷戦終焉への適応は，フランスの対アフリカ政策にもいくつかの点で波及することになった．ここでは冷戦後のフランス外交にみられる変化の内容として欧州統合と国連重視の2つの方向性を指摘したい．それらは，総じてフランスのアフリカ外交の「マルチ化」を促進する方向に働いていた．[25]

① 欧州統合の推進

ドイツの統一によってEUにおけるフランスの圧倒的な力が弱まり，経済大国ではあるが政治的に口は出さなかった従来のイメージとは異なる政治大国としてのドイツを，どのように扱うかが問われるようになった．フランスでは欧州統合のもつ意味について議論がなされ (特にマーストリヒト条約批准の国民投票の際)，ドイツの影響力が優勢となるような欧州統合を積極的に推進すべきかどうか議論された．しかし欧州統合を推進することによってドイツが単独でヘゲモニーを握ることを避けようとする以外，取りうる政策が見あたらない中で，今後とも欧州統合を推進していく方向が確認され，シラク (Jacques Chirac) 政権以降においても引き継がれることになった．[26]

欧州統合がフランスのアフリカ政策にとってもつ意味はどのようなものだろうか．ここでは以下の3点を指摘したい．第1には，伝統的にフランス外交の流れにおいて，欧州統合とアフリカ重視はいわば二律背反の関係にあることが指摘されてきた．過去の欧州建設の過程においては，1950年代の「ユーラフリカ構想」や，ロメ協定に至るアフリカ諸国等との連合の動きにみられるように，欧州統合とアフリカ重視の政策を矛盾なく進めようとの試みがなされてきた．しかし，フランスが欧州の中に「埋もれる」ほど，アフリカ諸国との関係が「薄くなる」側面があることは否定できないであろう．アフリカ諸国の指導者がこの点に関して非常に敏感なのは理由なきことではないし，またそのような認識のされ方自体が重要なのである．

　第2には，EUは共通外交政策を推進しようとしていたのであり，アフリカ問題に関しても南アフリカ，ナイジェリアにおける軍事政権成立と人権侵害，ニジェールにおけるクーデター等にみられるように，EUとして共通の立場を表明することが原則となった（第7章参照）．こうしたEUの共通政策によって，フランスがアフリカにおいて独自利益の追求を従来のように自由に行うことが次第に難しくなった．ルワンダ問題におけるように，中部アフリカ地域で従来から意見の異なってきたベルギーだけでなく，NGOの影響力の強い北欧諸国との対立も表面化することになった．

　第3には，1990年代にEUでは，経済・通貨統合の実現を目指して緊縮財政がとられていたために，フランス外交展開の手段が限定されてこざるをえなかった．従来からフランス外交を特徴づける要因として，その掲げる目標の大きさと手段の限定性の間の対照が指摘されてきたが，その傾向は1990年代には特に顕著となっていたといえる．こうして間接的に，欧州統合は従来から使途をめぐり批判のあったフランスのアフリカ向け支援（経済・軍事援助）を圧縮する方向に働いたことも見逃せない．

② 国連重視

　冷戦後のフランス外交においては，国連を中心とした外交の重視が顕著となった［Saliou 1993］．その背景には，もとより米・ソの対立によって長い間機能不全に陥っていた国連の政治的役割が見直されたことや，国連が国際社会の正統性の根拠として重視されてきたことがある．しかし根本的には，国連安全保障理事会常任理事国としての地位が外交上の手段として従来に増して重要になったとフランス外交エリートが認識するようになったことが重要である．冷

戦の下で可能であった独自性の追求，EUにおける優越的発言力等によって確保されていたフランスの行動の自由が，新たな国際情勢の下では確保することが難しくなった．また，核兵器についてもその正統性が，フランスの一連の核実験に対する世界的な抗議にみられたように，掘り崩されてきており，外交的有効性を著しく喪失している点も見逃せない［Saliou 1993: 687］．そのためフランスは国連を強化し，かつ常任理事国としての地位を守るために，1990年代にはPKOに積極的に参加するようになった．フランスの影響力が強く単独行動が常態であったアフリカのフランス語圏諸国においても，国連の枠組み（PKO派遣など）が模索されるようになるのは，こうしたフランスの国連外交の一環として理解することができる．

(3) アフリカ経済の世界経済での周辺化

1980年代はアフリカにとって「失われた10年」とよばれる．実際，統計でみるとアフリカの凋落ぶりは，一方で一部のアジア諸国等のめざましいパフォーマンスがあるだけになおさら目につく．この間1人あたりGDPが低下したのはサハラ以南アフリカのみである（図4-1）．しかもフランス語圏アフリカにおいては，フランスによる「強いフラン政策」もあり，CFAフラン高による競争力の低下に一層苦しむことになった（図4-2）．

こうしたフランス語圏を中心とするアフリカ経済の停滞は，以下のような変化をフランス・アフリカ関係にもたらした．

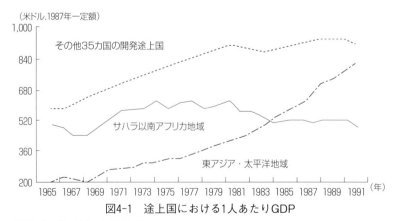

図4-1　途上国における1人あたりGDP

（出所）The World Bank ［1994: 19］．

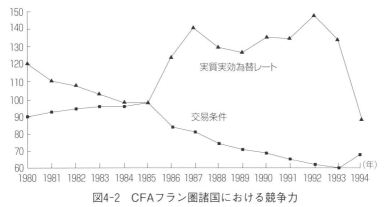

図4-2　CFAフラン圏諸国における競争力

(出所) The World Bank [1995: 22].

　第1に，アフリカにおいても，従来からつながりが深いものの，経済的に低迷するフランス語圏諸国から，ナイジェリア，ケニア，南アフリカ，ジンバブエなど経済的に重要な英語圏諸国向けの貿易，投資が増加した．特に，南部アフリカへの進出は，数多くの政府ミッションが同地域を訪れるなど，政策的になされた点が注目される．このようにアフリカにおいても，フランスは歴史的つながりよりも経済的合理性の追求を行うようになった．

　第2に，アフリカへの支援は経済的にフランスにとってもたらすものが少なく，逆に世界的な経済成長地域であるアジアとの関係拡大の障害となっているとするテクノクラート的批判がフランス国内で醸成されることになった．その点では，1950年代にフランス国内で一世を風靡した「カルチェ主義」(フランスに高くつき，利益をもたらさない植民地から撤退して国内に集中すべきであるとの主張) が復活しつつあるとの論調がみられたのが注目される[31]．

　第3に，フランス企業の中では，プジョー等の自動車メーカー，クレディ・リヨネ (現在のLCL) 等の銀行をはじめほとんどの大手企業においてアフリカ向け部門は，競争がほとんどないことから利益マージンが大きく，全体の売り上げに占める割合は低いにも関わらず重要な位置を占めてきた[32]．ところが正にこうした大企業において，1990年代に入りアフリカ離れが進んだといわれた．またアフリカとの貿易に特化した企業においても，アフリカ経済の停滞に伴って業績不振に陥るものが増大していた．さらに1994年のCFAフラン切り下げによって，従来為替レート固定化によって高めに購買力を維持されてきたアフリ

カ諸国の都市住民，特に政府・軍関係者を顧客とするフランスからの輸入を扱う貿易業者は大きな打撃を受けた（SCOAなど）[33][34]．伝統的にアフリカと関わりの深いこれらの企業に代わって注目されるようになったのは，世界銀行・IMFによる構造調整政策によって民営化が進められた水供給・電気等のサービス部門におけるフランスの大手企業であるGénérale des eaux（現在のVeolia environement）やFrance Telecomの進出であった[35]．

このようにアフリカ経済の停滞はアフリカ進出フランス企業の再編をもたらしたが，それがフランスの対アフリカ政策にもたらすインパクトは一義的なものでなく，必ずしも明らかでない．しかし伝統的なアフリカ関連企業を中心にした狭いサークルでのアフリカ政策形成は，アフリカ進出企業の再編成によっても挑戦を受けるようになったのである．

(4) 世代交代と民主化

フランス語圏アフリカにおいては，ザイールのモブツ（Joseph-Désiré Mobutu）大統領（在任1965-1997年），トーゴのエヤデマ（Gnassingbé Eyadéma）大統領（在任1967-2005年，ただし1991-1993年除く），ガボンのボンゴ（Omar Bongo）大統領（在任1967-2009年）など長期政権がみられたが，多くの国で着実に世代交代が進んだ．その点で象徴的なのは，伝統的なフランス・アフリカ関係を体現してきたコートジボワールのウフェボワニ（Félix Houphouët-Boigny）大統領が1993年12月に死去したことである．フランス第4共和制下で大臣（1956-1959年）を務めるなど活躍し，フランス政界を知り尽くし知己の多かった同大統領は，フランスとアフリカの緊密な結びつきを象徴する人物であった．その後継をベディエ（Aimé Henri Konan Bédié）大統領と争ったのが米国の大学出身でIMF勤務の経歴をもつワタラ（Alassane Ouattara）元首相であったのは象徴的である．さらに，アフリカ諸国での1990年代始めの一連の民主化の結果，野党から政権についた指導者たちは若く，フランスとの強い結びつきをもたない者が出てきたのは注目に値する．

他方フランスにおいてもアフリカ政策エリートの世代交代は着実に進みつつあった．フランスにおいて伝統的な対アフリカ政策を体現する人物はフォカール（Jacques Foccart）元大統領府事務総長であり，シラク大統領の信が篤く大統領府で再びアフリカ担当顧問に任命されるものと考えられていた．しかし結局公的地位のない私的顧問としてオフィスを与えられたにすぎなかった．フォ

カールの協力者たちがフォカール後も引き続き影響力を保持できるかどうかも疑問がもたれるようになった.

さらに,フランスでは相次ぐ政治家の汚職事件に対して国民の目が厳しくなってきていた.従来はあまり取り上げられることのなかったアフリカを舞台とする汚職に対してもNGO等から批判が行われるようになった.[36]

3 フランスの対アフリカ政策の転換

フランスとアフリカの間の伝統的な関係は,こうした構造的な変化の中で,転換が迫られるようになった.そのような視点からすれば,1994年のCFAフラン切り下げをはじめとするバラデュール(Edouard Balladur)首相の一連の政策は,こうしたフランスのアフリカ政策の転換の端緒として極めて重要である.以下では,フランスとしてIMF・世界銀行の構造調整政策遂行をプログラム援助の条件とする方針(「アビジャン・ライン」)の採択,CFAフラン切り下げ,軍事政策の変化,経済協力政策の改革の動きを取り上げ,その意義を分析するとともに,その背景をフランスにおけるアフリカ政策エリートの再編成の観点から考察する.

(1) 「アビジャン・ライン」

フランスは1980年代アフリカ諸国の債務が深刻化するにつれて(図4-3),財政支援等の形でこれら諸国への援助を増大させていった(図4-4).[37] IMF・世界銀行がこれら諸国の債務不履行を理由に資金を停止すると,フランスにとっては自身の厳しい財政事情の下では,もはや単独でこれら諸国(特にカメルーン,ガボン,コンゴ,コートジボワール)を支えることはできない状態となっていた.

こうした中で,当時のバラデュール首相は,1993年9月22日付『ル・モンド』紙への寄稿で,フランスからフラン圏アフリカ諸国への「支援の半分以上が『運転経費』に使われており,未来のために使われていない」と述べるとともに,次のように今後のフランスの政策を示した.「今後は,経済再建政策を実施している国のみがフランス及び国際社会の長期的な支援対象となる.世界銀行,IMF等がアフリカ諸国を支援するよう,フランスとしてはあらゆる影響力を行使する用意があるが,国際金融界及び良いガバナンスの規則と無縁でいようとする国には今後は支援できない」.具体的には,IMFとの合意がなければフラ

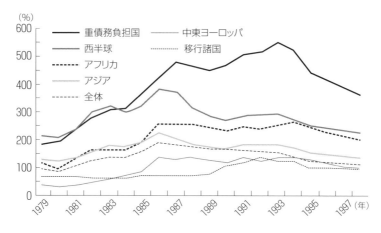

図4-3 債務残高の国際比較（対GDP比）

（出所）IMF［1997: 44］.

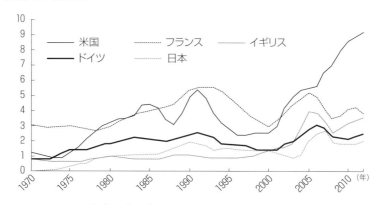

図4-4 1970年代以降の主要二国間ドナーによるアフリカ向けODA

（注）1.0億米ドル、2013年実質、二国間ディスバースメント純額の3年平均
（出所）OECD・DAC統計（http://www.oecd.org/dac/stats/documentupload/2%20Africa%20-%20Development%20Aid%20a%20Glance%202015.pdf, 2015年7月8日アクセス).

ンスとして財政支援等のプログラム型無償援助は行わないとの形でこの方針は政策として実施に移された．経済協力関係者の間では，このフランスの新政策は「バラデュール・ドクトリン」とよばれることになった．その後1994年7月のバラデュール首相のアフリカ訪問（セネガル，コートジボワール，ガボンなど）の際，この政策は再確認された．シラク政権が成立すると同ドクトリンの扱いが

注目されたが,結局変更されることがなかった.ただ呼称のみは,前政権色を払拭するため,「アビジャン・ライン」と関係者の間では改められた(バラデュール首相が同ドクトリンをアビジャンでの演説で再確認したのに因んで).呼称はどうあれ,この政策は,CFAフラン切り下げを予告するものであった.なぜならフランスとしてアフリカ諸国にIMFが勧める構造調整政策の受け入れを迫ることと,IMF・世界銀行が以前から求めていたCFAフランの切り下げを引き続き拒否することは根本的に矛盾するからである.

(2) CFAフラン切り下げ

1994年1月11日,ダカールで開かれたフラン圏諸国首脳会議は,翌12日をもって1948年以来0.02仏フランに固定されていたレートを50％切り下げることを決定した.切り下げは過去に何回か噂されていたが,タブーと考えられてきた.それは交換レートが単なる経済的措置を超え,フランス・アフリカ関係の中心メカニズムとしての機能を果たす,象徴的な意味を有する政治的措置であったからに他ならない.「歴史的」と評されるこの措置をフランスがとるに至った背景がどのようなものであったかを知ることは,フランスの対アフリカ政策の動因を分析する上で欠かせない.ここでは,そうした観点から今日知りうる限りで切り下げの決定過程を分析することにしたい.

(a) 切り下げ前史

切り下げの直接の前史は1992年に遡る.この時は財務省国庫局の主導で準備されたが,根回しが足りず実現できなかった.ミッテラン大統領は,アフリカ諸国の首脳が納得しなければならないとしたが,彼らは強硬に反対したため,実現しなかった.

このように切り下げは当初,財務官僚を中心とするテクノクラートによって構想されたこと,またそれが政治的に準備不足であったことはその後の展開をみる上で重要である.

しかし1993年8月には,度重なるCFAフラン持ち出しに対抗するため,フラン圏外に持ち出された紙幣の仏フランへの交換を一時停止する措置がとられた.これは切り下げを暗示したものとして重要である他,仏フランという世界の主要通貨への兌換性によって資金が海外へ持ち出されていたこと(しばしば不法な手段による)に対して一定の歯止めがかけられた点でも意味のある措置で

あった.

(b) 切り下げ決定の過程

1994年の切り下げの経緯は,報道等によりかなり明らかになっており,概ね以下のようであったと考えられる.[45]

まず1992年に切り下げを進めようとした財務省(当時は経済・財政・予算省)国庫局のルロリエ(Anne Le Lorier)債務・開発課長がバラデュール首相の経済顧問という要職についたことによって,それ以降首相府が切り下げのイニシアティブをとることになった.1993年9月に政府内で切り下げが不可避であるとの方針を確認,主導者たちは最後の難関であるミッテラン大統領をどのように説得するかに精力を集中した.その材料を提供したのがアフリカ諸国を訪れたIMFミッションの調査結果であった.その結果によってフランスが「袋小路にあることがわかった」という.[46] 切り下げが不可避であるとの上申を12月に受けたミッテラン大統領は,アフリカ諸国首脳自身が切り下げの必要性を納得すること,フランスがコートジボワール等の債務に関して特別の措置をとること,国際金融機関が付随的な支援措置をとること,の条件を提示した上で,方針を了承した.これを受けてバラデュール首相は,カムデシュ(Michel Camdessus)IMF専務理事,プレストン(Lewis Preston)世界銀行総裁とパリで会談し,フランスの切り下げ方針を伝えるとともに,これら国際金融機関の支援を求めた.

1994年1月11日のCFAフラン圏諸国首脳会議がその決定の場として考えられたが,同会議はそもそも経営困難に陥っていた航空会社エールアフリック(Air Afrique)社の救済問題が公式の議題として事前に提示されていた.直前に切り下げの噂が一部報道機関によって流されたものの,秘密は守られていた.会議では,もともと切り下げによってプラスの経済効果が期待されたコートジボワールなど切り下げ賛成派や,フランスによって強い働きかけを受けた議長国のセネガルが賛成に回り,長時間にわたる激しい議論の末,最後まで反対したガボンを押し切り決着したという.

(c) 切り下げの背景

フランスが最も重視した直接の要因が,フラン圏諸国,中でもカメルーン,コンゴ,コートジボワール,ガボンといった重債務国への債務支援がフランスの能力を超えるものとなったことにあるのか,それともCFAフランの域外持

ち出し額が切り下げの噂によって膨大なものとなったことにあるのか，議論がある．しかし切り下げの経済的背景については既に研究がなされており，ここでは，政策決定過程上注目すべき点につき述べることにする．

第1に，CFAフラン切り下げを推進したのは，財務省国庫局，首相府，大統領府アフリカ班，外務省，協力省などに集まるテクノクラートであった．もとよりこれら組織全てにおいてコンセンサスがあったわけではないが，各組織内の切り下げ推進派が1992年以降主導権をとったものと考えられる．主な切り下げ推進派は，ルロリエ首相経済顧問，ノワイエ (Christian Noyer) 財務相官房長，国務院出身のプイユート (Antoine Peuilleute) 協力相官房長，セベリノ (Jean-Michel Severino) 協力省開発局長，ドゥ・ラ・サブリエール (Jean-Marc de la Sablière) 外務省アフリカ・マダガスカル局長らであり，いずれもENA（国立行政学院）出身の高級官僚（プイユート官房長を除いて全て財務官僚出身）であった．反対に切り下げに頑強に抵抗していたのは，伝統的アフリカ外交の主唱者であるフォカール元大統領府事務総長の系統の者たちであり，シラク・パリ市長（当時）も反対と考えられていた．当初シラク氏寄りとみられていたルッサン（Michel Roussin) 協力相（元シラク・パリ市長官房長）は途中でバラデュール首相派に転向，また同協力相の側近でシラク氏に近い財務省国庫局出身のゼラ (Dov Zerah) 官房長が中途で首相府からの圧力により解任されたのは，切り下げに反対したためであったといわれる．切り下げ反対派は次第に政策決定の過程から遠ざけられ，政府内のコンセンサスが形成されていった．こうした一連の過程では，集権的かつ権威的な政治手法をとったバラデュール首相の存在が重要であった．

第2に，バラデュール首相が切り下げに踏み切る上で大きな役割を果たしたのはドゴール派の重鎮メスメル (Pierre Messmer) 元首相であったといわれる．同氏は，元植民地総督としてアフリカの事情に精通した人物であり，1987年7月にCFAフラン圏の問題を調査するため当時のシラク首相によってアフリカに派遣されていた．また，当時メスメル元首相は，バラデュール首相の信頼の篤い側近として知られていた．メスメル元首相は，切り下げがタブー視されていた早い時期から切り下げを主張して注目されていた．大統領選挙を控え，その帰趨に大きな影響をもつといわれるアフリカを中心とする海外在住フランス人の票が無視できない中で，彼らが強く反対するCFAフランの切り下げは「アフリカ切り捨て」として政治的に利用されるおそれがあった．また財務テクノ

クラート中心に進められてきたCFAフラン切り下げをアフリカとの関係が薄いバラデュール首相が決断する上で，ドゴール派のアフリカ人脈の1人であるメスメル元首相の存在は大きかったと考えられる[51]．

(3) フランスの対アフリカ軍事政策の見直し

バラデュール首相の下では，先にふれた「アビジャン・ライン」やCFAフラン切り下げという，従来の政策を大きく転換する決定がなされた．アフリカと何の心情的紐帯もないといわれ，フランス政界の中で最も「親アングロ・サクソン」的と評されるバラデュール首相の存在が，こうした一連の政策転換を可能にしたことは明らかである．ドゴール以来の伝統的なアフリカ政策の転換を選挙綱領に掲げて当選した社会党のミッテラン大統領の下では当初の改革の試みが頓挫し，伝統的アフリカ外交が継続され，むしろ穏健保守のバラデュール内閣の下で改革が実現され，しかもそれはミッテラン大統領の消極的姿勢を押し切ってなされたのは興味深いものがある[52]．

バラデュール内閣は，対アフリカ軍事政策に関してもいくつかの変化の兆候を示す政策（ルワンダ，アフリカ平和維持軍構想）を示したが，根本的な改革を行うまでには至らなかった．その点で，アフリカを「第二の故郷」といってはばからなかったドゴール派の領袖であるシラク大統領の下で，フランスの軍事政策の根本的な改革（フランス軍全般に関するものだが，当然アフリカにも影響が及ぶ）が進められたのも興味深い．シラク大統領は，アフリカの友好国から批判の強い「アビジャン・ライン」についてもその見直しを行わず継続するなど，言辞と異なり，実際にはかなりバラデュール内閣の方針を引きついでいたとみることができる．以下では，バラデュール首相，シラク大統領の下での対アフリカ軍事政策の変化を分析する．

(a) トルコ石作戦（1994年6月21日－8月21日）

1994年4月6日ルワンダのハビヤリマナ（Juvénal Habyarimana）大統領とブルンジのヌタリアミラ（Cyprien Ntaryamira）大統領の乗った飛行機がキガリ空港付近で何者かによって撃墜され，両大統領は死亡した[53]．その後の混乱の中でルワンダではフツ族のハビヤリマナ大統領の報復を叫ぶフツ族によるツチ族に対するジェノサイドが発生した．他方，ツチ族を中心とするルワンダ愛国戦線(RPF)は攻勢を開始し，今度はツチ族による報復を恐れたフツ族が大量の難民となっ

て隣国に流出した[54]．こうして起こったルワンダ問題は，フランスに厳しい選択を迫ることになった．というのも，一方ではフランスはミッテラン大統領が就任してから[55]，ハビヤリマナ政権に対して，ルワンダが旧フランス領でないにもかかわらず軍事協力を行い（それ自体はザイールに対しても行われていたので珍しいことではないが），供与された物資は突出していた[56]．そのため，フツ族による大量殺戮にフランスが供与した武器が使われたのではないか，あるいはフランス軍事顧問が虐殺を傍観していたのではないか，との国際的な非難にフランスはさらされていた．他方，フランスはルワンダにおいて，軍事協力協定を結んだ政権が反仏的なRPF（しかも英語圏の隣国ウガンダに支援された）によって倒されるのを見過ごすことができるかどうか迫られていた．こうした状況の下で，当初介入に消極的であったフランスは介入の方針を決め，いったん撤退した国連ルワンダ監視団（UNAMIR）が再編されるまでの間，緊急人道援助を行うとの「トルコ石作戦」（Opération turquoise）を展開することになった．

トルコ石作戦の決定過程はフランスの動揺をみる上で示唆的である[57]．レオタール（François Léotard）国防相は介入に反対したのに対して，ジュッペ（Alain Juppé）外相，ミッテラン大統領は介入を強く主張したという．そしてバラデュール首相は最終的に同作戦に4つの条件をつけた上で介入を決断した[58]．ここで興味深いのは，ともに介入を主張したとされるミッテラン大統領とジュッペ外相ではあったが，その狙い，形態はかなり違っていたといわれることである[59]．ミッテラン大統領は，友人として遇していたハビヤリマナ大統領に最後まで忠実であり，虐殺を扇動した疑いのある家族（特にアガタ夫人）のフランス入国に便宜をはかった他，RPFの勝利を阻止するためキガリにフランス軍の派遣を主張したといわれる．他方，フランスとルワンダの過去のいきさつに無縁であり，CFAフラン切り下げにより「アフリカからフランスは撤退する」との噂が流れる中で，外相としてフランス外交全体のアフリカでの信頼性を回復したいとの思惑があり，また大統領選挙を控えてシラク候補肩入れを鮮明にしてバラデュール首相と既に一線を画していたジュッペ外相は，フランスはこのまま事態を静観することはできないとして何らかの「行動」をとることを主張したとされる．こうした中で，決定を迫られたバラデュール首相は，先に述べたような条件を付して介入の態度を明らかにするとともに，大統領選挙を意識して，それが他の誰でもなく自己の決定であると印象づけようとしたのである．

トルコ石作戦は，たしかに「非典型的」［Garcin 1996］であったが，以下の3

点でフランスの対アフリカ軍事政策の動揺を示していた．第1に，バラデュール首相はフランス軍派遣の条件として，国連の承認を得ることを求めたことである．バラデュール首相は自らニューヨークに赴き各国の支持を求め（シラク陣営からはバラデュール首相の選挙運動以外の何ものでもないとの非難がなされたが），従来であればフランスが単独で介入したであろう場合であったにもかかわらず国連の「お墨付き」を求めたのは，国連重視の姿勢が，単独行動をとる傾向の強いアフリカにおいても現れたものとして注目される．

第2に，同作戦は「同床異夢」の性格が強かったことである[60]．逆に言えば，事態の展開に応じてフランスの政策は変わり得たのであり，実際に展開したのとは別の展開（キガリ侵攻など）をたどっていたことも十分考えられた．NGO等がフランスの作戦の動機が信じられないとして同作戦に懐疑的であったのは理由なきことではなかった[61]．

しかし第3に，フランスは結局，軍事協力協定を結んだ親仏政権が，反仏政権によって武力でとって替わられるという事態を認めることになった．これはCFAフラン切り下げと並んで，ルワンダ問題がフランスのアフリカからの撤退の前兆であると評価された理由の1つである[62]．フランス政府は，もともとルワンダやブルンジなどの中部アフリカはフランス領ではなかったのであり，アフリカにおいて戦略的重要性がないとの立場をとっていた．しかし実際には，フランスは中部アフリカにおいてもベルギーをしのぐまでに勢力を伸張していたのであり，これは中部アフリカで1980年代に，十数回に及ぶ軍事介入を行ったことに端的に示されていた．フランスは，事実上拡張していたフランスの中部アフリカにおける戦略的利益を，事態の進展の前に縮小せざるをえなくなったと考えるべきであろう[63]．その後のアフリカ中部での展開（ザイール，後のコンゴ民主共和国におけるフランスの役割の縮小）はこうした見方を確認するものとなった[64]．

(b) アフリカ平和維持軍構想

アフリカにおける平和維持の構想は，アフリカ統一機構（現在のアフリカ連合：AU）の1993年総会において紛争処理メカニズムが設置されたことによって具体性を帯び始めた．域外諸国でも，それぞれ異なる視角，内容からではあるが，アフリカにおける平和維持においてアフリカ人自身が果たすべき役割を強調するアプローチを取り始めていた．

アフリカにおける紛争解決，平和維持をめぐる上述の議論が起こった時は，バラデュール首相下のフランス政府はこうした動きに基本的に好意的に対応した．フランスのアプローチの特徴は，既にフランス語圏アフリカ諸国においてフランスとの軍事協力が存在する国では，軍事的に共通性（指揮系統，兵器・装備等）がみられることを背景に，イギリスのような抽象的な議論でなく，下位地域（特に西アフリカ）レベルにおいて具体的に構想を進展させようとのものであった．フランス軍・政府関係者の間では，アフリカで再び問題が生じる緊急時には，アフリカ諸国の軍が基本的には問題解決にあたるべきであり，フランスを含めた域外諸国はそれを支援するにとどめたいが，現状ではアフリカ諸国は態勢不足であるとの認識があった．

　しかしアフリカ平和維持軍の構想については，次第にそれがアフリカ諸国から多額の援助を求める口実に使われ始めたことから，フランスは常設部隊の形成よりも，アフリカ各国が緊急時に供出する部隊の整備に重点を移すようになった．

　こうした一連のアフリカ平和維持の議論に関して，シラク大統領に近い関係者たちは，当初比較的冷やかな態度をとっていた．それは，フランスは多くのアフリカ諸国と二国間軍事協定を結んでおり，引き続きアフリカの平和と安定のために大きな役割を果たし続けるべきであるとの考えが背景にあった．彼らには，この種の議論は，バラデュール内閣によって進められているフランスの役割の国際化による「アフリカ切り捨て」につながる政策の一環であるとの強い警戒感があった．

　1995年の大統領選挙におけるシラク候補の外交政策プログラムの中では，アフリカにおける平和維持は第一義的にアフリカ人自身の責任であるとした上で，こうした試みがアフリカ諸国に過重な財政負担をもたらさないようにすべきであるとしていた．[65] シラク大統領の当選後も，基本的にこうしたアプローチは引き継がれた．[66] 1995年10月30日に開催された第18回英・仏サミットにおいて採択されたアフリカに関する共同文書において，この分野で西欧連合（WEU）を中心にEU諸国の関与を高めるべき点で両国は一致した．

(c)　フランス軍改革の動向とアフリカ

　徴兵制の廃止を謳って大統領に当選したシラク大統領は，フランス軍の三分の一削減をはじめとする大規模な軍改革の方針を発表するとともに，徴兵制に

ついても廃止するとの方針を明らかにした．フランス軍の大幅な削減は当然アフリカ駐留のフランス軍にも影響があるが，シラク大統領がフランス語圏諸国首脳会議出席のため，ベナンに向けて出発する当日，『リベラシオン』紙は，アフリカの軍事基地の幾つかが閉鎖ないし削減される案が政府内で検討されていると報じ，話題をよんだ[67]．基地を閉鎖するか否かは当該国との外交関係を考慮したものの，駐留兵員は大幅に削減されることになった[68]．さらに，軍事顧問団と軍事協力代表部の2つがある国においては，一方の他方による肩代わりによって合理化を進めるとの動きもみられた[69]．冷戦後の新しい戦略環境にあわせてフランスの軍事戦略を修正すべきであるとの議論は従来からあり，特にアフリカ駐留フランス軍はアフリカ諸国との防衛協定と同様見直しをすべきであるとの意見は政府内部においても根強いものがあったといわれる[70]．中央アフリカにおいて，駐留フランス軍の存在が中央アフリカ軍部の反乱を抑止できなかったこと，またコモロ（1995年），中央アフリカ（1997年）において相次ぐ軍事介入をせざるをえなかったことで，ますますアフリカとの軍事防衛協定の見直しを求める声が強まっていった[71]．

(4) フランスの経済協力体制改革の動き

　フランスの経済協力体制は，機能的にではなく（日本において長い間みられた無償，有償，技術協力別の体制のように），地理的に分化している点に特色があった．すなわち，フランス語圏アフリカに対する特別の扱いが，長い間アフリカ諸国の非植民地化以降のフランス経済協力体制の特徴であった．その象徴が，「アフリカ省」ともいえる協力省の存在であった．そのため，いかなる経済協力体制改革の動きも対アフリカ政策全般の見直しと同義にとられることとなった．その点で，ミッテラン大統領の下で，当初コット（Jean-Pierre Cot）協力相が協力政策の合理化をはかろうとしたところ，アフリカ諸国首脳の反発を買い，ミッテラン大統領が同協力相を解任し，従来の政策に逆戻りすることになったことが想起されよう［Bayart 1984: 46］．

　歴史的な遺産（協力省は植民地省を引き継いで形成された）に基づき，つぎはぎをくり返した結果（協力省管轄地域を旧フランス植民地以外にも次第に拡大），ますます複雑となり，関係省庁の役割分担も明確でなかったフランスの協力体制を改革する必要性は，政府においても認識されており，大統領選挙の度に議論されてきた．しかし選挙が終わると改革案は実行に移されないまま推移してきたので[72]

ある.

　バラデュール首相の下で，協力体制の改革の動きが表面化したのは，もとより間近に迫った大統領選挙に絡んだものであった．だが同改革の直接の起源は，国家機構の改革に関するバラデュール首相の諮問をうけた「ピック報告」[Picq 1995]にあった．同報告は特にフランスの外交体制の合理化の必要性を強調していた．これは，アフリカ問題に関しても外務省の発言権を確保し，一貫したグローバルな外交を展開することを主張していたジュッペ外相の考えと軌を一にしていた．このためシラク大統領当選の場合でも，ジュッペ外相の首相就任が有力視され，ジュッペ外相の官房長でアフリカ政策合理化を唱えていた急先鋒であるドゥ・ビルパン（Dominique de Villepin）がシラク陣営の選挙責任者に就任したことから，フランスの協力体制の見直しが選挙後必至であるとの見方が広がったのである．実際シラク大統領の下でジュッペ内閣が成立すると（1995年），協力省の地理的管轄が拡大され，協力体制改革の先駆けとなった（EUとのロメ協定締結国が協力者の管轄地域とされた）．協力省は外務省の下に位置づけられ，フランス外交の一環として協力政策を位置づけるとの方向が示された．その一方で，廃止が噂されていた大統領府アフリカ班は存続することとなった（しかしフォカール元大統領府事務総長は大統領顧問に任命されず）．そして協力省の廃止か存続かを含めた根本的な協力体制の改革は当面先送りされ，ジュッペ首相が協力相の使命を定めた書簡（1995年6月6日付）の中で具体的な改革の立案が指示された．

　関係省庁の協議は難航を極め，特に協力体制の外務省の下での一元化を主張する外務省・協力省と，これに抵抗する財務省・フランス開発公庫の間の対立は大きく，予定されていたジュッペ首相による決定は再三延期された．この間，ドゥ・シャレット（Hervé de Charette）外相が協力省の吸収を発表し，これを大統領府及び外務省自身が直ちに否定するなど政治的駆け引きが活発化していた．初の外遊でアフリカを訪れたシラク大統領は訪問先でアフリカ諸国首脳による協力省存続を求めるロビイングを受け，協力省存続の方針を明らかにしたことによって，ジュッペ首相の決定を待つことなく改革が頓挫したと明らかになった．

　1996年2月7日，ジュッペ首相は待たれていた決定を発表したが，中身に乏しく，改革の試みが挫折したことが明らかとなった．具体的には，① 開発援助関係閣僚会議（首相の下に，外相，財務相，協力担当相，予算担当相，貿易担当相，その

他関係閣僚が出席）を最低年に1回開催する，②関係閣僚会議に参加する関係省庁の間での調整を定期的に行う，③外務省と協力省の関係緊密化をはかる（予算は外務次官の責任の下で調整される），④仏開発公庫の管轄地域を協力省同様にACP諸国（EUとのロメ協定締結国）及び南アフリカに拡大し，生産セクター，インフラ，地域開発の分野において十全の権限をもたせる，⑤協力省の全管轄地域において現地開発援助委員会を設置し，関係機関の調整を実施する，⑥援助の効率性に関する評価活動を強化し，作業委員会によって準備された報告書を，関係閣僚委員会の裁可を経て年に1回議会に提出する，が含まれていた[74]．

その後，ジュッペ首相の下で中途で頓挫していた改革は，ジョスパン（Lionel Jospin）保革共存内閣によって実施に移されることになった[75]．1998年2月4日の政府の決定によって，1999年1月1日に協力省は外務省へ統合され，植民地省以来の歴史に幕を下ろした．協力省のほとんどは外務省の技術協力担当の部局と統合されて，巨大な国際協力・開発総局（Direction générale de la coopération et du dévelopement international: DGCID）へと再編された[76]．

4　その後の展開と展望

フランスとアフリカの関係は，植民地関係の歴史に基づく特殊な相互依存関係であった[77]．1960年代の非植民地化にもかかわらず，フランスとアフリカの関係は主権国家間の関係に収斂しないものであった．通貨・軍事面ではそれぞれCFAフラン，防衛・軍事協力協定によってアフリカ諸国の主権は制限されていた．しかしながら，フランス・アフリカ関係は，フランスによる一方的なアフリカ諸国の支配としてのみとらえるのは正しくない[78]．アフリカのエリートはこうした相互依存関係に利益（しばしば個人的見返り，金銭面での利益）を見出すとともに，フランス国内政治にも影響を及ぼしていたのである．このような双方向的なフランス・アフリカ関係は，現状維持に利益をもつフランス・アフリカ双方のエリート層の（しばしば腐敗した）共棲関係としてみるべきであろう[79]．

一部の論者はフランスにおいてフランス・アフリカ関係の「正常化」（normalisation）あるいは「陳腐化」（banalisation）が進んでいるとしている．今まで検討してきたように，既に1990年代においてその動きは顕在化していた．シラク元大統領の政策とバラデュール元首相の政策の間にはレトリックの違いがありつつも政策の実質において継続性がみられたのであり，その後みられた

変化は「正常化」の方向にあったということができよう．

しかしながらシラク元大統領とバラデュール元首相の対アフリカ政策の間に根本的な違いがあったことも忘れてはならないであろう．バラデュール元首相の政策をマルチ（国際化），シラク元大統領の政策を「バイ」（伝統的二国間関係重視）として対比する見方は単純化しすぎるきらいはあるが当を得ていると思われる．バラデュール元首相に代表されるフランスの財務省・外務省テクノクラートの言辞には，アフリカとの心情的な結びつきを想起させるものはなく，他の地域と同様にアフリカを扱おうとの姿勢が現れていた．それに対してシラク元大統領らには，改革を行うことによりアフリカを通常の外交案件と同じように扱おうとの姿勢はみられなかった．このように2人の政策は内容の面で重なるものがあるが，その方向性は大きく異なっていた[80]．ジョスパン内閣下では，基本的にバラデュール政権以来の改革が継続された．

シラク政権に次いで成立したサルコジ政権においては，シラク前大統領との違いを強調する狙いからか，当初は伝統的アフリカ政策との断絶を打ち出していた．しかし改革の方向はすぐに頓挫し，再び伝統的な政策に回帰したかの印象を与えることになった．協力相に任命されたボッケル（Jean-Marie Bockel）が，「フランサフリック」を断罪し，訣別を宣言すると，ガボンのボンゴ大統領の強い反発を買い，サルコジ大統領はそれに屈する形でボッケル協力相を解任した[81]．これは既に述べたミッテラン大統領が改革を約束して就任したコット協力相を，アフリカ諸国首脳の反発を受けて解任したことを彷彿とさせる出来事であった．さらにフォカール・ネットワークを引き継いだとされる黒幕的存在であるブルジ（Robert Bourgi）の活躍や，ボロレ（Vincent Bolloré）などアフリカ・ロビーの影響力の増大，ゼラ（Dov Zerah）などシラク元大統領派の台頭（ゼラは2010年に，CFAフラン切り下げをめぐって対立した切り下げ派のセベリノ総裁の後任としてAFDの総裁に任命された）に，言辞とは異なるサルコジ大統領の姿勢がよく示されている．サルコジ大統領は，基本的に特別にアフリカを重視することはなかった．アフリカ国家元首の中で最年長であったガボンのボンゴ大統領が死去した際（2009年6月）にも，サルコジ大統領がガボンでの葬儀においてシラク元大統領と異なり野次を浴びせられたのは偶然ではない．全体としてはフランス（特に企業）に利益をもたらす限りにおいてのみ，サルコジ大統領はアフリカに関心を示すに過ぎなかった[82]．

オランド（François Hollande）大統領が2012年5月に就任すると，フォカール系

統のネットワークに代わって，社会党系のネットワークがジョスパン内閣以来再び前面に出てくることになった．また従来しばしば非公式のネットワークによるメッセージの伝達が行われていたのをやめ，公式のチャンネルを用いて，言葉使いにおいてもアフリカ諸国指導者が他の地域の国々と同様の敬意をもって扱われていると感じることができるようにしなければならないとの指示が出された［Melly and Darracq 2013］．当初はアフリカ政策においてサルコジ政権と異なり，権威主義的なアフリカ諸国（ガボン，カメルーンなど）の指導者とは距離をおく姿勢が示されたものの，イスラム過激派への懸念からマリに軍事介入し，さらに中央アフリカにも軍事介入すると，権威主義的政権との関係が修復されることになった［Leboeuf and Quénot-Suarez 2014］[83]．

フランスの冷戦後世界への適応においては，植民地主義に由来するアフリカ諸国との関係の見直しが不可避であった．それは，新しい世界へのフランスの適応をはかろうとしたテクノクラートによって担われたが，従来の利害関係者（アフリカ諸国指導者，フォカール・ネットワーク，フランス一部企業）による抵抗のために，一筋縄では改革は進まなかったものの，1990年代以降のフランスの対アフリカ政策の変化は根本的なものであった．

それでは将来のフランス・アフリカ関係はどのようなものになるであろうか？ フランスの対アフリカ政策は，①他国との競争，②フランス国内における変化，③アフリカにおける変化，の相互作用によって今後の方向が決まってくるであろう．

まず他国との競争に関しては，冷戦後世界では，米国，日本，そして近年は中国がアフリカに積極的な関心を示すにしたがって，影響力争いが厳しくなってきた．従来米国においては，もともとアフリカは周辺的な利害しかなく，冷戦の中で一部の国が戦略的理由から重視されたが，通常は国務省のアフリカ担当者レベルや，ブラックコーカスなどのロビー，あるいは開発NGOによって政策過程は担われていた．こうした状況は，冷戦後世界においても当初は変わることはなかった．むしろ冷戦後は，米国外交の優先順位においてアフリカの地位はさらに低下するものと考えられた．それは，政策決定者の関心が中東欧諸国やロシアの将来に向けられていたため，従来から低かったアフリカへの関心が一層低下すると考えられたからである．こうした米国の対アフリカ政策は[84]，資源獲得，そして特に9.11以降の国際テロリズム対策の動きによって変化する

ことになった．第8章で述べるAFRICOMの設置などは，こうした米国によるアフリカ重視を体現するものであった（米国のアフリカ向けODAについては図4-4参照）．また中国のアフリカ進出は近年めざましいものがあり，資源獲得だけでなく，投資の動きも大規模なものに拡大してきている．こうした最近の国際的動きを前にして，フランスはサルコジ政権以降になると，アフリカの重要性をむしろ再認識するようになったといえるであろう．

次にフランス国内ではどのような動きがみられるであろうか？ アフリカ国家元首の家族による不正蓄財をめぐるNGO「トランスパランス・アンテルナショナル」(Transparence Internationale)による裁判などは，現実にフランスとこれらアフリカ諸国の関係にインパクトを与えるに至っている．アフリカを舞台にした汚職についても，フランスの国内世論はかつてみられないほど厳しいものとなっている．フランス国内では，NGOなどによる「フランサフリック」追求は強まりこそすれ，弱まることはないであろう．他方では，マリやニジェールなどでのイスラム過激派の伸長は，在外フランス人がテロ・誘拐の標的になるという意味だけではなく，フランス国内のテロとも結びつくという意味で，これら諸国へのフランスの関心を高めることになった．

アフリカにおいても，世代交代によって，フランスとの間で関係（留学・滞在など）をもたない指導者が続々と現れてきている．経済成長の下で社会的な変化も進んだアフリカ各国では，さまざまな形で国民の政治参加が進んできた．こうした新しいアフリカの政治状況の下では，旧宗主国であるフランスとの関係は，コートジボワール内戦においてバグボ (Laurent Gbagbo) 大統領が旧宗主国フランスを一種のスケープゴートとして利用したように，今後も緊張をはらんだものとなるであろう．

これらの要因の結果としてフランスの対アフリカ政策の今後が規定されようが，21世紀に入るとフランスはアフリカがもつ重要性を新たな状況の中で再確認するようになった [Smith 2013]．その要因は，国際的競争の中でフランスがアフリカにおける利益を再発見したこともあるが，マリや中央アフリカへの軍事介入にみられるのは，周辺からの「帝国の呼び戻し」("appel d'empire") とでもいえるものである．

しかしいかなる形であれ，フランス国内・アフリカ側双方における変化を鑑みれば，旧来の伝統的なフランス・アフリカ関係には戻ることはないであろう．フランサフリックに体現された新植民地主義的なフランス・アフリカ関係は終

焉したのであり，新たな土俵において（力の差はあるにしてもパートナーとして）フランス・アフリカ関係は展開していくであろう．

注
1）ベナン，ブルキナファソ，カメルーン，中央アフリカ，コンゴ，コートジボワール，ガボン，マダガスカル，マリ，モーリタニア，ニジェール，セネガル，チャド，トーゴ．
2）コートジボワールは独立50年をフランスとともに祝う必要はないとして，参加しなかった．
3）7月14日の行事への様々な批判については，"France-Afrique: Un anniversaire ambigue," *Le Monde*, 29 avril 2010参照．
4）日本における研究として田中・平林［1991］，大林［1996］，片岡［2010］がある．
5）1989年11月9日のベルリンの壁崩壊から2001年9月11日までの間を，米国が冷戦後の新しい国益の定義を模索した1つの期間としてとらえるのが，Chollet and Goldgeier［2008］である．
6）たしかに軍事費は1990年代を通して減少の傾向がみられたがそれほど顕著なものではなかった（1990会計年度の2993億ドルから2000会計年度に2945億ドル）．また何よりも，2つの主要な地域戦争（大きな通常兵力を有する地域大国との戦争を想定）を同時に戦える能力を維持するとの冷戦時からの基本的な軍事態勢は冷戦後においても維持された［Goldman 2011: 125-61］．
7）2001年になるまで米国では防衛政策の本格的な見直しは行われず，基本的な想定も冷戦期のまま続いていた［Leebaert 2012: 614-615］．
8）同様の指摘は，Legro［2005: 167］にもみられる．そうした継続性の中でも，冷戦終焉直後に米国が戦略的な適応を試みたとの指摘は，Leffler and Legro eds.［2011］に収められた当時の政策決定者たち（特にRobert B. Zoellick）の回想にみられる．
9）この4つの戦略オプションは，Kupchan［2002: 115-24］を参照．
10）またChollet and Goldgeir［2008］に，クリントン政権がさまざまな試行錯誤の中で，「拡大」（enlargement）や「関与」（engagement）を掲げて対外関与を続けた過程がよく描かれている．
11）冷戦の終焉の最大の「被害者」はフランス外交であり，フランスはアフリカをはじめ世界の諸地域で対米自立性を喪失することになったとの見方は，Edwy Plenel, "L'Ilusion française," *Le Monde*, 31 août 1994.
12）例えば，Laïdi［1992］による研究がある．
13）世論調査においては，「南」からの脅威が「東」からの脅威を上回るとされていた．1991年5月24日から6月8日の間にSOFRESとBVAによって行われたフランスにおける世論調査によると（18歳以上の1000人を対象），回答者の58％がフランスへの脅威として「南」を挙げ，22％が「南」と「東」の両方を挙げたが，「東」の脅威が重要としたのはわずか8％であった（"La menace du Sud l'emporte sur celle de l'Est," *Le Monde*, 20 septembre 1991）．
14）フランス・アフリカ関係を「新植民地主義」と規定した研究として，Martin［1995］

がある．
15) シラク大統領は，1996年3月16日，大統領選挙に向けた外交政策演説の中で次のように述べている．「外交政策を物質的利益だけで規定しないのが我が国の最も特徴的なことの1つである．フランスとアフリカの間には，別の次元の関係，すなわち心の関係があるのであり，それはなかんずく我々の自由が脅かされた時に多くのアフリカ人によって流された血に基づいている」("Discours de monsieur Jacques Chirac," mimeo., 16 mars 1996).
16) これは広くフランス外交全般にあてはまることである．こうした観点からフランス外交を批判し，冷静に優先順位を規定し外交を再編することを主張したのがフランス外交研究の大家アルフレッド・グロセールである [Grosser 1993]．もとよりフランス外交に具体的利益の追求がみられないとするものではない．実際，フランス外交，特に対途上国（フランス語圏外）政策は，極めて重商主義的色彩が濃い．
17) 「栄光」の追求は，ドゴールのみに固有のものでなく，フランス政界全体によって共有されているとの指摘は，Adda and Smouts [1989: 8] 参照．
18) 19世紀末にファッショダ（スーダン南部）での英・仏の衝突に因んで名付けられたもの．アフリカ大陸においてイギリスとフランスが影響力を競い合っているとの認識をさす．現代ではむしろ「アングロ・サクソン」，特に米国が競争相手として考えられていることが多い．
19) ミッテラン大統領は1990年10月に始まったルワンダ内戦への対応を議論する1991年1月23日の閣議で，次のように述べたとされている．「我々は我々の［ルワンダでの］プレゼンスを限定することはできない．我々は［ルワンダで］英語圏との戦いの最前線に位置している．ウガンダがし放題にしてはならない．［同国の］ムセベニ大統領にいわなければならない．少数派であるツチ族がその決まりを多数派に押しつけることがあってはならない」[Rwanda 2012: 70].
20) こればドゥ・ギランゴー（de Guiringaud）元外相の以下の言葉である．「アフリカはフランスにとって依然としてフランスに合い，その手段で手が届く唯一の大陸である」("Une délicate frontière entre souveraineté et ingérance," Le Monde, 30 mai 1996).
21) 文明化の使命については，Conklin [1997] 参照．
22) 古谷は，19世紀末からみられた米国によるラテン・アメリカへの軍事介入は，一極支配地域における域内秩序維持活動（＝「警察行動」）として考えられるべきもので，冷戦終焉後はこうした「ラテン・アメリカ型」介入が世界化したものと考えられるかもしれないとしている［古谷 2008］．
23) クラズナーが挙げるもう1つの事例は，バルカン半島における少数民族保護をめぐる他国による干渉である．同じように国際関係におけるヒエラルキーの存在を指摘し，コンストラクティビズムの観点から議論を展開したのが，Wendt and Friedheim [1996] である．同研究は第二次世界大戦後の世界には主権という制度とともに，別の制度＝「非公式帝国」が存在するとし，米国，ソ連，フランスの事例を指摘している．そこでは，支配・服従のアイデンティティーと利益が相互関係を通じて相互に形成されるとしている．
24) ここでの分析はKessler and Charillon [2001] の研究によっている．

25) フランスが冷戦後の世界において，国際組織を影響力行使の主要な手段として用いるとの展望は，Hoffmann［1993］にみられる．また冷戦後のフランス外交（特に国防政策）において多国間主義が，フランスにとって，行動の枠組みであるとともに，フランスの利益を促進する場（フォーラムとしての多国間主義）であり，更に他国を抑制する道具であり，選択の余地のない必要不可欠な政策であったとするのは，Tardy［2007］である．
26) 欧州通貨・経済統合実現のため，財政赤字削減を最優先するとの1995年秋のシラク大統領の転身（選挙では減税及び雇用の増大を公約していた）は，フランスの欧州統合政策の方向性をみる上で示唆的であった［Cohen-Tanugi 1995: 862］．
27) 近年の研究として，Bitsch and Bossuat［2006］．
28) 同様の関係は，EEC（当時）加盟を模索したイギリスとコモンウェルス諸国の間にもみられた［小川 2008］．
29) フランスのPKO参加については，Tardy［1999］，Utley［1998］，神余編［1995］が参考になる．フランスがPKO参加に幻滅し，次第に消極的になっていく点は第10章参照．
30) この点は世界銀行の報告書［The World Bank 1989］及びClement［1994: 10-13］を参照．
31) "La Corrèze avant le Zambèze, le retour," *Croissance*, no. 380, mars 1995, p. 3. この言葉は，1954年に評論家のカルチェ（Raymond Cartier）が，述べたもので，海外を支援するより前に国内の支援を行うべきであるとの主張を指す（コレーズはフランスの県）．この関連では，シラク大統領が頻繁に言及した「アフロ・ペシミズム」（アフリカの将来に悲観的見方をすることを指す）も同様の認識をフランスの指導者の側から示したものとして注目される．
32) "France and Africa," *The Economist*, 23 July 1994.
33) 西アフリカを中心に活動したフランスの商社であったSCOAは1998年に解散する．
34) フランスの製薬業界のアフリカ向け輸出はCFAフラン切り下げ後，3割以上減少した（*Jeune Afrique*, no. 1790, 27 avril-3 mai 1995, p. 35）．
35) 1990年代初めのフランス企業のアフリカでの動向については，Bessis［1994］を参照．
36) Agir ici, Survie, Transparence internationale等のNGOの活動が知られている．
37) アフリカ諸国の債務の推移については，武内［2011］に詳しい．
38) 1994年7月29日にバラデュール首相がアビジャンで行った演説は*Politique étrangère de la France. Textes et documents*, juillet 1994, pp. 146-150に収められている．
39) 1仏フラン＝1000CFAフラン，75コモロ・フラン．
40) CFAフランのもつ政治的・象徴的機能については，Vallée［1989］を参照．
41) フランス政府の公式の立場は，CFAフランの切り下げはメンバー国が自主的に決定したものでフランスはそれを歓迎する，というものであるが，CFAフランを最終的に保証しているフランスの意向が決定的に重要であることは明らかである．
42) CFAフラン切り下げの経済的意味については大林［1996］を参照されたい．切り下げに関し，フランス協力省により準備された広報用資料 "Les notes de la coopération française, macroéconomie, finance," no.3, janvier 1994が有用である．
43) 当時のルッサン協力相の『レ・ゼコー』紙へのインタビュー（*Les Echos*, 25 janvier 1995）．

44） ガボンのボンゴ大統領，ブルキナファソのコンパオレ（Blaise Compaoré）大統領，セネガルのディウフ（Abdou Diouf）大統領，コートジボワールのウフェボワニ大統領は大挙して1992年7月31日にパリを訪れ，ミッテラン大統領に対して切り下げをしないように訴えたという［Airalult and Bat 2016: 133］．
45） Marie-Pierre Subtil, "La victoire des énarques," Le Monde, 20 janvier 1994．その後刊行された当事者たちの回顧録（外務省，協力省関係者）や聞き取り調査に基づくAiralult and Bat［2016: 131-36］が参考になる．
46） ルッサン協力相による回想（Les Echos, 25 janvier 1995）．
47） 財務省は従来CFAフランの切り下げには，それが仏フランの切り下げに結びつくのを恐れて反対であったとされる．また外務省も，アフリカ諸国との関係の安定を重視する立場から，切り下げには反対であったとされる．いつ，なぜ，どのようにして両省の立場が変化したのか明らかでないが，アフリカ諸国の経済・財政状況の悪化を前にして，それぞれの目標追求の観点からもCFAフラン切り下げが望ましいとの判断に至ったのではないかと考えられよう．具体的なタイミングについては，フランス・アフリカ関係を体現していたコートジボワールのウフェボワニ大統領が逝去（1993年12月7日）するのを待ってフランス政府がCFA切り下げを提案したとするのは，Bat［2012: 626］である．
48） ドゥ・ラ・サブリエール局長は回顧録の中で，バラデュール首相が議長を務めた会議で最初に発言し，切り下げの必要性を強く主張したと述べている．他には，トリシェ（Jean-Claude Trichet）財務省国庫局長もガーナとコートジボワールを比較して（同じカカオの輸出国でありながら前者は経済成長を実現しているのに対して後者が停滞しているとして），切り下げを主張したという［de La Sablière 2013: 85-89］．
49） "Roussin l'Africain, un chiraquien devenu balladurien," Libération, 22 février 1994.
50） メスメル・ミッションについては，Vallée［1989: 7］参照．
51） メスメル元首相は，切り下げを主導した高級官僚グループの会合に出席していたという［de La Sablière 2013: 86］．メスメル元首相は，切り下げを求める報告書をまとめるとともに，ルロリエ首相顧問を支持したという［Bat 2012: 134］．
52） バイヤール教授は，さらに一歩進めて，もともとフランスの伝統的アフリカ政策なるものは第四共和制において海外領土相を務めたミッテランが開始し，それをドゴールが引き継いだものとしている．かかる見方からすれば，ミッテラン大統領が伝統的なアフリカ政策をその任期中に推進したのは「先祖返り」であり，驚くに値しないということになる［Bayart 1984: 52］．同様の指摘は，Marchesin［1995］．
53） 当初からこの飛行機の撃墜が誰によるのかについて争われてきた．フランス国内では，ブルギエール（Brugière）判事によってツチ族側による砲撃との見方が出されていたが，トレビック（Trévic）判事による科学的な証拠に基づく検証によって，フツ族の過激派による砲撃であったことが2012年1月に明らかにされた．これにより，フツ族側を支援してきた当時のフランス政府（ミッテラン政権）のジェノサイド発生における責任問題が再び表面化することとなった（"Rwanda: une vérité qui dérange en France," Le Monde, 11 janvier 2012）．
54） ルワンダ内戦に関しては，多くの研究が今日ではなされており，武内［2009］及び英文で代表的なものとしては，Kroslak［2007］, Straus［2006］, Adelman and Suhrke［1999］

などがある．

55）フランスの対ルワンダ政策においてミッテラン大統領の果たした役割については，Bayart and Messiah［1995］を参照．同論文では，① ルワンダにおける多数派支配（したがってフツ族による）についての片寄った見方，② フランスはアフリカにおいて英語圏諸国との間で影響力を争っているとのパーセプション，③ ベルギーとの勢力争い，④ 息子のジャン・クリストフがルワンダで有したとされる利権，⑤ 国家利益をめぐる「恩義」（フランスが制裁下の南アフリカに核燃料技術を密かに輸出したのをルワンダ政府が仲介，それに対してミッテラン大統領が恩義を感じたのではないか，などが要因として挙げられている．当時外務省アフリカ・マダガスカル局長であったドゥ・ラ・サブリエールは，ミッテラン大統領とハビヤリマナ大統領との間に個人的な関係はなく，ウガンダという「英語圏からの攻撃」を受けたフランス語圏の国から救援を求められた点が重要であったとしている［de La Sablière 2013: 98］．

56）Jacques Isnard, "Les disparités de l'assistance militaire française à l'Afrique," *Le Monde*, 2 juillet 1994.

57）ミッテラン大統領期の大統領府の文書が正規の手続きによらずに裁判の過程で2007年に流出した．その内容は既に一部の研究などで利用されていたものであったが，それらの文書を検証した研究者による以下の研究が有益である．その中では，トルコ石作戦をめぐる決定過程については未だに最も材料が少ないとしている［Maison 2010］．同論文で参照された大統領府の文書は，その後刊行された［Rwanda 2012］．もとよりこの文書は正規のものではなく，また内外の批判をかわそうとのフランス政府筋の意図が背景にあることから，取扱いには注意が必要である．その後フランス政府は2015年4月7日に，1990年から1995年にかけてのルワンダに関する大統領府文書を公開すると発表しており，これらの文書は正規の公開手続きを経た歴史資料として今後は研究においても広く利用されることになろう．ルワンダ内戦・虐殺に関するフランスの政策に関する重要な文書の多くは，公開されていない外務省，国防省，情報機関のものであり，今後も当面はミッテラン大統領文書が唯一の利用可能な一次資料であり続けるであろう．当時の報道や分析に依拠している本章の内容は，これらの部分的に流出したミッテラン大統領文書によっても基本的に否定されていない．

58）*Libération*, 22 juin 1994. バラデュール首相が付した4条件とは，① 国連の承認，② 期間の限定，③ 他国の参加，④ 兵力のザイール（現在のコンゴ民主共和国）への展開（ルワンダ国内に展開しない）である．なお，④についてはその後「安全人道地帯」をルワンダ国内にフランス軍が設けたことから，これが当初のマンデートを越えて，フランス軍がルワンダ内戦で緩衝（interposition）の役割を果たすことになるのではないかとの懸念が生じた．"De la protection à l'interposition," *Libération*, 5 juillet 1994. 当時大統領府事務総長を務めていたベドリーヌは回想録の中では，④に全く言及していない［Védrine 1996: 701-702］．バラデュール首相による4条件は1994年6月21日付のミッテラン大統領宛の書簡において記されている．［Rwanda 2012: 522-523］．

59）その後流出したミッテラン大統領文書を利用したメゾンによれば，ルワンダ虐殺との関わりから失墜したフランスの信頼性を回復するとの観点から人道的介入を当初から主張していたのはむしろバラデュール首相であったという．［Maison 2010］．

60) トルコ石作戦では,「フランス政府において少なくとも2つのロジックが存在していた」とするのは,Maison [2008].
61) この点は,バラデュール元首相の回顧録においても言及されている.[Balladur 2009].
62) 大統領府参謀長としてフランスの対ルワンダ政策で中心的な役割を果たしたケノ(Christian Quesnot)将軍は,1994年6月25日のメモで次のように述べ,フランスが防衛協定を締結していない国についても事実上同様に扱ってきたとしている.「ルワンダを含めて我々の介入は,1960年以来常に守られてきた.フランスは防衛協定あるいは協力協定を結んでいる友好国が隣国からの侵略を受けることを認めないとの原則に基づいていた」[Rwanda 2012: 551].こうしたフランスとアフリカ諸国の関係を文化人類学的観点から分析した研究によれば,フランスは,従来旧フランス領アフリカ諸国に対して安全という「贈り物」(don)をすることでこれら諸国のフランスへの忠誠心と「交換」することができていたのであり,ルワンダでの出来事はフランス・アフリカ関係の従来からの「規範」を変更させる転機となったとしている.Ambrosetti [2009].
63) フランスは1970年以来ルワンダをフランスの勢力圏("pré carré")に入れようと努め,1990年の時点ではルワンダには旧フランス領に対するのと同様の政策が適用されるようになっていた [Bat 2012: 581].
64) 1996年11月に表面化した多国籍軍のザイール(現在のコンゴ民主共和国)への派遣問題に関して,当時のシラク大統領は,フランスは中部アフリカにおいて独自の戦略的利益を有しておらず今後も単独で介入することはない,と語っていた(*International Herald Tribune*, 14 November 1996).
65) "Discours de monsieur Jacques Chirac," mimeo., 16 mars 1996.
66) Jacques Isnard, "Paris envisage de susciter une force armée interafricaine," *Le Monde*, 5 juillet 1995.
67) "Afrique: la France rappelle des troupes," *Libération*, 1er décembre 1995.
68) 1997年に中央アフリカ,2008年にコートジボワールのフランス軍事基地が閉鎖され,今日では(2014年現在),ジブティ(1900人),ガボン(900人),セネガル(350人)の3つの常設基地がアフリカに残されている.長期の対外軍事作戦でチャド,コートジボワールに駐留しているフランス軍(1400人),アブダビ,レユニオン,マヨット,ギニア湾においてのアフリカ向けに駐留するフランス軍兵力(2965人)を合わせると総計で7515人が駐留している [Assemblée nationale 2014: 26].
69) 一連の軍事改革の動きとアフリカの関係については,Jaquet [1995: 2903] を参照.
70) *Livre blanc* [1994].同白書によると,アフリカはもはやフランスにとっての死活的利益(国土防衛)でも戦略的利益(直接の安全保障)でもなく,国際的義務によって生じる一般的利益として位置づけられた.
71) 1998年の国防白書では,アフリカ諸国との間で結ばれた二国間防衛協定は「非植民地化という過去に属する歴史の一時期に結ばれたもの」であるとして,アフリカ諸国の国内治安維持のためのフランス軍の介入(しばしば秘密協定として非公開)を定めた条項などは改定し,新しい防衛協定を結び直す予定であると述べられている [*Défense et sécurité nationale* 1998: 154].実際サルコジ大統領の下で,2009年3月にトーゴと,同年5月にはカメルーンとの間で,さらにその後ガボン,中央アフリカ,コモロ,ジブティ,

コートジボワール，セネガルとの間で「新世代」防衛協定が締結された．
72) フランス政府関係者による一連の協力体制改革案についてはPetiteville [1996] が簡潔に要点をまとめており参考になる．
73) "Réforme de l'organisation administrative et institutionnelle de l'aide publique au développment," Communiqué de presse du Premier ministre, Paris, 7 février 1996.
74) *Le Monde*, 8 février 1996.
75) 1995年に協力省の外務省への吸収に反対した財務省（国庫局）は，経済協力全体に関して外務省と共同で管轄し，フランス開発基金（AFD）を中心実施機関とすることと引き換えに態度を変えたとされる [Sadoulet 2007: 103]．
76) 2009年4月にDGCIDは，グローバル化・開発・パートナー総局へと再編された．
77) このフランス・アフリカ間の相互依存関係を，メダール教授は，一種のクリエンタリズムとしてとらえている．ただしそこには，① 古典的クリエンタリズム（対等でない者の関係），② 友人関係（対等な者の間の関係）の2つが混在していることに注意すべきであると述べている [Médard 1995: 40]．同様の視点は，Clapham [1996: 92-93]を参照．たしかに一部のアフリカ指導者（故ウフエ・ボワニー・コートジボワール大統領，故ボンゴ・ガボン大統領，故モブツ・ザイール大統領）は，豊富な資源（公・私）を有し，長期政権であり，フランス政界を知り尽くしていたことから，フランスの政党への資金提供によりフランス国内政治にも関与していたといわれる．そのためどちらがどちらをコントロールしているのか判別し難い側面もあったことは事実であろう．しかし基本的には，フランスによるアフリカ支配の垂直的関係が貫徹していたとみるべきであると思われる．コンストラクティビズムの観点から，フランス・アフリカ関係を含む非公式帝国には，垂直的な関係でありながら相互依存（codependency）の関係がみられることを社会心理学に依拠して指摘するのが，Wendt and Friedheim [1996: 250] である．
78) ドゾンは，「フランス・アフリカ国家」（"état franco-africain"）として，アフリカはフランスと共同の主権を形成していたとする [Dozon 2003]．この議論は，フランス国内政治へのアフリカからの影響は（政党への資金供与などはみられたものの）逆の場合と比較すればそれほど大きくなかったことから，グナンの言うように疑問であろう [Gounin 2009: 28]．
79) この共棲関係は，「フランサフリック」（Françafrique）とよばれる [Verschave 1998]．チェイファーは，「パリ・アフリカ複合体」（"Paris-African Complex"）とよんでいる [Chafer 2002]．長年フランスとアフリカの関係を観察してきたグラゼールは，フランサフリックはもはや終焉し，アフリカ諸国が逆に主導権を握る「アフリカフランス」に転換したと主張している [Glaser 2014]．
80) 『リベラシオン』紙は，シラク候補とバラデュール候補の政見を比較した記事の中で，「アフリカ——切り捨てか残留か——」との見出しをつけている（*Libération*, 3 février 1994）．
81) ボッケル協力相解任の経緯については，Glaser and Smith [2011: 176-82] が詳しい．
82) サルコジ大統領の対アフリカ政策については，Bourmaud [2012], Glaser and Smith [2008], Laloupo [2013: 39-59; 109-30], Thiam [2008]（Yves Gouninが官僚であったことから匿名で執筆したものと思われる）を参照．

83) オランド政権によるマリ，中央アフリカへの軍事介入については，片岡［2014］及び Mathias［2014］参照．オランド政権のアフリカ政策全般についてはBoisbouvier［2015］, Chafer［2014］も参照．
84) アメリカの対アフリカ政策のこうした動向についてはShraeder［1994］を参照．
85) 汚職・腐敗の追放を目的とする国際的NGOであるトランスペアレンシー・インターナショナル（TI）のフランス支部．
86) "Les 'biens mal acquis' africains gênent la France," *Le Monde*, 9 juin 2011.
87) この点は本書の序章において言及した．

第Ⅱ部 民主主義・ガバナンス
―― 開発援助アジェンダの政治化（1）――

第Ⅰ部で分析した先進諸国による冷戦後世界への適応をふまえて，第Ⅱ部と第Ⅲ部で展開される事例研究では，民主主義・ガバナンス，紛争・安全保障という従来はタブーであった途上国の内政に深く関わる政治的課題が，冷戦後に開発援助政策において正面から取り上げられるようになる（「開発援助アジェンダの政治化」）過程と態様の分析を行う．

　第Ⅱ部の民主主義・ガバナンスについては以下の順で検討する．まず第5章では，1980年代末から続々と民主化する国が出てくる中で，その支援を行うために開発援助を用いるとの考えが多くのドナーから提起されるようになった経緯と背景を分析する．次いで第6章では，ドナーのフォーラムであるDACの場での議論を取り上げ，その背景とともに，DACによる取り組みの意義と限界を分析する．そこでは，メンバー国の内政への関与を規約によって明示的に禁止されている世界銀行などの国際開発金融機関と比べて，民主主義に関する議論が比較的容易であると思われたDACにおいても，組織上様々な適応上の課題があったことが明らかにされる．そして第7章では，実践の事例研究として，フランスの開発援助における民主主義・ガバナンスに関する取り組みを取り上げる．フランスは，第4章でみたように，アフリカとの間で「特殊な関係」を有しており，独裁的支配者を軍事介入等によって支えてきた歴史をもっている．他方，1990年代に入ると，「ラボール宣言」によって民主主義とフランスの開発援助をリンクさせることを表明した．ここでは，こうしたフランスの新しいディスコース及びその実際の運用がどのようなものであったかを検討することによって，フランスの民主化・ガバナンス援助が抱えた矛盾に満ちた立場を照射し，今後を展望する．

第5章
民主主義・ガバナンスというアジェンダの登場

はじめに

　開発援助の1990年代に入っての顕著な傾向の1つは，民主主義，人権など途上国における政治のあり方自体が争点として浮上してきたことである．日本政府も，海部首相（当時）が1991年4月に国会において表明した開発援助の4指針の中で，途上国の民主化を配慮すべき点の1つとして掲げた．また1992年6月30日に閣議決定された政府開発援助大綱の中にも，被援助国における民主主義への配慮が原則の1つとして盛り込まれた．OECD諸国の援助供与国のフォーラムであるDAC[1]においては，第6章で詳しくみるように，この問題は中心議題となった．

　開発援助が外交手段の1つでもあり，政治的意味を当初からもっていたことはもとより指摘するまでもあるまい．しかし，援助供与国の大半が，途上国における政治的援助プログラムを実施し，民主主義・人権・ガバナンスという経済政策以外の目的のために開発援助をテコとして用いる事態は，新たな展開であった．

　本章では，民主主義・ガバナンスという途上国の内政それ自体を対象とした援助政策の展開を分析する．民主主義及びガバナンスの定義，両者の関係はそれ自身が以下で検討するように論争の争点であるため，それらの論争を取り上げる時点で検討することにしたい．またDACの議論では，人権も民主主義と並んで取り上げられることがあったが，政治的自由については民主主義の中に含めて考えることができるため（図5-1），本書では民主主義・ガバナンスと別個の対象として人権について分析することはしない[2]．

　本章では，まず途上国における民主主義および統治能力の向上をめざす政治

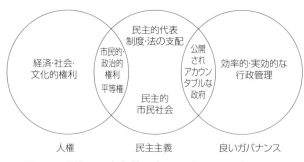

図5-1 人権・民主主義・良いガバナンスの相互関係
(出所)Crawford[2001: 29]

的援助が登場する経緯と背景を概観し,分析する.

1 開発援助と民主主義・ガバナンスの従来の関係

(1) 伝統的開発援助体制における援助と政治

 開発援助においては,途上国の内政への関与を行わないことが公式の原則であった.現実には援助は,受取国の経済・社会を通じて間接的に,あるいは直接的にも現地における政治勢力のバランスに与える影響を通じて,政治的なインパクトをもたらす.しかし直接に政治への働きを模索することはなかったという意味で,開発援助では国内政治への関与はしないことが建前であった[3].したがって,開発援助分野で,途上国の国内政治が課題として明示的に取り上げられることはなかったのである.

 その背景は,第2章で検討した伝統的開発援助体制の3つの特徴に求めることができる.まず伝統的な開発援助体制の特徴の1つは,主権尊重であった.1955年に開催されたアジア・アフリカ諸国29カ国が参加したバンドン会議の精神(領土主権の尊重,相互不可侵,相互内政不干渉を中心とした平和10原則)は,主権平等・内政不干渉を定めた国連憲章(特に第2条)に則った主権尊重を新興独立国との関係にも普及させるものであった.新たに主権を獲得した諸国を中心とする途上国との間の援助関係が,主権尊重・内政不干渉を原則とするのは自然の流れであったといえるであろう.

 さらに,伝統的開発援助体制のもう1つの特徴である開発主義からすれば,開発援助は一国の経済開発に専心すればよいのであって,途上国の国内政治が

民主主義か否かは開発に有意な影響を与えるとは考えられなかった．民主主義を含めた「すべての良いことは一緒に導かれる」[Packenham 1973: 20]との考えがとられていたことも，開発援助が途上国の内政に関与しなかったことの背景として指摘できよう．

また伝統的開発援助体制の3番目の特徴である，冷戦の文脈における戦略的目的を開発援助がもっていたことも重要であった．東西対立の中では，途上国を自陣営に引き込むためには，途上国が軍事独裁であろうと人権抑圧が行われていても援助は続けられた．非民主的体制がほとんどであった途上国に対して西側先進諸国が，冷戦の厳しい競争関係の中で，途上国内部の政治（民主主義かどうか）を問わなかったのは冷戦下においては理由なきことではなかった．

このように開発援助領域において，民主主義は途上国の内政の根幹に関わるものであり，タブーであるといってよかった．それだけに，90年代以降に開発援助において，民主主義が正面から課題として取り上げるに至った状況は，「ほとんど革命に近い」[4]ものであったのである．

(2) 初期の開発援助と政治の結びつき

このように伝統的な開発援助体制においては途上国の政治への正面からの関与はみられなかったが，いくつかの例外的事例がみられた．ここでは，民主化支援を早くから援助の目的として掲げていたドナーである米国とスウェーデンを取り上げるとともに[5]，同様に早くから民主主義への支援を目的として掲げていた非国家行為主体の例として政党財団を検討する．

(a) 米国

米国は，他国での民主主義を促進するとの対外政策を20世紀初めからとってきた．もとより戦略目的，経済目的など他の目標の口実として民主化支援が掲げられた面もあったが，民主主義それ自体も目標として実際に追求された面があることも否定できない．米国が中南米で行った民主化促進策では，①取り込み（プエルトリコ），②侵略（パナマ），③威嚇（ニカラグア），という押しつけ（imposition）による手段がとられた[Whitehead 1991]．すなわち米国による民主化政策は，米国の対外援助が1960年代初めに本格的に組織化される以前から，1つの政策として別個に存在していたのであり，DAC諸国の中では例外的であった[Whitehead 1991][6]．この点は1990年代以降に，米国で民主主義支援が1つ

の「産業」として隆盛を迎える背景として重要であろう．

援助と民主主義の結びつきの起源は，米国における対外援助体制を形成したケネディ（John F. Kennedy）政権に求めることができる．ケネディ大統領は今日においても米国の対外援助政策を規定している1961年の対外援助法を成立させたが，「経済的成長と政治的民主主義とは調和できるとの歴史的証明」を求めるケネディ大統領の訴えがそのまま同対外援助法に取り入れられたという [Packenham 1973: 63]．

援助と民主主義が直接的に結びつけられたのは，1966年に同対外援助法に加えられた第9編（Title IX）においてであった．議会の起草者たちは，経済発展が民主主義を自動的にもたらすことはないとして，従来の考え方を逆転して，まず政治発展を目標としなければならないと主張したのである．そこでは，「民主的な民間および地方政府機関を奨励することを通じて，途上国の国民を経済発展の作業に最大限参加させることを保障することを重視する」旨が定められ，明示的に米国援助の目的に民主主義促進が掲げられた．この規定に沿って，USAIDにおいては，第9編プロジェクト室が設置され，労働組合，民間団体（NGO），民間企業支援などさまざまなプログラムが考案された．

しかし実際には，第9編は米国の対外援助政策を民主制度建設の方向へと転換をもたらすことはなかった．それは，そもそも第9編自体が議会での妥協の産物であり，起草者も修正を通すためにさまざまな考え方に配慮したため，明確に政治援助を重視する旨の文言が採られてはいなかったのである [Butler 1968]．さらに，「USAIDのスタッフは第一義的にエコノミストであり，政治発展に関して訓練も経験もなかった」[OECD 1992c: 58]．そしてUSAIDは開発機関であるとして，政治そのものへの関与をUSAIDの職員たちは嫌ったとされる．こうした中で例外的に行われた立法府支援など政府機構強化の援助すら，多くは民主体制でなかった国（韓国，ブラジル，エチオピア，レバノンなど）で実施され，民主主義のためというよりは，経済運営を改善するという経済上の目的から実施された [Carothers 1999: 22-27]．

その後1960年代を通じて第9編は事実上実行されず，70年代には，ベーシック・ヒューマン・ニーズ（BHN）や人権に重点が移り，第9編においてみられた政治発展援助の考え方はUSAIDにおいて影が薄くなった．本格的に民主化支援が再び米国の援助の課題になるのは，1980年代後半になってのことである（後述）．

(b) スウェーデン

　米国とならんで民主主義を開発援助政策の目的として掲げていたのはスウェーデンである．スウェーデンの政府援助法（1962年）には次のように定められていた．「我国が決定できる限り，政治的民主主義と社会的平等の方向に貢献するように，我国の援助を方向づけるように努めることは妥当であると思われる」[Andersson 1986: 39]．1962年援助法が形成された背景には，法案の作成にかかわった官僚たち（国連出向者，外交官，専門家など）の個人的役割とともに，当時のスウェーデン社会の状況が大きな影響を与えた．すなわち，スウェーデンは，他国に先駆けて経済効率と民主主義的価値の間の調和を永続的にはかるモデルを形成することに成功した，との社会に浸透した強い信念が国内で共有されていた．こうした自己充足的な感覚の下で，成長，分配，民主主義の間で自然な調和がみられるという「スウェーデン・モデル」を，世界の他の地域においても促進すべきだ，というコンセンサスがあった[Anell 1986: 235]．[12]

　実際スウェーデンの当時の主要な援助対象国は，エチオピア，ケニア，タンザニア，チュニジア，インド，パキスタンであった．1960年代を通してスウェーデンでは，こうした既存の援助対象国を重視すべき（継続性の観点から）とする意見と，1962年援助法に定められた目的に照らして対象国を選択すべきであるとの意見の間で論争が続いた．特に後者の立場は各政党によって政治的にとられていた．保守系がケニア，スーダン，エチオピア（クーデター前）を，リベラル・中道がボツワナ，スリランカ，ザンビア，パキスタン，チュニジアを，そして社会民主系・共産党がチリ（クーデター前），タンザニア，ベトナム，アンゴラ，キューバを援助対象国として主張していた[Andersson 1986]．いずれにしても，「民主主義」という基準は，実際には援助対象国選択の際に貫徹していなかったことが指摘できよう．とはいえチリへの援助が1973年の軍事クーデター後に停止されたのは，今日でいう政治的コンディショナリティーの一種とみれるかもしれない[Andersson 1986]．

　同様の例は，人権を理由とした場合にみることができる．開発は長期的なプロセスであり，いかなる理由があっても断絶されるべきではないとの考え方がスウェーデン援助ではみられたが，極度の人権抑圧がみられた場合でも援助は縮小された形で継続された（エチオピアで皇帝退位後の混乱の中で広汎な人権蹂躙がみられた時）．あるいは，国連憲章に明白に違反して他国を侵略した場合（1979年タンザニアによるウガンダ侵攻，同年ベトナムによるカンボジア侵攻）でも，タンザニア，

ベトナムへの援助は継続されたのである［Palmlund 1986: 122-24］．

(c) 政党財団

　ヨーロッパの政党財団で最も古いのはドイツのフリードリッヒ・エーベルト財団（Friedrich Ebert Stiftung，社民党系）であり，1925年に設立された．他のドイツの政党財団は設立年代順にみると，コンラッド・アデナウアー財団（Konrad Adenauer Stiftung，1956年，キリスト教民主同盟系），フリードリッヒ・ナウマン財団（Friedrich Naumann Stiftung，1958年，自由民主党），ハンス・セイデル財団（Hans Seidel Stiftung，1967年，キリスト教社会同盟）となっている．さらにドイツ以外でも，レンナー研究所（Renner Institute，1972年，オーストリア社会党），国民党政治アカデミー（Politische Akademie der ÖVP，1973年，オーストリア国民党），パブロ・イグレシアス財団（Fundación Pablo Iglesias，1977年，スペイン社会党）がみられる．政党財団の数でみると，データが得られた31の財団の大部分（23）は，1989年以降に設立されたものであった(その点で早く設立されていたドイツの政党財団は例外的)［van Wersch and de Zeeuw 2007］．これらの中で最も規模の大きいドイツの政党財団(6つ)の公式の目的は，政府によって1960年代に定められており，「社会正義，広範な政治参加，国連人権宣言に記された諸目的に沿った国家の政治的独立の強化」が掲げられている．さらに非公式には，ドイツ政府の外交政策や当該財団と関係が深い政党の価値の追求といった政治目的をもっている［Mair 2000: 128-49］．

　政党財団が最も発達しているドイツは，民主化支援は政党財団に任せ，政府としてはタッチしないという間接的関与しか行なっていなかったのである（その後1993年から連邦政府も直接支援プログラムを実施し始める）[13]．

　今日米国の民主化支援を語る上で欠かすことのできない国立民主主義財団（NED）が1983年に設立されたのは，これらヨーロッパの政党財団に直接の範をとったものであった[14]．

　以上検討してきたように，開発援助と途上国の民主主義を結びつける考え方は，開発援助体制が形成された当初には，民主主義が政策分野として存在していた米国と，主として国内価値の反映として民主主義が目標に掲げられたスウェーデンのみであった．いずれの場合も，実際の援助では経済開発至上主義の枠組みの中であまり顧みられることがなかった．その意味で，1990年代以降

に，援助が民主化支援を課題として正面から抱えるようになるのは，これらの国々にとっても新しい事態であったといえるのである．

2 民主主義と援助のリンケージの背景

援助国・国際機関が，急速に途上国の政治への関心を高めたのはいかなる要因によるのであろうか．「第三の波」[Huntington 1991]といわれる1970年代半ばから90年代初めにかけての途上国における一連の民主化の背景や過程自体の分析には立ち入ることなく，援助供与側の態度に影響を与えたと考えられる要因をここでは考察してみたい．

(1) 途上国における要因

途上国における要因として第1に挙げなければならないのは，途上国自身において複数政党制の導入や自由選挙の実施等，民主化の進展が1980年代末から1990年代初めにかけて著しかったことである[15]（図5-2）．その結果，民主化支援を途上国側が先進諸国に要請するという事態が生じることになった．もともと途上国への政治的援助に慎重であったDAC諸国（米国はこの点で例外的）は，新たな対応を迫られることになったのである．

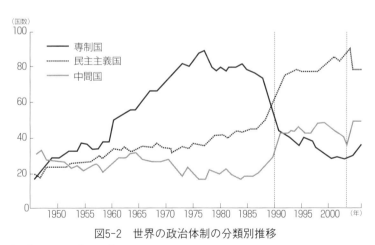

図5-2 世界の政治体制の分類別推移

(出所) Archibugi[2008: 32].

第2に，第2章でみたように，冷戦後に途上国は戦略的重要性というカードを失ったことから，先進諸国からの援助量が減少することが予想された．特にサハラ以南アフリカ諸国では，世界で忘れられた存在になるのではないかとの深刻な懸念がこれら諸国の指導者によってもたれるようになった．先進諸国と途上国の力関係のこうした劇的な変化の下では，途上国の非民主主義的な政権は，いわば民主化をするか忘却されるかの選択を迫られることになったといえよう（東西対立の文脈とは別に戦略的・経済的に重要な位置をしめる一部の途上国についてはニュアンスの違いがある）．従来であれば内政干渉であるとして拒否したであろう類の構造調整，民主主義，人権といったテーマについて，多くの途上国が，先進諸国の援助関係者が驚くほど柔軟に対話に応じる姿勢を示したのは，こうした途上国側の危機感の現れであった．

　民主主義に関する途上国の柔軟な姿勢は，いくつかの途上国間の地域協力機構においても打ち出された．中でも，1990年7月にエチオピアのアジスアベバで開催されたアフリカ統一機構（OAU，当時）第26回首脳会談は，アフリカでの民主主義促進を宣言して注目された．

(2) 先進国における要因

　第1に，OECD諸国による東欧・旧ソ連への支援が本格化する中で，これら諸国に対しては民主主義・人権などの付帯条件を課す一方で，途上国に対しても同様の政策をとらなければ，政策の整合性に欠けるとの認識がOECD各国政府関係者の間でみられたことが挙げられる．特にヨーロッパにおいてこうした考え方は強かった．

　第2に，OECD諸国の国内世論の動向も重要である．第2章でみたように，OECD各国における経済成長が停滞するなかでは，ODAの増加・維持をはかることはどの国においても困難な状況にあった．しかも，冷戦という形での戦略的正当化をはかることができなくなると，民主主義・人権のテーマは，国内世論を動員し，対外援助の正当性を高めるのに効果的であるとの認識がDAC各国においてみられるようになった．

　第3に，財政問題に直面していた先進諸国の援助関係者にとっては，援助の効率性の追求がかつてないほど切実な課題となっていた．援助が効率的にその開発目標を達成するためには，途上国の政治が改善されなければならないとの認識がドナー側において強まったのである．

こうした動きは先進国が集まる国際組織においても表明された．既にみたように（第3章），OECDでは1990年5月31日の閣僚理事会がドイツ，中東欧，途上国での変化は民主主義を体現するものであるとして歓迎する声明を出していた．また北欧5カ国から成る北欧会議（Nordic Council）は，1990年9月10-11日にノルウェーのムルデで開かれた開発協力閣僚会議のコミュニケで初めてこの問題への共通の態度を明確にした．このコミュニケは，開発，民主主義，人権の間の緊密な相互関係を確認した上で，北欧諸国として，今後途上国との対話で，この問題を積極的に取り上げていく方針を打ち出した［Crawford 2001: 57］．

(3) 国際的要因

1990年代初めには，冷戦の終焉によって民主主義（自由な選挙が行われるという意味における）は国際的にほぼ受容され，その意味で普遍的な価値として考えられるようになったといえるであろう［坂本 1997: 129-34, 200-201; 坂本 2015: 327］．もとより民主化が各国自らの内在的な要因によって進むことはいうまでもない．しかし民主化支援が先進各国の課題として取り上げられ，定着するためには，民主主義が国際的な規準として考えられるようになったことが重要である．

国際的なレベルでの理念上の変化が具体的にはどのような形で各国に浸透していくのであろうか？ 1つのチャンネルは，政策の整合性によるものであろう．中東欧における民主化を熱狂的に歓迎し，コンディショナリティーを厳しく適用する一方で，途上国において同様の姿勢を示さないことは普遍的な理念（民主主義）に関わる政策として整合性を欠くことになるであろう．DAC諸国の政策決定者たちの当時の発言には，こうした整合性を意識していた点を窺うことができる．

さらにいくつかの国際組織は，新しいコンセンサスを確認する役割を果たしたのであり，以下に代表的なものを取り上げる．

まず米国，カナダという先進国と，中米，南米の途上国から成る米州機構（Organization of American States: OAS）を挙げることができる．OASは1991年6月の総会において，「サンティアゴ宣言」（正式には，「民主主義および米州体制の再生に向けてのサンティアゴの誓約」）を採択，民主主義，人権の尊重，貿易・投資の自由をOASの原則とした［Perina 2005］．特に「代表制的民主主義」と題されたOASの「第1080号決議」が重要である．そこには，民主主義が脅かされた場

合に，メンバー国全てが民主主義を守るために直ちに共通の行動をとるべきことが定められている.[22]

またかつての植民地のつながりを基盤にした組織としてコモンウェルス，フランコフォニーがあるが，いずれにおいても1990年代初めから途上国における民主主義の問題が取り上げられるようになった.

さらに1990年代前半には，民主化した開発途上国と先進諸国との間にいくつかの国際フォーラムが設立され，それぞれの地域において民主主義体制の安定化に一定の貢献をした．まず中米では，「民主主義と開発のためのパートナーシップ」(Partnership for Democracy and Development in Central America: PDD) を，先進諸国と途上国の間で民主化の問題を議論する場として挙げることができる．PDDは，米国や日本を含む22のOECD諸国，中米7カ国，ラテン・アメリカ3カ国(メキシコ，コロンビア，ベネズエラ)，それにいくつかの国際組織から成り，1991年4月に公式に発足した．PDDは，民主主義体制確立を中米諸国が誓い，近隣諸国および関係が深い先進諸国がこのプロセスを支援していくためのフォーラムとしてできたために，民主主義は当然のことながら中心テーマとなった.

アフリカにおいては，「アフリカのための地球連合」(Global Coalition for Africa: GCA) を挙げることができる．GCAは，アフリカ諸国と先進諸国の間での高いレベル(元首，閣僚級)での新たなパートナーシップをめざす対話と思考のフォーラムとして誕生した．マーストリヒト国際アフリカ会議が設立を提言し，マクナマラ (Robert S. McNamara) 元世界銀行総裁，プロンク (Jan Pronk) オランダ協力相，マジール (Ketumile Masire) ボツワナ大統領の3氏がイニシアティブをとり，1990年7月アジスアベバ，1991年6月のアブジャでのアフリカ統一機構(当時)の首脳会議で設立が承認された.[23] GCAでは，1991年9月の諮問委員会において，先進諸国とアフリカ諸国が民主主義の展望を議論し，注目された．GCAはまた国連，日本政府と共催で1993年に東京アフリカ開発会議 (TICAD) を開催，アフリカ問題を世界のアジェンダにのせるとともに，民主主義を含めた「良いガバナンス」の重要性を再確認した.

1995年には民主主義・選挙支援国際研究所 (International Institute of Democracy and Electoral Assistance: International IDEA) が，スウェーデンのストックホルムに14カ国から成る政府間機構として設立された.[24] 同研究所は，今日でも選挙支援をはじめとして民主化支援の技術協力，調査研究を行う代表的な機関である.

このように民主主義，良いガバナンスは先進国，途上国を問わず多かれ少なかれ共通する価値として受け入れられることになった．こうした中で，ドナーの援助政策においても具体的な変化が現れるようになったのである．まず，バイのDACドナー，次いでマルチの国際組織における変化を以下では分析する．

3　DAC諸国の政策スタンス

1990年代初めまでには「『民主主義』が開発関係者の間でも受け入れられる言葉になった」［OECD 1989a: 16］が，DAC諸国は当初どのような対応をとっていたのであろうか？

(1) 政策スタンスの分類

ここでは，以下のように2つの政策プログラム上の基準に基づいて，当初のドナーの政策を分類してみたい．

民主主義を促進するために開発援助をどのように使うかについての各援助国の態度は，①開発援助の配分に民主主義や人権の基準を取り入れているか（政治的コンディショナリティー）[25]，②途上国の民主主義を促進するための具体的なプログラムをもっているか否か，の2つの基準によって大きくわけることができる．

コンディショナリティーには，民主化の進展がみられたことに対して援助を増やすポジティブ・コンディショナリティー（「アメ」に相当）と，クーデターなど民主主義に逆行する動きがみられた時に援助を停止するネガティブ・コンディショナリティー（「ムチ」に相当）の2つがある．一般に後者の方が，そのドラスティックな性格から，注目されることが多いが，その場合はネルソンが指摘するように，人権など最低限の合意がある価値に関して適用する方が効果的であると考えられる［Nelson and Eglinton 1992］[26]．

当初DACメンバーは，民主主義・ガバナンスなどの政治的課題への対応において，取り組みに積極的ないくつかのメンバーと，それ以外の大多数のメンバーに分かれていた．以下では，まずコンディショナリティーにおいて民主化を掲げたDACメンバーはどの国であったかを検討したい．次いで，民主化・ガバナンス支援を目的にした具体的なプログラムを採用したのはどのDACメンバーであったかを検討する．

(a) コンディショナリティー

　民主主義を内容とする援助のコンディショナリティー採用について積極的な姿勢を当初から示したDACメンバーとしては，米国，イギリス[27]，ドイツ[28]を挙げることができる[29]．この中で，最も積極的な姿勢をみせていたのは，上でみたように民主化支援の先駆者であった米国であった[30]．第6章でみるように米国は1990年代初めには，民主主義と援助に関する政策をいち早く発表し，DACにおける議論もリードすることになったのである．

　その他に，政治的コンディショナリティーにどちらかというと比較的積極的であったと考えられるDACメンバーは，オランダ，北欧諸国（ただし以下にみるフィンランドを除く）を挙げることができる．オランダは，人権，良いガバナンスについては援助の基準として掲げていたため，広い意味で政治的コンディショナリティーに早くから比較的積極的であったと考えることができる．またスウェーデンは，既にみたように当初から民主主義を援助目的に公式に掲げていた例外的ドナーであった．さらに，デンマーク，ノルウェーも人権についてのコンディショナリティーを既に採用してきていた[31]．カナダも同様に人権について強調するとともに，コンディショナリティーについては，ポジティブ・コンディショナリティーを重視するとの姿勢であった．

　他方DACメンバーの中で民主主義促進のために開発援助を利用することに比較的消極的な態度をとっていたのは，オーストラリア，ニュージーランド，スイス，欧州委員会（EC）であった．ニュージーランド，スイスの援助プログラムは，その多くが事実上貿易目的であって，もともと社会的性格が弱いものであった．オーストラリアは，パプア・ニューギニアにおいて警察官の養成など政治的な内容の援助も実施していたが，政治的コンディショナリティーについては，当時は極めて消極的な態度をとっていた．ECは既に述べたように1995年のロメ協定改定まで民主主義の条項が法的文書に含まれていなかったことから（1991年の宣言はあったものの），DACなどにおいては政治的コンディショナリティーには消極的な立場を表明していた．

　以上検討してきた積極派と消極派のDACメンバーの間に属する中間派としては，オーストリア，フィンランド，日本，フランス，アイルランド，イタリアを挙げることができる．第7章で詳しくみるように，フランスも，少なくとも公式宣言としては1990年6月に民主主義と援助をリンクさせる旨表明していた．しかし具体的な適用の基準は示されず，その後においてもフォローアップ

されることがほとんどなかった．日本についても，特に被援助国との政策対話一般において他のドナーに比べると，慎重な姿勢が際立っていた．フィンランドのように，北欧会議などの名で行動する際に他の積極的な姿勢をとっていた北欧諸国と歩調をあわせつつも，単独では途上国の内政に関して発言することにきわめて慎重な態度をとっていた国もある．オーストリア，アイルランド，イタリアも基本的には慎重な姿勢をとっていた．

(b) 民主化・ガバナンス支援プログラム

1980年代末から1990年代初めにおける民主化支援プログラムについては，DAC統計で利用可能なものから窺い知ることができる．これによると，1989年には，フランス（4億1600万米ドル），米国（2億1200万米ドル），ドイツ（1億1100万米ドル）の順であった．1990年になると，米国（7億900万米ドル），フランス（4億5500万米ドル），ドイツ（1億6500万米ドル）の順となっていた．そして1991年には，米国（7億900万米ドル），フランス（1億4700万米ドル），ドイツ（1億3100万米ドル）の順であった（1971年以降のDAC全体の推移は図5-3参照）。

このうち米国については，USAIDの民主化支援予算による統計がある．キャロサースによれば，1991年の民主化支援予算総額は1億6520万米ドルであり，その内訳は，市民社会（5610万米ドル），法の支配（4670万米ドル），その他（3820

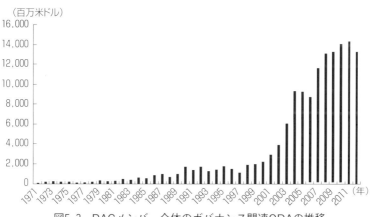

図5-3　DACメンバー全体のガバナンス関連ODAの推移

（出所）OECD iLibrary（2014年9月3日アクセス）．

万米ドル），ガバナンス（1440万米ドル），選挙・政治過程（980万米ドル）の順であった［Carothers 1999: 48-53］.

　こうした米国の民主化・ガバナンス支援プログラムの内容を理解するためには，歴史的経緯をみる必要がある．その点で重要なのは，1978年の対外援助法第116項（e）により，人権尊重をはかるためのプログラムを実施する予算上の裏づけができたことによって，1984年には，「司法行政」(Administration of Justice) プログラムがエルサルバドルで始まり，ラテン・アメリカ全土で展開されたことである．そして1990年代に入ると，法の支配の他にも，ガバナンス，市民社会，選挙・政治過程などの分野でプログラムが実施されるようになったのである．

　フランスは第7章でみるように，従来から途上国の国家基盤の強化に積極的であった．こうした支援がはたして民主主義支援といえるかどうか（特に非民主的な政治の行われている国の政府の強化につながる場合）といった問題はあるが，フランスが途上国への政治的援助に深く関与していた点は否定できないであろう（第7章にて詳述）．アフリカ諸国の民主化に伴い，選挙を行うための費用，物資，人員の面でフランスは支援を行うようになった．

(2) 要因

　DAC各国の1990年代における民主主義・ガバナンス支援政策の分類から，その背景にある要因として，加盟する地域機構の役割と，過去の政策の遺制を特に重要なものとして挙げることができる．

　まず各国の政策を規定する要因としてそれぞれが加盟している地域機構が果たす役割に注目する必要がある．途上国の民主化のために開発援助を利用することについては，ヨーロッパ諸国の中でも既にみたフィンランドなどもともと消極的だった国がある．それにもかかわらず，こうした諸国が少なくとも政策声明においては積極的姿勢を示すのは，近隣諸国と歩調をあわせる（未加盟国については将来の加盟をにらんで）との配慮によるところが大きかった．その点では，DACを含むOECD（閣僚理事会共同声明）やG7の役割も重要であった．政府内の援助機関が政治援助に消極的であっても，首脳レベルの決定によって政策面での対応が求められるというプロセスがいくつかの国ではみられた．ECにおいても以下で言及するように，加盟国の政策の調整が進むようになった．

次に，各国の政策上の過去の遺制がもつ役割も重要である．フランスの政策においては，植民地関係に由来するパターナリスティックな要素が重要であるし，米国の場合には，民主主義が自国のアイデンティティーと切っても切り離せないという事情を抜きにしてはその独特な積極性を理解することはできない．他方，オーストラリア，フィンランド，日本の当初みられた比較的慎重な姿勢は，それぞれの現代史と切り離しては理解できないものである．これら諸国は他国による支配を受け，その影響が何らかの形で対途上国関係においてこれまでみられたのである．

4 国際組織の政策スタンス

以下ではバイに次いでマルチにおける変化を検討したい．ここでは，民主主義・ガバナンス支援を行う主体である国際(開発)金融機関，国連，フォーラム，地域組織，非政府組織（NGO）を取り上げる．

(1) 国際組織
(a) 国際（開発）金融機関
① 第一世代（1960年代までに設立）

世界銀行は，経済開発に直接関係がある限りとの限定的な態度ではあるが，次第に途上国の政治への関心を高めていった [Ariffin 1992; Tortora 1992]．その背景としては，まず主要な出資国である既にふれたDAC諸国の新たな動向があり，また構造調整融資を実施する中で，途上国における政治的文脈を考慮にいれなければ，望ましい経済・社会政策が効率的に遂行されないとの認識が高まっていたことが挙げられる．

世界銀行においては規約上融資対象国の内政に関与することが認められていない[34]．そのアプローチは「良いガバナンス」(good governance) を中心とする行政的なものになっている．しかし，良いガバナンスが結果として民主的政治をもたらすであろうとの暗黙の仮定がなされている[35]．実際にも，相手国政府の資金であるカウンターパート・ファンドの運用において，現地政府との合意の下でその使用を民主主義建設に限定することがなされた（たとえばエルサルバドル）ことが注目される．また世界銀行理事会において，米国が世界銀行融資に政治的条件をつけるよう主張した事例もみられた[36]．

1950年代末から1960年代かけて設立された一連の地域開発銀行においても，同様の内政干渉を禁止する規定が盛り込まれている．1959年に設立された米州開発銀行の設立規約では，第5セクションの (f) において，「メンバー国の国内政治問題に干渉してはならない」と定めるとともに，「決定に際してメンバー国の政治的性格に左右されてはならない」旨が定められている．1964年のアフリカ開発銀行設立規約では，第38条「政治活動の禁止・銀行の国際的性格」第2項で，アジア開発銀行の1966年の設立規約では，第36条「政治活動の禁止」の第2項で同様の規定がおかれている．しかしアジア開発銀行においても，1989年の天安門事件後の中国や，1988年のミャンマーにおける人権運動の抑圧後には，貸し出しをメンバー国からの圧力で中断している．さらにベトナムに対しては，米国の主張で政治的な理由から1993年まで融資を開始しなかったのである［Kappagoda 1995: 148-149］．

　アジア開発銀行は地域開発銀行の中では最も早くガバナンスを政策として取り入れている［Bøås 1998; Jokinen 2004］．1995年にはガバナンスに関する政策文書を発表した［Asian Development Bank 1999］．アフリカ開発銀行（AfDB）では1996年にガバナンスが議論で取り上げられたが，その後は制度開発（institutional development）の用語法が用いられるようになった．米州開発銀行においては，ガバナンスなる用語は用いられず，市民社会の関与や，「国家の近代化」という枠組みが採用された．総じて世界銀行と同様に，規約による制約によって経済開発の枠内での限定的な形で議論が展開された．

② 第二世代（1990年代に設立）

　メンバー国の内政への関与という点で国際金融機関の中で画期的であると思われるのは，欧州復興開発銀行である．同行の設立規約には，民主主義が目的として明記されており，この点で世界銀行，IMFとは異なっている．これは特定の国による主張の結果ということではなく，当時関係国の間でみられたコンセンサスを反映したものであった［Weber 1994］．DAC諸国の中には，同様の規定を世界銀行，IMFにも広げるべきだと主張する国もある．

(b) 国連

　国連は主権平等原則に則っており，内政不干渉原則が憲章において確認されている．民主主義についての直接の言及は憲章においてはなされておらず，さらに冷戦時には東西間で民主主義概念自体が論争的であった（西側の自由民主主

義対東側の人民民主主義)．しかし，国連憲章，世界人権宣言 (1948年)，植民地独立付与宣言 (1960年) にみられる断片的な記述 (主権国家による人権, 自決権の保障，国民の意思に由来する正統性など) から，国連は民主主義に関して事実上コミットしているとの形で議論を進めてきた．冷戦後に民主主義をめぐる東西対立が基本的に解消し，さらに民主化途上にある国々からの民主化支援を求める要請への対応を迫られる中で，国連は選挙支援など具体的なプログラムを行うようになっていった．

　国連の諸機関の中で最も具体的な民主化支援プログラムに関わってきたのは国連開発計画 (United Nations Development Programme: UNDP) である．1991年から刊行を開始した『人間開発報告』(*Human Development Report*) は，表現の自由など人権も開発指標の中に取り入れ，注目された．また民主化を進めつつある国に対しては，選挙監視，人権擁護，その他広範にわたる技術協力を行っており，政治的領域への進出が際だっていた．しかし同時にこれらのプログラムはすべて途上国政府の同意のもとに実施されており，UNDP自体は途上国政府との関係において慎重な態度をとってきた．

(2) 地域組織

　EUは欧州委員会とメンバー国から構成されるが，ここではそれらを集めて地域組織として考えたい．

　EUは，ロメ協定 (そしてそれに続くコトヌー協定) に基づく協定締結国である ① ACP (アフリカ・カリブ海・太平洋) 諸国 (現在のACPグループ)，② アジア・中南米諸国，③ 中東・北アフリカ諸国，の3つの地域向けの独自の貿易・援助プログラムを有していた．

　民主主義を途上国への援助の条件とする方向は，1991年11月28日の「人権，民主主義，開発に関する (開発) 理事会決議」で打ち出された．同決議は，人権および民主主義の普遍性を確認するとともに，この分野で前進した途上国に対しては援助の増加を，反対に人権抑圧や民主政治からの逸脱が著しい国に対しては援助の打ち切りを含めた措置を考慮することを謳い，援助と途上国の政治状況を明確に結びつけることを欧州委員会だけでなくメンバー国に対しても求めたのである．マーストリヒト条約 (1992年調印，1993年施行) において，EUによる開発協力は初めて法的基盤を与えられることになり，民主主義・法の支配・人権の促進がその目的の1つとして掲げられた．このようなEUの政策は，

東欧への政策との整合性の模索,さらに根本的には,EU自体が民主主義を加盟の要件としている(1993年コペンハーゲン基準による)ことにみられるように,EUの基本的価値を体現したものと考えられる[47].さらに,ACP諸国との間で進められた第4次ロメ協定の改定交渉(1995年)によって,「民主主義条項」がEU側の主張により導入された[48].

(3) 非政府組織(NGO)

途上国への援助供与の主体としては,国家や国際機関だけでなく民間の援助団体も近年大きな役割を果たすようになってきている.これらNGOは,それ自体のもつ援助プログラムの内容や世論形成において果たす役割の故に,援助と民主化の結びつきを考える上で無視できない存在である.特に先に触れたドイツ,米国における政党財団は中心的な役割を果たしてきた.

選挙監視においては,米国の選挙制度国際財団(International Foundation for Electoral Systems),アフリカ・アメリカ・インスティテュート(Africa-America Institute)等のNGOが知られている.イギリスでは,ウェストミンスター民主主義財団(Westminster Foundation for Democracy)が民主化支援で中心的役割を果たしてきた.フランスでは,社会党系のジャン・ジョレス財団(Fondation Jean Jaurès)がある.日本ではインターバンドがあるが,小規模なものにとどまっている.

こうしてDACドナーや国際組織による援助政策において,民主主義・ガバナンス促進に向けての取り組みは,1990年代を通して急速に進んだのである.

5 民主主義・ガバナンスというアジェンダ登場の位置づけ

冷戦終焉前後の世界での民主化の流れは,途上国・先進国・国際組織の3つのレベルにおいて相互に促進し合いながら進行していた.

振り返ってみれば,民主主義という理念自体は,第二次世界大戦後には,国連憲章や世界人権宣言などを通じて正統な理念として世界で受け入れられていたと考えられる一方で,国連などでは人民民主主義を唱えていた社会主義国や,社会経済的自由をむしろ強調していた開発途上国によって民主主義の内容については論争が続いていた.1990年代初めにソ連・東欧諸国で社会主義体制が崩壊したことによって,西側先進諸国の掲げていた自由民主主義が圧倒すること

になった.もとより民主化の流れが頓挫した中国やロシア,さらには民主化の波が及ばなかった中東・北アフリカ諸国(「アラブの春」は20年後に民主化が波及したものともいえるであろう)など例外はみられた.しかし,1990年代初めにおいては,「歴史の終焉」として自由民主主義の勝利が熱狂的に叫ばれていたのである.

こうした中で開発援助の課題として民主化支援は掲げられるようになったが,民主主義自体の論争的な歴史・背景を反映して,当初からイデオロギー的な性格を帯びることは避けられないことであった.それだけになお一層のこと,なぜ,どのようにして民主主義・ガバナンス支援が開発援助の恒常的な活動として今日考えられるようになったのかを分析する必要があるのである.

以下第6章では,まずDACにおける民主主義・ガバナンスに関する議論の展開を分析し,次いで第7章においてフランスの事例を検討する.

注
1) 1990年におけるDACのメンバーは,オーストラリア,オーストリア,ベルギー,カナダ,デンマーク,フィンランド,フランス,ドイツ,アイルランド,イタリア,日本,オランダ,ニュージーランド,ノルウェー,スウェーデン,スイス,イギリス,米国,EC(欧州委員会)であった.
2) 人権,ガバナンス,民主主義の相互関係については,Crawford [2001: 28-29] を参照.民主主義とガバナンスの関連については,杉浦 [2010: Ch.4] も参照.
3) この点では,開発の考え方が当初はテクニカルな想定をもっていたことを想起する必要があろう.1950年代に開発が1つの分野として成立して以来,経済学者たちによって資本と技術の移転というテクニカルなプロセスによって,途上国が先進国と同じような道筋を辿って比較的短期間のうちに開発を実現できるとの楽観的な考え方がとられてきた.その後開発がテクニカルなプロセスではなく,いかにして開発を進めるインセンティブを与える環境(政策,政治)を整備するかが重要であるとの認識が開発関係者の間で進むようになった[Hydén 1999].
4) Carothers and de Gramont [2013] の副題である.
5) DACメンバーの中で,現在の形の援助機関が設置された1960年代から,民主主義が目的に掲げられていた(実際に実施はほとんどされなかったものの)のは,米国とスウェーデンであった [Crawford 2001: 53-65].
6) ホワイトヘッドは,米国と他のヘゲモニー国の違いは,米国が「継続的に自らが民主化の促進にコミットしているとする」ことを自国の対外政策の不可欠の要素と位置づけていることであるとしている.
7) パッケナムによれば,ケネディ政権期の援助と途上国の政治の間には,以下のような3つのアプローチがあったという.① 経済アプローチ(民主主義は経済発展から自動的

に導かれるとの考え），② 冷戦アプローチ（共産主義的全体主義や急進主義的体制以外はいかなる政治体制も支持する），③ 明示的民主的アプローチ（自由民主主義体制を促進するための独自の政策を実施する）であり，③が今日いうところの民主化支援援助に相当し，中南米に対する外交（特に対ペルー政策）において体現されていたという［Packenham 1973: 69-75］．

8）基本的に経済的プログラムであった中南米向けの「進歩のための同盟」も政治的改革（民主主義の促進を含めた）を目指すものであった．

9）Packenham［1973: 98-109］，川口［1980: 219-23］，Butler［1968］に対外援助法第9編の形成過程が詳しい．一連の過程を批判的に検討したのは，Doty［1996: 128-37］．

10）そうした配慮には，途上国の内政に明示的に関与することを避けることが含まれていた．

11）この点については，Carothers［1999: 22-27］参照．

12）スウェーデンの援助のほとんど全ての主要な方向は，スウェーデン社会の歴史的・構造的特徴を前提としていたとして，スウェーデンの援助は国内の諸原則（民主主義・衡平をはじめとする）をそのまま途上国に輸出しようとの強い衝動をもっていた［Holmberg 1989］．

13）当時のドイツの開発協力政策一般については，山澤・平田編［1992］を参照．ドイツの政党財団については，Pinto-Duschinsky［1991］参照．

14）NEDについては第7章で詳述する．この点については以下（http://www.ned.org/about/history，2013年4月6日アクセス）に言及がある．NED創設以来理事長を務めてきたガーシュマン（Carl Gershman）は，1970年代のポルトガルとスペインの民主化においてドイツの政党財団が果たした大きな役割が，米国の政策決定者の注目を集め，NEDが1983年に創設されるのにつながったとしている［Magen and NcFaul 2009: 27］．

15）ハンティントンは，① 権威主義体制の正統性問題，② 急速な経済発展とそれに伴う社会変動，③ カトリック教会の役割，④ 主要国（米国，旧ソ連，ヨーロッパ諸国）の役割，を第3の波の原因として挙げている［Huntington 1991: 45-46］．

16）冷戦終結後の相互依存経済における途上国の世界での位置については，『ヌーベル・オプセルバトゥール』誌が，ジャン＝クリストフ・リュファン（Jean-Christophe Rufin）とホルヘ・カスタニエダ（Jorge Castañeda）の間の論争形式の興味深い記事を掲載している（Le Nouvel Observateur, 6-12 février 1992）．冷戦後の世界において第三世界は逆にその不安定性のゆえに先進諸国を脅迫できるとカスタニエダは述べているが，1992年9月メキシコ・シティーでの筆者との会話において，基本的にはリュファンと同様に悲観的な見方をしていると語った．リュファンは，第1章でみたように途上国の冷戦後の動向について悲観的な見通しを示していた．

17）アフリカの下位地域機構である西アフリカ諸国経済共同体（ECOWAS）でも，1991年7月に首脳会議で採択された「ECOWAS政治原則宣言」において政治的多元主義と基本的人権の尊重に基づいて民主主義を下位地域において促進することが述べられている．テキストは，以下（http://www.eods.eu/library/ECOWAS_Declaration%20of%20Political%20Principles%20of%20the%20Economic%20Community%20of%20West%20African%20States_1991_EN.pdf，2015年2月8日アクセス），にある．湯川［2010］は，当

時ECOWASでは民主化されたメンバー国の割合がASEANと比較して少なかったにもかかわらず，ECOWASが民主主義の域内推進の面で進んでいたのは，メンバー国内部の内戦の拡大を防ぐという安全保障上の考慮のためであったという興味深い議論を展開している．
18）中国にみられたように武力による民主化運動の弾圧が成功した例や，インドシナ三国，北朝鮮，キューバなどの共産党政権，アラブ諸国などの王政・権威主義体制などは引き続き存続したが，そうした政権も体制正当化を迫られるようになったという点で，民主主義はグローバルな価値規範としての地位を獲得したとみられた．
19）グローバルな規準が諸国家に受容され，浸透していく過程については，国際政治理論の中でスタンフォード大学のメイヤー（John W. Meyer）らによって唱えられた世界政体論（world polity）が参考になる．この論者たちは，グローバルな規準の成立・存在によって，一定の規準が各国に共時的に普及することを説明している．これらの議論では，どのようにしてグローバルな規準が形成されるのか，どのような過程によって各国に浸透するのかについては必ずしも関心がみられない．1990年代以降の民主主義の普及についても（直接的な形ではないが）言及している世界政体論の立場にたつ著作としてLynch［2006: 8］がある．
20）ここでは政策理念の整合性（coherence）を考えており，利害関係がある国・地域で異なる適用がみられるという一貫性（consistency）上の問題は考えていない．一貫性の観点からは，民主主義コンディショナリティーは引き続き批判されることになる．
21）同書は，国際組織による民主主義への対応ぶりを包括的に論じていて参考になる．OASやカリブ共同体（CARICOM）による民主化支援については，Legler, Lean, and Boniface eds.［2007］も参考になる．
22）OASはその後2001年に「米州民主主義憲章」（Inter-American Democratic Charter）を制定した（http://www.oas.org/en/democratic-charter/pdf/demcharter_en.pdf#page=10，2014年6月24日アクセス）．民主主義が具体的に問題になった事例としては，2009年6月にホンデュラスで左翼政権に対するクーデターが起こり，ゼラヤ（José Manuel Zelaya Rosales）大統領が追放された際に発動された．OASはホンデュラスを追放する決定を下した．2011年6月にゼラヤ氏の帰国が認められると，OASはホンデュラスの再加盟を認めた．
23）GCAについては，Harsch［1996］を参照．
24）2015年9月現在の加盟国は，オーストラリア，バルバドス，ベルギー，ボツワナ，カナダ，カーボベルデ，チリ，コスタリカ，ドミニカ共和国，フィンランド，ドイツ，ガーナ，インド，インドネシア，モーリシャス，メキシコ，モンゴル，ナミビア，オランダ，ノルウェー，ペルー，フィリピン，ポルトガル，南アフリカ，スペイン，スウェーデン，スイス，ウルグアイの28カ国とオブザーバー1国（日本）である．
25）政治的コンディショナリティー全般については，Tomasevski［1995］が特に参考になる．1980年代に構造調整プログラムに関連して導入された「第一世代コンディショナリティー」と対比して，政治的コンディショナリティーを「第二世代コンディショナリティー」とするのは，Stokke ed.［1995］である．
26）人権については，民主主義と異なり何がその内容かについて合意がみられ，意見の相

違が表面化しにくいため,援助停止などの措置と関連付けることが比較的容易になると考えられる.更に,政治的民主化プロセスの初期の段階においての方が,後の民主化確立過程におけるよりも政治的コンディショナリティーは有効であるとの指摘は,Robinson [1993: 92] を参照.

27) イギリス政府による民主主義と開発援助に関する最初の政策声明は,1990年6月にハード (Douglas Hurd) 外相による演説の中で示された.そこでは「良い政府」(good government) は経済開発と一体で進むとの認識が示されるとともに,多元主義・アカウンタビリティー,法の支配,人権,市場原則に向かう政府が奨励されるべきだと述べられていた.Overseas Development Institute, "Aid and Political Reform," Briefing Paper, January 1992.

28) ドイツでは,1991年10月に経済協力開発相がドイツの開発協力の5つの基準(① 人権尊重, ② 政治過程への参加, ③ 法の支配, ④ 市場経済による経済開発, ⑤ 被援助国政府の開発へのコミットメント)を発表した [Waller 1995]. Biagiotti [1995] も参照.

29) Hewitt and Killick [1993] によれば,コンディショナリティーを適用する基準となる援助目的として民主的政府の存在を公式に言明していたドナーは,ドイツ,イギリス,米国であった.フランスについては,ミッテラン大統領の声明はあったものの,明確な基準を示していないとしている.

30) 米国は,コンディショナリティーについては,米国の援助と途上国の政治・人権状況とを明示的にリンクさせているのをはじめ,途上国との政策対話での態度および途上国の政治状況を理由にして援助配分を決定する積極派であった.1975年に付加された1961年対外援助法第116項修正条項(ハーキン修正条項)が,当該国における人権状況を考慮することを開発援助の分野で義務づけていた.また軍事援助(米国の対外援助予算の大きな柱の1つである経済支援基金 [ESF] も含む)についてではあるが,1961年対外援助法第502B項修正条項(1978年)において,人権侵害がみられる国への援助が禁止されていた.これらの点については,以下の注33に掲げた文献を参照.

31) ノルウェーでは,1984年から市民的・政治的人権の促進が,経済・社会・文化的人権とともに,援助の5つの主要な目的の1つに掲げられるようになった [Selbervik 1999: 18]. Selbervik and Nygaard [2006], Stokke [1995] も参照.

32) この統計は,平和構築,行政支援なども含んだ包括的な政府セクターへの支援を示している.OECD i-Library (2014年9月3日アクセス).なお民主主義・ガバナンス関連の援助自体は,2004年分から利用可能である(表6-1を参照).

33) Nelson and Eglinton [1992], 中川 [1993], 有賀編 [1993], Tomasevski [1988] を参照.

34) 世界銀行設立条約の第Ⅳ条, 第10項参照.この条項の制定過程や意義については横田 [1977a; 1977b] に詳しい.

35) これは世界銀行において「良いガバナンス」作業グループ主査が世界銀行・DACセミナー(1991年6月12日)において述べたもの.国際金融機関における「良いガバナンス」の概念については大芝 [1994: Ch.3] を参照されたい.

36) 1985年チリへの世界銀行の融資決定にあたって米国は,チリ政府による戒厳令解除を条件とするよう主張,理事会で事実上の拒否権の発動をほのめかしたとされる[Sigmund

1993: 151].
37) "Agreement Establishing the Inter-American Development Bank," (http://www.iadb.org/leg/Documents/Pdf/Convenio-Eng.pdf, 2014年8月14日アクセス).
38) "Agreement Establishing the African Development Bank," (http://www.afdb.org/fileadmin/uploads/afdb/Documents/Legal-Documents/Agreement%20Establishing%20the%20ADB%20final%202011.pdf, 2014年8月14日アクセス).
39) "Agreement Establishing the Asian Development Bank," (http://www.adb.org/sites/default/files/pub/1965/charter.pdf, 2014年8月14日アクセス).
40) EBRDの設立条約は1990年5月29日に調印され，1991年3月28日に施行された．前文及び目的を定めた第1条で「複数政党制民主主義，多元主義，市場経済」にコミットした諸国の移行を支援すると定めている（http://www.ebrd.com/downloads/research/guides/basics.pdf, 2012年8月24日アクセス）．
41) 国連憲章第2条第7項（「この憲章のいかなる規定も，本質上いずれかの国の国内管轄権内にある事項に干渉する権限を国際連合に与えるものではなく，また，その事項をこの憲章に基づく解決に付託することを加盟国に要求するものでもない．ただし，この原則は，第7章に基づく強制措置の適用を妨げるものではない」）参照．
42) 国連と民主主義の関わりについては，Boutros-Ghali [1992]．
43) 国連は信託統治地域における選挙支援を1960年代から1970年代にかけて実施していた．しかし選挙支援に本格的に関わるようになったのは，ナミビアに関する国連総会決議43/157が選挙によって表明された人々の意思の重要性を宣言して以来である．当時国連が選挙支援に取り組むことについては，内政干渉ではないか等の議論があった．次いで1990年代前半に，アンゴラ，カンボジア，エルサルバドル，モザンビーク，ニカラグアにおける内戦の和平協定に基づく選挙を支援することになった．そして1991年の国連総会決議46/137によって，国連事務局に選挙支援の担当部局を設置することが認められた[Ludwig 2004]．国連による選挙監視が，国際平和への貢献というロジックまたは人権実現というロジックからなされるようになったとの国際法学者による指摘はFranck [1992] を参照．
44) この点については大平 [2008: 120-121] およびPonzio [2004] を参照．UNDPはむしろガバナンス分野において独自性を打ち出そうとしたといわれる．1994年，1995年，1996年のUNDP年次報告では，ガバナンス問題に多くのページが割かれていた [Bøås and McNeil 2003: 113]．1990年代初めからUNDPは伝統的な行政機構への支援から政治的性格が強い人権，立法府支援，司法府支援，汚職対策など「第二世代のガバナンス」を積極的に取り上げるようになったとの指摘は，Weiss [2010: 804] を参照．
45) EUが民主化を開発援助の目標とした経緯については，Crawford [2000] が参考になる．
46) マーストリヒト条約第17章，第130条u-y．ただし「補完性」（subsidiarity）の原則の観点から，加盟各国が独自の援助政策を引き続き実施するのは当然のこととされていた．
47) マーストリヒト条約は，人権の尊重をEU法の基本原則とし，したがって全ての活動において適用されるべきとした（第1章F条2）Crawford [2000: 92]．
48) 第4次ロメ協定（1990-2000年）では人権に関する条項は含まれていたが，民主主義に関する規定は当初含まれていなかった．1995年に行われた中間レビューにおいて，民主

主義が規定に初めて含まれ，政治的コンディショナリティーが導入された．また良いガバナンスも初めて言及された．ロメ協定に代わったコトヌー協定（2000年に署名され，2020年まで有効）では，開発，民主主義，人権，良いガバナンス，法治主義に関する連関が維持・強化され，さらに平和構築，予防外交も含まれるようになった［Börzel and Risse 2009］．

第6章 DACと民主主義・ガバナンス

第5章で検討したように、民主主義・ガバナンスが開発援助のアジェンダとして1990年代になって登場した。本章では、DACにおける民主主義・ガバナンスをめぐる議論を取り上げ、第7章ではDACメンバーであるフランスの民主化・ガバナンス支援について分析する。

はじめに

途上国における政治がDACにおいて明示的に取り上げられるようになったのは、1980年代末から1990年代始めのことである。1989年に採択されたDACの90年代の国際開発協力に関する政策文書で、生産過程およびその利益の公平な分配への民衆の広範な参加という「参加型開発」(participatory development: PD)の概念が提示されたのが起源である。1990年に開催されたDACの上級会合（閣僚級）はこの政策文書をさらに発展させ、参加型開発をDACの優先テーマとして位置づけた。1991年版のDAC議長報告は、その特集テーマとして参加型開発、良いガバナンス（good governance: GG）、民主主義を取り上げた［OECD 1991］。1991年12月に開かれたDAC上級会合はさらに一歩進んで、自由選挙を実施する等、民主化が進んだとみなすことのできる途上国にDAC諸国は援助を優先させることを謳った。

こうした一連の政策表明を受けて、DACでは、1992年5月に参加型開発・良いガバナンスを2日間にわたって集中的に討議するとともに、今後も定期的に（1年に1回程度）この分野での情報交換を進めていくことで合意した。そしてDACの中では、援助評価専門家会合が中心的な役割を担うことが決められた。また、あわせて民主主義に関する特定のテーマに関して1年に2-3回ワークショップが

開催されることになった．こうして始められた作業を受けて，1993年12月の DAC上級会合は，参加型開発と良いガバナンスに関するアドホックな作業グループの設置を決定した．

このようなDACによる民主主義・ガバナンスに関する立場の形成は，どのように説明できるのであろうか？　以下では，民主主義・良いガバナンスのアジェンダがDACにおいて採用されるに至る時期を4つに区分して，主として公式声明に現れたディスコースの分析を行う．

1　成長と衡平 (1987-1989年)
—— 経済開発の枠内での認識 ——

(1)　広汎な成長

途上国の国内政策と構造が，開発援助が成功するかどうか（したがって効率性に関わる）に関して死活的重要性をもつとの認識は，1980年代末にはDACにおいてみられた．そうした認識が最初に表面化したのは，1987年12月1-2日に開催された第26回上級会合であった．同会議の会議後に発表されたプレスリリースでは，「特に生産に関わる雇用の形成をもたらすような，広汎に共有される成長を促進する政策への支持」としか触れられなかったが，同会合では，途上国の行政上の問題について多くの議論がなされたのである．同会合は，1980年代の経験をもとにして，1990年代向けの戦略を構想する中期的研究を開始することを決定した［OECD 1988］．

1988年12月5-6日に開かれた第27回上級会合ではさらにふみこんで議論がなされた．同会合は，1990年代戦略に関するDACで進行中の作業を，「衡平で持続的な成長に向けて途上国とともに働く」と命名することを決定した．この命名は示唆的であった．というのは，その中で「成長」と「衡平」(equity)の2つの概念が並ぶことになった背景には，論争と緊張関係がみられたのである．

成長と衡平に関する論争の起源は，1970年代初めに「ベーシック・ヒューマン・ニーズ」の考え方が開発アジェンダとして登場したときに遡るが，この論争は1980年代末に再び表面化したのである．市場経済に基づいた成長志向アプローチのイニシアティブをとったのは米国であった．米国は，DACの1990年代戦略を「広汎な基盤に基づいた経済成長」（後述）とするように主張した．米国は，もとより市場経済から利益を引き出すことができない社会の脆弱な人々

の存在を認識していたものの，市場志向の政策がもつ死活的重要性を強調した．これに対して，他のいくつかのDACメンバーは，構造調整政策の社会的コストにむしろ関心を示し，DACが衡平に重点をおくように主張した．

そのため1988年12月の上級会合のプレスリリースでの「成長」と「衡平」の共存は，2つの考え方をとるグループの間の妥協の産物という性格が強かった．上級会合後に，DACのウィーラー（Joseph Wheeler）議長は，「衡平」とは，「広汎な開発」，「参加型アプローチ」，「ベーシック・ヒューマン・ニーズ」，「人的資源開発」，「貧困の最悪の側面を除去するための共同行動」など様々な概念の総称であるとした［OECD 1988: 27］．

(2) 参加型開発の起源

それに対して，1989年から起こる「衡平」から「参加型開発」への理念の移行のプロセスは，明白ではない．1988年上級会合のプレスリリースにおいて，「参加型開発」という用語が初めて用いられたが，文書の中では僅かなスペースしか割かれていない．「参加型開発」は，今後数年間の開発が直面する主要な挑戦を述べたパラグラフの中で用いられていた．「広汎な基盤に基づいた成長と参加型開発を達成する必要」とのテキストである［OECD 1988: 27］．参加型開発の概念は，特に国連社会開発研究所（United Nations Research Institute for Social Development: UNRISD）によって1985年に提起されており，1980年代末には開発関係者の間で流通していた[3]．ここでは，DACにおける議論が衡平から参加型開発へと次第に移っていったことを確認すればよいであろう．

1989年まで途上国の国内政治要因に関する議論は，経済開発に関する以下の3つの考慮に限定されていた．まず，新自由主義の経済ドクトリンは，それまでセンシティブ過ぎると考えられていた政治的性格のイシューを取り上げる上で重要であった．1988年12月の上級会合で，最も影響を与えたプレゼンテーションを行ったのは「広汎な基盤に基づいた経済成長」を主張した米国であった．米国は，自由な市場経済がもつ積極的な役割を強調した[4]．その上で，大勢の広汎な人々が，成長の果実にアクセスできるようにし，生産過程に参加できるように何らかの措置がとられなければならないとしたのである．この米国の立場は，衡平，参加，人権，途上国の政治構造への議論がDACの場でなされる道を開いたのである[5]．第2に，上級会合では，構造調整プログラムの社会的インパクトへの懸念が表明された．カナダ，ノルウェー，スウェーデンをはじめと

する諸国が懸念を表明した．成長自体に反対する国はなかったものの，どのような成長を目指すかという点で意見の相違が存在したのである．この成長と衡平に関する議論はその後も続いたが，これは途上国の国内政策自体にドナーが強い関心を有するようになったことが示されている．第3に，上級会合のプレスリリースは，債務問題の1つの原因としての「政治的ボトルネック」（途上国の国内政治・ガバナンスを指す）や，多くの途上国における「制度的な弱さ」に言及していた．これは，世界銀行が1989年のサハラ以南アフリカに関する報告書で，その言葉を用いなかったものの，ガバナンスの問題を発見したのと軌を一にするものであった．したがってDACが1990年代開発戦略の中心テーマとすることになる参加型開発は，プレスリリースの中での「広汎な基盤に基づいた成長と参加型開発を達成する必要」の部分にその起源を求めることができる．

(3) 定式化の説明

それでは，以上みてきた衡平，参加型開発，新自由主義という「政治的」な要素の3つの起源が，「衡平で持続的な成長と開発に向けて途上国と共働する」との定式化にどのようにして結びつくかを次に検討したい．

プレスリリースの最終的な定式化は，米国と一層の衡平を求める諸国との妥協の産物であるといえるが，DACの組織上の特徴も重要であったと考えられる．

第1に，DACがメンバー間の意見の相違を解決する方法としては，その関係や矛盾を分析することなく並列することが多い．これはDACが組織としては一切オペレーションを行っていないことがその背景として重要である．この点で世界銀行との違いは明白である．世界銀行がガバナンスという用語法を持ち出して，自己の活動スタッフにガイダンスを示さなければいけなかったのに対して，DACはさまざまなメンバーが気に入るように理念を定式化することができた．第2に，他のいくつかのメンバーは，DACにおいて途上国の人権と民主主義の問題を取り上げたが，公式の発表においては示されなかった．こうした自己抑制は，DACの「組織文化」によってもたらされたものといえよう．

DACの組織文化としては，創設時からマンデートに関する，組織全体としてのある一定の態度を指摘することができる．第1に，途上国の国内政治について議論するのを躊躇する傾向がDACではみられる．途上国がDACで代表されていないことは，委員会が途上国の内政を議論するのを容易にすることはな

かった.むしろ一種の「不在コンプレックス」としてDACにおいて途上国の内政が議論されるのを抑制することになった.第2に,メンバーのDAC代表が,多くの場合に開発機関(USAIDなど)から成っていたため,財務省や外務省と異なる開発の視点がDACに一定の理念上の特徴をもたらすことになった.総じて開発関係者は,途上国の事情に対して配慮する傾向がみられたのである.そのためブレトンウッズ機関(そしてほとんど全てのDACメンバー国の財務省)を席巻した新自由主義は,DACではこの時期には限られた影響力しかもたなかった.

2 参加型開発 (1989-1990年)
―― 経済と政治のリンケージの認識 ――

(1) 参加型開発アプローチの採択

DACの1990年代戦略形成のための議論に続いて,DACによってとられたアプローチは参加型開発であった.参加型開発とは,以下のような内容をもつものとされた.

「参加型開発は,一層の民主主義,地方組織と自治の一層大きな役割,実効的でアクセスが容易な法的システムを含む人権の尊重,競争的市場,ダイナミックな民間企業を含む」[OECD 1989b].

もともとは衡平との関連で用いられていた参加型開発という理念は,今や民主主義や人権といった政治的概念をも含むようになったのである.たしかに開発の決定への人々の関与を意味する参加型開発は,究極的にはこうした政治的事柄を意味するかもしれない.しかし,1988年には,そのような政治との明白な結びつけはなされていなかった.さらに,もともとはDACの1990年代戦略の3つの中心課題の1つ(他の2つの課題は,経済成長と持続可能な開発)にしか過ぎなかった参加型開発は,1990年に唯一の中心テーマに格上げされたのである.世界銀行などで良いガバナンスとよばれている内容にDACの態度が一層近いのは,同文書における政府の一層強い役割を求める次のくだりである.「参加型開発の新たな強調は,政府をバイパスすることを意味しない.実効的な開発は,強くて能力のある政府と公共サービスを必要とする」[OECD 1990].ここでは,明らかにガバナンスの問題が述べられているが,その言葉は用いられていない.上述の1990年のプレスリリースにおいては,強く実効的な政府の必要性を示す

ものとして，初めて「グッド・ガバメント」（良いガバナンスではなく）なる用語が用いられていた．したがって，DACは世界銀行とほぼ同じ時期に，途上国の国内政治の問題を参加型開発の枠組みの中で認識したのである．このような事情もあり，DACは当初政治的問題を参加型開発の枠内で理解しようとしたと考えられる．

(2) 定式化の説明

DACの1990年代戦略が最終的に採択された1989年の上級会合において，民主主義や人権といった政治的要因について明示的に言及がなされたにもかかわらず，経済開発に妥当する範囲においてのみであった．DACは政治的問題を扱うのに「比較優位」があるといわれていたにもかかわらず，DACによる言及は経済開発に妥当する範囲内に収められていた．これはどのように説明できるであろうか？　まず指摘できるのは，当時，東欧諸国と多くの途上国で湧き起っていた民主化の波によって，民主主義の理念が国際的アジェンダの中心へと押し上げられていたことである．さらに，米国はDACで初めて，民主化支援が米国援助の公式の目的の1つになったと述べていた．また米国同様にいくつかの国は既に民主化支援を援助政策の中で取り入れていたが，多くのDACメンバーは依然としてどのように対応したらいいか模索中であった．こうした状況の下では，議論の結果が，両者の中間に落ち着くであろうことは想像に難くない．

DACにおける議論の結果が妥協の産物としての性格をもつのは，DAC自体の構造によるところが大きい．DAC事務局が経済学のバックグラウンドをもった職員から主として成っていたことは，問題を伝統的な経済開発の領域に閉じ込めることになった一因であった．またDACにおける代表という観点からは，米国の立場の国内的要因を指摘することができる．第5章でみたように，米国は対外援助法が成立した1961年以来（前面にでるのは1980年代末以降），政治的援助に関与してきた．興味深いことに，DAC自体が新たに登場した政治援助と格闘してきた間に，DACで米国を代表するUSAID自身が米国内で（政府と議会において）援助の政治的側面を抑制しようと努めていたのである．USAIDも，組織としては，経済学のバックグラウンドをもつ職員が多く，1961年の設立当初から政治援助に当惑してきた[7]．それゆえ，USAIDがDACにおいて，民主化支援をDACの中心的アジェンダとして採用するように主張していたのは皮肉

なことであった．しかしながら，USAIDが民主化支援を中心課題として採択して以降は，当初はUSAID自身も積極的には賛成していなかった方向にDACを動かすように努めるようになったのである．

3　PD・GGアプローチ (1991-1993年)
　　　　——政治そのものの認識——

(1) 参加型開発からPD・GGへ

　DACは，良いガバナンスという用語法を採用して以降は，より明示的に政治的立場をとるようになった．政治援助に関するDACのアプローチにとっての転換点は，1991年12月の上級会合であった．1990年12月の上級会合では，援助と，途上国において新たに起こりつつあった民主化の流れの間の関係が議論されたものの，それは参加型開発の枠内で扱われていた．1991年6月4-5日に開催された，OECDの最高意思決定機関である閣僚理事会において，非加盟国との関係は第1の議題として取り上げられた．同理事会のプレスリリースは，力強さに欠けてはいたが，次のようにOECDの主要文書の中では初めて「良いガバナンス」に触れた．

　「大臣は，広汎な基盤に基づいた経済成長と衡平を含む参加型開発，人権の保護，政府の実効性の改良の必要性を強調する．最適な公共の資源配分は，良いガバナンスを通じてのみ実現することができる」［OECD 1991］．

　しかし問題は依然として参加型開発の下で取り扱われていた．そのため，1991年6月17-18日に開催された実務者会合は，参加型開発に関するDACメンバーの政策と実務についてのサーベイを実施することで同意した．サーベイの重点は，「グッド・ガバメント，民主化，人権の保護」におかれた．「グッド・ガバメント」の分野では，DACは，一方では「制度的開発」の見出しの下で「技術協力の新方向に関する原則」［OECD 1992d］で扱われていた伝統的な側面を取り上げるとともに，他方では，透明性やアカウンタビリティーを高め，政策決定過程へのより広範な参加を保障するといった新しい側面を別箇に取り上げた．

　1990年12月の上級会合での決定以降，DACはこの問題に関する作業を続け，その中間結果は1991年9月頃に執筆された，1991年版のDAC議長報告で発表された．それによると，

「前年(1990年)の上級会合以来の短い間に，対話は顕著に進み，議論は伝統的な参加型開発の概念や認識を超えた．バイ・マルチ双方のドナーの間で，『ガバナンス』の概念が，鍵となる関心を集める領域の中で一層中心的な位置を，占めるようになった．特に世界銀行は，自己の顧客をより良いガバナンスに導くのを支援するための概念やプログラムの側面をより良く定義する方向に動いた」[OECD 1991]．

こうしたガバナンスの概念の重要性の認識は，1991年12月の上級会合での議論に引き継がれることになった．同会議では，2つのアジェンダのうちの1つは，「参加型開発，民主化，人権，良いガバナンス」と題されていた．同会議のために行われたサーベイに基づき，DACは同項目での議論すべき分野として以下を示した．

① 経済改革と民主化
② 人的資源の基盤の強化
③ 中央・地方レベルでの政府と行政事務の機能の改善
④ 民主化促進
⑤ 軍事費削減に向けての努力
⑥ 汚職の一掃
⑦ 政策対話と調整への示唆

1991年のDACの上級会合は，援助の配分と政治的領域での進展具合をリンクさせることを表明したものとして知られる．同会議は，またこのイシューに関する「PD・GGアプローチ」として知られるようになる参加型開発と良いガバナンスを並列するアプローチへと道を開いた．同会議はそれゆえ，DACにおいて「参加型開発」からPD・GGアプローチへの転換をはかったものとして重要なのである．ただし1つ注意すべき点は，ここでの「良いガバナンス」は世界銀行などにおけるような「行政的ガバナンス」の意味で用いられていることである．上級会合のプレスリリースにおいては，「法の枠組みにおけるガバナンス」という言及が，代議制的政府への言及に続いて行われていた．

(2) 定式化の説明

PD・GGアジェンダの採択を説明するためには，世界における民主化の波の継続が背景にあった．しかしながら，DACメンバーの間で存在したこの問題

に関する見解の相違が具体的な結果をより良く説明できる．いくつかの国は，参加型開発よりも政治的な内容をもつ良いガバナンスをDACが取り上げることを望まなかった．これらの国々は，様々な理由から，主権国家の内政問題に介入しているとみられないように，注意深い態度をとったのである．しかし米国は，いくつかのメンバー国に支持され，PD・GGの課題を扱う常設機関をDAC内部に設置することを提案した．米国政府は，そのために任意拠出をも申し出たのである．しかしながら，米国はあくまで部分的にしか成功することはできなかった．というのも，後でみるように，アドホックな作業部会が短い一定期間の限定つきで設置されることになっただけだったからである．DACの作業プログラム自体の修正には，それに反対する国がある限り（フランスは反対を最も強く主張した国であった），結果は妥協の産物にならざるを得なかった．

同時にDACが他の国際組織との間で独自性を出そうとしたことも重要であろう．組織的拘束も説明要因として重要である．DACは途上国の内政に関わる問題を，参加型開発の枠内で捉えていたのであり，参加型開発がいわば「DACアプローチ」だったからである．それだけにDACは当初，世界銀行が当時既に採用していた「ガバナンス」を採用することはあえてしなかったのである．しかしながら，国際舞台で良いガバナンスが次第に広汎に用いられるようになると，DACは当初の消極的な態度を変えて，ようやく世界銀行と同じ用語を用いるようになった（参加型開発と並列という形ではあったが）．

しかしDAC自体の問題としてさらに重要なのは，DAC事務局の経済学バイアスであるように思われる．当時のDAC担当のOECD局長が著者に語ったところによると，主として経済学のトレーニングを受けた事務局スタッフは1990年代初めに政治的問題に初めて直面し，対応する準備ができていなかったという[9]．実際，当時事務局でPD・GGを担当していたのは1人（NGO担当）だけであった．

このように，DACによる途上国の政治的問題への対応が躊躇したものであったのは，国レベルの要因と組織的拘束によって説明できるであろう．

4　PD・GGアプローチはどこへ？　(1993年-)

(1) PD・GGアプローチの衰退

1991年の上級会合において，PD・GG問題に関してのDACの特別会合を招集

し，DAC評価専門家グループにこの問題の分析を委ねるとの決定がなされた．1992年5月12-13日のDACのPD・GG会合は，DACメンバーの一致点と不一致点がどこにあるかを示した点で重要であった．メンバー国の中には，米国，ドイツ，スウェーデンのようにDACによってPD・GGとして定義された分野において，支援を既に行ってきている国もあれば，まったく活動を行っていない国も存在することが明らかであった．それ故，経済（援助）と政治の間でリンクがあることについてはコンセンサスが存在したものの，どこまでリンクを認めるかに関して意見の相違が存在したのである．オーストラリア，ニュージーランド，フィンランド，そして，日本やフランスは，慎重であった．事務局の立場は，もはやDACは遠慮気味に覆い隠す形での議論（参加型開発）に限定される必要はないとのものであったが，いくつかの国は，依然として途上国の内政に関する問題をDACで公然と議論することに躊躇していた．躊躇したこうした国々の態度は，民主主義とガバナンスは，それ自身が開発援助の手段によって促進されるべき目的であると考える米国やその他の国々と対照的であった．

　もう1つの不一致は，この問題に関する上述の基本的態度の違いに由来する定義上の問題においてみられた．いくつかの国にとっては，DACでの議論は，参加型開発，すなわち伝統的な経済開発の枠内に留めることが望ましかった．他の国々（特にイギリス）は，別の理由から，彼らの意見では参加型開発を包含するとされた良いガバナンスに焦点を絞ることを望んだ．また別の国々（オランダ，スウェーデン，カナダ）にとっては，議論をPD・GGに限定するのは望ましくなかった．これらの国々からすれば，人権の課題はそれ自体が重要と考えられたからである．そのために，DACは定義上の問題で一致することができず，様々な概念をそれぞれの相互関係を分析することなく並べることしかできなかった．たとえば，民主主義はPDに入るべきなのかGGに入るべきなのか，あるいはそれ自体として別々に取り扱われるべきものか，などは明らかではなかった．この点は，「参加型開発と良いガバナンスに関するDACの方向」[OECD 1993]と題する，1993年12月の上級会合によって承認されたベスト・プラクティスについても同様である．

　1993年の上級会合は，参加型開発と良いガバナンスに関するアドホックな作業グループを3年の任期で設置した．同グループは，3年の任期終わりに最終報告書を提出した．同時に，DAC援助評価専門家作業グループは，1997年に分厚い総合報告書を提出した．PD・GGに関するアドホック作業グループの任期

は更新されず，代わりにPD・GGに関するインフォーマル・ネットワークが設置されて，同問題に関する作業を続けることになった．同インフォーマル・グループは，ドナーと被援助国が関与する「パイロット・スタデイー」の実施に注力し，ベナン，ボリビア，ブルキナファソ，マラウィ，モーリタニア，ウガンダについての結果を発表した．

PD・GGに関するインフォーマル・ネットワークは，DACの制度・能力開発・インフォーマル・ネットワークと2001年2月に合体（ガバナンス・能力開発ネットワークとして）することが決められた．援助機関の本部において伝統的な技術協力を担当する人々を集めた制度・能力開発インフォーマル・ネットワークと合併した後に，どの程度ガバナンスに関する作業がなされるのかが注目されるが，DAC事務局ではこうして再編されたガバナンス部門は主要課題として位置づけられるようになった[10]．

(2) 展開の説明

なぜDACにおいて，1992年にPD・GGが中心テーマとされたにも関わらず，1997年には二次的なテーマとしての位置しか与えられず，またPD・GGグループも単なるインフォーマル・グループに「格下げ」されたのであろうか？ さらに，その後に，ガバナンスが「復活」して，DACの通常活動の1つとして確立したことは，どのように説明できるのであろうか？

説明としては，メンバー間のコンセンサスの欠如（特にDACでPD・GGを扱う常設機関の設置への一部メンバー国の反対）が挙げられるであろう．同時に，ドナー国の援助機関において，PD・GG担当者の独自のネットワークが形成されなかったこと（この点ではジェンダーについての担当者のネットワークが形成されたことがDACのジェンダー平等作業グループの形成に結びついたのと対照的）が，DACで常設のPD・GG機関が設置されなかったことを説明できるであろう．この点では，世界銀行においても，1990年代初めにガバナンスの概念を提起しながら，世界銀行内部の組織文化との「衝突」によってガバナンスに関するネットワークが拡大しなかったことが想起されよう[11]．

しかしながらDACの組織としての限界が時間の経過とともに明らかになった．特にガバナンスに関する議論が次第に複雑になってきたのに伴って，DAC事務局はガバナンスのテクニカルな点について議論することができなかった．この点では世界銀行との競争も一役買っていたと考えられる．DAC

は新しい事務局のトップの下で,世界銀行など他の国際組織と比較しての自らの独自性を示すイシューとして紛争に関する問題(平和構築)に優先順位をおくこととなったのである(第9章で詳述).1996年のOECDの活動をリストアップした1997年版の事務総長報告において,紛争と開発の問題が,PD・GGよりも前に(優先順位が高いことを示す)記されていたのはその点で示唆的であった.

さらに,より政治的な性格の問題に関しては,二国間ドナーにとってDACは第一の場ではなかった.以前から外交的に重要な問題は常にDACの外で議論が行われてきたことが指摘されなければならない.最も政治的にセンシティブなイシューである政治的コンディショナリティーに関しては,メンバー国政府はDACで議論することが有益だとは考えなかった.ここでは代表の問題が重要であろう.DACに代表されていた各国の援助機関は(外務省である場合には別であるが),援助を超えた外交が絡むコンディショナリティー適用については,必ずしも第一義的な責任を有していなかったのである.

他方,その後特に2001年にDAC事務局でガバナンスが能力向上に関する作業と合体がはかられて以降の「ガバナンス復活」は,以上の説明を援用して理解することができるであろう.1997年以降に世界銀行でガバナンスの中心課題化(メインストリーミング)がなされてからは[Weaver 2010: 60-61],世界のバイ・マルチの援助機関においてガバナンスは開発の中心課題として定着することになった.そのため従来欠けていたガバナンスに関する開発機関の専門家のネットワークが形成されるようになったと考えられるのである.しかし同時にドナー間の意見の違い(特に民主主義との関連)が存続していることは,民主的ガバナンスのパートナーシップ(Partnership for Democratic Governance)が別の組織としてOECDにおいて形成されたことからも窺うことができる.

5 その後の展開と展望

1990年代以降,民主化支援は一個の政策分野として確立し,実に多くのプログラムが各ドナーによって実施されるようになった(統計が利用可能な2004年以降のDAC各メンバーの実績は表6-1参照).ところが9.11,そしてイラク戦争後においては,民主化支援には明らかに「逆風」が吹いているかのようであった.ロシアや中国をみるまでもなく,世界の各地で民主化の波は止まったかのようである.そして民主主義が1つの目的として掲げられたブッシュ政権によるイラク

戦争によって，先進諸国による民主化支援は米国による「世界支配」の試みと結びつけられようになってしまった．民主化支援の代表的研究者であるキャロサーズが述べるように，1990年代にみられた自由民主主義という価値へのコンセンサスが失われてしまったことが，こうした民主化支援への懐疑論の背景としてある［Carothers 2008］．

そのような民主化懐疑論の最中に起こったのが，2011年の中東諸国における民主化の動きであった．エジプト，チュニジアでは長期独裁政権が民衆の運動によって倒され，シリア，イエメン，バーレーンなどでは一進一退の状況が続いた．さらに，リビアでは民主化を求めて（公式の目的はカダフィ政権側から攻撃された無防備の国民を守ること）NATO軍による空爆が行われ，カダフィ政権は崩壊した．先進諸国による民主化支援は，再び楽観論へと戻るかと考えられたが，その後の2014年にみられた「イスラム国」によるテロ活動が国際的な優先事項になるとともに，イラクのフセイン体制，リビアのカダフィ体制を崩壊させた

表6-1 DACメンバーの民主主義・ガバナンス関連ODA

二国間ODAコミットメント（百万米ドル，名目値）

年		2004	2005	2006	2007	2008	2009	2010	2011	2012
DAC総額		5,116	7,699	7,039	9,177	10,163	10,193	11,058	11,788	10,516
DAC加盟国	オーストラリア	—	301	413	571	559	483	686	775	916
	オーストリア	—	19	33	59	39	27	29	37	42
	ベルギー	70	94	127	93	184	154	92	124	65
	カナダ	—	387	387	705	577	446	377	246	16
	デンマーク	183	236	110	213	334	245	339	480	263
	フィンランド	74	82	55	76	80	110	112	92	94
	フランス	—	106	106	74	105	95	145	158	104
	ドイツ	—	382	569	823	933	992	1,103	1,040	1,152
	アイルランド	65	73	79	112	135	100	103	91	68
	イタリア	—	31	38	70	121	66	51	46	21
	日本	—	94	308	250	209	118	147	505	292
	オランダ	264	241	456	332	494	397	320	455	543
	ニュージーランド	16	21	24	30	33	21	33	28	32
	ノルウェー	—	272	274	381	407	427	475	429	483
	ポルトガル	10	8	9	26	11	10	11	10	5
	スペイン	—	119	164	352	449	408	470	253	145
	スウェーデン	—	303	344	332	345	476	571	683	718
	スイス	114	81	81	93	103	131	141	201	206
	イギリス	—	1,090	1,338	915	986	798	843	1011	949
	アメリカ合衆国	4,317	3,666	1,959	3,580	3,971	4,637	4,958	4,952	3,994
EU機関		1,936	1,647	2,274	2,020	1,944	1,479	1,951	2,689	2,734

（出所）OECDデータベース（2014年8月24日アクセス）．

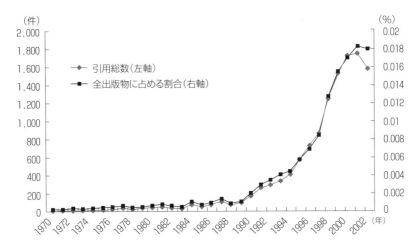

図6-1 学術文献における"governance"の使用頻度（1970-2003年）
（出所）Drori [2006: 97].

こと，さらにはシリアのアサド体制への再評価は，再び懐疑論を復活させることになった．

このように振り子のように振幅の激しい民主化支援と比較して，世界銀行を中心として形成されたガバナンスは，開発の中心課題の1つとして定着した感がある（図6-1参照）．世界銀行という「規範企業家」（norm entrepreneur）あるいは「運搬者」（carrier）によって非政治的・中立的・経済的モチベーションから形成・促進されたガバナンスの概念自体は，今日では定着し，常識化した感がある．

分析概念としてのガバナンスは，途上国，特にアフリカ諸国の地域研究者の間でも用いられるようになった．これらの地域では，憲法に定められた公式の規則・制度以外に，非公式な政治がしばしば結果を左右する．現実の政治の理解のためには，国家機構に限らない包括的な概念としてガバナンスが歓迎されたとされるのである [Hydén 1999]．

しかしながらそこで示される内容は，それを用いる主体によって様々であることは民主化・民主主義の場合と変わりはない．バイ（民主主義など政治的側面を含む）とマルチ（基本的にテクニカルで経済的帰結に限定）の違いだけではなく，マルチ間の違い（マンデートの異なる開発金融機関と国連機関，民主主義が目的に含まれる

欧州復興開発銀行とその他の開発金融機関）や，バイ間の違い（特に何が良いガバナンスかについてのドナー間の考え方の違い）も依然としてみられるのである．

この点で注目されるのは「民主的ガバナンス」（democratic governance）なる概念がドナーの間でコンセンサスを得る流れとなったことである．もともとUNDPは，1990年代前半から，ガバナンスに関心を示してきた．特に1999年7月にマロック・ブラウン（Mark Malloch Brown）が総裁に就任してからは，ガバナンスがUNDPの活動の中心に据えられることになった［Bøås and McNeil 2003: 113-16］[15]．そうした中で民主的ガバナンスは，人間開発の4つの柱の1つとして2002年の人間開発報告書で位置づけられた［UNDP 2002］．

民主的ガバナンスは，世界銀行によって提唱されていたガバナンスや良いガバナンスの概念と比べると，政治的・市民的自由と政治参加自体が定義に含まれている点が特徴である［Fukuda-Parr and Ponzio 2002］．国連は，従来から途上国や東側諸国が強調していた経済・社会的自由と，西側諸国が強調してきた政治的・市民的自由との狭間で，両者を折衷した幅広い人権概念を提唱してきた．この長年の国連の特徴が，この民主的ガバナンスの幅広い定義によく現れている．国連としては，民主化・民主主義という政治的定義のみが一人歩きする形での総合は避けたかったのである[16]．

そして2006年以降には，民主的ガバナンスという概念は，欧州委員会やEUメンバー国など多くのドナーの政策文書に採用されるに至っている．もともとバイのドナーは，世界銀行のように設立規約によって民主主義それ自体への関与が禁止されることがなかったのであり，UNDPによる民主主義とガバナンスの総合化の試みは魅力あるものに映ったに違いない．

しかしこの定式化は，民主主義とガバナンスがそもそも相互に矛盾がないのかなどいくつか概念上の問題を抱えていると言わざるをえない．さらに，もともとUNDPにおいて民主的ガバナンスなる概念が提唱されたのは，民主主義を正面から掲げることに対して，ロシア，中国が反対したため，折衷案としてやむを得ず考えられたものであったのである［Carothers and de Gramont 2013: 91］．

さらにガバナンス指標化の試みも，異なるものが並列した状況にある．最も代表的とされる世界銀行によるものも，それが援助量に結びつけられることを恐れた途上国側の抵抗にあっているのも示唆的である［Arndt and Oman 2006］．

このように民主主義，ガバナンスは，ともに開発援助の課題として定着はしたものの，論争的な概念であることに変わりはない．

注

1）「90年代開発協力に関する政策文書」の邦訳は，外務省経済協力局編［1992］に収録されている．
2）援助評価専門家会合については，増島［1993］を参照．
3）参加型開発が1980年代以降に国連諸機関において主流化（メインストリーム化）された経緯については，坂田［2003］を参照．
4）新自由主義が，政治と援助の関与をもたらす1つの起源を形成していたとの指摘は，Leftwich［1993］を参照．まず新自由主義に基づいた構造調整政策がその成功のためには強く，相対的な自律性をもった国家を必要としていたこと，さらに新自由主義が一定の国家観をもっており，市場メカニズムが機能するためには民主主義が必要であるとの機能的な政治理論をもっていたこと，がその内容として挙げられている．
5）USAIDの民主化支援に関する新たな政策は，新保守主義的な経済ドクトリン（新自由主義）にも部分的に由来することに注意すべきであろう．1980年代に米国の保守主義層の間では，市場経済と民主主義の間の強い有機的な結びつきが信じられていたという．経済改革は経済成長をもたらし，それにより個人が力をつけ，民主化をもたらす．逆に，民主化は，非効率な国家機構を改善し，透明性をもたらし，市場経済に良い結果をもたらすというのである［Carothers 1999: 46-47］．
6）組織論や経営学において組織文化に関する研究は数多い．行政学においては，Wilson［1989: 90-110］が参考になる．国際政治学への応用は多くないが，本書ではキアに従って「集合的理解を形成する基本的想定，価値，規範，信念，公的な知識のセット」として組織文化を考えている．［Kier 1996］．同様の観点から「官僚制的文化」（bureaucratic culture）として国際組織の「病理」に迫った著作であるBarnett and Finnemore［2004］も参考になる．
7）「USAIDは何よりも開発機関であり，過去20年間USAIDが民主化支援を取り上げてきたのは，社会経済的開発の促進という目的に支配された組織文化に，民主主義に関する作業を入れようとするしばしば躊躇に満ちたぎこちない物語であった」［Carothers 2009: 14］．
8）USAIDは，1990年12月に，1990年代の重要イシューのためのプログラムを形成するために4つのイニシアティブを打ち出したが，そのうちの1つが「民主主義イニシアティブ」であった．このペーパーに引き続いて，USAIDは，民主主義に関する政策文書を発表した［USAID 1991］．
9）OECDの開発協力局（DAC事務局）のフューラー（Helmut Führer）局長（在任1975-1993年）への筆者によるインタビュー（1996年8月26日於パリ）．同元局長は，DACによるPD・GGアプローチは当時としては最善のアプローチであったと確信していると述べた．
10）http://www.OECD.org/dataOECD/56/6/48066007.pdf（2011年6月12日アクセス）には，開発協力局の13ある課題の1つとしてガバナンスは位置づけられている．
11）世界銀行におけるガバナンス概念の起源と展開について，本書と同様に組織文化の観点からなされた研究としてWeaver［2010］を参照．
12）本書第8章参照．

13) 1995年の段階では，各国の援助機関で民主主義・ガバナンスに関する問題を扱うための組織が次第に形成されるようになったが，未だに専門家の不足などから対応が不十分であったとの指摘はRobinson［1995］を参照．
14) http://www.OECD.org/pages/0,3417,en_39406396_39406575_1_1_1_1,00.html（2011年6月12日アクセス）．
15) 同書は世界銀行との競争がUNDPによるガバナンスへの取り組みを駆り立てた動因ではないかとしている．
16) この点については国連史プロジェクトの1冊であるEmmerij, Jolly, and Weiss eds.［2001: 193］が明確に指摘している．

第7章
フランスの開発援助と民主主義・ガバナンス

はじめに

　第5章でみたように，援助と民主主義が明示的に結びつけて考えられるようになったのは，1990年代に入ってのことである．もとよりドナーの対応は一様ではなかった．民主化支援については，米国，スウェーデンのような先発国と，フィンランド，オーストラリアなど後発国に分かれていた．フランスは当初は後者に属していたといってよいであろう．

　フランスが強い影響力を有するフランス語圏アフリカ諸国においては，民主化が90年代に入り急速に進んだ．その過程において東欧の民主化の「伝播作用」と，以下で述べるフランスのラボール・ドクトリンが果たした役割が指摘されている［Robinson 1993: 93-94］．フランスの役割を積極的に評価して「パリストロイカ」（パリ＝フランスの中心的役割をゴルバチョフ時代のペレストロイカにもじって）とする向きもある．

　しかしながら，フランスは，アフリカにおいて強い利害を有するために，アフリカにおいて現状維持的な姿勢が目立つのである．フランスの研究者の中にも，フランスは民主主義と援助に関して，実際には親仏的政権の維持に腐心してきただけであるとして，極めてシニカルな立場をとる者もいるほどである．またフランスのラボール・ドクトリンは，アフリカの民主化に直接インパクトを及ぼしたことはなく，むしろ民主化の進展状況を後追いしただけであるとの指摘もある［Smith 1995: 360］．このようにフランスがアフリカで果たした役割については，評価が分かれるが，本章ではこの評価自体に立ち入ることはせずに，1990年代以降におけるフランスの主としてアフリカにおける民主化・ガバ

ナンス支援の特徴を開発援助の役割に即して分析することにしたい．

1 民主主義・ガバナンスというアジェンダと米国・フランス

　DAC諸国の中では，米国とフランスは民主化・ガバナンス支援の分野では，さまざまな点で対照的なドナーであるということできる．ここでは，フランスの事例の特徴を明らかにするために，米国との比較を試みたい．

　途上国の内政に対する関与という点では，フランスも米国もともに第4章でみたように，特にそれぞれの勢力圏（フランスはアフリカ諸国，米国は中米・カリブ海諸国）においては，極めて干渉主義的姿勢をとってきた．米国は第二次世界大戦後においても中米諸国に軍事介入（ドミニカ共和国，ハイチなど）し，フランスは四十数回に及ぶ軍事介入をアフリカで行ってきた．いずれの場合も，現地の政府を支援するか，あるいは逆に倒すという政治的な目的を掲げることが多かった．軍事介入に至らない場合でも，公式・非公式にさまざまな形で，現地の政治のあり方を実質的に規定する役割を果たしてきたのである．その点では，DAC諸国の中では，米国とフランスの共通性は際立っているといわなければならない．

　途上国の内政に対する深い関与という点では米国とフランスは共通していたものの，民主化・ガバナンス支援に関しては対照的な以下の3つの特徴がみられた．

(1) 民主主義への言及

　開発援助と民主主義の関係については，フランスはラボール・ドクトリンまで援助政策において民主主義についての言及は全くみられなかった．これに対して米国の場合には，第5章でみたように，援助が開始された初期から民主主義はその課題として考えられていた．またUSAIDは1990年初めには，民主主義と援助の関係についての政策文書を発表していた．

(2) 民主化・ガバナンス支援の初期形態

　第2に，フランスの場合には，民主化・ガバナンス支援につながる援助プログラムは，治安機関の強化を中心とした政府機構の強化プログラム以外には

1990年代以前には見当たらない．

米国の場合には，1961年対外援助法の規定にもかかわらず現実には民主化支援は正面から取り上げられてこなかったものの，第5章でみたように，1990年代以降の動きの先駆けともいえるプログラムが既に1970年代から実施されてきた．

(3) 民主主義支援のイデオロギー的背景

第3に，米国の場合には，フランスを含めて他国にない特徴が民主主義支援に関してみられた．それは民主主義支援が新保守主義のイデオロギー的色彩の下で考案されたという点である．新保守主義政権による政策が民主主義支援にもたらした影響は，次の2点においてであった．まずレーガン (Ronald Reagan)，ブッシュ（父）共和党政権の「小さな政府」「民間資本重視」といった新保守主義のイデオロギーは，途上国に適用されるとき，市場経済・民主主義を支持するという方向性を本来もっていた［Green 1991］．実際，USAIDによる一連の民主主義イニシアティブも，その予算はUSAIDの民間企業局において当初は計上されており，さらに第6章で検討したようにDACにおける援助と民主主義の関連に関する米国の主張は市場経済主義との関連に沿ったものであった．第2に，そもそもレーガン政権は，その発足当初から，ソ連とのイデオロギー競争を意識しており，この分野では，ソ連に遅れをとっているとの認識があった．そのために，レーガン大統領は1982年に「プロジェクト・民主主義イニシアティブ」(The Project Democracy Initiative) を提唱して，世界に民主主義の価値を普及させるための新たな機関の設置が検討された．この試みは，政府と議会の間の駆け引きの結果，議会側の主張していた国立民主主義財団 (National Endowment for Democracy：NED) の設置という形で具体化された［Carothers 1991］．

フランスでは，米国のような民主主義へのイデオロギー的執着は対外的には見出すことができない．むしろフランスは，独裁政権を一貫して支えてきたといわれることが多いのである．

以上の米国との比較から，フランスの民主主義支援の起源はガバナンス強化にあり，民主主義支援自体への取り組みは1990年代以前にはまったくといってよいほど存在しなかったことが浮き彫りになったと思われる．このようなフランスの1990年代以降の民主主義と援助の関連を以下で分析したい．まず民主主

義に関するフランスの公式の立場の変遷，次いで現実にどのような対応がなされたかを検討し，フランスの民主主義に関するコンディショナリティーの特徴を分析する．最後に民主化・ガバナンス支援のプログラムについて検討する．

2　公式スタンスの変遷

(1) ラボール・ドクトリン

　フランスが民主主義と援助を関連づけるようになったのは，1990年6月にフランスのラボールで開かれたフランス・アフリカ諸国首脳会議におけるミッテラン大統領の演説においてである．それ以前には，フランスはむしろ軍事介入によって独裁政権をアフリカにおいて支える役割を果たしてきたのであり，DAC諸国が，民主主義を援助の目的として掲げるようになってもフランスは追随することはあるまいと考えられていたのである．それだけになぜフランスが1990年という時点でラボール・ドクトリンを発表するに至ったのかを分析することが求められる．

　ミッテラン大統領は，同首脳会議の開会演説の中で，「フランスは，すべての貢献努力を，一層の自由へと向かう努力にリンクする」と述べた．また，記者会見においても同様の趣旨の発言を行った [Wauthier 1995: 561][5]．

　ラボール・ドクトリンが社会党のミッテラン大統領の演説の中で打ち出されたことから，ミッテラン社会党政権の「進歩的」性格にその起源を求める見方が一部にみられる．しかし，ミッテラン大統領のアフリカ政策は，実際にはそのようなものとはほど遠いものであった．政権発足当初 (1981年) こそ，コット (Jean-Pierre Cot) 協力相の下で社会党の選挙綱領に従った改革がなされかけたが，アフリカ諸国首脳の猛烈な反対にあい，ミッテラン大統領はコット協力相を解任し，従来からの伝統的なアフリカ政策に立ち返っていたのである [井上 1998; 1999]．

　こうした見方にたてば，むしろなぜミッテラン大統領がラボール・ドクトリンを発表したのかが問題となろう．当時ミッテラン大統領の特別顧問を務めていたアタリ (Jacques Attali) によれば，ラボールでのミッテラン大統領のスピーチの中に民主化をいれることを主張したのは，ジョックス (Pierre Joxe)，ジョスパン (Lionel Jospin)，ビアンコ (Jean-Louis Bianco)，そしてアタリ自身などの社会党有力者であった．ミッテラン大統領の演説を実際に起草したスピーチ・[6]

ライターのアルヌー（Erik Arnoult、外交官、作家、ペンネームはErik Orsenna）は、自らが当初起草した文章の中には民主主義に関してさらに厳格な内容が含まれていたが、最終的にミッテラン大統領によってトーン・ダウンされたと述べている。なぜこれらミッテラン大統領に近い社会党の有力者たちが民主主義に関する新たな政策的宣言を行うよう主張したのかは明らかではないが、これらの人物は伝統的アフリカ政策に反対する主張を日頃から行ってきており、冷戦後にアフリカ大陸で急速に進んだ民主化・自由化の動きにフランスの政策を適応させようと考えたものとみることができる。

ラボール・ドクトリン発表の翌年1991年2月にパリのシャイヨ宮で開かれた第4回仏語圏諸国首脳会議において、ミッテラン大統領は、「各国が民主化の態様を決める権利を有する」と述べたが、これはラボール・ドクトリンから1年して早くもミッテラン大統領が姿勢を後退させたものと解釈されることになった。

(2) 政権交代による政策の違い

これ以降のフランスのアフリカ民主化に関する政策はどのような変遷を遂げたのであろうか？　以下では、特に援助に限定することなく、アフリカの民主主義に関するフランスの歴代政権のスタンスを検討したい。フランスでは、政権交代は、大統領選挙に伴うものと下院選挙に伴うもの（首相の交代という「ミニ政権交代」と考えることができる）に分けて考えることができるが、以下では政権交代の影響を分析する観点から大統領・多数派による執政とに分けて検討する。

(a) 保守執政（バラデュール内閣、シラク政権）下の公式スタンス

1993年の下院選挙において勝利した保守陣営のバラデュール首相（在任1993年3月-1995年5月）の下では、第4章でみたように、フランスの対アフリカ政策において画期となる重要な政策が打ち出された（特にCFAフラン切り下げ）。しかし民主化に関しては、むしろ後退したとの印象をもたれることになった。

既にみたようにバラデュール首相は、1993年9月23日『ル・モンド』紙への寄稿の中で、後に「アビジャン・ライン」と呼ばれることになるフランスの新しい政策を打ち出したが、この中で、民主主義に関連する部分としては以下のものがある。「国際金融界及び良い統治の原則とは無縁でいようとする国には

今後支援できない」．これは第4章でみたように，フランスのノンプロ無償援助の供与について，世界銀行・IMFとの合意の存在を条件とする政策として知られるが，民主主義については「良い統治」への言及の中に暗黙に含まれていると考えることができる．しかし民主主義自体については新たな政策は打ち出していない．むしろバラデュール内閣は，民主主義という用語を意図的に避け，「良い統治」という用語法を用いた点で，後退したとされるのである．ルッサン (Michel Roussin) 協力相は在任中,「民主主義」という言葉をほとんど使わず，マスコミからその真意を問われても，民主主義は各国それぞれに進度，内容が異なるのであり，一部の先進国のように一定の考え方を押しつけるべきでないと述べていた．

1995年の大統領選挙は，第一回投票において，シラク・パリ市長と，バラデュール首相という保守陣営の中の同一政党に所属する候補の間で激しい戦いが繰り広げられた．その結果，バラデュール首相の政策を「アフリカ切り捨て」として批判していたシラク氏が大統領に就任し，その下でジュッペ前外相が首相に任命された（在任1995年5月-1997年6月）．ジュッペ内閣においては，アフリカ政策に関しては，協力政策体制，特に協力省の取り扱いが焦点となったが，政敵バラデュール首相が押し進めていた「アビジャン・ライン」を維持し，また社会党ミッテラン政権によって打ち出されたラボール・ドクトリンも引き続き有効であるとの立場を明らかにした．

シラク政権は，アフリカ政策に関しては，フォカール (Jacques Foccart) らの「伝統派」とジュッペら「近代派」のバランスの上に依拠していたと考えることができる．フォカールらにとっては，民主主義は二次的な価値にすぎず，重要なのは親仏的な政権の維持（どんなに非民主的な独裁者であれ）であった．他方，ジュッペ首相らは，もとよりアフリカ諸国の安定を重視する点で伝統派と変わらないものの，アフリカにおける変化に適応するとともに世界における民主主義の重要性に鑑み，他の先進国と同様に民主主義を主張しようとしたものとみられる．1996年12月にブルキナファッソのウアガダグーで開かれた仏・アフリカ諸国首脳会議では，「良い統治と開発」がテーマとして取り上げられ，英語からとった "gouvernance" が初めて公式に用いられることになったのが注目される（それ以前は「公共問題の良い管理」("bonne gestion des affaires publiques") という言い回しが英語のガバナンスの仏語訳として用いられていた）．

(b) 社会党執政（ジョスパン内閣）下の公式スタンス

　1997年の予想外の解散総選挙で勝利を収めた社会党のジョスパン首相（在任1997年6月-2002年4月）は，ミッテラン政権にあってはそのアフリカ政策にどちらかというと批判的な態度をとってきた．ジョスパン首相は，外務官僚団に属しており，フランスのDAC代表を若い時に務めるなど援助政策に比較的精通した人物であった（とはいえその後政治家になってからは教育相を務めるなどむしろ社会政策の面で活躍した）．シラク大統領による中央アフリカへの軍事介入（1996年）を，野党代表の立場から厳しく批判しており，党派は違うがジュッペ氏に近い刷新的アフリカ政策を体現する人物と考えられていた．

　ジョスパン内閣になっての変化は，第4章でみたように懸案となっていたフランスの協力体制の改革が一応の完成をみたことである．伝統的アフリカ政策のシンボルであった協力省は事実上解体され，外務省の一部局として再編されることになった．

　さらに，ジョスパン首相は，「介入でもなく，無関心でもない」(ni-ni) との対アフリカ政策を示しており，フランスの介入主義に事実上極めて慎重な姿勢を示した．この政策は，民主主義のための介入を制約することになった[11]．

　他方では，民主主義自体に関しては，ジョスパン政権においても言辞の面では大きな変化はみられなかった．

　協力省を管轄に収め，アフリカ政策に関してかつてない権限を手中にしたベドリーヌ（Hubert Védrine）外相は，民主主義に関して慎重な見方を示していた．民主主義は多様であり，押しつけることはすべきでないと強調したのである[12]．また言辞の面では，「良い統治」に代わって「法治国家」(état de droit) が，ジョスパン内閣においてはより頻繁に用いられた．民主主義の促進自身については極めて慎重であり，保守政権と基本的に異なる点はなかった．実際，ジョスパン首相はモロッコを1997年秋に公式訪問した際に，ハサン二世（Hussein II）を礼賛する演説を行っており，野党リーダーであった1995年に同国王を「独裁者」として非難していたのとは大きな変化を示している［Marchal 1998: 362］．

(c) 保守執政（サルコジ政権）下の公式スタンス

　サルコジ政権（2007年-2012年）では，権威的政権をむしろ擁護する姿勢がみられた．チャドのデビ（Idriss Déby）大統領への反乱軍鎮圧に協力した（2008年）のをはじめ，ガボンでボンゴ大統領の死後に，息子のアリ・ボンゴ（Ali Bongo

Ondimba) が数々の不正が指摘された2009年8月に大統領選挙で当選したのを問題とすることなく，そのまま認めた．トーゴではエヤデマ大統領が2005年5月に死去すると，息子のフォール・ニャシンベ (Faure Gnassingbé) が就任し，2010年の大統領選挙で当選していたのである．

さらにコンゴのサスヌゲッソ (Denis Sassou Nguesso) 大統領（在任1979-92年，1997年-）やカメルーンのビヤ (Paul Biya) 大統領（在任1982年-）などの権威的政権とも関係を続けたのである．

また「アラブの春」においては，チュニジアにおける民主化革命への対応が遅れた．しかし，コートジボワールにおける選挙結果の尊重を求めて軍事介入を2011年に行うとともに，リビアのカダフィ政権と断交して，軍事介入を主導したことは，名目的には民主主義を推進しようとしたものともいえるであろう．

(d) 社会党執政（オランド政権）下の公式スタンス

2012年に発足したオランド政権では，コンゴ，ガボン，カメルーンの権威的政権との関係は冷却したが，当初は良いガバナンスが強調されるなど，サルコジ政権との違いを打ち出そうとの姿勢がみられた[13]．マリへの軍事介入を行ったが，これは選挙により選出された政権を反乱勢力から守るという名目の下であった．中央アフリカへの軍事介入の場合には，イスラム勢力セレカが政権にあったが，キリスト教民兵との内戦状況においては，基本的に中立の立場を注意深くとっていた．いずれの場合も，争点は民主主義自体というよりは，安定を目的とした介入であったといえるであろう．マリ介入後のオランド政権においては，当初みられた良いガバナンスへの言及は影をひそめ，安全保障が強調され，アフリカ各国自身の役割が強調されるようになった [Leboeuf and Quénot-Suarez 2014]．

以上検討してきたラボール・ドクトリン以来のフランスの各政権の公式スタンスの検討から浮かび上がるのは，フランスにおける政権や内閣の交替にも関わらず一貫した共通性がみられることである．そこではフランスの伝統的な友好国の権威主義的な支配者との関係に配慮しつつ，民主主義よりはガバナンス（良いガバナンス）を強調する傾向がみられた．レトリックの面においても，フランスは民主主義と援助に関しては慎重な姿勢をとってきたのである．

3 フランスのコンディショナリティーの事例研究

前項でみたように，フランス政府の公式ドクトリンとしてはラボール・ドクトリンがあるものの，政権ごとにニュアンスの違いがみられた．以下では，実際の適用において，どのような違いがみられるのかを検証するために，3つの事例を取り上げ検討する．ここではフランスの対応を主として形式に即して分類している．

(1) ニジェール

ニジェールでは1990年代初めの民主化運動によって政権についたマハマネ・ウスマネ（Mahamane Ousmane）大統領に対するクーデターが1996年1月27日に発生し，軍人のバレ・マイナサラ（Ibrahim Baré Maïnassara）が全権を掌握した．旧フランス領で，かつ1990年代に起こった民主化により成立した民主政権が武力によって倒されるという事態を前に，ラボール・ドクトリンを打ち出していたフランス政府の対応が注目された．

クーデターへのフランス政府の対応は素早いものであった．当時のフランス政府はジュッペ保守内閣であったが，外務省は直ちに声明を発表しクーデターを非難するとともに，援助の停止を明らかにした．これは，フランスの駐ニジェール大使及び外務省が厳しい態度をとっていたのを，政府内の近代派と目されていたデュピュッチ（Michel Dupuch）大統領アフリカ政策顧問とドゥ・ビルパン大統領府事務総長が支持したためであるといわれる．このようにフランス政府の当初の対応は素早く，内容も厳しいものであった．

ところがこうしたフランス政府の対応に対して，フランス政府内外から非難の声があがり，伝統派の巻き返しが展開されることになった．援助を実際に担当する協力省関係者の間では，クーデター前の政治的閉塞状況（大統領と議会の対立による）をむしろ強調し，クーデターがやむを得なかったとする空気が強かった．伝統派の代表であるフォカール大統領（私的）顧問やその系列のゴドフラン（Jacques Godfrain）協力相らはシラク大統領に対して強力なロビイング活動を展開し，当初のフランスの政策を覆すのに成功した[14]．対ニジェール援助は人道援助を手始めに再開され，駐ニジェール大使は召還され，閑職（首相府現代アフリカ・アジア研究所研究部長）へと配置転換された［Coudurier 1998: 308-10］．

こうした展開をたどったフランスの対ニジェール政策は，一部には「ニアメー・モデル[15]」とよばれることになった．それは，民主的に設立された政権が軍事クーデターによって倒されても放置するとの政策を表すものとされる（同じことは1998年コンゴでの対応についてもいえるであろう）．特にニジェール国内の民主化運動の側では，自らが軍事政権によって厳しく弾圧されていただけに，フランスの姿勢をそれだけ激しく糾弾することになった．

　たしかに形式的にはフランスの行動は，全体としてみればニアメー・モデルとして表されるものであった．しかし当初フランスは，既にみたようにかなり厳しい態度をとったことを忘れてはなるまい．さらに，次の2点留保をつけなければならない．1つは，そもそもウスマネ大統領の側にもニジェール政治を混乱させた責任があったとされることである[16]．軍に介入の根拠を与えたのはその意味で大統領派自体であった．もう1つは，軍事政権は，フランスをはじめとする諸外国の圧力を受けて，2年以内に選挙を行うと公約したことである．その後行われた選挙は，国際選挙監視団が全体として不正であったと非難することになるが，形式的には選挙を実施して軍事政権から移行するとの方向は打ち出さざるをえなかったのである[17]．

(2) 中央アフリカ

　アフリカにおけるフランスの軍事拠点として知られてきた中央アフリカで，1993年に行われた大統領選挙では，フランスは同国に駐留する兵員1400人のうち300人を選挙支援に投入し，投票用紙の輸送や国際選挙監視団の移動にあたらせた．大統領候補としては，フランスは現職のコリンバ大統領（André Kolingba）を支持していたといわれ，現地駐在大使や軍が支持を寄せていたといわれる．現職候補であったコリンバは，第1回投票で4位になると，選挙制度の中途での改変を意図したとされる．ルッサン協力相の回想によれば，フランス政府は援助を全面的に停止する用意があるとして猛烈な圧力をコリンバに加え，これを断念させたという［Roussin 1997: 147］[18]．結局，フランス政府が必ずしも支持していなかったパタセ（Ange-Félix Pattasé）が大統領に当選した．

　パタセ大統領には，就任当初から汚職の噂がつきまとい，また同大統領は自己の安全の確保に血眼になり，イスラエルの軍事顧問に依存していた．同大統領は，軍隊には給料を支払わなかったため，軍人の間での不満が蓄積し，1996年から中央アフリカ軍の一部は反乱を起こすようになった．フランスは当初事

態を静観していたが，1996年4月と5月の2回軍事介入を行った．さらに，1996年12月には，反乱軍兵士によってフランス軍兵士が殺害されるという事件が起こると，フランスは，チャドからの応援部隊も含めて800人の兵を動員し，重火器を使用して反乱軍との間で激しい戦闘を繰り広げた．このようにフランスは選挙によって選出されていたパタセ政権を擁護する方向を示したのである．

こうした介入には先に述べたように当時野党であった社会党のジョスパン第一書記が反対を表明するなど，フランス国内でも疑問の声があがっていた．さらにフランスは，結局中央アフリカの軍事基地を閉鎖して撤退し，バンギー協定監視団（MISAB）を経て国連中央アフリカ共和国ミッション（MINURCA）による平和維持に道を譲ることになった．

こうして中央アフリカの事例は，フランスが民主主義のために軍事介入までしたものであるとして「バンギー・モデル」といわれることがある[19]．すなわち，民主主義が停止される状態に至っても介入しないとの路線（「ニアメー・モデル」）の対極にあるものとして考えられているのである[20]．

フランスによる民主化支援の事例として取り上げられる中央アフリカの事例ではあるが，細かく検討するといくつかの問題点が浮かび上がってくる．

第1に，中央アフリカの当時の情勢では，現状（パタセ政権）維持以外の選択肢は，いずれも同国を安定させる見通しはなかった．こうした中では，同政権の民主的性格に関わりなく，同国の安定を維持する立場からはフランス政府がとった政策がいずれにしても導きだされることになっていたと考えられる．

第2には，特に1996年12月の介入におけるフランスの最も重要な動機は，フランス軍の「メンツ」であったといわれる．1000人近いフランス軍が駐留した国で，その一部が殺害されたのをフランス政府としては放置できなかったのである．したがってフランス政府は，パタセ大統領を必ずしも支持していなかったにも関わらず，パタセ政権支持とみえる行動をとったと考えられる．

第3に，外観上は民主的選挙を経て当選したとみえるパタセ大統領であったが，実際に大統領としての行動は民主主義とは縁遠いものであった．ニジェール，コンゴなどと同じように，選挙という形式だけを重視し，民主主義を根付かせる努力を行わなかったつけをフランスは支払うことになったと考えるべきであろう．

(3) トーゴ

これまで述べてきた「ニアメー・モデル」と「バンギー・モデル」の中間にあたる事例として考えられるのがトーゴである.

トーゴでは,エヤデマ大統領が1967年以来同国を支配し,ガボンのボンゴ大統領と並ぶ長期政権にあった.1990年代はじめに民主化の波がトーゴにも押し寄せ,1991年4月に多党制が合法化され,国民会議が7月に開催された.こうした中で,エヤデマ大統領と,国民会議の支持を得たコフィゴ (Joseph Kokou Koffigoh) 首相との間の権力の共有 (パワー・シェアリング) が成立した.

こうした中,1991年11月に,エヤデマ大統領の命を受けたとみられる軍によって首相官邸が包囲されるという事件が起こった.フランスのドレー大使 (Bruno Delaye, 後の大統領府アフリカ担当顧問) はこれを民主主義への攻撃とみなし,軍包囲下の首相官邸に数名の護衛を連れて乗り込み,身を挺して首相を守るという姿勢を示した.さらに,ドレー大使の働きかけをうけたジョックス国防相は,隣接するベナンに軍を派遣し,いつでも介入できるという姿勢を示し,エヤデマ大統領に圧力をかけた[21].

しかし結局フランスは,ベナンに派遣した軍を動かさず,事態を静観することになった.フランスが,フランスと密接な関係があるエヤデマ大統領を民主主義の名の下で追放することを嫌ったことは明らかであったが,その背景には,エヤデマ大統領と深いつながりがあるといわれたジャン=クリストフ・ミッテラン (ミッテラン大統領の子息) ら「エヤデマ・ロビー」がミッテラン大統領に働きかけたことも指摘されている [Bat 2012: 520-521][22].いずれにしてもこのようなフランスの態度は,トーゴの民主化を守るためにフランスの軍事介入を強く求めたセネガルのディウフ大統領からも厳しく批判された[23].

その後のトーゴの事態の進展を次にみてみよう.1993年1月のゼネスト後に,軍が野党のデモ隊に向けて発砲し,20人が死亡するという事件をきっかけに,フランスは他のドナーと歩調を合わせてトーゴへの経済援助を停止した (軍事援助は1992年10月に停止).しかし1994年6月には,フランスは単独でトーゴへの経済援助を再開 (軍事援助は引き続き停止) し,他国にも同様の措置をとるよう求めた[24].総じてトーゴの民主化へのフランスの対応は,一方で介入をちらつかせながらも,他方で援助再開に向けての動きを主導するなど優柔不断なものであった.

以上検討してきたように，アフリカの民主化プロセスへのフランスの対応には，①「バンギー・モデル」（中央アフリカにおけるように民主主義を守るために軍事介入），②「ニアメー・モデル」（ニジェールにおけるように民主政権が軍によって転覆されても静観）があり，トーゴの事例はその中間と考えることができるのである．
　形式的にはこのようなモデルが考えられるものの，各事例を詳細に検討すると，必ずしもこれらのモデルでフランスの政策を説明できないことがわかる．中央アフリカにおいては，フランスの介入の動機は，民主主義を守ることでは必ずしもなかった．また，ニジェールにおいても，当初フランスは，民主主義原則をむしろ厳格に適用していたのである．
　各事例において重要なのは，フランスにおける政権交代よりも，フランス内部における意見対立であったと思われる．ニジェール，中央アフリカ，トーゴのいずれの場合も，フランス内部には意見の対立がみられたのであり，その結果，政策のブレや逡巡がもたらされたのである．そのようなフランス政府内部の対立は，アフリカ政策に関する「伝統派」と「近代派」の主導権争いであったと考えられる．もとより伝統派と近代派において共通点があることを否定するものではないが，こと民主化への対応ぶりに関する限り，両者の間には力点の相違をみてとることができる．両者とも安定を志向する点では共通するが，伝統派は保守的な現状維持的志向が強いのに対して，近代派は民主化を含めた変化への適応を志向する傾向が強かったといえよう．

4　フランスのコンディショナリティーの特徴

　次にこれまで検討してきたことから，フランスによる「ラボール・ドクトリン」適用の特徴として以下の諸点を指摘したい．

(1) 公式テキストの不在

　民主化への対応におけるフランスの事例の特徴の1つは，政治的コンディショナリティーに関する公式テキストがないという点であろう．米国では法律（対外援助法など）の中に，日本でも閣議決定されたODA大綱という形で規定されていたのに対して，フランスでは大統領の演説が歴代政権の政策として今日まで踏襲されてきている．したがって，その適用ぶりに関して議会への報告の義務もなく，適用のガイドラインのようなものも存在しない．さらに，民主化を

めぐる各省庁間（大統領府，首相府，外務省，財務省，協力省）の調整の公式のメカニズムもなかった（2006年以降の展開については後述）．

(2) 政治レベルの決定事項

フランス第5共和制においては，大統領が国防・外交関係に関して最高意思決定権をもっている．コアビタシオンと呼ばれる大統領多数派と一致しない議会多数派のもとでの敵対的な双頭執行府にあっても，程度の差こそあれ大統領の発言権は確保されている．アフリカ政策は一般の外交関係に比べてさらにこの大統領の優位が確立されている分野である．

こうしたことから援助の打ち切りなどを含む政治的コンディショナリティーの分野では，大統領（府）が最終的決定を下すことが通例である．ところが，決定の基準となる公式のテキストが存在しないために，決定は恣意的な性格の強いものとなり，また政府内の対立も表面化しやすくなる．結果として，政策のブレや一貫性の欠如に結びつくと考えられる．

(3) 形式主義

アフリカにおける民主化へのフランスの対応において目立つのは，その形式主義である．既に事例研究においてみてきたように，フランスは民主主義を語るとき，自由選挙の実施などに基づく政権の「合法性」を重視する傾向がある（選挙が自由に実施されたか疑問を呈する向きもある）．選挙後に民主主義をどのように根付かせるかといった観点はあまりみられない．米国など他のドナーと比較して，民主化支援の具体的プログラムが極めて少ないのはそのことを端的に物語っている．

背景として考えられるのは，もとより親仏的な政権の維持という目標が民主主義自体に優先している（特にガボン，コートジボワール）という事情がある．そのため，民主主義を求めるフランスの動きはまやかしにすぎないとの見方が一部でなされることになる．同時に，以下の事情も合わせて考える必要があると思われる．まず，(1)で述べたように民主主義の基準を明確に示した公式テキストがなく，またフランス政府内に民主化をモニターする専任の部局がないことから，選挙の実施などの形式面に依存する傾向が強まるのである．さらに，フランス人の文化的特徴として指摘される形式へのこだわりも無縁ではあるまい．

(4) 現状維持へのバイアス

　アフリカ諸国の民主化へのフランスのアプローチは，現状維持勢力としてのフランスの性格が刻印されている．冷戦後の米国とフランスのアフリカ政策を比較したシュレーダーが，米国がアフリカで民主主義を積極的に主張したのは，コストがなくリターンが大きかったからだと述べているのは示唆的である［Schraeder 1997］．逆に既得権益をもっている現状維持勢力であるフランスにとっては，民主主義を唱道することはリスクが大きく，リターンは不明だということになるのである．

　現状維持勢力としてのフランスにとって重要な利害としては，フランス人の安全，フランス軍の安全・信頼性，親フランス的（＝フランス語）政権の維持，フランスの権益の維持（石油など）が考えられる．これらの考慮が優先するために，民主主義自体の相対的重要性が減ることにならざるをえない．

　こうした現状維持勢力としてのフランスの政策は，さまざまな批判にさらされてきた．一方では，アフリカで起こっている世代交代や民主化の動きにフランスはむしろ積極的に対応すべきだとする意見があった［Kessler 1999: 353］．他方では，フランスでNGOの活動が他国に比べて弱いことから，フランスとしての行動の枠が狭められてしまっているとの指摘もみられた．

(5) EU共通外交政策との関連

　従来からフランスは，アフリカ（特に旧フランス領）では単独行動を選好してきた．しかし民主主義・人権については，マーストリヒト条約（1993年発効）以来，EUの枠組みで制度化が進んでいる．特に，1998年5月15日にEUで採択された「アフリカにおける人権，民主主義諸原則，法治国家，良い統治に関する共通政策」がEUの基本文書として重要である．これは，マーストリヒト条約の中の「共通外交・安全保障」をアフリカの文脈において具体化したものとして注目される．

　このような一連の「EU化」（国際化）の動きの中で，フランスは，中央アフリカのPKOにみられるように旧フランス語圏においてもむしろ単独行動主義からの脱皮を進めている．民主主義と援助に関する今後のフランスのリンケージ政策の検討のためにも，ブリュッセルでのEU政策決定過程を仔細にみていく必要がある所以である．

5　民主主義・ガバナンス支援プロジェクト

　フランスは，DAC諸国の中では，米国，イギリス，ドイツ，スウェーデンなどと比べれば，民主化支援の面において必ずしも積極的ドナーではなかった．民主化支援の第1の柱であるコンディショナリティーの面での政策は既にみたように存在したものの（ラボール・ドクトリン），第2の柱である具体的なプログラムの面では1990年代初めには特筆すべきものはあまりみあたらなかった．

　他方でフランスは，植民地主義の延長線上で，アフリカ諸国の独立当初からこれら新興独立諸国の内政に深く関与してきた．こうしたフランスの関与は，現地の人権・民主主義の向上を必ずしも目的としたものではなかった（むしろ多くの場合，抑圧的政権の強化によって逆行する場合が多かったとの指摘がある）．しかし行政的なガバナンスの面では，現在いわれるガバナンス支援に相当する内容を多分にもっていた（支援の哲学が当初はフランス人が現地の人間にとってかわって役割を担うという代行的協力の色合いが濃かったことから，その支援の意味については議論がある）のである（図7-1参照）．その意味で，フランスの援助とアフリカ諸国の内政との関わりは，錯綜したものであった．

　このようなフランスの姿勢は，アフリカにおいて旧宗主国としてこれら諸国

図7-1　フランスのガバナンス関連ODA

（出所）OECD iLibrary（2014年9月3日アクセス）．

の内政にも大きな影響力を有し，またこれら諸国の安定から利益を得るという現状維持国としての立場を反映したものであった．しかし，アフリカ以外の国においても，フランスは，中東，アジアにおいて民主化支援に関する目立ったプログラム・政策がなかったのであり，米国など積極的ドナーとは大きな違いがみられたのである．

以上の一般的観察をふまえた上で，フランスが行ってきた具体的な民主化・ガバナンス支援にはどのような特徴があり，どのような推移をたどったのかを次に検討したい．ここでは，3つの流れ（基本的に年代順に対応）について，それぞれの特徴を指摘する．

(1) 民主主義からガバナンスへ

1990年のラボール・ドクトリンによって，フランスはアフリカ諸国の民主化の度合いとフランスの援助を結びつけたが，一般的な民主主義戦略あるいは各国個別の民主主義戦略は策定されなかった．具体的な民主化支援としては，選挙支援を行った（投票所設置，投票用紙の輸送，選挙監視団の派遣など）ことが知られている．この点では，既にみた中央アフリカへの選挙支援は規模の大きなものであった（丸抱えというパターナリスティックな性格のもの）．

既に述べたように，1996年のフランス・アフリカ首脳会議（於ウアガドゥグー）では，テーマとして良い統治が掲げられた．これ以降フランス政府は，世界銀行が掲げていたような経済開発の枠内でのテクニカルな用語を積極的に採用することになったが，これは政策内容の変更をも窺わせるものであった．すなわち，ラボール・ドクトリンで掲げていたような複数政党制，自由選挙の実施などの民主主義から，むしろ様々な経済改革を実施に移す能力の向上に重点を移すことになったとみることができるのである．

(2) ガバナンス支援としての制度構築

フランスは植民地主義の時代からアフリカ諸国の制度構築に関わってきただけに，1990年代の民主主義・良い統治への適応も当初は伝統的な制度構築の枠組みで行われた．当時の協力省には，制度開発支援（aide au développement institutionnel）担当の課が1992年に設置され，法治国家支援，選挙支援という個別のプロジェクトとは別に，警察，司法，メディア，分権化，行政改革などに関するプロジェクトを実施していた．民主主義支援ではなく，制度的開発支援

という枠組が採用されたのは，従来から行われてきた行政組織への支援との連続性を重視したものであった [Banégas and Quantin 1996]．このため，ベナン，コンゴ，中央アフリカへのフランスによる制度構築支援を分析したバネガスとキャンタンによれば，フランスの政策は民主主義とは部分的にしか関わりがないものであった．すなわち，フランスによる制度構築支援は，国家の不可欠な領域（秩序維持と司法）において国家の再興を目指すものであり，その限りにおいては，当該国が民主主義政権であることとは特に関係がないのである．さらに，それは場合によっては（治安部隊への支援などによって），権威主義政権を支えることにもなりかねない（特に中央アフリカ）ものであった [Banégas and Quantin 1996: 131-132]．

その後1997年の機構改革によって，協力省は外務省に吸収されたが，そこでも制度構築の枠組は引き継がれた．外務省国際開発協力総局の中では，制度協力に関する局の下に，法の支配・行政改革・地方開発の3つの課が設けられた．1998年度のこの分野における予算は，DAC統計によれば，2億5000万米ドルであった [OECD 2010]．また法の支配を担当する部局の名称は，「法治国家・人権課」となっており，フランスの国家機構重視の支援に対する1990年代にみられた批判に応える形になっているとみることができる．ちなみに，同課では，法制度整備支援を司法省，内務省，司法官学院と共同で実施しており，ベトナム，カンボジア，ブルンジ，ハイチ，キューバなどでプログラムを実施していた．

(3) 民主的ガバナンス

フランスが，民主主義・ガバナンス支援に関する戦略文書を採択するのは，2006年12月のことである[26]．同時に外務省の国際開発協力総局の開発政策局の中に，民主的ガバナンス課（Sous-direction de la gouvernance démocratique．その後Mission de la gouvernance démocratiqueに改称）が設置された．そこでは従来フランスが依拠してきた良い統治は，世界銀行という特殊な文脈で展開されたものであったとして，行政機構の強化だけでなく，途上国の住民全体による開発政策への広汎な参画を目指さなければならないという民主的ガバナンス戦略（EUによるガバナンスの再定義の試みにしたがって）が提起された．そのガバナンスの定義は，次のようなものである．「公共問題の管理を，領土の様々なレベルで結びつけて行い，社会の諸関係を管理し，多数の行動主体の関与を調整することによって統治する技能」[27]．ガバナンスが規定・活動ではなく過程であること，さ

らに多数の社会のアクターが参加することを促進するものという2つの点がその要点であった.[28]

2006年の民主的ガバナンス関係の予算は，単年度予算と複数年度分を合わせて5165万ユーロであったが，これは2002年度の8617万ユーロから4年連続減少した金額であった．項目は，金融ガバナンス19.1％，司法16.7％，地方ガバナンス16.5％，国家の近代化15.0％，紛争防止と復興12.2％，警察11.3％，統計能力強化4.6％，人権2.5％，国内治安2.2％の順であった．このように，実際のプロジェクトでみると，従来からの治安維持・法治国家・行政機構支援が圧倒的に多く，民主主義あるいは人権支援に関するプロジェクトは極めて少額にとどまっている．紛争予防・復興支援，地域機構（AUなど）支援なども含まれているものの，フランスのガバナンス支援は，世界銀行が述べるような開発に貢献する国家の枠組支援の色彩（金融ガバナンスなど）が相変わらず強かったことが窺える.[29]

6　その後の展開と展望

フランスよる民主化・ガバナンス支援は，コンディショナリティーの適用に関しても，具体的なプロジェクトにおいても，保守的な性格が強いことが指摘できる．それは，フランスが（主要な援助対象国が集中する）アフリカにおいて大きな影響力を有してきただけに，影響力の保持が強い動因として働くためであった．さらに，民主主義についてのフランス的な考え方（中央集権的で国家が前面に出てくるフランス国内政治モデル）の反映という側面も指摘できるであろう．

しかし1990年代以前には，フランスがアフリカにおける独裁政権を当然のことのように支援し続けてきたことを考えると，今日フランスが民主主義を単なるレトリックであるにせよ援助政策の公式の目標に掲げ，またアフリカにおいて民主化・ガバナンス支援のプログラムを曲がりなりにも実施するようになったことは，大きな変化といわざるをえない．

もとより今日までのフランスのアフリカにおける政策は，逡巡と混迷に満ちたものであり，フランス自身が多くの点で揺れていることが窺える．それは，今まで検討してきたようにアフリカにおける安定をはかるという第一義的な目標と，民主主義というレトリックをどのように一致させるかというジレンマがその背景にあるためである．安定のために民主主義が望ましいと判断した場合

には，2010年のコートジボワールの大統領選挙においてバグボ大統領（Laurent Gbagbo）が敗北を認めず混乱が続いた際にみられたように，フランスは，事実上の軍事介入まで行ったのである（バンギー・モデル）．しかし逆にそのような確信がもてない場合には，同じコートジボワールにおいて軍によるベディエ大統領に対するクーデターがあっても（1999年12月），フランスは動かなかった（ニアメー・モデル）．さらに民主主義に疑義があってもトーゴ，ガボン，カメルーンにみられるように目をつぶり現状を維持する姿勢を示してきた．こうした民主主義に関する両義的な姿勢は，アフリカ以外でも中国や中東諸国のように重要な利害関係が絡んでいる場合には共通してみられたものであった．

　フランスの開発援助が民主主義・ガバナンスを課題として掲げるようになったのは，こうした民主主義に関する外交政策一般によって規定されてきた．それだけに，援助政策において民主化支援としての一貫性を見出すことはそもそも難しい．しかし少なくとも，フランスがアフリカにおける民主主義を省みない時代は終わったのであり，開発援助においても民主主義は単なるレトリックではなくなりつつある．特に2006年の民主的ガバナンス戦略策定以降のフランスの民主化支援に関する援助政策は，EUの一部として他のEU加盟国と共通の基盤を有するようになったといえるであろう．

注
1) *La Lettre du Continent*, 30 mai 1996.
2) NGOの側からフランスの協力政策を包括的に検討したL'OPCF［1999］において民主主義の問題が全く取り上げられていないのはその点で示唆的である．
3) より広い文脈で米国の民主化支援政策が，新自由主義的経済政策と密接に結びついたものであったとの指摘は，菅［2015］を参照．
4) Carothers［1991］．1940年代に登場した反スターリン主義的左翼による民主主義促進運動が，レーガン政権の下でNEDに結実する経緯を述べているのが，Guilhot［2005: 83-100］である．NEDによる民主化促進が米国の国益と密接に結びついている点を指摘しているのは，大津留（北川）［2000］である．
5) ［Wauthier 1995: 561］ミッテラン大統領の演説全文は，以下（http://www.rfi.fr/actufr/articles/037/article_20103.asp，2012年4月24日アクセス）にある．そこでは，代表制度，自由選挙，複数政党制，プレスの自由，司法の独立，検閲の拒否が民主主義の内容として述べられている．フランスでは「ドクトリン」とよばれるものの，その内容は援助と民主化を結びつけるとの方針だけを指すことが多い．
6) ラボール・ドクトリンがなされるに至った経緯については，バイヤールによる記述が最も詳しく，本章もそれによっている［Bayart 1998］．当時大統領府事務総長であった

ベドリーヌも，経緯については同様の回想をしている［Védrine 1996: 693］．
7）ベナンでは1975年から続いていたケレクー（Mathieu Kérékou）大統領下での社会主義体制への抗議活動が活発化（1988-1989年の暴動，1990年2月の国民会議開催）し，ラボール宣言以前から民主化への道を進み始めていた［Gazibo 2005］．
8）前出のコットは，退任後のインタビューで次のようにラボール・ドクトリンに関して述べている．「一方で気前のいい発言を行い，希望を湧きたてておいて，他方でそれと全く正反対の政策を行うことは，フランス，特にフランソワ・ミッテランの場合に特徴的なことであった」（*L'Autre Afrique*, 27 janvier-2 février 1999, p.9）．
9）バラデュール内閣のアフリカ政策においては，民主主義が忘却されていると指摘したのは，Stephen Smith, "Balladur, une politique africaine distante," *Libération*, 1er août 1994.
10）当時外務省アフリカ・マダガスカル局長であったドゥ・ラ・サブリエールは，フォカール系統の流れを「フランサフリック」，自身を含む外務省などの流れを「近代派」とよんでいる［de la Sablière 2013］．
11）"ni-ni" とは，国営化でも民営化でもないとの1988年再選後のミッテラン大統領の経済政策を表す用語法としてジャーナリズムで用いられた．ここでは，「介入でも無関心でもない」（"ni intervention, ni indifférence"）とのジョスパン首相のアフリカ政策に関する発言を指す．実際，ジョスパン首相は，1999年コートジボアール軍による反乱でベディエ政権が転覆された際にも介入に反対し，介入を主張したシラク大統領らを押し切ったとされる［Banégas and Marchal 2013: 187-188］．
12）*Jeune Afrique*, no. du 14 avril 1998.
13）オランド大統領が，就任後に会談したアフリカ首脳は，ベナンのヤイ（Thomas Boni Yayi）大統領とニジェールのイソフ（Mahamadou Issoufou）大統領であり，いずれも民主的選挙によって選出されていた．これらの会談では，オランド大統領はフランスのアフリカ政策の原則は，① 民主主義を含む良いガバナンス，② 経済成長，③ 安定，であると述べていた［Laloupo 2013］．
14）当時制裁措置を発動する準備をしていたシモン協力相官房長は，シラク大統領自身から突然電話があり，「これ［経済協力停止］は自分［シラク大統領］の政策ではないし，協力相の政策でもないはずだ」と，制裁をしないようにいわれたと回顧録で述べている［Simon 2016: 87-88］．
15）ニジェールの首都ニアメーから言われる［Souley 1997］．
16）ウスマネ大統領は，議会選挙において僅差で多数をようやく確保したが，更に議席を増やそうとの賭けに出て1994年11月に議会を解散したものの，逆に多数を失ってしまい，政治の停滞を招いてしまった［Davis and Kossomi 2001］．
17）当時のゴドフラン協力相は，『ル・モンド』紙へのインタビューで，次のように当時ニジェール新政権に対して働きかけたと語っている．「あなた方［ニジェール軍事政権］が権力をとりたかった理由を我々［フランス政府］は知っているし，理解もしている．民主制度が行き詰まっていたのだ．しかしそれゆえにこそ，あなた方は民主選挙を一刻も早く組織する義務がある」（*Le Monde*, 16 mai 1996）．
18）同様の指摘は，Wauthier［1995: 612］にもみられる．

19) 中央アフリカの首都バンギーからいわれる [Souley 1997].
20) 佐藤 [1996] も同様の評価をしている.
21) ドレー大使はコフィゴ首相からフランスとの防衛協定に基づいてフランスの介入を要請する手紙を受け取ったという. これを受けて軍事作戦 (Verdier) が発動された [Bat 2012: 520-521].
22) フランス政府の分裂した対応は, 客観的には現状維持, すなわちエヤデマ大統領を支えることになったとの指摘は, Heilbrunn and Toulabor [1995] を参照.
23) ここまでの叙述は, Coudurier [1998: 286-88] に依っている.
24) (AFP, 29 juin 1994). この間の経緯はBat [2012: 522-24] に詳しい.
25) *Politique étrangère de la France. Textes et documents*, mai 1998, pp. 112-113.
26) "Stratégie gouvernance de la coopération française," validée le 5 décembre 2006.
27) ガバナンスがEUの開発協力戦略に現れたのは, "Development Policy of the European Community," Statement by the Council and the Commission of 20 November 2000の政策文書においてであった. そこではEU開発協力政策の優先分野の1つとして「公共事項の健全なマネージメント」が挙げられていた (ガバナンスという用語は用いられていなかった). ガバナンスが本格的にEUにおいて取り上げられるようになったのは2003年のことである ("Governance and Development," Communication from the Commission to the Council, the European Parliament and the European Economic and Social Committee, COM (2003) 615 final). そこでは, ガバナンスは民主主義や人権よりもプラグマティックな用語であるとされ, 「ガバナンスは市民に奉仕する国家の能力に関するものある」と定義されている (良いガバナンスなる用語法がとられていたが, 民主的ガバナンスという用語法は用いられていない). 民主的ガバナンスという用語法がEUによって採用されたのは "Governance in the European Consensus on Development: Towards a Harmonized Approach within the European Union," Communication from the European Commission to the Council, the European Parliament, the European Economic and Social Committee and the Committee of the Regions, COM (2006) 421 Final, August 30, 2006 においてである. その中では, 欧州委員会による援助だけでなく, メンバー国の援助においてもガバナンス戦略を調整すべきことが述べられている. この定義は, UNDPによるガバナンス定義 (民主的ガバナンス) に範をとったものである.
28) "Les Notes du jeudi," no. 63, 12 octobre 2006, Direction des politiques de développement, Direction générale de Coopération internationale et du Développement.
29) "L'action de la DgCiD en matière de la gouvernance démocratique (2005-2006)," Ministère des affaires étrangères, avril 2007.
30) フランス政府は公式にはクーデターを非難し, 秩序が再建されるのを望むとしたが, 合法的秩序の再建には言及しなかった. これは保革共存政権の下で, 社会党のジョスパン首相が介入を望まなかったのをシラク大統領も尊重したためであった [Bat 2012: 638-639].

第Ⅲ部 紛争・安全保障
―― 開発援助アジェンダの政治化（2）

1990年代初めに開発援助のアジェンダとして登場した民主主義・ガバナンスに次いで浮上したアジェンダが，途上国における紛争・安全保障である．第Ⅲ部では，1990年代以降に政策課題として急速に浮上した途上国における内戦を前にして，開発援助の役割を模索するドナー側における議論を取り上げる．途上国の主権の根幹である安全保障領域に関して，先進諸国が開発援助を通して関与を進めていくことは，途上国の内政への関与を民主主義・ガバナンスの場合よりもさらに進めるものであった．さらにそもそも開発援助は，軍事・安全保障には関与しないことを当初から暗黙の前提としてきた（例外については第8章で触れる）．それにもかかわらず，1990年代になって，開発援助が平和構築という形で主として紛争後の復興支援にかかわるようになったのはなぜなのか，またどのような問題をはらんでいたかを明らかにするのが第Ⅲ部の目的である．

　政策統合の観点からは安全保障領域は，民主主義・ガバナンスのイシューよりも困難であると考えられる．他方では，年代史的にみると民主主義・ガバナンス領域への関与以降に安全保障のイシューは問題となったために，政策統合が容易になる側面も指摘できる．

　まず第8章では，紛争・安全保障と開発の間の緊張関係を概観するとともに，DAC諸国の政策を分析する．第9章ではそれをふまえて，DAC自体の理念・組織両面から紛争・安全保障が開発援助のアジェンダとして取り上げられる過程を明らかにするとともに，議論の背景・内容を検討して，その適応の組織的問題点を明らかにすることを試みる．第10章では，フランスの事例を取り上げ，安全保障と開発援助の独特の制度的結びつきを分析する．

第 8 章
紛争・安全保障というアジェンダの登場

はじめに

　DACにおいて安全保障が，アジェンダとして取り上げられたのは1990年代半ばのことである．それ以前は，開発援助と安全保障は基本的に別個の問題として扱われてきた．それは安全保障というアジェンダが，開発援助体制が依拠していた2つの原則と衝突するものであったからである．

　まず内政不干渉原則との衝突である．第2章で検討した民主主義・ガバナンスというイシューと同様に，安全保障は内政不干渉の根幹に関わる問題として正面から取り上げられることはなかった．

　さらに，紛争・安全保障問題は，軍事と非軍事分野の区分という考え方からも，DACにおいて議論を行うにはそぐわないものと考えられてきた．開発援助は当初から非軍事がその根本的な特徴とされてきたのである．

　本章においては，第Ⅱ部での民主主義・ガバナンスというアジェンダの採択過程の分析に続いて，紛争・安全保障問題がDACのアジェンダとして取り上げられるに至る経緯とその特徴を明らかにすることを目的とする．

　以下では，まず紛争への対応を中心とした安全保障と開発の間の当初みられた相互に排他的な関係を検討し，次いでそれにもかかわらず開発援助のアジェンダとして紛争・安全保障が取り上げられていく背景を分析する．

1　開発援助と軍事・安全保障の従来の関係

　先進諸国は途上国の軍事・安全保障問題にはもとより密接に関与していた．

その意味では，開発援助と軍事・安全保障との関係は多義的なものであった．実際植民地時代には，開発と軍事・安全保障問題は，一体のものとして宗主国によって考えられていた．多くの途上国が独立を達成する1950年代から1960年代においては，途上国における国内不安や内戦の問題と切り離して援助関係を考えることはできなかった（この点では第10章におけるフランスの事例が参考になろう）．実際これら諸国の独立当初は，軍事政権の担う積極的な役割への期待から，援助関係者も途上国の軍事問題に対して関心を示していた．しかし，その後1960年代後半になり，軍事政権への幻滅や冷戦との結びつきを嫌って，援助関係者は当初はみられた安全保障問題への関心を急速に減退させていったのである [Chanaa 2002: 21]．

そうした中でDACにおいては，1961年設立以来，開発援助は軍事的な安全保障とは基本的に別個の課題として考えられてきたといえる．その背景には以下のような4つの異なる性格の要因が（相互に関連し合いながら）作用していたと考えられる．

(1) 「援助 → 開発 → 平和」との想定

リベラリズムの典型的な考え方によれば，開発・民主主義・平和の三者の間では相互に強め合う調和的関係がみられるとされる．「自動的で単線的」な考え方が支配的であり，「援助は経済開発を支援するのであるから，したがって定義上平和と繁栄をもたらす」とされたのである．このような予定調和的な考え方の下では，開発援助はもっぱら経済開発を対象とすればよく，紛争や軍事・安全保障の問題は，開発援助の側からは特別に考慮する必要はない，との結論が導かれることになる．経済専門家を中核とする開発援助機関のフォーラムであるDACも基本的にこのような暗黙の前提にたっていたと考えることができる．

(2) 紛争地域には関与しないとの活動原則

援助が軍事的問題と関わりがないと考えられたのは上述のリベラリズムの暗黙の想定によるだけではない．実際の援助活動において，安全が保たれない場所には援助関係者は入らないとの原則がとられていたことにも関連していた [Griffin 2003: 202]．このような原則の下では，援助関係者が途上国における紛争と関わることはほとんどなかった．こうした状況では，開発援助関係者にとっ

ては，実際に紛争と向き合う場面に遭遇しない限り，紛争との関わりについては特に精査する必要性は生まれなかった．

(3) 2つの異なるコミュニティー

援助と軍事の問題は，組織面においても峻別されていた．すなわち，両者は，担当部局が異なる（援助担当部局と国防担当部局）のであり，組織的には省庁間としての区分がなされている．さらに，両者はメンタリティー・組織文化が大きく異なるという点で，「開発コミュニティー」と「国防コミュニティー」に分かれているとみることができる．両者の間では，使用する用語や概念，基本的な考え方だけでなく経歴や行動のモチベーションの面でも異なっており，両者の間の区分は根源的なものがある[4]．

国防関係者は軍事的価値を第一に考えるのに対して，援助関係者にとっては福祉的価値こそが優先されるべきである．「開発 → 平和」の前提に立つだけに，福祉的目的の追求こそが（軍事的目的よりも）平和をもたらすとの確信を援助関係者はもっているといえる．1969年に策定されたODAの定義の要件の1つが「途上国の福祉目的」とされているのは，軍事援助と経済援助を峻別しようとの一貫した援助関係者の姿勢を表したものであった．

(4) 「高次の政治」(high politics) と「低次の政治」(low politics)

安全保障の問題は，国家の最優先事項として最高レベルの問題として位置づけられてきたのに対して，開発援助もその1つである経済問題はそれに劣る問題として位置づけられてきた．そこでは，同じ対途上国関係であっても，紛争への対応は「高次の」問題として取り上げられ，援助の問題は（もとより援助は外交の手段として用いられることもあるが）「低次の」問題として扱われるのが通例であった[5]．

こうした軍事・安全保障と開発援助の区分が成立しえたのは，冷戦期の安全保障問題が，両超大国の核の均衡を頂点とするヒエラルキーの下で，国家間の安全保障の問題として考えられたことによっていた．開発援助はこうした状況の下では，軍事援助と区別されるべきものとして考えられたのである．

もとより第二次世界大戦後の開発援助体制の成立は，その後の冷戦の展開と切っても切れない関係にあった．いかに援助関係者が，開発援助は「ピュア」(=非軍事的）であると主張しても，実際には西側陣営の安全保障の一環として位

置づけられていたことは否定すべくもない.

ともあれ軍事・安全保障と援助の間に,表面的ではあれ成立していた区分は,冷戦後の世界において急速に崩れ去っていくのである.それはどのような背景からなのであろうか？

2 冷戦後の新たな展開

冷戦後の世界においては,開発と軍事・安全保障の関係には,どのような新しい展開がみられるようになったのであろうか.冷戦終焉前後の世界における内戦型紛争の頻発という事態（図8-1参照）が,従来の考え方に修正を迫ることになったことにあると考えられる.それは,次の3つの側面においてみられた.

(1) 開発と紛争・安全保障の関係についての再考

既に述べたように開発と紛争・安全保障の関係は,冷戦下における安全保障問題の優位の下で,調和的なリベラリズムの考え方が支配的であった.そこでは,開発と平和・安全保障の間における矛盾や競合する側面は,強く意識されることはほとんどなかった.もとより援助が紛争を悪化させる側面があるとの指摘は,一部の専門家によってなされてはいたが,例外的なものにとどまっていた.しかし冷戦後の世界で,従来は米ソの代理戦争としてとらえられることが多かった途上国における紛争が,冷戦が終焉したにもかかわらず続発したこ

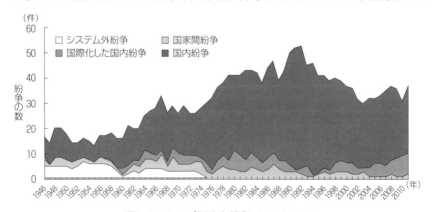

図8-1 タイプ別武力紛争 (1946-2010年)

(出所) Themnér and Wallensteen [2012].

とは，開発と紛争の関係について根本的な再考をもたらすことになった．それは逆説的だが次のような2つの点から指摘されたのである．

1つは，開発は平和をもたらすのではなく，逆に紛争を惹起するのではないかとの指摘である．従来は，「開発 → 平和」との調和的なリベラルの考え方が有力であったが，冷戦後のいくつかの出来事はこうした見方の動揺をもたらすことになった．中でも世界の援助関係者に衝撃を与えたのは，1994年のルワンダにおける内戦と大量虐殺であった．ハビヤリマナ大統領の下でのルワンダは，アフリカにおける世界銀行など国際援助機関の「優等生」（プログラムの実施において）として知られており，援助が効果をあげている数少ない例として知られていた．そのルワンダにおいて100万人に及ぶともいわれる大虐殺が発生し，内戦の発生と大量の難民・避難民を生み出した事態は，援助関係者にとっては大きな衝撃であった．米国の政治学者ユービンによる研究［Uvin 1998］は，一連の援助関係者による反省をふまえたものであり，援助がむしろ国内の緊張を激化させ暴力をもたらすことをルワンダの事例によって例証したものであった[8]．これは開発が平和をもたらすとのリベラリズム的な考え方に鉄槌を浴びせるものであった．より一般的には，むしろ「開発 → 紛争」であるとのリベラリズムのアンチ・テーゼが提起されるようになった．カナダの援助関係者の用語法では，「開発戦争」（"development wars"）［Miller 1992: 5］との見方がなされるようになったのである．

もう1つの見方は，紛争こそが開発の最大の阻害要因であるとの見方である．これは冷戦後の途上国における紛争の頻発（しかも内戦で一般国民の犠牲者が多数）を前にして国連などで提起された議論であり，安全保障が開発の前提条件であるとの認識が強まった[9]．援助関係者の間でも，紛争を解決しなければ開発を進めることができない（平和が開発の前提である）ことが強く意識されるようになったのである［Fukuda-Parr 2010］．これは今まで開発援助関係者が，開発援助を安全保障の問題から切り離して考えてきたことに根本的な修正を迫るものであった．

(2) 人道危機と開発援助

従来，人道援助と開発援助の間には，組織や予算の面で明確な区分がなされていた．1960年代のビアフラ危機から1980年代のエチオピア危機に至る時期にNGOによる人道援助が始まった．その当時は，内政不干渉原則によって国連

は関与できず，悲惨な現地の状況を人道上見るに見かねたNGOによって人道援助が開始された．

しかし当時優勢であった開発主義の考え方においては，人道危機はあくまでも例外的事態としてとらえられ，開発機関の関与すべき課題とはみなされなかった．開発援助と人道援助は，予算，人員，制度，組織文化において分岐していたのである．

しかし1980年代末から中東欧やアフリカなどにおいて内戦が相次ぎ，複合的人道危機・複合的緊急事態とよばれる状況が生起すると，こうした人道援助と開発援助の間の分裂が問題視されるようになったのである[10]．一方では，従来は開発援助の分野と考えられていた長期的な開発に関する分野にまで人道援助機関が関与する事態が生じることになったが，人道援助団体側ではこうした事態は自らの活動の範囲を超えており，人道援助本来の役割に専念すべきであるとの反省が生まれるようになった．他方では，開発援助側においては，何らかの形で紛争後社会の復興に貢献すべきであるとの動きが強まったのである．

こうして，人道援助と開発援助の間の人為的な区分は冷戦後の凄惨な内戦への対応においてドナー側の弱点として強く認識されることになった．そうした問題に対応しようとする取り組みの結果，開発援助と緊急人道援助の間の境界線が次第にあいまいになり，開発援助が紛争地域には関与しないとの従来の行動原則は修正されていくことになった．人道援助機関，開発援助機関ともに，開発援助，人道援助というそれぞれの基本的マンデートに基づきつつも，両者の境界領域について配慮をせざるをえなくなったのである[11]．

(3) 安全保障概念の変化

冷戦後においては，安全保障概念自体の見直しが迫られるようになった．東西両陣営の軍事対決の可能性が減退するとともに，安全保障概念は，明示的な軍事的脅威にかわって，新たに定義されるようになった広範な脅威を中心に再定義されるようになっていった．開発援助との関連で注目されるのは，「人間の安全保障」(human security)と平和構築 (peacebuilding) という2つの概念である．

まず「人間の安全保障」は，UNDPが中心となり提唱し，カナダ・日本などが政策として掲げるようになったものである．「人間の安全保障」は，安全保障を従来のように国家に限定するのではなく，人間1人ひとりのレベルにおける生活を保障するためのさまざまな分野を包含した概念であった．その中では，

生活の困窮など社会経済的側面も重視されたことから，安全保障と開発の間の関連性が明確に認識されるようになったのである．

それに対して平和構築はブートロス・ガリ（Boutros Boutros-Ghali）国連事務総長が1992年に発表した報告の中で，平和のための活動として，予防外交，平和創造，平和維持とともに，新たに提起した概念であった［UN 1992］．「紛争の再開を防ぐため，平和を強化し，堅固なものにするであろう構造を明らかにし，支援すること」と定義された平和構築は，あくまでも「紛争後の」（post-conflict）課題として打ち出されていた．内容としては，武装解除，小火器の管理，制度改革，警察・司法制度の改善，人権の監視，選挙改革，社会・経済的開発が挙げられていた．ここで示された諸課題は，その後の開発援助による安全保障分野への関与の内容を早くから示したものとして注目に値するであろう．その後様々なアクターが関与するようになると，紛争を経験していない社会や，紛争後という段階に固定されない一般的な課題としてむしろ考えられるようになった．

3 DACメンバーの政策

(1) DACメンバーの政策分類

開発援助と安全保障のインターフェースは，1990年代の旧ユーゴスラビアやリベリア，ソマリア，ルワンダ，コンゴ民主共和国等への関与を通じて拡大した．すでに見たように各ドナーは，現地における必要性から人道援助と開発援助の連携の強化に動いた．同時に，人道援助・開発援助両者の側では，内戦後の不安定な状況での活動にあたるため，停戦・和平に続く安定化の段階から治安・安全の問題と向き合うこととなった．また特に9.11以降においては，アフガニスタンやイラクにおいてみられたように，軍隊自身が復興活動に従事するという事態が生じるようになった．こうした中で開発援助と安全保障（軍事）の間でさまざまなインターフェースが生まれることになった．こうしたインターフェースは大きく以下の4つに分類することができる［Klingebiel and Roehder 2004］．

　① マクロ・レベル＝開発援助政策の枠組としての安全保障

　　先進諸国側の軍によってもたらされる安全と安定に依存しなければ援助活動が実施できない．援助関係者が活動現場の安定を求めて軍の派

遣を要請するなど，開発援助の前提となる枠組を軍が提供する．
② 政策レベル＝戦略的計画と構想における軍事と援助の共同
　国防省，援助機関，外務省などによる関係省庁間の調整メカニズムを設置，軍主導の計画に援助機関が関与する．
③ 予算レベル＝軍事的手段への財政的支援と軍による非軍事的作業への財政支援
　開発基金から軍それ自体への支援や軍による非軍事的作業への支援を行う．

表8-1 平和・紛争関連ODA

二国間ODAコミットメント（百万米ドル，名目値）

	年	2004	2005	2006	2007	2008	2009	2010	2011	2012	2013	2014
DAC総額		812	1,601	1,742	2,500	3,058	3,131	3,162	2,854	2,729	2,593	2,468
DAC加盟国	オーストラリア	—	9	29	78	51	38	63	109	70	54	50
	オーストリア	—	22	23	7	24	21	20	10	11	14	8
	ベルギー	2	11	17	19	25	32	25	28	12	5	7
	カナダ	—	60	75	95	185	164	159	137	86	63	38
	チェコ共和国	—	8	11	13	40	25	10	7	9	1	3
	デンマーク	—	8	10	29	30	71	50	49	43	89	41
	フィンランド	6	33	31	19	38	68	65	58	46	39	33
	フランス	—	0	32	30	45	51	58	62	35	60	61
	ドイツ	—	116	107	160	282	399	380	361	294	392	439
	ギリシャ	—	34	38	52	41	43	0	0	0	0	0
	アイスランド	—	—	—	—	—	—	—	0	0	0	1
	アイルランド	0	0	4	16	16	13	11	9	8	8	9
	イタリア	—	9	2	13	22	8	4	9	3	4	11
	日本	—	7	68	40	68	224	380	109	99	88	85
	韓国	—	—	3	0	1	2	84	1	1	82	15
	ルクセンブルク	—	0	0	3	1	1	1	1	1	2	1
	オランダ	68	78	177	133	353	168	108	148	429	232	229
	ニュージーランド	3	1	1	5	7	10	12	11	11	8	11
	ノルウェー	—	75	160	196	211	200	215	247	276	241	220
	ポーランド	—	—	—	—	—	—	—	—	—	1	1
	ポルトガル	15	15	35	71	69	58	48	12	10	3	3
	スロバキア	—	—	—	—	—	—	—	—	—	1	1
	スロベニア	—	—	—	—	—	—	—	—	1	1	1
	スペイン	—	19	22	147	84	41	35	72	35	28	27
	スウェーデン	—	62	67	93	119	121	141	159	183	185	165
	スイス	—	63	61	63	73	76	80	107	114	146	132
	イギリス	—	—	12	184	369	393	290	293	308	191	268
	アメリカ合衆国	714	958	746	1,024	893	892	913	841	633	641	595
EU機関		101	183	110	463	746	619	611	1,005	465	1,021	586

（出所）Data extracted on 02 May 2016 05:39 UTC (GMT) from OECD. Stat

④ ミクロ・レベル＝個別の具体的取り組み

地雷除去などにおける現地での軍と開発援助機関の協力などを行う[17]．

　各ドナーはそれぞれのレベルで，軍事・開発のインターフェースに取り組むようになった．DACにおいて，ODAとして分類されるDAC統計における紛争関連の項目を2012年における総計でみると，米国（633）が最も多く，次いで，欧州委員会（465），オランダ（429），イギリス（308），ドイツ（294），ノルウェー（276），スウェーデン（183），スイス（114）などとなっており，これらは当初からの積極的なドナーとして考えられよう[18]（表8-1）．

(2) DACメンバーの対応の違いと制度

　このようなDACメンバー間の取り組みの違いの背景にあるのは，安全保障と開発援助をめぐるDACメンバーの制度の違いである．ドナーの安全保障と開発援助に関する担当部局は，どの国においても安全保障を担当する軍・国防省と，開発援助を担当する国際協力省（庁）・外務省との間で制度的に明確に区別されている．このため，一般的には，国防関係部局と開発援助関係部局の協力・調整が困難であればあるほど，DACなど開発援助と紛争・安全保障のリンケージを検討する場において積極的な対応ができにくいという関係が指摘できる．すなわち，① 海外において展開可能な軍が存在するか（PKO活動含む），② 外務省が開発援助を担当しているか（開発援助機関が外務省に属している場合も含む），③ 政府全体としてのアプローチがとられているか，が要因として重要であると考えられる．開発援助機関が外務省から独立している場合には，そもそも安全保障担当部局と接点がなく，開発援助と安全保障の調整を行うには新たな調整のための場を設置しなければならないため，困難が予想される[19]．もとより紛争・安全保障と開発援助のインターフェースに関する姿勢を左右するのは，制度的要因のみではなく，インターフェース形成を進めようとの強い政治的意思が存在するか否か，途上国との軍事協力関係が歴史的に存在するかどうかも重要であろう[20]．

　このようなインターフェース形成のあり方としては，(a) 援助機関主導型，(b) 国防機関主導型，(c) 分離型，の3つの類型を見出すことができる．

(a) 援助機関主導型

　紛争・安全保障と開発援助のリンケージに当初から最も積極的であった国の1つはイギリスである．イギリスは，労働党ブレア（Tony Blair）政権のショート（Clare Short）国際開発相の下で紛争を貧困の最大の要因の1つとして位置づけ，開発援助機関として紛争への取り組みを当初から積極的に行ってきた．これは開発援助機関の側が主体となり，紛争・安全保障問題への対応を行った事例として注目される．同様の制度を設けた国としては，オランダ，カナダ，ノルウェーが挙げられる［*The Reality of Aid 2006* 2007: 24-25］[21]．

　国際開発省（Department for International Development: DFID）は，1997年に設置されて以来，環境，貿易，麻薬，テロなどを含めて開発を広範にとらえるアプローチを採用したが，途上国における紛争もその1つであった．特に2001年9.11以降，紛争は重点分野となった．イギリス政府は，2001年に紛争に対応するための政府全体（whole-of-government）アプローチを採用して，後述する紛争に関する2つの新たな予算枠組を作成するとともに，国防省，DFIDにそのための担当窓口となる新たな部局を設置した．

　イギリスにとっては，中東欧，アフリカにおける紛争解決に関与せざるをえない以上，軍や軍事的事象一般に対する嫌悪感はあったが，DFIDが紛争解決・紛争後復興に参加しないという選択肢は考えられなかった．ショート国際開発相は1998年5月に「安全保障に関心がある者は開発に情熱をもち，関心を寄せるべきであり，開発に関与している者は安全保障アジェンダに関わる必要がある」と述べていた［Cammack, McLeod, Menocal and Christiansen 2006: 20］．DFIDは，開発の視点を一連の紛争対応の政策に反映させるために，プロアクティブに行動しようとしていたのである．

　まず紛争に関する部局として，紛争・人道問題局（Conflict and Humanitarian Affairs Department: CHAD）が1997年にDFID内に設置された．CHADが，人道援助，治安部門改革，小型兵器管理・軍縮，DDR[22]など，軍事との接点が多い部分を一元的に扱うことになった．このような部局を設置したことに対しては，NGOなどから批判がなされた．CHADは，軍と直接接触して非軍事組織（NGO）などとの活動を調整し，軍事ミッションに助言者を派遣し，オペレーションへの資金を提供する（ただし現地の軍事組織などへの直接の資金提供は行わない）などの活動を実施してきた．

　さらに紛争に関する新たな予算枠組（「プール」）が2つ設置された．2つの予

算枠組は，アフリカ紛争予防プール（Africa Conflict Prevention Pool: ACPP）とグローバル紛争予防プール（The Global Conflict Prevention Pool: GCPP）である．それぞれに外務省，国防省，DFIDが代表を送ることになっていたが，ACPPはDFID主導，GCPPは外務省主導とされた．2002年に，ACPPは7500万ユーロ，GCPPは1億1000万ユーロの予算があった．当初は当該3省の予算削減措置によって浮いた予算によって賄われていたが，その後政府が付加的な予算措置をとるようになった．3省（特にDFIDと国防省がプログラムの多くを形成して予算を使用）の共同予算であったが，後に各省の予算に計上されるようになった．

関係3省は共同戦略をたてて，それに沿って各省がプロジェクトを提出する形になっていた．各省はそれぞれのプールで拒否権をもっていて，実際に他の省のプロジェクトを拒否することもあったという．ACPPではGCPPに比べてコンセンサスが比較的得やすいとされた（外務省と国防省はアフリカにおける紛争削減の目標で一致，さらに両省ともにアフリカは優先度が低いため）．他方GCPPには，SSR（安全保障セクター改革）戦略（第9章で詳述するが，途上国の軍・警察など治安部隊，制度の改革を指す）が定められている．GCPPには12の地域別の戦略が定められていたが，SSR戦略は，GCPPだけでなく，ACPPにおいても定められており，アドバイス，能力強化，知識基盤構築などが行われた．SSR戦略は，ジャマイカ，ウガンダ，シエラレオネというイギリスが主導的役割を果たした国で実施された．

このようにイギリスにおいては，先に挙げた4つのインターフェース全てのレベルにおいて包括的な対応がなされる体制が目指されたといえる．この枠組の下で，シエラレオネなどへの軍事・非軍事両面にわたる紛争解決・復興支援が行われた．これは，DFID主導によるインターフェース形成の成功例として一般に考えられている［Barder 2007］．しかし，国防関係者の間ではDFID主導の政策への不満が根強く，他方DFIDにおいても軍事色の強い国防省の関与への批判がみられるなど，成功事例とされるイギリスにおいてもなお組織的問題が尾を引いていたことが窺われる［Leboeuf 2006］[23]．

このようにイギリスにおいては，DFIDが主導権を握る形で，紛争への対応が政府全体で行われる態勢が形成されたとみることができる．

(b) 国防機関主導型

米国の事例は典型的な国防機関主導型のインターフェース形成とみることが

できる．それは9.11後の政策転換（2002年国家安全保障戦略は，開発を防衛・外交と並んで重要な安全保障メカニズムとして位置づけた[24]）や，米国の国家安全保障上の最重要課題であったイラク，アフガニスタンにおける状況の推移に迫られて，軍による安定化・復興（Stabilization & Reconstruction）が前面に出てきたことが背景にある．

2002年から2005年の間に，米国のODAに占める国防総省経由の予算は，全体の5.6％から21.7％（55億米ドル）に増加した．国防総省は，2005年11月の3000.05指令[25]によって，「安定，安全，移行，復興」が戦闘行為と並ぶ主要な使命とされてから，途上国における国家建設に本格的に取り組むようになったのである．

たしかに米政府においては，2004年8月に国防総省との調整にあたる国務省の部局として復興・安定調整官室（S/CRS）が設けられ，2005年12月の決定（NSPD－44）によって国務省が紛争後の国家建設の主導政府機関（lead agency）とされていた［Patrick and Brown 2007］．またUSAIDは，1994年に移行イニシアティブ室（Office of Transition Initiatives）を民主主義・紛争・人道支援局（Bureau for Democracy, Conflict, and Humanitarian Assistance）の中に設置して，失敗国家（failed states）や失敗途上国家（failing states）における紛争解決，民主化，政治変動への対応をはかった．さらに2004年の白書は，USAIDのマンデートを，経済社会開発を超えた「転換的開発」（transformational development）であるとした．2006年には，USAIDに軍事室（Office of Military Affaires）が設置されて，国防総省とのUSAID側のコンタクト・ポイントとされたのである[26]．

しかし国務省及びUSAIDは，プログラムが細分化されており，予算・人員面で圧倒的な存在である国防総省の比ではなかった．新たに米政府内でのフォーカル・ポイントとして設置されたS/CRSは，イギリスの紛争プールのような独自の平和構築予算も与えられず，オペレーションの調整権限も与えられなかった．さらに国務省内では，マージナルな部局として軽視され，地域局や安全保障・政治関係の中枢の部局は権限を手放そうとしなかったため，S/CRSは政府内の調整という課題を果たすことができなかった[27]．現地では国防総省が行う復興活動などへの国務省・USAID側によるインプットは弱く，事実上国防側主導での紛争・開発のインターフェースが米国では形成されたといえるであろう．

国防総省の開発に関わる主なプログラムとしては，まず司令官所管緊急反応

プログラム（The Commanders Emergency Response Program: CERP）[28]が挙げられる．これは文字通り現地司令官の裁量で使用可能な即応性を有した予算であり，さまざまな領域で使用され，イラク，アフガニスタンにおいて急速に拡大した．

さらに地方復興チーム（Provincial Reconstruction Teams: PRT）は，戦闘の安定化段階から復興段階にかけて当初アフガニスタンで2002年に導入され，その後2007年からイラクでも導入されたものである．PRTは，ベトナム戦争での文民活動革命的開発支援（Civilian Operations and Revolutionary Development Support: CORDS）として南ベトナムの44省全てで展開された，軍と文民（国務省，USAID，USIA，CIAが参加）による地方活動チーム（District Advisory Teams）が直接の起源であった．PRTは多い場合には概ね80人規模で展開されたが[29]，当初は9割が軍人で占められ，また司令官も軍人であるなど，軍・文民による統合チームであったものの，圧倒的に軍事色が強いものであった．PRTは，橋梁・[30]空港・港湾などのインフラ建設や，学校教育（校舎建設，技術協力），保健衛生（病院建設，医療活動），ジェンダー教育など開発に相当する作業を行った．予算は，前述のCERPや，国務省所管のESF（Economic Support Fund）などが使用された．[31]

その他にODAに該当するものとして，麻薬対策・人道救援活動・旧ソ連脅威低減・HIV／AIDS対策などのプログラムが挙げられる．さらに潜在的にODAになりうるプログラムとしては，①「セクション1206」プログラム（対テロ能力向上支援），②アフリカ諸国の地域平和維持支援プログラム，③AFRICOM，などが挙げられる［Patrick and Brown 2007］．

このうちAFRICOMは，冷戦後の新しい安全保障環境に対応した3D（外交，開発，防衛の統合）を体現したものとなっており，軍事ミッションとしては非典型的であるといわれる［McFate 2008a; Bah and Aning 2008］．従来米軍の世界展開の中でアフリカは，3つの地域別統合軍（米欧州軍が中心であるが，他に米中央軍，米太平洋軍も管轄）に分けられていたが，AFRICOMはアフリカ専任の初めての地域統合軍として設置された．これは，米国によるアフリカの戦略的価値の見直し（イスラム過激派など対テロ戦争の文脈及び石油などエネルギー資源戦略）に伴うアフリカ重視の軍事上の表現であるが，開発との関係でも注目される．実際，AFRICOMのミッションは，アフリカ諸国の良いガバナンスと開発をもたらすこととされており，通常の統合軍としては異色である．司令官の次には国務省の出身者が配置されており，3Dを体現したものになっている．

こうした国防総省側からの開発援助への関与の増大は，開発援助側からは批

判的にみられている．USAID側においては，国防総省との関係の緊密化がもたらすリスクは，以下の3つのレベルで考えられている．[32]

① 組織内部　USAIDの主要な使命が，「不偏不党の貧困削減」なのか，「政府全体」の目標（対テロ戦争）なのかのジレンマ
② 組織間　アカウンタビリティーの欠如，USAIDが国防総省に従属化，調整の不足と重複，USAIDと国防総省の異なる組織文化の衝突
③ 外部　援助の軍事化の認識，USAIDが実施する米国のODAの信頼性それ自体に対するリスク

これらのリスクが表面化するかどうかは，多分にイラク，アフガニスタンから米軍が撤退後に国防総省が対テロ戦争の文脈において引き続き開発援助分野における活動を続けることになるかによるであろう．[33]

(c) 分離型

以上のような援助機関主導型，国防機関主導型は，両極にありながらも開発と安全保障の共同作業を積極的に行うパターンであるのに対して，援助機関と国防機関のインターフェースの形成が小規模にしかなされないパターンがみられる．これは援助機関，国防機関の組織的調整が必要最小限にとどまるという点で，分離型とよぶことができよう．そのような典型的な例として，EUを考えることができる．[34]

開発と紛争をめぐるEUの制度的配置は以下のように二重である点が特徴的であった．第1に，欧州委員会（第一の柱）とCFSP（共通外交・安全保障政策）担当の理事会（第二の柱）の両者の間での制度的断絶は，EUの歴史的発展を反映した条約上の区別に基づく深刻なものであった．前者はEUの資源（予算．人員）の圧倒的部分を手段として有していた．それに対して，後者は，第二の柱として位置づけられ，政治対話（包括協議ができる），監視ミッションの派遣を担当していた（これに対しては現地の能力向上をもたらさず，代行的ミッションとなりかねないとの批判が前者の開発関係者からなされた）．CFSPは，共通外交の一環として各国との政治対話を推進した．また機構上は，理事会による全会一致制の決定に服しており，上級代表がトップを務めていた．しかし人員・予算は，欧州委員会と比べると微々たるものであった．[35]

EU外交が両者の間で連携がうまく機能していなかった点は，EU自らも認め

るところであり，批准に失敗して断念された欧州憲法条約の草案や，紆余曲折を経て成立したリスボン条約において外交面での機能強化が中心課題であったことによく示されている．コンゴ民主共和国へのEUによる軍事ミッションであるアルテミス（Artemis）作戦を発表した際のソラナ（Javier Solana）上級代表の発言（EUが従来行ってきた和平に向けての努力にふれなかった）は，理事会本部から道路をへだてた欧州委員会の関係者にとっては，実際には欧州委員会が数多くの平和構築関連プログラムを同国で実施してきただけに，大きな驚きであったという．

このように平和構築をめぐっては，欧州委員会と理事会の間で制度的に権限が分かれており，両者は一種の競争関係にあった．上述のソラナ上級代表の発言をめぐる認識の違いにみられるように，コミュニケーションの欠如すらみられたのである（リスボン条約によってどの程度改善されるかは今後見守る必要がある）．

開発と紛争・安全保障に関しては，CFSP側は，問題を主として外交・軍事的側面からみようとする（資源，制度的存在意義がそこに限定されている）のに対して，欧州委員会側は全体として（以下にみるように内部の部局によってニュアンスの差があるが），開発のパースペクティブによって，長期的・平和的に紛争予防・解決・復興を行おうとする傾向がみられた．

また，欧州委員会内部における開発総局と対外関係総局の関係において同様の見方の違いが指摘できる．開発総局は伝統的な開発に執着する傾向があり，スタッフも開発経済学を学んだ者が多い．そのため開発援助を紛争の解決・予防に当てることは，本来の開発業務からの逸脱であるとして抵抗を示す傾向がみられた．ただしロメ協定に代わって2000年からACP諸国とEUとの関係を定めたコトヌー協定（開発総局の担当）では，ACP諸国との間で「自主性」（ownership）の精神に基づいて政治対話を紛争に関して行うことを明記しており（第11条：平和構築の諸政策，紛争予防・解決），紛争に関する問題も取り上げられることになった．

さらに，対外関係総局は，短期的には（危機が発生してから6カ月以内）「早期反応メカニズム」（Rapid Reaction Mechanism: RRM）を使用することができた．そして長期的には各国向けの通常予算の枠内で対応していた．担当地域の国（開発総局が担当するACP諸国以外）とは領域横断的イシューとして「国別戦略文書」（Country Strategy Paper）に紛争関連の項目を入れることが義務づけられていた．またACP諸国以外の世界の各地域を対象にした地域戦略ペーパーにも，紛争

についての記載が，2001年以降取り入れられることになった．このように対外関係総局は，紛争予防・解決と開発援助をリンクさせることに関しては，開発総局よりも積極的だったのであり，事実上CFSPと欧州委員会の間の調整役としての機能を果たしてきた．

　以上のように，EUにおける紛争と援助の関係には，二重の制度分裂（欧州委員会と理事会の間，および欧州委員会内部）を見出すことができたのであり，EUの軍事力が極めて限定されていることとあいまって，EUとしての対応を拘束するものとなっていた．

　紛争と援助のインターフェースに関するドナーの抱える困難を照射する上で注目されるのは，EU内における同床異夢の錯綜した戦術的連携の展開である．すなわち，政策の方向性において対極にある欧州委員会の開発総局と理事会のCFSP側が，実際にはしばしば連携し，インターフェースの形成に抵抗する傾向がみられたのである．両者とも，もともと開発援助と紛争予防のリンクに消極的であったのであり，開発援助と安全保障の融合にはむしろ反対であった．この興味深い戦術的連携は，安全保障関係者と援助関係者それぞれが自己の権限・アイデンティティーを守ろうとする衝動にその原因を求めることができよう．それぞれ全く正反対の観点からではあるが，平和構築問題に関しては，同じポジションをとることが多かったのである．これはある意味で，開発援助と安全保障の間での同床異夢の戦術的な連携としてとらえることができよう．他のドナーにおいても，もともと国防関係者と援助関係者の間では，文化が異なっており，両者ともにインターフェース形成へのとまどい（場合によっては抵抗）がみられるのと軌を一にしていた[38]．

　このような開発・軍事インターフェースへ抵抗する戦術的連携は，近年の平和構築をめぐる具体的な争点において窺い知ることができる．インターフェースの3番目の構成要素として挙げたODA予算による軍事活動・軍人による非軍事活動への支援に関わる問題点を照射するものとして，「アフリカ平和ファシリティー」（African Peace Facility: APF）がある[39]．APFは2003年7月モザンビークのマプートで開催されたアフリカ連合（AU）のサミットにおいてEU側に対してAU側から支援が要請されていたものであり，2004年から開始され，当初は1年あたり2億5000万ユーロほどの予算規模であった．ODAにカウントはされないが[40]，欧州開発基金（European Development Fund: EDF）からの拠出によっており，「アフリカ人によるアフリカにおける」PKOのために使用される[41]．APF

はEU（欧州委員会）において開発資金を紛争予防に用いた初めての例である．これには，貧困や社会開発向けの本来の開発援助の使途から貴重な資金をそらせるものであるとして，反貧困・開発系のNGOなどが反対し，その流れに沿う形でドイツ，北欧諸国などが反対したが（ドイツの場合は連立政権に加わっていた緑の党の反対による），結局はイギリスとフランスの圧力で実現した．ドイツも，武器・弾薬・軍人の給与には充当できないとの条件をつけることで最終的に受け入れたのである．

　このような妥協を経て成立したAPFであったが，理事会は，あくまで反対するメンバー国の意向を反映して，EDF資金の安全保障目的への使用は制度の趣旨に反するとして，欧州司法裁判所（ECJ）に欧州委員会を提訴した[42]．他方，テロ対策に開発資金を使用しようとしたとして，欧州議会が欧州委員会をECJに提訴した[43]．これらは欧州委員会がメンバー国（理事会），欧州議会によって提訴された例であるが，開発重視側がメンバー国（理事会）を拠点にして欧州委員会を提訴しているのが目をひく（理事会側も，先に述べた権限関係の観点から欧州委員会の安全保障分野への関与の増大を嫌っていた）．

　他方欧州委員会側は，理事会が危機対応の一環として非軍事的平和構築分野に関与する傾向に対して，警戒感を強めていた．欧州委員会は，理事会がアフリカでの小火器の拡散に対抗するとしてとった措置は，欧州委員会の権限を侵すものであるとして，ECJに理事会を提訴した[44]．

　このようにEUにおいては，開発援助と安全保障のリンケージは，2つの柱構造に端を発する権限争いと絡み合い，欧州諸機関だけでなくNGOなど外部アクターを巻き込む形で，錯綜したものとなったのである[45]．

　リスボン条約は，欧州委員会と理事会の双方を代表する対外代表なるポストを創設することによって，EU外交における柱構造を克服する試みであるが，既にみたように外交分野の統合自体が進展しない限り，柱構造は実質的に存続しており，安全保障と開発援助のリンケージは，引き続き分裂をはらんだものとなるであろう．実際以下で検討する脆弱国家に関する対応でも，EUではこの分裂状況が現出することになるのである[Grimm 2014][46]．

　このようにEUの事例は，分裂型のパターンを体現しているとみることができる．

4　紛争・安全保障というアジェンダ登場の位置づけ

　以上述べてきたような冷戦後にみられた変化は，従来の軍事・安全保障と開発の間の（表面的な）区分を掘り崩していった．この変化は，開発の関係者からみれば「援助の安全保障問題化」（"securitization of aid"）に他ならないであろう．ダッフィールドがいうように，開発援助は復興支援（＝平和構築）の前面に登場することになったが，それは途上国における内戦の展開にドナー側の安全保障が左右されるとの認識がもたれるようになったことを示していた．低開発はその国の人々だけでなくドナーにとっても生存の危機としてみなされるようになり，開発援助が途上国における紛争状況を改善する能力があるとみなされるようになったのである．こうした事態はまさにコペンハーゲン学派の言う「安全保障問題化」の一環として理解することができよう[47]．このような開発援助と安全保障の結びつきは，9.11以降に米国が主導したアフガニスタン・イラクでの戦争とその後の復興の試みを通して，さらに進むことになるのであり，ドナーの間では表面的には基本的なコンセンサスが成立するようになったと考えることができる．

　以下では，第9章でDACにおける紛争・安全保障問題に関する議論・対応を分析し，次いで第10章でフランスの事例を検討する．

注
1) 国連においても軍事・安全保障問題を扱う安全保障理事会と，それ以外を扱う総会との間で組織的にも区分が貫徹している．国際法学者のコスケニエミは，秩序（警察）と正義（寺院）としてこの区分をとらえ，安全保障概念を広範に解釈（「人間の安全保障」）し，その実現のために安保理において軍事力の行使をも議論しようとする動きを批判的に検討している［Koskenniemi 1995］．
2) 1961年12月19日に採択された「(第一次) 開発の10年」に関する国連総会決議では，「経済的な開発が遅れた諸国の経済・社会的開発は，これら諸国にとって第一義的な重要性があるだけでなく，国際平和と安全の実現にとっても基本となる」(傍点は筆者) としている（"Resolution 1710, United Nations Development Decade: A Programme for international economic co-operation," p. 17）．
3) この想定を「自由主義的平和」("liberal peace") として批判する論考はパリス (Roland Paris) 以来盛んに行われるようになっている［Paris 2004］．自由主義的平和論の位置づ

けについては，Chandler［2010: 28］を参照．
4）米国では，第10章で述べる安全保障と開発援助の緊密な連携をはかろうとする一連の動きにおいて，「国務省とUSAIDは金星から，国防総省は火星からきた」として，異なる文化・訓練・見方をした2つの異なる共同体としての違いを強調する向きもあった［McFate 2008b: 6］．
5）ここでの議論はあくまで先進諸国の側に関するものであり，特に弱小な被援助国からすれば，援助が供与されるか否かはまさにその国の存亡がかかった「高次の政治」であることを否定するものではない．ここではあくまでも先進諸国の政治過程における位置づけの問題にのみ言及している．
6）1969年のピアソン報告では，紛争と開発の間に連関があることは指摘されていたが，対立を武力衝突に発展させることなく通常の政治・行政で管理できるかどうかについては楽観的であった［Miller 1992: 5］．
7）Ferguson［1994］など参照．
8）Andersen［2010］も参照．
9）「安全のない開発はなく，開発のない安全はない」との認識が定式化である［Annan 2005］．次に述べるガリ事務総長による「平和への課題」においても平和と開発の一体性は認識されていた．
10）複合的緊急事態（complex emergency）については第1章を参照．
11）この点は，（人道）救援と開発のリンクの問題として主として開発関係者によって議論されるようになった［Buchanan-Smith and Maxwell 1994］．人道援助の形成に関する記述は，同特集号所収の［Duffield 1994］に依拠している．人道援助側からこの問題へのアプローチを示したものとしては，NGOであるGroupe URD（"Urgence, Réhabilitation, Développement"）の一連の活動がある（http://www.urd.org）．
12）人間の安全保障に関する研究は膨大であり多岐にわたるが，Krause and Jutersonke［2005］がここでの議論に参考になる．複合的な規範として人間の安全保障をとらえた栗栖［2005: 4］や，多面的な論稿を収録した佐藤・安藤編［2004］が参考になる．
13）平和構築については篠田［2003］も参照．
14）国連が国家建設（nation-buildingあるいはstate-building）ではなく平和構築（peacebuilding）という用語を採用し，またあくまでも紛争後の課題であると限定的な定義を用いたのは，途上国の主権への関与の度合いへの配慮によるものであったという．紛争前や紛争中よりも，紛争後の方が主権を侵す度合いが低いと考えられたからである［Jenkins 2013: 33; King and Matthews 2012］．
15）インターフェースに関する組織理論における定義は，Wren［1967］を参照．インターフェースとは，「比較的自立的でありながら，より大きなシステム上の目的を実現する上で相互依存的・相互作用的な組織の間のコンタクト・ポイント」を指す．ここでは開発援助と安全保障が，平和構築という目的達成のために相互に協力・調整する場（境界領域）を表すものとして用いている．
16）ただし各項目の見出しは変更してある．
17）具体的なプロジェクトの例は，DACによるケースブックが参考になる（Development Co-operation Directorate and Development Assistance Committee,"ODA Casebook on

Conflict, Peace and Security Activities," 13 September 2007, http://www.OECD.org/dataOECD/27/21/39967978.pdf, 2012年4月28日アクセス).
18) 表8-1によると2014年も米国(595), 欧州委員会(586), ドイツ(439), イギリス(268), オランダ(229), ノルウェー(220), スウェーデン(165), スイス(132)の順となっており, 主要なドナーは2005年から2014年までほとんど変化していないことがわかる(カナダ, 日本などが年によっては上位).
19) ドイツで国際協力省(BMZ)が外務省から独立した存在であったことがEUの政策に影響を与えたとされるのはその例証であろう. ドイツがEU議長国であった際(2007年1月-6月)に, EUによるアフリカの紛争・危機への対応が開発の視点にあまりにも左右されて, 安全保障と結びつけるのが困難であったという. [Youngs 2007].
20) イギリスの場合には, 外務省から独立した開発援助機関(DFID)の存在によって, インターフェースの形成が妨げられることがなかったが, これは政府全体でのアプローチが採用されていたからであろう. 第10章においてフランスの事例を検討するが, そこでは制度以外の要因が重要であることが示される. 民軍関係の視点からのアプローチをとる研究として上杉・青井編 [2008] がある.
21) カナダ政府は, 3-D (Defence, Development, and Diplomacy) をカナダ外交の3つの主要な手段として位置づけたが, イギリスと異なり予算の統合プールは設けられず, あまり成果が実際にはあがっていないとされる. オランダ政府は, 安定化基金という統合予算プールを設けたが, 国防省がその管理から除外されていたため, オランダ軍との密接な連携が行われなかった [Fitz-Gerald 2004].
22) DDR (disarmament, demobilization, and reintegration) とは, 紛争後の平和構築に取り組む各地で実践されてきた活動の1つで, 通常は和平合意などを受けて, 兵士たちの武装解除(Disarmament), 動員解除(Demobilization), そして市民社会への再統合(Reintegration)を促すプロセスのことを指す. 今までにモザンビーク, ソマリア, アンゴラ, シエラレオネ, コンゴ民主共和国, リベリア, コートジボワール, ハイチ, ブルンジ, スーダンなどで実施されてきた.
23) 国防省との間だけでなく, 外務省(Foreign and Commonwealth Office: FCO)との間でも影響力争いに起因する確執がみられた. シエラレオネ内戦にDFIDが関与しようとすると,「FCOは激怒していた. FCOはアフリカの紛争にそれほど興味をもっていなかったが, DFIDは援助の配分に集中していればいいのであって, 紛争について見解をもつ資格をもっていると考えることができなかった」と当時のショート国際開発相は回想している [Short 2013: 35].
24) 3Dの考えを導入した.
25) Department of Defense Directive 3000.05, Military Support for Stability, Security, Transition, and Reconstruction (SSTR) Operations (2005年11月28日).
26) この部分については, Picard and Buss [2009: 179-180] によった.
27) この点については, Erdmann and Nossel [2008] に詳しい.
28) 2011年度の予算では, 米国によるアフガニスタン復興支援(安全保障関係予算以外)の60%は国防総省経由であり, 18%がUSAID, 4.6%が国務省, 16.7%が他省庁(司法省, 農業省, 財務省)に配分されていた [Johnson, Ramachandran and Walz 2011]. CERP

による学校建設が教員不在であり，病院建設が看護師不在であるとの批判など，開発の視点からのCERPに関する批判的分析は，Johnson, Ramachandran and Walz[2012]参照．

29) 南ベトナムにおいて1966年初めに開始された米国による軍・文民統合型のプログラムで，軍事作戦とともに，農民を味方につけるために行う様々な福祉・公共教育をロストウ（W.W. Rostow）らの近代化論の影響の下で行った．CORDSはイラク，アフガニスタンにおける米軍の活動の重点が，軍事作戦から復興に移行するにつれて，過去の「成功例」であるとして注目され，参照されるようになった．CORDSについては，Latham[2000: 204]，Olson ed.［1988: 81-82］を参照．またFisher［2006］には，政治学者のハンティントン（Samuel Huntington）が当時米政府に対して，CORDSが依拠していた近代化論は誤りであるとして，都市化などを急速に進める「革命」ではなく，既存の社会構造との「妥協」の重要性を指摘した点などが一次資料に基づいて指摘されていて政治学学説史上も興味深い．また「成功例」としての見方に批判的な見解を示したCORDS参加者によるPassage［2007］も参照．

30) 2010年にアフガニスタンにおいては，13カ国によって主導された25のPRTが活動していた．

31) PRTについては，国際援助活動の分散化をもたらし，更にアフガニスタンの行政機構を迂回することによって現地政府のオーナーシップや能力向上を妨げることになったとの開発NGOなどによる根強い批判がある．この点については，PRTを「軍事開発主義モデル」と形容したMichailof and Bonnel［2010］を参照．イラク，アフガニスタンにおけるPRTが特にその初期においては，全体的な戦略を欠きアドホックであり，非軍事アクターとの調整・協力もしばしば圧倒的に優勢な軍事アクターが優勢であり，優先順位を押しつけていたとの指摘は，Weitz［2010］を参照．

32) "Civilian-Military Relations. An LTL Strategies Study Group. Consensus Report," USAID, 2009.

33) 脆弱国家における不安定化・過激化を防ぐための能力向上支援プログラムなどの国防総省の「形成」（"shaping"）ミッションが増加している状況は，米国の対外援助・対外政策全般にも重要な影響を引き続き及ぼす（短期的軍事的側面の重視）可能性が高いと考えられる［Patrick and Brown 2007］．

34) EUの開発援助による紛争・安全保障への対応をUNDPと比較したのは，Masujima［2011］．

35) マーストリヒト条約が，従来は欧州共同体（EC）の外側で別個に政府間協力として行われてきた政治・外交協力を1個の法的枠組みに組み入れたのに直接の起源をもっている．リスボン条約においても，マーストリヒト条約によって導入された柱状構造は，第一の柱（共同体）が，欧州連合運営条約（The Treaty on the Functioning of the European Union），第二の柱（共通外交・安全保障）が，欧州連合条約（Treaty on European Union）として基本的に残存している．両者はEUの共通目的にともに服するとされるが，それは整合性の追求という形での調整に委ねられており，権限に関しては，2つの異なる条約によって従来の柱状構造は形を変えて基本的に引き継がれている．EU外交に関する代表的なテキストも，リスボン条約による脱柱状化の試みにもかかわらず，柱状構造は根本的には克服されていないとしている［Gebhard 2011］．リスボン条約に

よって設置された対外行動庁（European External Action Service: EEAS）に関する研究でも，開発と安全保障のリンケージに関しては何も解決されなかったとされている[Smith 2013].

36) アルテミス作戦は，国連安保理決議第1484号によって認められたコンゴ民主共和国のイトゥリ（Ituri）省ブニア（Bunia）への安定化を目的としたEUによる軍事ミッションである（2003年6月13日-9月1日）．ソラナ上級代表によるアルテミス作戦発表の発言は，"Remarks by Javier Solana, EU High Representative for the CFSP, to the press on the preparations to deploy a EU military mission in the Democratic Republic of Congo (DRC)," Brussels, 4 June 2003, S0123/03.

37) 2007年からは安定手段（Instruments for Stability）と改められた．

38) 成功例とされるイギリスにおける問題を指摘したのがLeboeuf [2006] である．

39) APFの成立過程についてEU内での議論を検討したものとして，岩野 [2015] がある．

40) European Commission, "African Peace Facility. 2013 Activity Report," (http://www.europarl.europa.eu/meetdocs/2014_2019/documents/dpap/dv/apf_web_/apf_web_en.pdf, 2015年12月27日アクセス)

41) "Securing Peace and Stability for Africa: The EU Funded African Peace Facility," European Commission, July 2004.

42) "Legal Spat over Africa Aid Funds," *European Voice*, 2-8 February 2006.

43) "Aid Funds Could Be Used in Anti-terrorism Fight," *European Voice*, 23 February-1 March 2006.

44) Case C-91/05 (Commission of the European Communities v Council of the European Union), European Court of Justice, 21 February 2005. 2008年5月20日にECJは，欧州委員会の訴えを認め，理事会決定を無効とした．

45) この問題を，欧州委員会の権限が着実に増大しているとの観点から取り上げた研究として，Sicurelli [2008] がある．逆に理事会の権限が一連の動きの中で強まっているとみるのは，Youngs [2007] である．

46) リスボン条約の下でも，共通安全保障・防衛政策（CSDP）による危機管理に携わる軍事・非軍事危機管理体制（EU軍事スタッフ，危機管理・計画局，非軍事計画・実行能力）はEEASの一部であるが，高等代表・副委員長の直轄となっており，EEASで開発途上国との関係を担当する部局との関係は判然としていない [Keukeleire and Raube 2013].

47) Duffield [2001: Ch.2] を参照．コペンハーゲン学派による代表的な著作であるBuzan, Wæver, and de Wilde [1998] を参照．あらゆる問題は，非政治化（政府が対応すべきとは考えられず，公共の討議の対象とならない）と政治化（公共政策の一部であり，政府による決定と資源配分を必要とする）の連続的範囲の中に位置づけられるが，安全保障化とは政治化の極端な形態とされる．安全保障化とは，緊急の対応を必要とし，通常の政治手続きの限界を超えた行動を正当化する，存在に関わる脅威としてある問題が提起されることを指す [Buzan, Wæver, and de Wilde 1998: 23-24]．安全保障化はその意味で政治化をさらにおし進めたものであるが，国際政治においては国内政治においてと異なり，その問題が国家の存続に関わるものとして認識されるため，国民による討議の

対象ではなく，指導者によって優先的に決定されるべきものとされる．国民による政治的討論の対象とならないため，その意味で安全保障化は政治化の対極でもある点に注意が必要であろう［Buzan, Wæver, and de Wilde 1998: 29］．

第9章 DACと紛争・安全保障

はじめに

　第8章でみたように，紛争・安全保障問題は，開発援助体制の根幹である内政不干渉，軍事・安全保障との峻別という2つの原則の双方に抵触するものであった．それだけに，DACにおいて途上国の紛争・安全保障問題が取り上げられる過程においても民主主義・ガバナンスのアジェンダと同様に，各国の意見対立や組織文化との衝突がみられた．しかしながら以下にみるように，そうした衝突はみられたものの，先行した民主主義・ガバナンスへの対応を経ていることもあり，DACによる紛争・安全保障というアジェンダへの対応は全体としてはスムーズに進んだとみることができる．

1　DACにおける安全保障・開発リンケージの起源

(1)　DAC設立以来の伝統

　DACの前身であるDAGの創設（1960年）から，援助をめぐる一連の国際協調の動きを主導した米国にとっての最大の目的は一貫したものであった．それは，冷戦の文脈の中で西側諸国による「負担の分担」を途上国への援助の面で求めることにあった［Masujima 1999］．その意味で，DACにおける開発に関する議論は，安全保障の土台の上でなされたといえる．さらに，DACによる援助対象国リスト（「DACリスト」）には，中国など社会主義国はユーゴスラビアを除いて含まれていなかったのであり，DAC諸国による開発援助は，冷戦での一翼を担う役割を果たしていたことも否定できない．したがって開発援助と安全保

障が完全に分離したものであると理解するのは既にみたように正しくない.

しかし米国は,そもそもDAC(さらにはDACが属するOECD)については,非軍事的な事柄を扱う機関として当初から位置づけてきており(軍事的な面での議論は加盟国がかなりの程度OECDと重なるNATOにおいて扱うべきであるとしていた),形式的にではあれ,DACにおいては開発援助の問題は,安全保障の問題とは切り離されて当初から考えられてきたのである[1].

この点は,既にみたようにODAの定義の要件の1つが「途上国の福祉目的」とされていることに端的に表れている.この項目は他の目的,特に商業目的(輸出信用など)や軍事目的(武器援助等)による先進諸国から途上国への資金の移動をODAの定義から排除するためにたてられたものであった.

さらにベトナム戦争をはじめとした途上国を舞台とした紛争も,援助関係者のフォーラムであるDACで明示的に取り上げられることはほとんどなかった.こうした問題が議論されたNATO,あるいは国連(特に安保理)との役割分担が,比較的明確になされてきたといえよう.

(2) 1980年代における変化

DACにおいて軍事・安全保障を取り扱わないという状況に明確な変化が現れるのは,1990年代になってのことである.しかしその端緒はすでに1980年代においてみられた.

1つは,構造調整において,新古典派の考え方が優位を占めていたIMFと世界銀行の姿勢を指摘することができる.IMFと世界銀行は,市場メカニズムを阻害するとして財政赤字の縮小や公共セクターのスリム化を途上国に対して要求していたが,その一環として軍事費が槍玉にあげられるようになったのである.融資を求めた途上国政府に対してIMFは財政支出のレビューを実施し,その中で軍事費の削減が1980年代後半においては含まれることとなった[2].IMFはDACにもオブザーバーとして出席しており,DACで途上国の軍事費が議論されるきっかけとなった.

さらに,DACにおいて1980年代後半に各国の間で激しい議論が展開されたのは,債務帳消し額をODAとしてカウントするかであった.そこでの懸案の1つは,軍事債務の問題であった.軍事債務の削減は,途上国がその分を開発に回せる資金を形成することになるのであり,ODAとしてカウントすべきであると米国などが強く主張し,一部の国も同調したが,北欧諸国,日本などは反

対した．結局，各国のODAとしては債務削減額を含めてカウントするが，DAC全体額としては，含めた額と含めない額を併記するという妥協案で決着した経緯がある．このように1980年代においても，DACではIMFによる予算レビュー，軍事債務の取り扱いという問題を通して安全保障問題に関する議論の端緒がみられたのである．

2　DACにおける紛争・安全保障アジェンダの導入

(1)　アジェンダの導入

1990年代に入ると，まず民主主義・良いガバナンスに関する議論の中で，途上国における紛争の問題は，ドナーによって従来みられなかったほど明示的に取り上げられることになった（東チモール問題に関してのオランダの積極的な姿勢など）．年代史的にみると，DACでは1995年から紛争と援助に関する議論が行われるようになった．1995年5月に開かれたDACの上級会合では，紛争と開発協力の間の複合的なリンケージについて議論がなされ，共同のアプローチに向けた作業を開始することで合意した．これを受けて同年10月には「平和・紛争・開発協力に関するタスクフォース」を設置することで合意した．タスクフォースはメンバー国の政策を分析し，「ベスト・プラクティス」を策定するものとされた．そこでは，紛争予防が開発援助の中心目的の1つであり，「平和構築目的は，すべての開発協力戦略・プログラムの土台である」と述べられており，平和構築が単なる1つのセクターとしてではなく，援助全ての分野に係わる横断的課題であることを明確にした［OECD 1997c］．こうした見方は，1997年5月5日-6日に開催されたDACの上級会合で採択された「21世紀初頭における紛争・平和・開発協力」［OECD 1997d］において確認された．

その後DACは「暴力的紛争防止支援——外部パートナーのための方向性」［OECD 1998］と題するガイドラインを刊行するとともに，2001年にはドナーのネットワークである「DAC紛争・平和・開発ネットワーク」(The DAC Network on Conflict, Peace and Development Co-operation: CPDC) を設置した．2005年にはこのガイドラインの再検討が行われ，それをふまえて作成された「安全保障システム改革とガバナンス：政策とグッド・プラクティス」と題する文書［OECD 2005b］が上級会合によって採択され，さらにハンドブックが2007年に刊行された［OECD 2007b］．

(2) DACにおける安全保障・開発リンケージに関する議論の特徴

DACにおいて紛争・安全保障が本格的に議論されるようになった過程の特徴として，以下の点が指摘できる．

(a)アジェンダ導入の過程

紛争問題が，DACで取り上げられるようになったのは，1990年代後半であり，すでにDACにおいて従来センシティブと考えられてきた途上国の内政に関する議論が民主主義・ガバナンスに関連して既に行われるようになった後であった．このため，第6章で検討したようなDACの組織文化との葛藤など試行錯誤の過程を経ることが基本的になかった．DACでは，紛争・安全保障問題を議論することを求めていたいくつかのDACメンバーの要求に対して比較的スムーズに適応することができたといえよう．

1990年代半ばにDACでは，良いガバナンス・民主主義に関する議論が行き詰まりをみせてきており（ドナーがDACでは政治的コンディショナリティーの問題を議論しないことが明確になりつつあったことが背景にあった），また世界銀行が当初の躊躇した姿勢から転換して，積極的にガバナンスの指標化に乗り出すなど，国際組織間での競争も強まっていた．こうした中でDACでは，紛争・安全保障問題が民主主義・良いガバナンスよりも優先順位の面で上位に位置づけられるようになったのである．

このようなDACによる当初の比較的スムーズな適応においては，特定国によるリーダーシップが重要であった．紛争問題をDACが最初に取り上げる過程においては，カナダの役割が大きかった．具体的には，カナダ出身の事務局幹部のイニシアティブが重要であったと考えられる．OECDのカナダ人事務総長ジョンストン（Donald Johnston），カナダ人DAC事務局長（開発協力局長）ウッド（Bernard Wood）の下で，紛争・安全保障問題への取り組みが民主主義・良いガバナンスよりも優先順位の高い活動として位置づけられるようになったのである．カナダは当時PKOを外交上積極的に展開していたことで知られ，ウッド自身も1993年にDAC事務局長に着任する直前には，カナダ平和・安全保障研究所(Canadian Institute for International Peace and Security)所長をつとめており，安全保障問題(特に開発問題との関わり)を専門としていた．ウッドはDACが紛争・安全保障問題を扱う上で陰に陽にリーダーシップを発揮した．紛争・安全保障という新しいアジェンダへのDACの適応過程は，第6章でみた事務局の組織文

化（内政不干渉）と衝突した民主主義・ガバナンスというアジェンダの経験を経たことや，事務局内部における促進者の存在（担当局長，OECD事務総長）によって，比較的組織文化との衝突が小さい適応過程であったといえる．

(b) 政策の形成過程

 いったん取り上げられた紛争・安全保障と援助のリンケージに関するDACの政策が形成されるにあたっては，国際的ネットワークが重要であった．国際的ネットワークとしては，まずシンクタンクなどの専門家集団の重要性を指摘することができる．1990年代中葉にDACにおいて紛争問題がアジェンダとして浮上した当初は，安全保障・開発の結びつき（nexus）は新しい領域であり，もとよりそれぞれの領域の専門家はいたが，リンケージ自体の専門家はあまり存在しなかった[5]．しかしその後の研究の進展ぶりや専門家のネットワークの形成は目をみはるものがあった．米国の国際平和アカデミー（International Peace Academy）[6]など世界のシンクタンクにおいて新たな研究プロジェクトが続々と立ち上げられ，多くの研究が理論・事例両面において展開されることになったのである．もとよりその理由としては，紛争・安全保障と経済開発の2つの異なる領域の中間領域として，双方の側からのアプローチがなされたために，いったん問題領域として認識されると関心が多く集まるという側面があった[7]．しかし同時に，冷戦後の安全保障の最大の課題として途上国における内戦が認識され，国連などの国際組織，各国政府，NGOなどの関与が急速に増大していった結果，一種の「流行」として，「内戦」，「破綻国家」，「脆弱国家」がクローズアップされたことの結果とみることもできる．DACにおいては，こうした外部のシンクタンクや専門家に協力を求めて多くのイシューペーパー等が作成されることになった．特に9.11以降に対テロ戦争の文脈で注目を集めるようになった，安全保障システム改革（SSR）についてもDACは独自のアプローチを展開するなど，状況の推移に適応した対応を行うことができたといってよいであろう．こうしたDACによる適応を可能にしたのは，急速に発達した国際的研究ネットワークの存在であった[8]．

 さらに国際的ネットワークとしては，紛争と援助の結びつきに関する取り組みが先進的な諸国において形成されたネットワークの重要性を指摘することができる．特にSSRがDACで取り上げられていく過程では，「SSRの生みの親」とされるイギリス政府（DFID）の影響が大きかった．実際DACのCPDCの議長

はDFID関係者がつとめていた［Sugden 2006: 12］．イギリスの主導的な役割の下で，カナダ，オランダ，ノルウェーの他，EU，UNDP，世界銀行がネットワークを形成し，議論を主導した．

(c) DACアプローチの内容

紛争・安全保障の分野において最も開発分野との関わりがあるとされるのがSSRである．このSSRにおいて，DACは「DACアプローチ」として知られる独自の内容を提起した[9]．DACの定義によれば，SSRとは，「民主的規範，ガバナンス・透明性・法の支配の健全な諸原則に合致する形で，パートナー国の内部における様々な安全保障上のニーズを満たすパートナー国の能力の向上を目的とする．SSRは，国防，諜報，警察といった伝統的な狭い意味での安全保障支援を含むが，それらをはるかに超えるもの」である［OECD 2005b][10]．こうしたDACによるSSRの定義は，その活動内容を① 民主的な性格を強調し，② 警察や軍だけでなく，裁判所，国会などさまざまなアクターを想定し，③ セクターではなくシステムという用語法を採択（同文書は2つの間に異同はないとするが）するなど広範にわたる内容を示した，という点で特徴的であった．これは，途上国側が主権にかかわる軍事機構への先進国の正面からの関与を嫌い，開発の側面を強調していたことに配慮してなされた側面が強かった．

(d) 政策の普及

DACは，いったんガイドラインを作成すると，ガイドラインに体現された政策内容をメンバー国や他の国際組織に浸透させるよう努めることになるが，安全保障と開発に関してもDACによって通常とられる手法が採択された．第1は，ガイドラインをできるだけ広範な層に浸透させることであり，そのためにDACは上部組織であるOECDの名の下で上述のハンドブックを刊行した．このハンドブックはSSRにおけるDACアプローチを実施段階で浸透させるために刊行された．第2に，安全保障関連のどの部分がODAとして認められるかについて議論が行われたが，以下で詳述するDACにおける2005年の妥協によって，SSR関連がODAとして認められるようになった．これはSSRが通常の援助活動として認められたことを意味しており，SSRへのドナーによる一層の参加を促すことが期待された[Bryden 2007]．第3に，DAC援助政策審査においても，紛争・安全保障問題への取り組みのあり方（政策・体制）が取り上げられること

になり，ドナーは積極的に紛争・安全保障問題に関与することが「同僚の圧力」("peer review")によって促されることになった．

(e) 係争点（ODAの定義をめぐって）

懸案として残されたのは，紛争・安全保障関連の経費をどこまでODAとしてカウントするかという問題であった．DACメンバーの間では，軍への支援もODAとしてカウントすることを求める積極派（イギリスなど）と，あくまでも最小限の非軍事的治安維持関係のみを認める慎重派（ドイツなど）との間で意見の調整が行われていたが，2005年に一応の妥協が成立し，以下の6項目がODAとしてカウントされることになった［OECD 2005a］[11]．

① 安全保障予算の管理にかかる費用
② 安全保障システムにおける市民社会の役割を強化する費用
③ 少年兵のリクルートを阻止する法制度制定にかかる費用
④ 安全保障システム改革にかかる費用
⑤ 平和構築・紛争予防・紛争解決にかかる非軍事的活動の費用
⑥ 小型兵器・軽量武器の管理等にかかる費用

平和維持活動については，軍事的部分についてはODAとしてカウントされないが，国連による，あるいは国連による承認を得た平和維持活動のうち，紛争後復興支援段階における，人権，選挙監視，動員解除された兵員の復帰，行政官（警察官含む）の訓練，経済安定化や兵員の復帰動員解除・兵器の処分・地雷除去に関する助言，はドナーに新たに負担がかかる分（国連による払い戻し分を除く純額のみ）についてはODAとしてカウントされる［OECD 2008］[12]．しかし軍人に対する非軍事的分野（人権など）での訓練にかかる費用や，PKOに関するODAの定義の更なる拡大（軍事活動自体）については，引き続きドナーの間で意見が分かれている[13]．

3 脆弱国家論

DACでは9.11以降の安全保障・テロ問題への急激な関心の高まりに応じて，紛争・安全保障と開発援助の結びつきに関する新たな展開がみられるようになった．それは，脆弱国家（fragile state）に関するものである[14]．

(1) 脆弱国家論の起源

途上国の主権が，実際には主権の概念が示唆するような領域内の十全なコントロールを実現できない（経験的な国家性が欠如）との議論は，既にみたジャクソンによる准国家（quasi state）概念においてみられた．

しかし90年代になると，ソマリアのように国家機能が崩壊した事例を題材にして，准国家が国際社会にとって問題を引き起こしているとの問題意識から，「崩壊国家」（collapsed state），「失敗国家」（failed state）が論じられるようになった[15]．さらに米国政府（特にCIAやUSAID）による支援を受けた研究なども行われたが，当面の政策課題への対応としての側面が強かった［Daviron and Giordano 2007: 25-26］[16]．総じて1990年代には，これらの議論は本格的に政策論として（特に援助政策上）取り上げられることはなかった．

2001年9.11のテロによって状況は一変し，これらの国々についての議論が，様々な場で高い優先順位の下で取り上げられるようになった．

(2) DACにおける議論

DACでは，2001年1月にOECDの開発センターと共同で，「援助の効率性，選択性，貧弱結果国」と題する専門家セミナーを開催し，4月には「貧弱な政策・ガバナンス環境国における活動」と題するフォーラムを開催した．2001年4月のDAC上級会合で「貧弱結果国」（"Poor Performers"）に関する議論が行われ，そこでの決定によって，GOVNETが「困難なパートナーシップ」（"difficult partnerships"）に関する作業を開始することになった．そして2002年の上級会合ではこの問題の重要性が確認された．さらにDACは2002年10月28-29日に「困難なパートナーシップにおける開発活動」と題したワークショップをを世界銀行，EU，UNDPと共同で開催した．

DACが脆弱国家なる用語を採用するのは2003年の上級会合においてであった．同会合では，脆弱国家での援助の効率性についてのバイ・マルチの調整を行うことを目的とした「脆弱国家グループ」（Fragile States Group: FSG）がDACに設置された[17]．さらにGOVNETとCPDCが共同で議論をこのグループで行うことが上級会合で決定された．この作業の結果は，「脆弱国家における良い国際的関与のための原則」としてまとめられ，2007年のDAC上級会合によって採択された［OECD 2007a］．そこで示されたDACによる脆弱国家の定義は，「開発を進め貧困者のための政策をとる政治的意思が欠如そして（あるいは）弱い

能力しかなく,暴力的紛争そして(あるいは)弱いガバナンスに苦しむ国」であった.

こうしたDACにおける脆弱国家に関する議論の展開は,世界銀行における議論の展開と非常に類似したものであった.世界銀行は,DACと同様に,2001年9月11日直後に,低パフォーマンス低所得国支援に関する特別作業グループを設置した.この作業グループは,その後世界銀行が採用する名称である「ストレス下の低所得国」("low income countries under stress": LICUS)作業グループとして引き継がれ,2002年9月に報告書を提出した.LICUSの定義は,「政治・制度・ガバナンスの弱い国.これらの国では,援助は,政府が能力または意思を欠いているため,うまく機能しない」というものであった.判断の基準としては能力と意思の両方が挙げられているが,指標としては世界銀行が融資のベンチマークとして用いている国別政策制度評価(Country Policy and Institutional Assessment: CPIA)のスコアが3.0以下の国が脆弱であるとされた.さらにLICUSを6つに分類したが,2004年には4つに集約された(①悪化,②継続的危機・袋小路,③ポスト・コンフリクト・政治的過渡期,④漸次的改善).

2005年LICUS改訂の際に,世界銀行も脆弱国家という用語を採用して,OECDのコンセンサスに参加することになった.そこでは,脆弱国家における優先課題は平和構築と国家建設であるとされた.この点では世界銀行で当初みられたLICUSの議論では,国家建設の観点がまったくなかったのと対照的である.さらに2002年には,国家を迂回してNGOを支援することが述べられていたのに対して,2005年の報告では国家建設が謳われるようになった.

(3) 国家建設アプローチ

2005年頃を境にして,従来から行われてきた様々な議論は国家建設に収斂するようになった.その意味で,国家建設論はさまざまな起源をもっているということができる[18].

まず平和構築に関する議論が,国家建設論に次第にシフトしたことが指摘できる.1990年代前半にみられた国連主導の平和構築活動(ナミビア,ニカラグア,アンゴラ,カンボジア,エルサルバドル,モザンビーク,リベリア,ルワンダ)に関する反省が提起され,選挙を早期に実施して国連が比較的早い段階で活動をやめたアンゴラ,リベリア,ルワンダにおける失敗から学ぼうとの機運がみられた[Paris and Sisk 2007].その後行われた国連の平和構築活動は,ボスニア(1995年-),

ブルンジ，コソボ，東チモール，シエラレオネなどにおいて内戦後の復興に，従来以上に深くそして長く関与することになった．さらに平和構築研究においても，1990年代前半の平和構築活動に批判的な様々な研究が輩出されるようになった．それらの研究では，内戦を経験した国における政府機構の強化が持続的な平和のために必要であることが共通して指摘されたのである．パリスが述べるように，こうした一連の過程では「実践が理論を導いた」のである［Paris 2011］．さまざまな国際組織において国家建設が2005年頃から中心的なアジェンダとなるのは，こうした実践と理論をふまえてのものであった．

さらに，もともと脆弱国家論は，ガバナンス支援としての性格を強くもっており，国家建設論はガバナンス論の延長としての側面があった．そもそも脆弱国家の定義には，政策を実施する能力がメルクマールの1つとして取り上げられており，当初からガバナンスの脆弱性がDAC，世界銀行による脆弱国家概念の中核を占めていたのである．新自由主義に基づく世界銀行などの国家観は，国家の敵視から認知へと変遷を示したが［The World Bank 1993; 1997］，国家に対する警戒はその後も基本的に持続していた．実際既にみたように，LICUSの当初の議論においても，国家を迂回して市民社会に依拠してサービスを国民に提供することが謳われていた．それだけに国家建設の重要性が脆弱国家において認められるようになったのは，脆弱国家に関する例外的範囲という中ではあったが，既に1990年代後半から次第に浸透するようになっていた新たな国家観を一歩進めたものであった．

こうして2005年頃からDACで議論されるようになった国家建設論であったが，ドナー各国や国際組織における議論によって次第に修正されるようになった．まずフランスや北欧諸国など一部のドナーは，DACのアプローチがあまりにも中央政府に偏重しているとして批判し，修正しようと試みたのである．この論争の中では，正統性の問題や，国家社会関係，市民社会，トランスナショナルな要因の重要性が指摘されるようになった．DACではこうした主張に配慮を示す（セミナーなど開催）一方で，DACメンバー多数が選好する国家中心アプローチの核心自体は維持しようと試みたのである［Nay 2014］．その点で示唆的なのは，国家建設が脆弱国家を対象とした開発協力において中心的重要性をもつことを初めて謳った2007年の文書では，当初策定されたドラフト文書においてみられた国家機構への偏重が修正されていることである．

(4) DACの脆弱国家論の特徴

それではDACにおける脆弱国家に関する議論の特徴はどのようなものであったのであろうか．

(a) 過程

① 議論を主導したのは，米国とイギリスであった．国際テロへの対応を主導した両国は，テロの温床が国家機構の破綻や低開発にあるとの言説に基づき，DAC，世界銀行など国際的な場で議論を主導したのである．

② またDACでは，既にみたように，開発と安全保障の関連について議論を1990年代半ばから進めていたため，既存の枠組みにおいて議論することが可能であった．さらに，シンクタンク，NGOなど，開発・安全保障ネットワークと緊密に作業を進めることが可能であった．

③ DACと世界銀行における脆弱国家に関する議論はほぼパラレルに展開された．一方ではDACにおける脆弱国家の定義は世界銀行の定義をほぼそのまま採用したものであり，脆弱国家の指標としても世界銀行のCPIAをベースにするなど，DACは世界銀行をフォローしたといえるであろう．他方では，当初世界銀行が採用していたLICUSの用語から，脆弱国家というDACの用語法を採用するなどDACの影響もみられた．こうした世界銀行とDACの間でみられた緊密な連携は，人的な交流によって裏打ちされていたものであった．[23]

(b) 内容

SSRにおいてみられたDACアプローチは，脆弱国家をめぐる議論においても窺うことができた．それは，① 脆弱国家の定義において，開発及び貧困削減を進めるとの開発目的を前面に打ち出した，② 単に指標による分析ではなく，歴史的文脈を重視した，③ 被援助国への配慮（脆弱国リストを独自には作成しないなど）を示した，という点に現れていた．

(5) 脆弱国家論の評価

このように脆弱国家に関する議論は，9.11後の安全保障上の脅威認識の高まりを契機にして展開されることになった．そのため，援助機関においては，従来から展開されてきた紛争・安全保障と開発援助の結びつき（nexus）が，特定の国を対象にして展開されることを可能にした．しかし脆弱国家論自体は，既

にみたようにガバナンス論の延長戦上にも位置するのであり，紛争・安全保障との関連に収斂するものではなかった点は指摘されるべきである．

さらに脆弱国家に対する支援に関する議論は，援助の効率性に関する近年の援助体制そのものに対する1つの例外を事実上形成している点にも注目する必要がある．90年代の援助体制は，効率性の追求をめざす援助調整・連携および被援助国のオーナーシップを原則とするものであった．それに基づいて，援助の効率性の観点からガバナンスなどのパフォーマンスが良いとされた国々への援助が優先的になされるようになった［Hout 2007］．こうした援助の効率性への傾斜によって，援助の効率性を保障できる国家機構・政策をもっていない脆弱国家への援助は減少する傾向にあった．効率性による援助の配分は，最底辺にある脆弱国家の状況をさらに悪化させることになった．こうした状況に深刻な危機感をもったドナー側は，脆弱国家には，そうした援助の効率性の原則を（完全に廃止するのではないにしても）一時的に猶予することを模索するようになったのである．したがって脆弱国家の議論は，援助の効率性の枠組に留めようとの試みはみられたものの，例外を設けた点で従来の援助体制への根本的な修正をもたらす性格のものであったといわなければならないであろう[24]．

さらに先進国・途上国関係のあり方の面でも，脆弱国家をめぐる議論は興味深い事例を提供している．リベリア，東チモールなど脆弱国家とされた国々自身が，G7＋を組織してドナーとの間で議論を展開するようになったのは注目に値する[25]．さらにドナー側も，紛争と脆弱に関する国際的ネットワーク（International Network on Conflict and Fragility: INCAF）を，DACの下部組織であったCPDCとFSGを合併してDACの下に2009年に設置した．2008年にガーナのアクラで開かれた援助の実効性に関するハイレベル・フォーラムにおいて設立が決議されていた「平和構築と国家建設に関する国際対話」は，両者の対話の場として考えられたものであった[26]．このフォーラムでの議論の成果は，2011年に韓国の釜山で開かれた援助の効率性に関する第4回ハイレベル・フォーラムで採択された「ニューディール」に結実した[27]．このように，脆弱国側が組織され，自らが脆弱性について報告書を出すなど，国際的援助活動に参画するというユニークな過程で脆弱国家に関する議論は進められることになったのである．

他方では脆弱国家論，特に国家建設を重視するアプローチは，民主主義や良いガバナンスという，これまでの開発援助で強調されてきた点を台無しにするものであるとの批判がある[28]．さらにそもそも国家が腐敗し，略奪的で権威主義

的であるとき，どのようにして国家の正統性と効率性を向上させるのかという根本的な課題がほとんど検討されなくなってしまっているとの指摘もある［Call 2008］など，脆弱国家論には多くの問題がある．

4　DACによる取り組みの位置づけ

開発途上国における紛争に直面してDACでは，積極的に開発援助と紛争の関連をアジェンダとして取り上げることができた．もとよりDACメンバーの対応は，それぞれの制度や歴史の違いによって大きな差がみられた．しかしDACは，軍事的問題（平和維持部隊それ自体）とは区別される一定の開発援助の領域（DDRやSSRなど軍事領域に近い部分もあるが，注意深い峻別がなされていた）に特化する形で議論をリードすることができたといえるであろう．

たしかにダッフィールドが述べるように，開発援助の「安全保障問題化」（securitization）によって，先進諸国は紛争地域における主権は条件付であることを強調することになった．主権に代わって，途上国の国内関係の性格と内容が安全保障の中心となったのであり，植民地期以来みられなかったほどのドナーによる監視・干渉・管理の可能性が開かれるようになった［Duffield 2002: 89］．

しかしDACによる紛争への取り組みは同時に慎重なものであり，既にみてきたように途上国の主権への配慮を一定程度示したものであった．まずDDRやSSRにおいては，途上国政府とドナー側の共同責任という形で議論を進めようと試みていた．紛争という特殊な状況で，外部アクターであるドナーの役割が高まる中では，ドナー側の関与の度合いは高まることになるが，DACでは，あくまで共同責任という枠内においてのみこれを認めようとしている．また，DACが採用したSSRの包括的な定義は，途上国側の主張に配慮した側面があった．さらに，2001年以降になると，DACでは紛争・安全保障関連の援助は脆弱国家の枠内で議論されるようになった．これは脆弱国家という特殊な範疇に入る国に対してのみ，例外的に途上国の主権に一歩ふみ込んだ形での議論を行うことを正当化しようとする試みであったと考えることもできよう．

本章でみたように，先進諸国は開発援助の分野においても，安全保障という途上国の内政に一層ふみ込んだ形で関与を進めるようになったのである．しかしDACにおける紛争・安全保障をめぐる議論では，安全保障の側面ではなく，

一貫して開発の側面が重視されたことは強調されるべきであろう．その背景には，DACに代表されていない途上国側の主張（開発の重視）への配慮を指摘することができる．こうしたDACによる一連の対応には，民主主義・ガバナンスに関してみられたと同様に，DAC側からする途上国の主権への一定の配慮をみてとることができるように思われるのである．

注

1）ただしDAC設立以前ではあるが，1951-1953年においては，米国は援助に関してもNATOで議論するべきであるとの立場をとっていた（"Organisation for European Economic Co-operation," (http://www.OECD.org/document/48/0,3343, en_2649_201185_1876912_1_1_1_1,00.html, 2010年6月29日アクセス)．
2）IMFによるIMF協定第4条協議（各国の金融政策のIMFによるサーベイランス）や，世界銀行による公共支出レビューの中で軍事費が取り上げられるようになった点については，Cortrgiht [1997: 246-247] を参照．世界銀行による軍事費分野での政策を定めたメモランダム（1991年12月9日付）によると，世界銀行規約の第4条第10項によって世界銀行はメンバー国の内政に関与することが禁じられているものの，防衛費が社会開発その他の支出をクラウドアウトする場合には世界銀行はシニア・レベルでこの問題を取り上げることができるとしている [Ball and Holmes 2002: 3]．
3）この点についてはRaffer and Singer [2001: 91-92] に詳しい．
4）この文書は2003年のDAC上級会合において採択された．
5）チャンドラーが指摘するように，「安全保障・開発リンケージ」や「開発と安全保障の結合」は現場における実際の状況に依拠して考え抜かれた政策を反映したものというよりは，「混乱と一貫性のなさ」を示していたとみることができる [Chandler 2007]．
6）現在の国際平和研究所（International Peace Institute）．IPAでは安全保障・開発の結合（Security-Development Nexus）が研究テーマに採用された．
7）平和構築研究が，従来の平和研究と安全保障研究の垣根が壊れていく中で1つの分野として成立する過程については，Sabarantam [2011] を参照．
8）前述のハンドブック作成の過程では，競争入札によって選ばれたシンクタンクのコンソーシアム（オランダのClingendael, イギリスのブラッドフォード大学付属のCentre for International Cooperation and Security, そしてイギリスのSaferworld）がDACのCPDCを支援した [Bryden 2007]．
9）当時展開されていた内戦後の社会における軍事機構の再編・改革にかかるさまざまな活動を包含する概念として，SSRがいかに適していたかについては，Brzoska [2003] が参考になる．またDACアプローチを「開発からみたSSR」として詳細に検討したものとして，工藤 [2012] がある．
10）DACにおけるSSRの議論についてはKudo [2010] が参考になる．
11）Bryden [2007], Brzoska [2008] も参照．
12）また2006年には，DACメンバーの国連平和維持活動への貢献分（多国間）の6％を

ODAとして認めることになった（その後さらに7％に引き上げられた）[Hynes and Scott 2013: 11]．
13) その後2016年2月18日-19日に開かれたDAC上級会合で，新たな合意が成立し，① 途上国の軍隊への支援，② ドナーの軍隊への支援，③ 暴力的な過激主義の防止，に関して，それらが開発目的のためであること，最後の手段であることなどを条件としてODAとして一部をカウントすることが認められた(http://www.oecd.org/dac/HLM_ODAeligibilityPS. pdf, 2016年3月19日アクセス)．
14) 脆弱国家の概念形成に関しては，Grimm, Lemay-Hébert and Nay eds. [2015]，Paris [2011: 64] が参考になる．
15) Helman and Ratner [1992]，Zartman ed. [1995]，遠藤 [2006] も参照．
16) CIAによる支援を受けた研究は，State Failure Task Forceによるものであり，ガー (Ted Robert Gurr) らが参加して1995年から2000年まで活動した．その最終報告書は，"State Failure Task Force Report: Phase III Findings,"(http://www.cidcm.umd.edu/publications/papers/SFTF%20Phase%20III%20Report%20Final.pdf, 2015年1月5日 アクセス)．このCIA予算による研究は，「失敗国家」という概念の使用を途中で断念して，その構想要素ごとの分析を行うとともに，"Political Instability Task Force" と名称を変更した [Call 2008]．
17) 当初は "Learning and Advisory Process on Difficult Partnerships" とよばれた．
18) 国家建設という言説が登場する背景については，日本国際政治学会編[2013]の諸論稿，特に武内 [2013] に要領よく記されている．
19) Paris and Sisk [2007] が例示的に挙げているのは，Paris [2004]，Fukuyama [2004]，Chesterman [2004] である．
20) ケーラーは国連における国家建設論(特にイラク及びアフガニスタンを対象とした)は，民主主義体制が活発な市民社会と市場経済を統括するという硬直的なモデルを内容とした「ニューヨーク・コンセンサス」を形成することになったと指摘している [Kahler 2009]．
21) 岡垣 [2007] は，「破綻国家」という問題が認識されるようになったのは，国際社会でのガバナンスに関する新たな規範である「良き統治」が普及するようになったことによって影響されていたと論じている．
22) 2005年のドラフト文書においては，「[脆弱状況においては]国際的関与の長期的ビジョンは存続可能な主権国家を支援することにフォーカスしなければならない」としていた部分が，2007年に正式に採択された文書では，「国際的関与は国家と社会の関係をうちたてることに調整をし，長期的にフォーカスしなければならない」として，主権国家強化という言及に代わって国家・社会関係の構築が掲げられるようになった．また文書のタイトルも脆弱国家だけではなく「脆弱状況」も含むようになり，脆弱国家という特定の国だけでなく，先進国を含めて全ての国が潜在的には関係するとの見方がなされるようになった．2005年のドラフトは，OECD [2005c] である．2007年にDAC上級級会合で採択された文書は，OECD [2007a] である．
23) 世界銀行で国家を特集した世界開発報告作成を主導したSarah Cliffは，DACにおける作業部会の委員長をつとめた．

24) この点については,工藤 [2009] が論じている.なお,ここで検討した援助の効率性という近年の国際援助の原則と,脆弱国家支援論の一応の調整を行ったのが,以下でみる「ニューディール」であった.
25) http://www.g7plus.org/ (2014年7月13日アクセス).メンバー国は,アフガニスタン,ブルンジ,中央アフリカ,チャド,コモロ,コートジボワール,コンゴ民主共和国,ギニア,ギニアビサウ,ハイチ,リベリア,パプア・ニューギニア,サントメプリンシペ,シエラレオネ,ソロモン諸島,ソマリア,南スーダン,東チモール,トーゴ,イエメンの20カ国である.G7+による独自の脆弱性に関する統計作成の試みについては以下が参考になる [De Siquiera 2014].
26) http://www.pbsbdialogue.org/ (2014年7月13日アクセス).
27) 紛争によって経済成長などが低く,ガバナンスが弱いという脆弱な状況に応じた効率的な援助はどのようなものであるべきかが,「ニューディール」のテーマであった.そこでは,脆弱国自身のオーナーシップの下で,平和構築と国家建設の目的 (PSG) が追求するとされ,先進諸国・国際機関が支援を行うものとされた."A New Deal for Engagement with Fragile States," (http://www.pbsbdialogue.org/documentupload/49151944.pdf, 2014年8月31日アクセス).
28) 脆弱国家論による民主化支援への否定的な影響については,脆弱国家アプローチによって米国援助において民主主義支援援助が後退することになったとの指摘が参考になる [Windsor 2008].

第10章
フランスの開発援助と紛争・安全保障

はじめに

　第4章においてみたように，フランスとアフリカの関係には，1990年代に入り顕著な変化の兆しがみられるようになった．それは一言で表現すれば，従来の伝統的なパターナリスティックな関係からの脱却の動きであった．フランス・アフリカ関係の近年の変化は，従来みられた通常の主権国家関係に収斂しない相互浸透型のシステムから主権国家間の外交関係に近づくものであった．

　こうしたフランスの安全保障と開発援助の関係を明らかにするために，本章ではまず軍事援助と開発援助が密接に結びついていたフランスの特徴を米国との比較によって明らかにする．次いで，フランスの軍事協力政策の起源と展開を検討することとしたい．それは軍事協力政策と切り離しては開発援助と紛争・安全保障の関係をフランスの場合には理解できないからである．その上で，フランスの対アフリカ軍事協力政策が，1990年代以降にどのような変化を被ることになったのかを分析するとともに，変化をもたらすことになった背景，特に最も大きなきっかけとなったルワンダ内戦へのフランスの関与に着目する．最後に，フランスのアフリカへの軍事協力の新たな展開の中でも，紛争・安全保障に関わる開発援助の役割の見直し（軍事援助と開発援助の間の一層緊密な関係）のありようを検討する．

1 紛争・安全保障というアジェンダと米国・フランス

　第8章においてみたようにDACにおいては，開発援助と紛争・安全保障の間の緊密なリンケージが1990年代半ばになって新たな問題領域として認識されるようになった．DACに集う援助関係者にとっては軍事・安全保障の領域は，別個の問題として意識的に峻別されてきたものの，開発途上国における内戦型紛争の頻発によって，取り組むことを余儀なくされたものであった．しかし米国とフランスは，援助と紛争・安全保障が当初から密接にリンクしていたため，DACのほとんどのメンバーと異なり，軍事・開発援助間の緊張関係は当初から比較的弱かったのである．

(1) 類似点

　米国の対外援助は，その当初から冷戦の文脈の中で，戦略的性格が濃厚であった．米国の対外援助の起源とされるのは1949年にトルーマン（Harry S. Truman）大統領によって発表された「ポイントフォー・プログラム」（途上国への技術支援）であったが，それに代わって1950年代には，安全保障・軍事支援（相互安全保障法による）が中心となっていった．それ以降米国の対外援助は安全保障とは切っても切り離せないものとなったのである．特にベトナム戦争においては，USAIDは米軍と密接に連携して南ベトナムで農村開発支援等を行っていた[1]．今日の米国の対外援助予算の最も大きな予算費目であるESFは，米国の国家安全保障を目的とした戦略援助予算である [Lancaster 2006: 73-74]．このESFの主要な供与先は1980年代から1990年代にかけてはイスラエルとエジプトであった．また米国の対外予算は，「国際問題予算」として武器購入支援，PKO，対テロ活動費などの軍事的予算が，経済援助とともに一括して計上されており，1961年の対外援助法に基づいて行われている．このように，米国においては当初から一貫して開発援助と安全保障の間で緊密な関係がみられたのである．

　しかし米国では，安全保障関係者と援助関係者の間の連携には，法制度上一定の制限が加えられていることも忘れてはならないであろう．米国がSSRに最近まで積極的でなかったのは[2]，主として米国単独の行動を重視していたためであったが，同時に一連の法制度上の問題も理由の一端であった．実際，現在でも米国の援助の根拠となる1961年対外援助法においては，外国の治安維持部隊

に対する米国による訓練,助言,財政支援が禁じられている(一定の条件下で例外が他の条項で認められているため,その範囲内でUSAIDは行動できる)[U.S. Agency for International Development 2009].

こうした米国と比肩する立場にあるのがフランスである.第1に,フランスにおいても米国と同様に,開発援助と軍事援助は,同じ予算項目の1つとして一括して議会に提出されてきた.第2に,フランスは武器輸出や軍事協力を活発に行うとともに,海外に軍事拠点を設け,勢力圏の地域において軍事介入を頻繁に行ってきた点も米国とフランスの共通点として指摘できる.しかもフランスは,米国による本格的なベトナム介入以前に,インドシナ,アルジェリアにおいて対ゲリラ戦を経験し,軍事・非軍事要員による対反乱戦争(COIN)を経験している[3].そこでは軍によって開発援助に相当する活動も実施されていたのである(後述).

こうした米国とフランスの類似性は,海外で勢力圏を維持し,影響力を行使しようとの「帝国」としての性格に由来するものである[4].その意味で,米国によるアフガニスタン・イラクへの軍事介入後の安定化段階で,米国のベトナムでの経験だけでなく,フランスやイギリスの対反乱軍戦争の経験が参照されたのは示唆的である[5].

(2) 相違点

しかしフランスの事例と米国の事例との間には重要な違いも存在する.米国においては,従来は国務省から一定の独立性を有していたUSAID(現在は国務省の監督下)が,議会によって設けられたマンデートの下で社会的性格の強い開発援助(衛生・教育など)を遂行してきた(Development Aid: DA)[Lancaster 2006: 73].こうした戦略的援助と,社会的な開発援助(そしてそれを実施するUSAIDという組織の存在)の並立が歴史的に見た米国援助の特徴である.

これに対してフランスの場合には,米国援助にみられるような開発援助と安全保障援助の並立というよりは,全体的にみれば軍事的配慮が優位する中で,開発援助と軍事援助が一体的に行われてきたと言えよう.組織的にも,協力省という単一の組織の中で開発援助と軍事援助が取り扱われてきたのである(アフリカ向けに関してのみであるが,フランスの対外援助は開発援助・軍事援助ともにアフリカ諸国向けが大半であった).1997年に協力省が外務省に統合されたことによって,現在では,外務省の中で引き続き軍事援助と開発援助は密接に取り扱われてい

る．とはいえ後にみるように，フランスにおいても，こうした制度的な一体性がみられたにもかかわらず，実際には軍事援助と開発援助の間には断絶がみられたのである．

2 フランスの対アフリカ軍事協力体制の形成

フランスの独特の援助体制（ここではサハラ以南アフリカ向けを中心に考える）は，米国との比較によって以上みたように，安全保障上の考慮と切り離せない点に1つの特徴がある．フランスの援助体制における軍事的要素と経済的要素の関係を分析するためには，そもそも第二次世界大戦後の非植民地化の過程でどのようにしてフランス・アフリカ軍事協力関係が形成され，展開し，今日に至ったのかを検討することが必要である．そこで以下ではまずフランスの対アフリカ軍事協力体制の成立と展開を概観する．

(1) 植民地期におけるフランス・アフリカ軍事関係

アフリカとフランス軍との関係は，フランス領アフリカ諸国の独立前は以下の3つの段階から成る[6]．

① 19世紀半ばに北アフリカ，特にアルジェリアにおいて現地の志願兵から成る部隊が形成され，1841年に本国軍の部隊の一部として組み入れられ，フランスの利益を守るために様々な戦争（クリミア戦争など）に従事した．

② 1857年には，セネガル総督であったファイドエルブ将軍(Faidherbe)によって，セネガル狙撃兵（"tirailleurs sénégalais"[7]）が組織された．その後，フランス第三共和制期のフランス領アフリカにおいては，植民地軍が形成され，フランス人上官・下士官によって指揮命令を受けていた．当初は植民地省（Ministère des colonies）の管轄下にあったが，1900年のガリフェ・モンテベッロ法（loi Galliffet-Montebello）によって，戦争省（今日の国防省）に統合され，名称も海兵隊（Troupes de Marine）から植民地部隊（Troupes coloniales）と改められた [Jauffret 2001]．植民地部隊の使命は，植民地を征服し，占領し，植民地秩序を守ることにあると定められた．

③ 20世紀に入ると植民地部隊は，第一次世界大戦の戦闘に参加し，フランス本国の防衛において大きな貢献をした [Michel 1982]．2つの司令部がアフリカには設けられ，1つはダカールでフランス領西アフリカ向けに，もう1つはブ

ラザビルにフランス領赤道アフリカ向けに設けられた．サンルイ，バマコ，ニアメー，フォーラミー，ブラザビル，バンギーに駐留軍の本部が設けられた．第二次世界大戦では，フランス領アフリカは，自由フランスによるフランス解放の拠点になった．このように本来は帝国防衛としての使命をもっていた植民地部隊は，20世紀の2つの大戦に際して本国（フランス本土）防衛に組み込まれることになったのである．これは，イギリスなど他の植民地国においてみられないフランス植民地主義の特徴として指摘される．

第二次世界大戦直後は，マダガスカルにおける反乱やインドシナ戦争において植民地部隊はその鎮圧・戦闘のために派遣された．1951年には，インドシナにおいてアフリカからの黒人志願兵は1万9400人に達し，インドシナにおけるフランスの全陸軍勢力の16％を占めていた．その後フランス海外領への自治権の付与が1956年の「枠組法」(loi-cadre) によって進められると，植民地部隊は1958年4月15日の政令によって海外部隊 (Troupes d'outre-mer) へと呼称を変え，再編された．

(2) 非植民地化とフランス・アフリカ軍事関係

1958年以降ドゴール (Charles de Gaulle) 下のフランスは，共同体の形成によりフランス・アフリカ関係を再編することによって，非植民地化という「変化の風」("wind of change"：ハロルド・マクミラン英首相) を乗り切ろうとした．1958年憲法に規定されたこの共同体は，一定の独立性をアフリカ諸国に与えつつも，外交・防衛権を共同体共通のものとすることによって，共同体のメンバーとしての地位も有するフランスが，事実上これら諸国をフランスの勢力圏として維持しようとするものであった（第4共和制期のフランス連合も同様の規定をもっていた）．ギニアを除く旧フランス領の仏領西部アフリカ（AOF）及び仏領赤道アフリカ（AEF）の諸国がドゴールの説得に応じて加盟した．しかしメンバー諸国は1960年になって独立を宣言し，国連への加盟が認められ，共同体は事実上消滅した（フランスの憲法から共同体に関する規定が廃止されるのは1995年になってのことである）．こうした事態は，共同体に新しいフランス・アフリカ関係の基礎をおこうとしていたドゴールにとっては大きな打撃であった．

それとともにフランスの海外部隊は，1961年5月4日の政令によって海兵隊 (Troupes de Marine) と当初の名称に戻った ［Vernet 2001］．フランス海兵隊は，アフリカ諸国の独立後も，フランスとの軍事協定に基づき軍事基地が維持され

た場合にはアフリカ現地に駐留するとともに，軍事協力員としてアフリカ各国で新たに創設された国軍の養成や，フランスからの支援部隊としての役割を果たすことになった．

(3) フランスの対アフリカ軍事協力体制の成立

1960年には主権の委譲とその後の協力に関する協定がフランスと旧フランス領アフリカ諸国との間で締結され，通貨（フラン圏）・経済協力・軍事協力に関してギニア，カメルーンを含めた14カ国との間で公式には主権国家間の新たな取り決めが結ばれた．共同体という法的な形でのフランスのアフリカ諸国への影響力の温存はできなかったものの，フランスにとっては結果的には，非植民地化によるショックを緩和し（アフリカの「バルカン化」をフランスは恐れていたとされる），引き続き圧倒的な影響力を維持していくための基盤がこうした一連の協定によって築かれることになった．1959年7月7日から1963年7月17日にかけて，フランスと新たに独立したアフリカ諸国との間で138に及ぶ協力協定が結ばれた．その中には軍事に関するものがあり（秘密協定として公表されなかったものもあった），それを根拠としてフランスはこれら諸国に独立後も以前と同様にフランス軍を駐留させることができた．1960年には，アフリカとマダガスカルに90の基地と6万人の兵員が駐留することができたのである［Dabezies 1980］．

フランスとアフリカ諸国の間の軍事分野での協定は，防衛協定と協力協定の大きく2つに分かれていた．防衛協定は，対外的な脅威に際して当該国がフランスに軍事介入を要請できる（フランスが要請に応えるかどうかはフランスの判断による）ものとしていた．これらの防衛協定には秘密条項もほとんどの場合含まれており，国内の騒乱も対象としていた．これに対して軍事協力協定は，フランス人顧問の派遣とアフリカ側軍人のフランスでの研修の2つから成っていた（防衛協定がなく軍事協力協定のみを締結した国に対してもフランスは軍事介入を行うなど，この2つの協定の区別は，実際は曖昧であった）．

それではフランスがアフリカ諸国に対して行った軍事協力の目的はどのようなものであったのだろうか？ 公式には，独立したアフリカ各国の国軍形成を支援することが目的であったが，実際にはフランスの影響力の確保が目指されていたのであり，それは当時フランスのドブレ首相（Michel Debré）が与えた次のような指示（1960年11月3日）にみてとることができる．「フランスにとっては，新興独立諸国の国軍にフランスの方法が浸透し，フランス軍との間に精神的・

物質的つながりを保つことによって，海外の全ての諸国においてフランスの輝きの中心を構成することが最も重要である．その目的のために，フランスの軍事援助・支援は注意深く組織されなければならない」[9]．

しかもフランスにとっては，軍事関係の維持が他の全ての協力関係にまさる優先事項であった．オートボルタ（現在のブルキナファソ）との協定締結交渉においてドブレ首相が，フランスの政策を次のように述べているのはその点で象徴的であった．「軍事的な見返りなしで我々の援助継続を受け入れることは，フランス軍の退去を要求するように全てのアフリカ諸国に奨励する見本を示すに等しい」[10]．すなわちフランスは，経済協力などの条件として，まずもって軍事協定（特にフランス軍基地の受け入れを内容とした）の締結をこれらの新たな独立国に求めたのである．一連の協力協定の交渉においては，こうした軍事関係の優位を明確にみてとることができる．

フランスがアフリカ諸国に対して行ったのは，フランスに範をとった国軍組織創設のための支援であり，兵器もアフリカ諸国に共通のフランス製のものが提供された．最も重要なのは，独立前から植民地軍の組織にあたっていたフランスの海兵隊メンバーが，引き続きこれら諸国の軍の幹部の補佐役に就任し（軍事政権の場合には政権幹部の顧問として），政策の策定・実施に大きな影響を及ぼすようになったことであった．こうした事情により，ドゴールが当初目指した共同体による「共同防衛体制」（"défense commune"）は，共同体が自然消滅したことにより成立しなかったものの，パリから放射状に各独立国家との協力協定を結ぶことによって，「共有された共同防衛体制」（"défense commune partagée"）を実現させたとされ，事実上の防衛共同体を構成することに成功したのである [Godfrain 2011: 410][11]．これは，経済面でフラン圏が形成されたのと対をなすものであり，フランス領下での安全保障をフランスが握っていた体制を独立後も温存することになったのであり，「名ばかりの独立」・「新植民地主義」などの批判をフランスは受けることになるのである．

3 フランスの対アフリカ軍事協力体制の特徴

(1) 対アフリカ軍事協力政策の特徴

ドゴール期（1958-1969年）に形成されたフランスの対アフリカ軍事協力政策の特徴はどのようなものであったのだろうか？　基本的な特徴として以下の2

点が指摘できる.

(a) フランス・モデルの移植

フランスが行った一連のアフリカ諸国への軍事面での政策——防衛協定（軍事介入），軍事協力（フランス人顧問の派遣，アフリカ研修員のフランスへの受け入れ，軍事物資の供与），武器輸出——は，すべて関連し合い，かつ排他的な（他の国の協力を排除する）性格をもっていた．新たに独立した諸国の国軍建設にあたっては，装備だけでなく，組織のコンセプト，軍事ドクトリンに至るまでフランス・モデルが採用された．

その結果として2つの問題が後に生じることになった．まず，開発途上国における国軍建設においては，経済開発プロセスにおいて軍に一定の役割を果たさせるのか，防衛に特化した軍隊を組織するかの選択が迫られるが，旧フランス領アフリカにおいてフランスは，防衛に特化させる方向を基本的に推進した．これは当該国において軍と社会の乖離を内包することになり，政軍関係に問題をもたらすことになったとされる［Dabezies 1980: 241］．

さらに，軍事ドクトリンとしてフランスで当時採用されていた領土防衛（"défense du territoire"）がこれらアフリカ諸国にそのまま移植されたことが問題であった．このドクトリンは国内の内乱に備えていたアルジェリア戦争前後のフランス軍の体制に範をとるものであったが，国民を潜在的な叛徒とみなすものであり，抑圧的性格をアフリカ諸国の国内政治においてもたらすことになった点が指摘される［Sartre 2005: 24］[12]．

(b) 代行的協力

フランスが行った軍事協力政策は，他の分野におけるフランスの協力政策と同様にパターナリスティックな性格をもっていた．すなわちフランス人軍事協力員は，アフリカ各国の国軍の指揮官・士官の地位につくなどしてアフリカ人に替わって国軍の中で大きな役割を果たすことになった．こうしたフランスの軍事協力政策の代行的性格は，次のような問題をもたらすことになった．これらの軍事協力員は現地において，時には大統領官房長などの政治的な要職につき，極めて政治的な機能を現地政治において果たすことになった．これは現地の能力向上を阻害するという代行的協力一般につきものの問題の他に，内政干渉を常態化するフランス・アフリカ関係の特異な性格を現地において支える役

割を果たすことになったのである.

(2) 対アフリカ軍事協力政策の決定・実施体制

対アフリカ軍事協力政策の特徴は，政策の内容だけではなく，その決定・実施過程においても見出すことができる．フランスの対アフリカ政策の決定過程は，大統領中心であることに形式面での特徴がある．軍事協力政策の決定過程は，こうした大枠の中でどのように位置づけることができるのであろうか？また軍事協力と経済協力をそれぞれ行う部局との関係はどのようなものであったのだろうか？

(a) フランスの対アフリカ政策担当組織

大統領府のアフリカ班（"cellule africaine"）の起源は，1958年に第5共和制憲法の中に設けられた共同体の事務局にある．フランスの大統領（当時は首相）はフランスの代表であるとともに共同体の代表でもあったため，この後者としてのフランス大統領を補佐するために設置されたのである．その後共同体が事実上消滅すると，そのままアフリカ・マダガスカル担当の大統領府の組織として存続することになった．この事務局長の職を1960年から1974年にかけてつとめたのがフォカールである．フォカールはドゴールの信任が厚く，制度的というよりは両者の個人的つながりによってフランスの対アフリカ政策決定過程において極めて大きな役割を果たしていくことになった．第4章でみたように，今日の伝統的なフランスの対アフリカ政策を批判する側からは，フォカールこそが「フランサフリック」（"Françafrique"）をまさに体現する存在としてとらえられることになるのである．

政府内においては，共同体担当の組織として設置された共同体担当省が1960年代はじめに協力省として発足することになった．協力省は，第二次世界大戦以前に存在した植民地省（Ministère des colonies）を引き継ぐ形となっており，中核となる職員やその文化・養成過程などの連続性が指摘されている[13]．協力省は植民官吏の養成校であるフランス海外領土中央学院（Ecole centrale de la France d'outre-mer）の出身者が多く，そこでの組織文化を内面化した職員が中核となっていたといわれる．担当大臣は当初から政治的にはあまり力のない人物が任命されてきており，また組織の地位も大臣（Ministre）から閣外相（Secrétaire d'Etat）に格下げされるなど，政府内における協力省の地位は低いものであった．

1990年代に課題として表面化し，紆余曲折を経て実現した協力省の外務省への統合は，協力省が発足した当初から懸案として存在していた．この問題は以降何度も再燃することになるが，その度に実現してこなかった．統合問題が紛糾した背景には，アフリカ各国から特権的な取扱いの制度的保証の証として協力省存続を求める強いロビイングがあり，それを受けたフォカールらの強い反対があった．さらに組織的惰性（既に存続しており，また歴史的・文化的な自立性を有する組織の廃止には相当のモメンタムが必要）も手伝って，「アフリカ省」としての協力省を廃止し，外務省の念願であったアフリカを含めた外交の一元化の実現が困難であったのである．[14]

このように政治的立場の弱い協力省ではあったが，アフリカ諸国との関係では「アフリカ省」として大きな役割を果たすことになるのである．それは，大統領府に直結しているという制度的な背景の他に，協力省自身が有していた2つの資源によるところが大きかった．1つは援助協力ミッション（Mission d'aide à la coopération: MAC）の存在である．MACは植民地省以来存在したフランス政府機関の現地における出先機関であり，大使館とは別に各アフリカ諸国に設置されていた．公式にはMACの代表は現地駐在フランス大使の指揮下に入るとされていたが，実際にはフランスが供与する援助・技術支援の「顔」としてフランス大使よりも存在感があり，目につく存在であった．もう1つは，アフリカ向け援助予算（後には次第に供与対象国が拡大されていくが当初は旧フランス領アフリカ諸国に限定されていた）を体現していた協力援助基金（Fonds d'aide à la coopération: FAC）である．これは第二次世界大戦後にフランスの海外領土の開発向け資金として設置された海外領土経済社会開発投資基金（Fonds d'investissement pour le développement économique et social d'outre-mer: FIDES）を引き継ぐものであったが，協力省の援助資金の大部分をFACが占めており，また会計年度をまたがって使用できるなど資金としては好条件のものであった．このFAC（予算を決定する理事会では財務省が主導権を握っていた）の実施は協力省の担当であり，FACの存在は否がおうにもアフリカ諸国における協力省の存在感を示すことにつながったのである．

(b) 協力政策における軍事協力の組織上の位置づけ

以上みてきたようにフランスの対アフリカ政策は，大統領府を頂点とし，援助などの協力政策は協力省，外交関係は外務省が扱うという基本的図式になっ

ていた（さらに通貨については財務省）．このようなフランスの対アフリカ関係の組織図の中で，軍事協力政策の位置づけはどのようなものであったのだろうか？

　アフリカ諸国独立の当初，フランスにとって最大の課題は，当時の共同体加盟諸国に存在していたフランス軍基地と駐留していたフランス軍兵士（6万人に及ぶ）の扱いであった．この問題は，旧フランス領アフリカ諸国との間での軍事協定の締結によって一応の決着をみることになった．軍事協定締結以降に基地は縮小され，人員も一定程度削減されることになったが，軍事協力協定の締結によって，フランス人軍事協力員の駐在や武器援助などがフランスとアフリカ諸国の間で国家間関係の一環として行われるようになった．

　当初は軍事協力員の予算は国防省に計上されていたが，これは1961年に協力省に移管されることになった．国防省側からすればそれほど重要でないと考えられたアフリカ関係の権限を自ら委譲し，協力省所管予算とすることで費用の節約を図ったものであった［Godfrain 2001: 412］．いずれにしてもフランスの対アフリカ軍事協力は，組織上も予算上も協力省が担当することになり，DAC諸国の中でもユニークな，軍事協力と経済協力が組織上一体という形態が成立したのである．

　しかしながら実際には，フランスの軍事協力と経済協力の間ではこのような組織的一体性が表面的には存在したものの，両者の間での連携はあまりみられなかった．その背景には，軍事協力を担当する部局は経済協力と一体であったが，軍事協力は結局のところ国防省に属する軍人によって担われていたという事情があった．この点は以下のような2つの面に現れていた．

　1つには，既にみたように植民地体制と1960年代以降の協力体制の間には，法的な違いを除けば，極めて大きな継続性をみることができるのであり，軍事援助も例外ではなかったという点が指摘できる．すなわち軍事協力の担い手は旧植民地軍であったが，この軍事組織は発足以来何度も行われた戦争省(国防省)への統合の試みにも関わらず独自性を維持してきたのである．2つには，協力省軍事協力ミッション（Mission militaire de la coopération: MMC）の長[15]（軍人として国防省に所属）は，協力相の主宰する官房の会議にも出席し（すなわち省内のヒエラルキーには事実上服していなかった），さらに単独で大統領府へのアクセスが認められていた．MMCは，「協力相すらも指揮できない」といわれたのであり，官僚組織としては極めて異例な，事実上の無責任状況が現出していた点が指摘できる．そのため実際の政策調整は，大統領府アフリカ班(特にフォカール)が行っ

ていたと考えられる．このような体制は，既にみたような現地におけるフランス人軍事顧問が当該国政府の要職（大統領府長官など）についていたこととあわせて考えれば，政軍関係上問題をはらむ体制であったというべきであろう．

　以上みてきたように，独立したアフリカ諸国向けに行われたフランスの協力政策において，軍事協力と経済協力の間には当初は密接な関係（フランス政府はセットとして考えていた）がみられ，そして外交・軍事関係の優先順位が高い中で，経済協力は従属的な位置におかれていた．その後も形式的には，経済協力と軍事協力の間には組織・予算の面で密接なつながりがみられたのである．組織的には，軍事協力担当の部局はフランス政府内では経済協力を扱う協力省の中におかれ，予算面でも既にみたように，軍事協力の大部分を占めていたアフリカ向けについては，協力省予算の中で計上されていた．

　このように経済協力と軍事協力の間には形式的には密接なつながりがみられたものの，実際には両者は相互に交流することはほとんどなかった．それは，各々が強い組織的自立性（経済協力の場合には植民地時代からのフランス国立植民地官吏養成学校出身者を中心に協力省・現地経済協力ミッション，軍事協力の場合には植民地時代からのフランス海兵隊メンバーを中心に協力省軍事協力ミッション・現地駐留軍・現地国軍軍事顧問）を有していたために，軍事協力と経済協力の間では，有機的な形での連携はほとんどみられなかったのである．もとよりアフリカ政策の全体の調整は大統領府によって行われていたとみることができるが，あくまでも大枠の調整にとどまっていたと考えるべきであろう．

　制度的な連関にもかかわらず，実質的なインターフェースの欠如が歴史的にフランスの軍事協力と経済協力の関係であったが，制度的な連関がさらに強まるとともに，実際においても意識的に両者の有機的なつながりを形成しようとの動きがでてくるのは，1990年代以降のことである．

4　アフリカの憲兵から平和維持の兵士へ

　1990年代に入ってみられたフランスのアフリカ政策の変化（第4章参照）は，軍事協力政策においてもその現れをみることができる．以下では，フランスの対アフリカ軍事協力政策の変化の態様とその背景を分析する．

(1) 対アフリカ軍事協力体制の改革
(a) 背景

アフリカに対するフランスの軍事協力政策は，1990年代に入って加速するフランスの外交・国防政策の見直しの中で，変化を被ることになる．もとより冷戦の終焉によって，フランスは安全保障政策の目標それ自体を含めて対応を迫られることになったが，ミッテラン大統領期のフランスの国防政策を研究したゴーチェによれば，その適応の過程は「反復的」なものであった．すなわち，新しく登場した戦略環境に直ちに適応するのではなく，現実に対応する中で従来の体制の抱えていた問題が露呈すると，それを取り込み，次いで戦略的思考の不安定さを漸進的に抑制しようとしたというのである［Gautier 1999: 12］．フランスの対アフリカ軍事協力政策も，いわば「つぎはぎ」を積み重ねていくという形（重畳）で，新たな現実への適応がなされたと考えられる．

「つぎはぎ」の第1は，湾岸戦争（1991年）への対応から生まれることになった．フランスは，政府内の一部の反対をおさえてミッテラン大統領が参戦を決断した．フランス政府にとって湾岸戦争の経験は，フランスの政策決定者に深刻な教訓をもたらした．戦闘では，圧倒的な装備・人員を擁した米軍だけでなく，フランスと異なり志願兵から成るイギリス軍のパフォーマンスにもフランス軍は圧倒されたとフランス政府関係者は認識したといわれる．こうしてフランス軍の欠陥が露呈した湾岸戦争での経験からフランスは，シラク大統領によって1996年に決断される徴兵制度の廃止などの根本的な軍事改革を行うことになるのである．このようなフランス軍の専門職業化とそれに伴う人員の削減と効率化の追求は，アフリカ駐留フランス軍の再編へと直接に結びつくことになった．

第2の「つぎはぎ」は，ボスニア紛争における教訓に関わるものである．ボスニア紛争においてフランスは，国連によるPKO部隊の最大兵員を供給し，指揮官もフランス人がつとめるなど主導的な役割を果たした．これは冷戦後世界における影響力の確保を狙い，国連平和維持活動に対する従来の消極的な姿勢を転換したものであった．しかしボスニア紛争においても，フランスは苦い教訓を得ることになった．すなわち，フランスは，兵員の拠出国の中で最大の兵力を出したにもかかわらず指揮・命令権限が制限されるなど，行動の自由を確保できなかったとの苦い教訓を得ることになったのである．そのため，これ以降フランスは，国連による平和維持活動への参加に慎重な姿勢をみせるようになり，EUなどを通じたマルチ化による責任の共有・分散を志向していくこ

とになる[20]．フランスが，伝統的に単独行動を行う傾向がみられたアフリカにおいても，こうした「マルチ」（多国間化）による行動は次第に選好されるようになるのである．

　第3の契機は，1996年のルワンダ内戦に際してのフランス軍の対応に関連する．フランスは，ルワンダのフツ族を中心とするハビヤリマナ政権を支援してきたのであり，ルワンダにおいてフツ族によるツチ族の集団殺戮が発生した際は，「トルコ石作戦」（第4章で詳述）とよばれる人道救援活動を，フランス軍を派遣して行った．ところがこのようなフランスの行動は，ルワンダ愛国戦線軍の攻撃を受けて敗走するルワンダの政府軍（フツ族を中心とする）を保護する隠れ蓑であるとして国際的な非難を招くことになってしまった．またフランスは，もともとフツ族による虐殺に関与したのではないかと国際的に疑念をもたれ，その行動を過去に遡って非難されることになったのである[21]．こうした中でフランス国内でもフランス政府の過去の対ルワンダ政策への批判が生まれ，下院に調査委員会が設置され，調査報告書が公表された．その中で，フランス政府がフランス軍のルワンダでの行動を十分に統御できていなかったのではないか，との指摘がなされたのである[22]．そのため，ルワンダにおいて問題点として提起されたフランス軍兵士とハビヤリマナ政権との密接な結びつきや，軍の政治的統制の問題がフランスにおいて課題として取り上げられるようになった．これらの問題は，従来からフランスの対アフリカ軍事協力の問題として指摘されてきたところであったが，ルワンダ問題を通して，改めてその問題性が浮き彫りになったのである．

(b) 内容

　第4章でみたように，フランスの経済協力体制全般の改革がジュッペ内閣，ジョスパン内閣によって実現された．この改革により，協力省が外務省へ統合されたため，協力省によって担われていたアフリカ向けの軍事協力政策についても様々な変化が生じることになった．

　外務省への協力省の統合は，既にみたようにドゴール大統領期から提案されていたが，旧フランス領アフリカとの伝統的な関係の維持・強化を求める勢力の反対によって実現されずにきたものである．抵抗の強い外務省への協力省の吸収が実現したのは，改革への動きが既にジュッペ内閣によって一部実施されていたことも忘れてはならないであろう．しかし直接には，ルワンダ内戦に対

するフランスの行動に示された内外の批判による「罪悪感」から，シラク大統領の下で新たな議会多数派を背景に登場した社会党ジョスパン内閣が，懸案であった改革を実現したのである［Sartre 2005: 25］[23]．

この機構改革によって，軍事協力を担当していたMMCは，外務省内でアフリカ以外への軍事協力担当の部署と統合された上で，外務省の政治・安全保障総局（Direction générale des Affaires politiques et de Sécurité）の中の軍事・防衛協力局（Direction de la coopération militaire et de défense）に再編された[24]．

以上のような外務省への協力省の統合によって，軍事協力政策の合理化が相当程度進展した．すなわち，アフリカとそれ以外の地域で担当省庁が分かれていた状況を改めて，外務省軍事・防衛協力局に一元化することによって，独自の軍事協力プログラムを有する防衛省との関係を除いて，組織上の一貫性をもたせることになった．また，従来は協力省のヒエラルキーに事実上組み込まれていなかったMMCを完全に外務省に組み込むことによって，アカウンタビリティーの向上に寄与することになった．

(2) 対アフリカ軍事協力政策の転換

改革されたのは組織だけではなく，軍事協力の内容自体（政策）も大きな転換を遂げることになった．ここでは2つの変化を挙げておきたい．第1は，従来みられたように，フランス人協力員が長期にわたって現地に駐在し，現地政府・軍の一部に組み込まれるという形での協力（代行的協力）に終止符がうたれたことである．これ以降は，プロジェクト単位の契約関係に基づいてフランスから期限を切って協力員が派遣される形へと転換することになったのである（「駐留による協力からプロジェクトによる協力へ」）．1998年3月3日の防衛会議は，① 代行的協力の廃止，② 軍事協力のプロジェクト単位での実施（法律に基づいた），との決定を行った．これは，従来からフランスの対アフリカ軍事協力の欠点として指摘されてきた現地政府との癒着を改める必要性に基づくものであった．

第2の転換は，フランスの軍事協力の戦略目的が，アフリカ各国の領土防衛（前出）から危機への対応に改められ，アフリカ諸国の危機対応能力の向上を目標とするようになったことである．そのためにとられた手段が，① アフリカ諸国自身による危機解決能力の向上，② アフリカ連合，下位地域主義機構（CEDAOなど），欧州連合（EU）枠内での解決の模索（マルチ化），であった［Klein 2008］．

この観点から最も重要な展開は，アフリカ平和維持能力強化プログラム

(Renforcement des Capacités Africaines de Maintien de la Paix: RECAMP) の創設である．これはアフリカ諸国における紛争に対応する際に，先進諸国の行動を効率的にするとの観点から，国連及びOAU（現在のAU）と連携しながら，イギリス，米国，フランスによって1997年になされた協調の試み（P3イニシアティブ）に端を発するものであった．RECAMPは，イギリスのBPST（British Peace Support Team）[25]，米国のACOTA（Africa Contingency Operations Training & Assistance）[26]に照応するものであり，1998年にパリで開催されたフランス・アフリカ諸国首脳会議でフランスが提案したものであった．これは，①平和維持活動を目標とした兵員幹部と部隊の養成活動を支援する，②これらアフリカ平和維持部隊の演習実施を支援する，③実際にアフリカで平和維持活動を展開するアフリカ平和維持部隊への物資の支援を行う，を内容としている．この構想は，AUによるアフリカ危機管理能力の構築にあたって，その基盤となる役割をもつものであった．1998年以来5つのサイクル（各2年）のRECAMP（軍事演習）が3つのサブ地域（西アフリカ，中部アフリカ，南部アフリカ）で実施されて以来，次第に多くの国々が参加するようになってきており，2002年の南部アフリカのサイクルでは，アフリカ諸国16カ国，非アフリカ諸国（米国，イギリスなど）12カ国が参加した．さらにコンゴ民主共和国に派遣されたMONUCにおけるセネガル軍やモロッコ軍の装備を提供した．

　近年みられる特徴は，このRECAMPの「ヨーロッパ化」が進行していることである．一方では，イギリス，デンマーク，ベルギーなど複数のEU諸国がRECAMPに参加するようになった[27]．他方では，EUとAUの共同戦略（2005年12月にEU理事会にて採択）[28]に基づいて，EUがフランスのRECAMPを「ヨーロッパ化」する試みが行われることになった[29]．

　RECAMPと並ぶ重要な展開は，地域国立軍事学院（Ecoles nationales à Vocation Régionale: ENVR）である．RECAMPは，2年サイクルで1つの下位地域に限定されているが，これを補う役割を果たしているのが，各国軍の幹部養成学校としてフランスが設置したENVRである．これは従来フランスで行われてきた伝統的な軍事協力（養成）が，必ずしもアフリカの実態に即していない（新型兵器の使用法などに肩寄り，アフリカ側の需要に応えていない）との批判に答えるとともに，予算の削減によってフランス国内での受け入れ人数が減少したことに対応するために協力省時代に（従来型のフランスでの訓練を補完するものとして）導入されたものであった．各ENVRは受け入れ国に設置され，フランスの支援を受けて，

受け入れ国や他のアフリカ諸国の軍人を研修生として受け入れた．2001年には15のENVRがアフリカに設置され，フランス語圏アフリカ以外の国々(アンゴラ，カーボベルデなど)も参加するようになった．これらENVRはそれぞれ専門化されており，例えば，コートジボワールに当初置かれ，その後同国での内戦の展開に伴ってマリに移管されたENVRは，平和維持に特化しており，PKO活動の原則・手段や国際人道法の教授などが行われている．

このようにRECAMPとENVRは，アフリカ各国軍の育成をアフリカ現地で行い，アフリカ自身によるアフリカの紛争の解決という考え方に基づいている点で，従来のフランスによる代行的性格の軍事協力からの転換を表しているのである．

5 軍事協力・開発援助のインターフェースの新たな展開

このようなフランスの対アフリカ政策，特に対アフリカ軍事協力政策の転換に伴って，軍事協力と開発援助の関連の具体的なあり方(インターフェース)にはどのような変化が起こったのであろうか？

第9章でみたようにDAC諸国の間では，安全保障と開発援助の結びつきに関して一定のコンセンサスが存在する陰で，実際には消極的な国から積極的な国まで微妙なニュアンスの違いが存在した．さらに積極的な国々の中でも，ニュアンスの違いを指摘することができるのであり，フランスは，米国，カナダ，イギリスなどと並んで積極的な国々に属するが，対応の形態(政策・制度)において独特の様相を示している．以下では，フランスの特徴を，米国をはじめとする同じように積極的なグループに入る国との比較の観点から論じたい．

(1) 新たなインターフェースの出現

「インターフェースは出現したが，(米国におけるような)軍事化はおこっていない」．これはNGOの観点からDAC諸国の援助政策を批判的に分析した報告書が，フランスに関して下した結論である［*The Reality of Aid 2006* 2007］．実際フランスにおいては，米国のように国防機関主導型や，イギリスにおけるような援助機関主導型のインターフェースの創出はみられないが，アドホックな形での対応がみられたと考えることができる．

こうしたフランスの事例の特徴を検討する前に，まずフランスの事例がド

ナー全体の中ではどのように位置づけられるのかをみてみたい．多くのドナーは，開発と軍事の峻別という原則を反映して，一般的には安全保障分野への具体的な関与には消極的であった．二国間ドナーも多くの国は消極的であった．世界銀行など多国間組織も，経済発展に必要であると認識していたが，軍事機構それ自体への支援には慎重であった．

そうした中でフランスは規模は小さかったが，早くから開発と安全保障の間のインターフェースへの取り組みがみられた．まず1991年にチャドへの構造調整支援の中で，フランスは武器の買い取りや国軍の縮小・再編をチャド政府に対して要求した．ニジェール，マリに対しては，フランスはUNDPと共同で，トゥアレグ反乱を平和的に解決することを目指して，共同安全保障部隊の創設や，武器回収の活動などを行った．これらは例外的なものであったが，他のドナーと比べると比較的早い開発援助による安全保障分野への取り組みであった[Châtaigner 2004]．

他方，軍による開発への参加は，アルジェリア戦争における革命戦争ドクトリンの適用の中で，軍人が現地住民の支持を得るために民生に関与した事例が存在したものの[Périès and Servenay 2007: 86]，ほとんど見られなかった[Dabezies 1980: 241]．例外的に，一部のフランス人軍事協力員が民生の支援に関与した事例（装備支援の中で東南アジア製の完成品を支給するかわりに，ミシンや繊維技術者を派遣して現地の生産技術の向上に貢献するなど）の存在が指摘されている[31]．

このように断片的な事例は早くから存在したが，安全保障と開発援助の本格的なインターフェースが出現するのは，1990年代後半の一連の制度改革（特に外務省への協力省の吸収）以降のことである．

既にみた制度改革によって，従来協力省の中で並存していた軍事協力と経済協力は，新たに編入された外務省の中でそれぞれ別の総局で扱われることになった．従来大統領府と結びついて事実上自律的に活動していた軍事協力部門は，行政組織としての規律に服することになった．その点で，既にみたように軍事協力のアカウンタビリティーは向上することになった．しかし，軍事協力と経済協力の関係が改善されたかについては意見が分かれている．

下院の報告書によると，改革の当初は，実態としては軍事援助と経済協力関係者両者の間での接触はあまりなかったという．しかしコートジボワール内戦の際に中断したフランスの援助を再開するにあたり，関係する2つの部局で共同行動するとの決定がなされた．また，停止していた対ニジェール援助再開の

際のミッションには，地域局，政治総局，経済協力担当総局の3者から成るミッションが派遣され，共同で再開後のプログラムの策定を行い，フォローアップの体制がつくられた．これによって，治安維持の分野で，司法・警察・憲兵隊とも連携した一貫したプログラムを形成する可能性が開かれた［Assemblée nationale 2001: 15］．しかし他方では，従来は協力省内の会議において軍事協力関係者と経済協力関係者は接触していたものが，新体制においては，軍事協力関係者が経済協力の会議に出席することがほとんどなくなってしまったとの指摘もある［Bagayoko and Kovacs 2007: 80-81］．

　組織の側面だけではなく，アフリカ向け軍事協力の目的に変化がみられるようになったことも，インターフェース形成の面で重要である．1998年12月の政府の国防会議は，世界の地域ごとに軍事協力の新たな方向性を策定した．中東欧においては諸国の軍隊におけるフランス語の普及，フランス製の兵器の促進，北アフリカにおいては安全と安定に重点がおかれたのに対して，サハラ以南アフリカについては，開発が最重要目標として掲げられたのである．そのために国家の防衛，人・財産の保護の能力の向上を目指すとともに，軍を法治国家の建設と発展の中に組み入れるとしている［Bagayoko and Kovacs 2007: 11］．

　予算の面でも新たな展開がみられる．軍事協力予算は従来から一部は協力省予算として計上されてきていたが［Dumoulin 1997: 44］，1990年代後半には治安維持に関する軍事協力は優先的連帯基金（FSP: Fonds de solidarité prioritaire）[32]（複数年度式のプロジェクト援助向けの別予算）からも予算を得ている．協力省は1995年に1448万ユーロ（当時9500万仏フラン）を治安維持部隊向けの装備支援として当時のFACから得ていた［Dumoulin 1997: 44］．さらに国防省に所属する憲兵隊（gendarmerie）による治安協力における物資の支援についても，外務省軍事防衛協力局が関係する場合は全額，国防省によるものについては国内治安に関するもののみFSPからの計上が認められている［Assemblée nationale 2001: 19］．このように当初から純粋な経済協力予算であったFSPからの支出が認められるようになったことは，少なくとも国内治安維持に関しては，開発予算の枠内として考えられるようになった（軍隊への支援はまだ認められていないが）ことを示している．さらに2002年には，予算項目に「例外的活動，危機後支援」（Titre IV, ch. 42-37, art. 52）が設けられた．2004年予算には「危機脱出後の諸国への援助」（Titre VI, ch. 68-91, art.30）が導入された（これはFSP予算に属する）．そしてフランス政府は，これらはODAとしてカウントされるべきであるとG7やDACの場に

おいて主張したのである．しかし同時にフランスは，平和維持のあらゆる項目がODAとされるべきではないとの主張も行っていた［Wilzer 2004: 23-37］[33]．

さらにフランス政府は，アビジャン・ライン（第4章参照）をポスト・コンフリクト国に対しては修正し，IMFからのポスト・コンフリクト関係での支援を受け次第，支援を供与するとした．2002年にはブルンジがこうしたフランスからの予算支援を初めて受けた［Raffinot and Roselini 2007: 461-462］．

こうした組織・目的・予算上の変化の他に，インターフェースの具体的な内容であるプログラムの面でも新しい展開がみられた．最も大きな変化は，紛争後の平和構築に関する部局が設置され，開発援助予算に依拠したプログラムが実施されるようになったことである．フランスは，2004年に行われたDAC援助審査において，紛争と開発の関連領域に積極的に取り組む姿勢を示していたが，2005年に外務省の開発担当総局の民主的ガバナンス課に紛争予防・復興室（bureau）を設置して専任で担当する体制を整備した．さらに2006年に発行された戦略文書である「民主的ガバナンス」（第7章参照）において，平和と安全保障の問題が初めて取り上げられ紛争予防が領域横断的課題として位置づけられた．

DACにおける議論の焦点が「脆弱国家」に移ったことを受けて，フランス政府内では外務省，国防省など関係政府機関との間で協議・調整が行われるようになった．フランスのアプローチは，6つの脆弱性の観点から状況を分析し，対応を検討するというものであった．すなわち，①法の支配の欠如，②国家能力の欠如，③正統性・代表性の欠如，④脆弱な経済，⑤脆弱な社会，⑥地域的文脈，の6つの基準から，ハイチ，コソボ，ニジェール，マリ，チャド，中央アフリカ，スーダンなどが分析対象とされた（しかし他のドナーのように網羅的に脆弱な国家をリストアップすることはしていない）．また2007年からは，SSRやDDRについての省庁間での検討が始まった．フランスはアフガニスタンにおいては，イギリスやドイツのような独自のPRTは展開しなかったが，安全保障と開発援助を関連づけた類似のプログラムが展開された[34]．

(2) インターフェースの問題点

フランス政府関係者が当初から自ら指摘してきたように，フランスのSSRやDDRなどを含む紛争後の諸問題への対応は必ずしもスムーズなものではなかった．たしかにフランスは，経済援助・軍事援助ともに外務省で一括して担当する体制を機構改革によって整えたが，安全保障に関する最も重要なアク

ターである国防省との調整に関しては以前と状況はほとんど変わっていない．シャテニエ（当時協力相官房長）は次のように問題状況を指摘している．

「SSRは，歴史的にフランスは介入主義的なのでやりやすそうだが，実際にはめだった動きはない．政策文書も発言もほとんどない．その理由は，この分野が，行政的に最も分裂しているからである．各省がバラバラに行っていて全体を包含する戦略などは打ち出せない．特に，軍事協力が外務省の中で開発担当部局でないところで扱われるようになったため，開発の視点で軍事協力を全体的に位置づけることができない．また1990年代の軍事協力がひき起こしたとみられる一連の事件（ルワンダなど）の罪悪感がある」［Châtaigner 2006］.

主たる危機時には，フランス政府は，省庁間の調整メカニズムを設定した．コソボ問題への対応においては，首相の下に省庁間調整官が設置されて，調整が図られた．その背景として，軍事的要素が重要であったため首相直属の調整が必要になったことが挙げられる．アフガニスタンでは，調整は外務省主導（副次的に財務省）で行われた．現地における軍事・非軍事セクターの連携はあまり機能しなかったとされる．イラク戦争後の復興においては，この2つの経験の中間といえる形(外務省に省庁間調整の機構を設ける一方で，アドホックなミッションが首相直属の機関である政府国防事務局（Secrétariat Général de la Défense nationale: SGDN）に設けられ，復興の経済的側面を担当した［Bagayoko and Kovacs 2007: 43-44］.

このようにインターフェースの4番目の構成要素であるミクロ・レベル（第8章参照）での国防省との間の役割分担に関しては，アドホックな対応にフランス政府は終始してきており，課題を残している．

6　フランスによる適応の位置づけ

このようにフランスにおける安全保障と援助のインターフェースは主として援助関係者からのイニシアティブによって，国際的動向に沿う形で形成されたものであった．しかしイギリスのように政府全体のアプローチがとられておらず，さらに国防省予算・組織との調整があまり進んでおらず，フランスのインターフェースの形成は限定的なものにとどまっているのが現状である（フランスの平和・安全保障関連ODAの金額は表8-1参照）．そのためインターフェース形成の

促進者であった援助関係者（シャテニエ）は，「開発の全体的な観点からこの問題を包括的に扱えない」と嘆いている［Châtaigner 2006］．

このことは，逆にいえば，フランスでは軍の独立性が強いことを示しているとみることができる．実際，下院の報告書が，今後軍事協力は，外務省ではなく，一貫して国防省が担当するのが望ましく，またそのように推移するものと予測しているのは示唆的である．

このようにフランスの事例が示しているのは，歴史的に軍事分野と不可分のものとして開発援助が考えられてきた植民地期以来の体制にもかかわらず，開発援助と安全保障のインターフェースの形成が，遅々としか進展していないということである．フランスの場合には，米国におけるような軍事側主導によるインターフェースの形成でもなく，イギリスのように主として援助側からのイニシアティブによる軍事分野の取り込みも起こっていない．その意味で，フランスの事例は，米国型（軍事主導），イギリス型（援助主導）の中間にあたるといえるであろう．

米国との類似性にもかかわらずフランスで軍事と開発のインターフェースがあまり発達しなかった背景としては，フランスは，米国の場合のイラクやアフガニスタンに相当するような状況を抱えていなかったことが指摘できる．さらに，フランス軍は，ルワンダでの苦い経験から，アフリカにおける軍事協力などに極めて慎重になっていたことも指摘できる．しかし最も重要なのは，国防省の自立性が強く，他省庁との協力に消極的であることである．フランスにおける官僚制の割拠主義によって，現在のところ，フランスでは開発援助と安全保障の更なる協力関係の進展は妨げられているのである．

注

1） 第8章参照．USAIDは1967年には南ベトナムに米国人スタッフ1856人（他の省庁からの出向者や現地職員を含めると総計で7575人）をおき，予算も4億9500万ドル（1967年）に達していた［Ekbladh 2006］．CORDSの設置にあたっては，USAIDなど非軍事政府機関が軍事的作戦に参加することに最後まで抵抗したため，ジョンソン（Lyndon Baines Johnson）大統領が命じてようやく実現したという［Moyar 2009: 156］．
2） 国務省はSSRを民間企業（DynCorp International）にアウトソーシングしていた．主権国家が他の主権国家の軍隊を養成するための作業を民間企業に委託したのは歴史的にも稀であろう［McFate 2010］．
3） 第一次インドシナ戦争（1947-1954年）でのベトミンとの戦闘からフランス軍関係者の間で形成され，アルジェリア戦争（1954-1962年）で実施された対反乱戦争の背景にあっ

たのが「革命戦争」のドクトリンである．これはアフリカではコンゴ独立戦争時にベルギー軍によって採用され，その後もアフリカ各地でフランス軍によって採用された．ゲリラとの間で都市・農村において全面戦争を行っているとの認識の下で，住民の平定が目標とされ，軍事・非軍事要員が協力して心理作戦を展開することが内容である．「革命戦争」については多くの研究があるが，そのルワンダ内戦（1994年）への影響を射程に入れて論じたものとしてPériès and Servenay［2007］がある．
4）この点ではイギリスも第二次世界大戦後のマレー（当時）における対反乱戦の経験から一定のドクトリンを形成し，米国によるアフガニスタン戦争・イラク戦争においても参照された．この点については，青井［2013］を参照．
5）米国によるイラク戦争における対反乱戦争（COIN）の文脈で，過去の対反乱戦争への米軍（特に海兵隊・陸軍）による言及が，実際には米軍内部での主導権争い（空軍の優位に対する海兵隊・陸軍の反発）や，アドホックに実際にはなされた米軍の行動を事後的に正当化する機能を果たしていたとの主張は，Taillat［2014］にみられる．
6）この項の記述は，Bangoura［2002］に依拠している．
7）ただし実際には仏領西部アフリカ（AOF）全体からの兵を指していたので，今日のセネガル人のみから成るのではない［Echenberg 1991: 7-8］．
8）Communauté．フランス共同体ともいう．
9）Godfrain［2001: 411］に引用されている．
10）具体的な見返りとしては協定締結国から軍事基地の提供などを受けることを指している．"Lettre de Michel Debré au Général De Gaulle," le 21 avril 1961, Fonds Michel Debré, CHEVS 2 DE 30, quoted in Meimon［2007］．
11）この間の経緯についてはEvrard［2016］に詳しい．
12）バガヨコ・ペノンは，フランス軍の目標は，介入拠点の防衛を主眼とした「群集の管理」（"maîtrise des foules"）であるとした上で，現地の国民を潜在的に敵対的行動を起こす可能性のある存在としてとらえる点は，アフリカにおける独裁政治の文脈で移植されると，軍の反民主的・抑圧的な性格を強化することにつながったとしている［Bagayoko-Penone 2003: 303］．
13）この点については，Meimon［2007］を参照．
14）この点では，第4章で言及した米国やソ連の勢力圏と基本的に類似した構造をフランスの勢力圏＝アフリカ政策が有していたことが想起されよう．ソ連においては，東ヨーロッパなど共産圏に関する外交は，外務省の管轄ではなく，共産党及びKGBが担当していたのであり，制度的にもフランスのアフリカ政策決定体制と類似していた．この点については，Aspaturian［1971: 605］を参照．またソ連・東欧関係を主権国家間関係に収斂しないヒエラルキーの関係として取り上げているHobson and Sharman［2005］の研究も参考になる．
15）MMCは1966年に協力省に設置され，歴代の長は，全て海兵隊の将官であった［Godfrain 2001: 412］．
16）加茂［2014］は，フランスが独立直後の旧仏領アフリカ諸国に対して行った総体的な支援を意味する「コーペラシオン」を説明する中で，経済協力と軍事・安全保障協力の密接な関連を指摘している．

17）「つぎはぎ」（patchwork）の概念は，エリティエによるEUの（規制）政策分析において，メンバー国の様々な政策スタイルが統合されることなくそのまま並列していることを指すものとして使われている［Héritier 1996］．ここでは，エリティエのように水平的に並列しているとのイメージではなく，従来からの政策との関連という垂直的な意味で用いている．過去の政策との整合性が特に問われることなく最低限の対応が積み重ねられる形で政策が変化することを指す意味で用いており，本書の序章で触れた「重畳」（layering）の概念に即している．
18）シュベヌマン（Jean-Pierre Chevènement）国防相はフランス政府の湾岸戦争参加決定に抗議して1991年1月29日に辞任した．
19）フランスが徴兵制を採用していたためイギリス軍に対して遅れをとったとの認識は，国防省関係者だけでなくシラク大統領自身によっても共有されていた［Irondelle, 2011: 186-187］．
20）旧ユーゴスラビアに展開した国連保護軍（UNPROFOR）は，フランスのPKO政策にとって，これ以降してはならない例として政策決定者によって内面化されることになった［Tardy 1999］．
21）トルコ石作戦へのNGOなどからの非難がいかに関係者に多大なインパクトを与えているかは，同作戦の指揮官であったラフルカド将軍による2010年の回顧録出版自体がそうした非難への反論・弁明のためであることからも窺い知ることができる［Lafourcade and Rifaud 2010］．
22）フランス下院による調査報告書参照［Assemblée nationale 1998（CD-ROM版）］．
23）なおルワンダでの経験は，フランスにとってはルワンダ愛国戦線に対するフランス軍の軍事的敗北も意味しており，「屈辱」として認識されてもいる［Bagayoko-Penone 2003: 227］．
24）現在の安全保障・防衛局（Direction de la coopération de sécurité et de Défense）．
25）http://www.bpst-ea.com（2011年7月10日アクセス）．
26）http://www.state.gov/p/af/rt/acota/index.htm（2011年7月10日アクセス）．
27）南部アフリカ開発共同体（SADC）を対象にしたタンザニアで行われた2002年度の訓練にはイギリス，ベルギー，オランダ，ポルトガル，スペイン，デンマーク，ドイツが財政・物資支援を行った［Possio 2007: 229-231］．
28）その内容は以下にある．"Communication from the Commission to the Council, the European Parliament and the European Economic and Social Committee - EU Strategy for Africa - Towards a Euro-African Pact to Accelerate Africa's Development," SEC (2005) 1255.
29）この点については，Haastrup［2010］を参照．「RECAMPのヨーロッパ化」というよりは，正確にはAUの待機軍（The African Standby Force of the African Union）への支援をEUが担当するという役割分担（いくつかのAU各国軍への支援は二国間の枠組であるRECAMPが引き続き行う）を意味している．またEURORECAMPはパリに本拠をおき，フランス軍人（将官）が局長をつとめ，イギリス人士官が次長をつとめていた［Chafer 2014: 517］．
30）イスラエル軍などと比較して，フランス軍は民生業務にはほとんど携わらなかったと

いう．駐留地での軍事状況が厳しかったため，そのような余裕はなかったのだという．
31) これらの例外的事例は，MMC局長をつとめたリゴ将軍による以下の文章に紹介されている［Rigot 1998］．他方，フランス軍自体が，駐留していたアフリカ諸国において道路工事など大規模工事を行ったとの指摘もある［Chipman 1986: 67］．
32) これは協力援助基金（FAC）を引き継いだもので，以前は財務省の管轄であったが，今日では外務省が管轄している．
33) ただし協力相であったウイルツアーに対しては，フランス開発庁AFDの幹部であったシャテニエは批判的な見解（「ODAの独自性を維持しなければ，援助は防衛・安全保障の単なる部品になってしまうおそれがある」）を示しており，フランス政府内において意見の対立があったことが窺える［Châtaigner 2006］．
34) アフガニスタンのカピサ（Kapisa）谷地域でフランス軍によって展開された［Michailof and Bonnel 2010: 240］．

終　章

21世紀初頭の先進国・途上国関係と
途上国の主権

1　開発援助アジェンダの政治化と先進・途上国関係
　　　――変化の中の継続性――

　開発援助の歴史をみれば，1970年代初めにベーシック・ヒューマン・ニーズ（BHN）によって先進国側は途上国の社会政策分野への介入を深めた．1980年代には，途上国の債務問題への対応からIMF・世界銀行によって導入された構造調整によって，途上国の経済政策面での自立性は浸食された．そして本書で検討したように1990年代になると，民主主義・ガバナンス，紛争・安全保障が開発援助の課題として取り上げられるようになり，先進国側から途上国の国内政治への介入が進むことになったのである．こうした開発援助の歴史は，たしかに政策決定の自律性という意味での途上国の主権が実質的に浸食されてきた過程に他ならないであろう．

　本書で検討してきた開発援助アジェンダの政治化は，こうした開発援助の成立以来の展開の中では，最新のそして（おそらく）最終的な段階を意味している．それでは開発援助の歴史は，途上国の主権が先進国側によって一方的に侵食されてきたものと考えるべきなのであろうか？

　先進諸国の政策に焦点を合わせた本書では途上国側それ自体は対象としていないが，そもそも民主主義・ガバナンス・安全保障が開発援助のアジェンダとして形成されたのは，途上国側が問題解決の必要性を共有し，先進諸国に支援を要請していたという背景があったことは指摘しなければならないであろう．途上国側は，費用のかかる自由選挙の実施，ガバナンスの整備，安全保障機構の整備などにかかる費用の支援を先進国側に求めたのである．

こうした途上国側の姿勢の意味を理解する上で，フランスのアフリカ研究者バイヤールの議論が参考になる［Bayart 2000; Brown and Harman eds. 2013］．バイヤールによればアフリカ諸国は，先進諸国との間で資金を求めて一貫して駆け引きをしてきたのであり，冷戦時には「東西どちらにつくか」を取引材料として先進諸国から資金を引き出してきた．そして冷戦中の戦略的重要性がなくなった冷戦後の世界においては，民主主義，貧困，人権，脆弱国家など先進国側が掲げるアジェンダを利用して政治的（政権維持）・経済的（資金獲得）目的のために先進国を利用してきた面があるというのである．こうした議論によれば，開発援助アジェンダの政治化という過程は，先進諸国による途上国の主権への関与の増大というよりも，途上国側が先進諸国をむしろ利用してきたものとして理解すべきものとなる．

さらに本書で焦点をあわせた先進国側の政策の事例研究からは，先進諸国による「自制」とでもいうべき姿勢を見出すことができる．すなわち，先進諸国による途上国の内政への関与が進んだ一方で，途上国の主権尊重の要素も見出すことができた．本書で取り上げた開発援助アジェンダの政治化は，たしかに一面では定着した感がある．DACでは，ガバナンス支援と平和支援は同一の援助カテゴリー（援助セクターとして）として取り上げられており，2012年にはこれはセクター配分された援助額全体のセクター別で最大（17.5％）の項目となっている．このように1990年代以降には，開発援助は，従来考えられなかったほどに，途上国の内政に直接関与することが常態となったのである．しかしその反面，本書の事例研究で検討した政策変化の背景・過程の分析は，先進諸国による途上国内政への関与についてむしろニュアンスがみられたことを示している．すなわち，先進諸国による開発援助を通じた途上国の内政への関与にむしろ慎重な姿勢が一貫してみられたのである．

第Ⅱ部で検討した開発援助と民主主義のリンケージに関しては，まずDACは，先進諸国のみの集まりであることから，民主化支援へ取り組むのに際して，他の国際組織と比べて，踏み込んだ議論が行いやすいものと考えられた．

しかし実際には，DACの対応ぶりは極めて慎重なものであった．DACの組織的特徴（代表・文化）を反映して，途上国の主権に関わる事柄に関しては，逆に「発言すべきでない」という空気が醸成されていたのである．こうしたDACの組織文化は，DACに集うメンバー国の援助機関の文化を反映したものでもあった．またドナーとしてのフランスの開発援助と民主化・ガバナンス支

援の関わりは，旧植民地宗主国としてのパターナリスティックなもので，政府機構強化を中心としたガバナンス支援に偏重したものであった．それだけに1990年代以降に現れた民主化支援という枠組みの下では，フランスは途上国の自主性をむしろ強調するようになり，アフリカ諸国の独立から一貫して行ってきた内政への関与にむしろ慎重になっていったのである．

　こうした介入に慎重な姿勢の背景にあるのは，途上国の主権への配慮である．開発援助と民主化のリンケージにおける主権の問題は，民主化の国際的側面を研究したホワイトヘッドによって，援助と主権の「厄介な連結」("awkward coupling") とよばれた．すなわち，途上国で民主化を進めるためには現状では主権国家が問題をはらみつつも必要であり，避けて通ることができないというのである［Whitehead 2010］．そのため，民主化支援援助は今後予見できる数十年間は，途上国の主権に配慮し続けなければならないであろうという［Whitehead 2010: 30］．

　それでは次に第Ⅲ部で検討した開発援助と軍事・安全保障のリンケージについては，どのようなことがいえるであろうか？　主権の中核である安全保障分野においても先進諸国の関与が例外ではなくなったという点からしても，先進諸国による開発援助を通しての途上国の内政への関与は，着実に進展したといえるであろう．

　しかし同時に指摘しなければならないことは，DACにおいては開発援助と安全保障のさらなる政策統合については，メンバー国の意見対立が引き続きみられたのであり，その背景にはメンバー国の軍事組織と非軍事組織の間の制度・文化的バリアの存在があったという点である．フランスにおいても国内官僚制度の割拠主義によって，開発援助は現在のところ安全保障との一層の融合は進まない状況にある．紛争・安全保障問題への対応を通して開発援助による途上国の内政への関与は一層進行したが，国際開発協力体制にビルトインされた軍事と非軍事の峻別が更なる援助と安全保障の融合を阻んでいる．

　DACの場合には，それは組織の特徴から導き出されたものであり，「自己抑制」と呼ぶことができるものであった．これに対してフランスの場合には，より錯綜した事情がみられた．援助政策一般においては，たしかにフランスはDACによって示された原則に沿う形で，開発援助を通じて途上国の内政への関与を引き続き行うことになった．しかし本書で主として取り上げたアフリカ諸国との関係では，そもそも独立の出発点からこれら諸国の主権がフランスに

よって制限（軍事・通貨分野においては公式に，その他の分野においては非公式な形で）されていたことから，1990年代以降にはむしろアフリカ諸国の自立性の進展がもたらされることになったのである．

こうした途上国の主権への関与についての逡巡は，他の先進諸国・国際機関にも程度の差こそあれ共通していた．終章においては，こうした変化の中における連続性を，9.11以降の先進諸国における途上国の主権についての考え方の中に位置づけることを試みたい．

以下では，第1章で検討した先進諸国における世界認識が9.11以降にどのように変化したのか，そして先進国の対途上国の認識・政策において鍵を握る問題として途上国の主権をどのように考えたらよいのかを検討していきたい．

2　2000年代以降の国際政治認識と政策配置

本書で取り扱ってきたのは，主として1990年代における先進諸国の途上国に対する姿勢・政策であるが，2001年9月11日の同時多発テロによる衝撃とその後の米国主導による対テロ戦争をふまえた展開についてここで論及しておきたい．

2001年以降に米国で世界の分裂に関して新たな議論を展開したのは，ブッシュ政権（ジョージ・W.）下で影響力があったといわれるバーネット（Thomas P. M. Barnett）である［Barnett 2004］．バーネットによれば，世界はグローバル化に対応できている「機能する中核」(functioning Core)とグローバル化の規則のセットに対応できない「非統合的周縁」(non-integrating Gap)に分かれるという．そして，紛争の火種はもっぱら後者から発生するとして，そうした地域（イラク，アフガニスタンなど）に備えるべきだと主張した．バーネットの主張は政治的には，ブッシュ政権（特に国防総省）によって参照されることになったが，中核と周縁の区分の根拠をグローバル化（政治的，社会的，文化的側面もあるとするが，最も重視されているのは経済的側面である）に求めており（中国も中核とされている），純粋にリアリズム的観点からの議論とはニュアンスが異なっている．バーネットは，1990年代の論者とは異なり，周縁地域を米国など先進諸国の安全保障にとって最も重要であると位置づけ，米国の積極的な介入を求めたのである[5]．

さらに，バーネットと同じようにグローバル化という要因を重視しつつも，国家による主体的な対応の可能性を重視する議論を展開したのが，カーナによ

る『第二世界』である［Khanna 2008］．カーナによれば，世界には一方に明確な先進国が存在しており（「第一世界」），OECD加盟諸国がそれにあたるが，加盟国であってもメキシコとトルコは明らかに「第一世界」ではないという．他方，明確な途上国（「第三世界」）は，国連によって定められる後発開発途上国（least developed countries）が全て含まれる．この両者以外の国は100以上あるが，「第一世界」に上昇できるかもしれないし，「第三世界」に転落するかもしれないという．カーナもバーネットと同様にグローバル化への対応能力の違いが要因として最も重要であるとする．カーナによれば，バーネットは，指導者が変化をもたらす可能性を無視しているというのである．1人あたりGNIが3000ドルから6000ドルに位置する，これら「第二世界」での帰趨が，これからの世界の命運を握るとするのである．このようにカーナの議論は，ウォーラーステインの世界システム論における「半周辺」（semi-periphery）を彷彿とさせるものがあり（中心，周辺への移動可能性を想定する点で），中間に位置する「第二世界」に着目するものとなっている．

　次に，政策類型との関係ではどのような変化があったのかをみていきたい．対テロ戦争を宣言した米国に対して，当初は，先進諸国は，ほぼ一致して対アフガニスタン戦争を支持した．第1章でみた政策類型で主権を尊重する立場にたつ左派慎重派（①）および右派慎重派（②）も，武力行使という手段にとまどいつつも，特に大きな反対を示すことはなかったといえるであろう．米国でのテロは他の先進諸国にとっても決して他人事ではなく，アフガニスタンがタリバン政権の下で国際テロ組織アルカイダに基地を提供していたとの明確な事実関係があり，米国でのテロが未だに記憶に新しい状況の中では，武力行使という手段について留保をおきつつも，特に大きな反対の声は聞かれなかった．これに対して世界の世論を分裂させることになったのが米国によるイラク攻撃（第二次湾岸戦争）である．

　イラク戦争は失敗であったとの評価が今日では米国内外で確立した感があるが，さまざまな論者のニュアンスの違いを分析するためには，彼らが開戦当初にとっていた態度も検討することも必要であると思われる．

　左派慎重派と右派慎重派の論者たちは，イラク戦争には当初から批判的であった．伝統的左翼論者は，確たる証拠もなく国連をバイパスしてでもイラクを攻撃しようとする米国の姿勢に，「帝国」の野望をみた[6]．リアリストたちの

多くは，ネオコンと呼ばれるグループが「中東を民主化して，中東秩序を塗り替える」と主張する姿に，冒険主義的で危険な兆候をみてとっていた［久保 2007: 29-31］．さらにリバタリアン系のシンクタンクであるCato Instituteの所長であったニスカネン（Bill Niskanen）は，イラク戦争は不必要な戦争であるとして反対の論陣を当初から展開していた．

　これに対して右派介入派（③）と左派介入派（④）は多くの点で当初は一致した態度をとっていた．米国のネオコン論者は，イラクの民主化を目的に掲げていた点で，ネオリベラルの主張と一見極めて近い立場であった．しかし，米国のネオコンが狭い国益の追求（しばしばイスラエル寄りとされる）の隠れ蓑にイラクの民主化を掲げているのをみてとり，あるいは国連を無視して手続き的にあまりにも強引なやり方をとることに反発し，ネオリベラルの立場にたつ論者たちは，引き続きイラク戦争に賛成する者と，反対する者との間に分裂することになった．この点で示唆的なのは，同じハーバード大学のカー人権研究センターに所属していたイグナティエフとパワー（Samantha Power）の立場の相違である．イグナティエフは対イラク戦争を当初から支持していたのに対して，パワーは，国連による介入とならなかった点や，一般民衆の犠牲者がでることを憂慮して，反対の立場をとっていたのである．

　イグナティエフと同様の積極的な介入主義的リベラルとしてはバーマン（Paul Berman）とベイナート（Peter Beinart）を挙げることができる．

　まずバーマンはその代表的著作である『恐怖とリベラリズム』において，西欧の全体主義（ナチズムやボルシェビズム）が現在のイスラム過激派によるテロにインスピレーションを与えているとして，全体主義に対する戦いの観点を強調する［Berman 2004］．バーマンは自らを「好戦的リベラル」（"pro-war liberal"）と評しており，ブッシュ政権による対イラク戦争も全体主義に対する戦いの一環として支持した．バーマンは以下に述べるフランスやイギリスの国際介入主義的論者たちとネットワークを形成している点も注目される．

　もう1人の介入主義的リベラルの代表的論者であるベイナートは，イラク戦争を当初支持していたが，その後態度を変え，自らの立場は誤りであったと認めている．その理由は，ニーバー（Reinhart Niebuhr）が主張したように，米国はパワーの行使において謙虚であるべきとベイナート自身が考えるにいたったためであるという．他方では，ベイナートは，ベトナム反戦運動によって生まれたニューリベラル（反帝国主義的リベラル）は全体主義との対決を避け，国内

への回帰を説くだけであり，米国の偉大さという米国民が求める要求に応えることができないと批判する．保守主義の側は，強い米国を掲げるなど本来的に外交政策において米国民にアピールする内容をもっているとし，イラク戦争後の米国でリベラル側がいかに海外において人権，民主主義に引き続きコミットできるかが問われているとするのである．したがってベイナートは，現在のイスラム過激派という新たな全体主義と戦うために，介入主義的リベラルの原型である冷戦リベラルに倣わなければならないとするのである［Beinart 2006］．[11]

バーマンとベイナートらのタカ派リベラルについては，リーベンらによる批判が参考になる．リーベンらによれば，バーマンは世俗的アラブ主義，イランのシーア派，スンニ過激派をひっくるめてムスリム全体主義であるとしたのに対して，ベイナートはイスラム全体主義との用語法を用いるものの，その後の著作ではアルカイダのもととなったサラフィー主義のみをもっぱら対象としている．このような違いはみられるものの，2人はこれら全体主義との戦いを冷戦時における全体主義との戦いの継続として位置づけ，対決することを民主党に対して求めている点では変わりない．彼らの主張はネオコンとほとんど重なっており区別するのは困難である，とリーベンらは指摘している［Lieven and Hulsman 2006］．

フランスにおいても，サルコジ政権の発足はフランスにおけるネオコンの登場と称されることがある．外交においても民主主義・人権といった価値を掲げており（フランスの国益に沿った形ではあるが），ブッシュ政権との間で一定の親近性がみられた．イラク戦争に関しては，サルコジ自身は反対の立場を示してきたが，その内実は支持に近いものであったともいわれる［Aeschimann and Boltanski 2006: 284］．

こうしたフランスにおける新保守主義的な傾向は，政治家に限定されるものではなかった．伝統的に左翼的な傾向が強いフランスの知識人の間で，「知識人の保守化」あるいは「新反動主義」などとよばれる動きが今日みられる［Lindenberg 2002］．その代表的な論者であるグリュックスマン（André Glucksmann）は，9.11以降の世界の課題は，西側全体が団結していかに西側文明を守ることができるかにあるとして，米国のイラク戦争を支持し，当時のフランス政府（シラク大統領）の立場を批判した．[12]グリュックスマンは，作家で「第三世界主義[13]」の批判で知られるブリュックネール（Pascal Bruckner）らと共同で，2003年4月に『ル・モンド』紙に寄稿し，バグダッド陥落後の情勢をふまえて，

開戦に際してのフランス政府，世論の対応を厳しく批判した[14]．フランス国内で少数派であった彼らは，その後他の知識人，政治家，宗教家らの参加を得るようになった[15]．こうした動きは，「オラトリオ・サークル」(Le Cercle de l'Oratoire) とよばれるグループ形成に至り，同サークルは2006年に新しい雑誌 (*Le Meilleur des Mondes*) の創刊に至った．この雑誌は，フランスにおけるネオコンの牙城と一般に考えられた[16]．その後イラク戦争の評価をめぐって，自己批判の論説を掲載して同誌は2008年に休刊することになった．

　その一方でフランスにおいてネオリベラルの立場にたつ論者も存在する．彼らは，米国におけるネオリベラルと同様に，フランスの国益の有無にかかわらずアフリカなどで無視できない人権侵害があれば先進諸国の介入がなされるべきだと主張した．イラク戦争に関しては，ネオコンが分裂したのと同様に，ネオリベラルも意見が分かれた．一方の代表的人物はクシュネルである[17]．クシュネルは，NGO「国境なき医師団」創設者であり，ミッテラン政権下で保健相等を務め，また1999年7月-2001年1月に国連高等代表としてコソボの暫定統治にあたった．そしてサルコジ政権において外相に就任した．イラク戦争に関しては，当初から一貫して米国の政策を支持し，これに反対してきたフランス政府の立場に異を唱えてきた．クシュネルは，クルド人を大量虐殺したイラクのフセイン政権は，武力をもって転覆されてもやむをえないとしており，人道上の理由から米国の行動を支持した[18]．他方，メデイアで活躍するなど「行動する哲学者」であるアンリ・レビ (Bernard-Henri Lévy) は，当初はイラク戦争を支持したものの，その後反対の立場を明確にしていった．しかしレビは同時に，ボスニアへの軍事介入やコソボをめぐるNATOによる空爆を先頭にたって支持していたのである．またシラク大統領によってアフガニスタン政策に関する報告書のとりまとめを依頼されるなど，途上国の人権問題を理由とする先進諸国の介入に積極的な姿勢を示してきており，ネオリベラルと呼ぶことができる[19]．さらにレビは，リビア介入を主導したフランスの政策に大きな影響を与えた[20]．しかし，対イラク戦争に関しては，クシュネルと異なり反対の立場を示したのである．

　イギリスにおいては，イラク戦争における労働党ブレア首相のリベラル国際主義が批判を受け，後退したのに幻滅して，米国流の新保守主義をイギリスで掲げる動きが表面化した[21]．2005年に設立された保守系のシンクタンクであるヘンリー・ジャクソン・ソサエティは，市場主義を信奉するとともに，海外にお

ける人権・民主主義などの諸価値を場合によっては軍事的手段も含めて実現すべきことを掲げている[22]．イギリスにおける海外での介入主義の主張が，ブレア首相率いる労働党によって1997年から2007年まで体現されてきたが[23]，保守側においても主張されるようになってきたものとして注目される．

　他方イギリスにおける左派の側からも，ブレア後の反戦リベラルを批判する介入主義的リベラルの動きもみられる．2006年に「進歩派」のイギリスの知識人・ジャーナリスト・活動家の一部は，「ユーストン・マニフェスト」を発表し，左派の一部がイラク戦争，パレスチナ紛争などをめぐって過剰な反米主義に陥っていると批判した[24]．同マニフェストに署名したコーエンによれば，本来抑圧される側の味方であるべき左派が，ボスニア空爆をめぐってむしろ米英を批判するのに夢中でセルビアによる虐殺を看過し，さらにブッシュ政権やブレア政権によるイラク戦争を断罪するのに熱中して，フセイン政権によるクルド人虐殺を見逃してしまったというのである．そしてコーエンはファシズムにかつて抵抗した左派はどこへ行ってしまったのかと問うのである［Cohen 2007][25]．

　ドイツにおいては，米国，イギリス，フランスと異なり，対外干渉については左右を問わず慎重な見方が根づいている．そのため人道的介入やイラク戦争に関しても，介入に積極的な主張を行う者は極めて少数であった．そうした中で転換点となったのはユーゴスラビア問題へのドイツの対応をめぐってであった．特にコソボ問題において，ドイツは初めてドイツ軍を海外派遣し，武力行使を容認したが，この転換は左派政権（社民・緑の党連立政権）によってなされたのであった．

　この転換を主導したのが，緑の党のフィッシャー（Joshka Fischer）外相であった．フィッシャーは，それ以前はナチスによるアウシュビッツを繰り返さないとの教訓から，ドイツ軍の海外派遣，武力行使には反対であった．しかしコソボでのアルバニア系住民の悲惨な状況を目の当たりにして，アウシュビッツの教訓とは，惨劇を止めるために外部から介入する必要性を示しているとの認識をもつようになった[26]．緑の党の内部では，コーンベンディット（Daniel Cohn-Bendit）はフィッシャー以前から，人権を擁護するためにドイツ軍の海外派遣が場合によっては必要となると主張していた[27]．

　このようにドイツの左派における海外武力行使容認に道を開いた2人であったが，イラク戦争には両者とも反対の立場であった．ドイツではブッシュ政権のイラク戦争に反対の世論がコンセンサスであり［新谷 2004][28]，コーンベン

ディットとフィッシャー外相はともにイラク戦争に反対の立場をとったのである.[29]

3 途上国の主権の行方

　第1章でみたように，先進諸国における90年代以降の対途上国関係をめぐる立場の類型は基本的に右派慎重派（リアリスト，孤立主義者など），左派慎重派（伝統的左翼），右派介入派（ネオコン），左派介入派（ネオリベラル）に分けることができるが，これらの思潮の展開においては，世界がグローバル化することへの対応が最も重要な要因であるといわなければならないであろう.[30]

　グローバル化する世界では，伝統的な意味での国益の追求はますます一国内で完結することが難しくなってきている．米国のように本土が直接的な武力による攻撃の脅威にさらされることがなかった国においても，9.11以降「本土防衛」が課題とされる中で，国際的なテロ・ネットワークと戦うためにアフガニスタン，イラクや，アフリカ各国（ソマリア，エリトリア，エチオピア，スーダンなど）への関心・関与を高めていった．ましてやグローバル化の下で，「自国民の保護」という伝統的な国家の機能の1つですら，もはや一国内において完結しないことは，外国人を狙ったテロによる殺害や誘拐が世界各地で頻発しているのをみればわかるであろう．このような状況が進むにつれて，本来狭い意味での国益の増進をはかることを第一に考える先進諸国の国内保守派においても，国境を越えた関与が必要であるとの主張が増大してくることになった．そのような動きの1つとして，右派介入派（ネオコン）の登場を考えることができるであろう．

　しかしグローバル化が進む世界では，普遍的な人権を掲げる主張も高まることになった．グローバル化による価値の平準化（西洋型の文化の拡張）が不可逆的に進むのかどうかは，イスラム世界など世界各地において近代西欧に対する反発がみられることからも，その帰趨は必ずしも明らかではないであろう．むしろ世界は多様な文化の再発見とその尊重という方向に向かっているのであろう．しかし，グローバルな経済活動を保証する基本的な条件（生命の尊厳，法の支配など）は，いかなる国においてであれ厳しく要求されていくことになろう．このような人権に関する意識のグローバル化は，第1章でみた先進国における「要塞主義」（リュファン）のイデオロギーと原理的に衝突せざるをえない．そのため普遍的な人権を強調するネオリベラルの主張が急速に強まることは考えに

くいが，1つの潮流として定着したと考えることができよう．

このようにグローバル化する世界では，先進国による途上国への介入を肯定する議論が先進国において力を得てきているのが基本的な流れであると考えることができる．それは左派においても右派においても同様の動きがみられる点で，まさに外部環境の大きな変化に対応した一般的な傾向であるとみることができるのである[31]．それでは途上国の主権についての考え方は，今後ますます先進諸国の介入を進める方向に進んでいくとみるべきなのであろうか[32]．

たしかに国際政治における主権国家体制の限界が語られて久しい[33]．グローバル化の時代においては，グローバル・ガバナンスやグローバル市民社会などが期待を込めて語られることが多い．そうした中で近年みられる主権に関する議論にみられる特徴は，主権の絶対性を否定し，主権が分割可能であるとする主張である．こうした主権の制限を正当化する議論としては，以下の3つを挙げることができる．

第1のタイプの議論は，脆弱国家への対応をめぐって展開されたものである．国際政治学者のキョヘインは，クラズナーによる主権を分離（unbundle）する試み[34]を肯定的に評価し，ウェストファリア主権（国外の干渉からの自由）を「問題国家」("troubled states")では制限すべきであるとしている［Keohane 2003］．このような議論は，既にみたようにネオ・トラスティーシップ論など脆弱国家への対応をめぐって途上国の主権を制限する一連の議論に結びつくものであった．こうした議論の背後には，主権国家は一部の途上国では実質的な内実を欠いているのであり，基本的なサービスを住民に提供することができないばかりか，地域・世界全体に不安定をもたらすとの考え方がある．ネオ・トラスティーシップ論などの主権を制限する議論は，主権の内実に着目して主権を相対化することを目指したものである[35]．

こうした議論はアフリカを対象とした地域研究者の間でも提起されてきた［Ellis 1996］[36]．彼らは，アフリカ諸国では国内における正当性を欠いた政権がしばしば国際社会から主権尊重の名の下に支えられていること，そして国内における民主化・開発を阻んでいることを指摘している．たとえばコンゴ民主共和国を分析したアフリカ研究者のエングルベールは，①（対外的）主権によって国家が維持されるため，弱い国家能力が放置され，国家指導者による私的利益の追求が可能となり，②国内民主化勢力の台頭が妨げられ，③クライエンタリズムによるミクロな利益の要求がもたらされる，ことから低開発が帰結する

とした［Englebert 2003］[37]．ジャクソンらも，国際社会がアフリカ諸国の法的主権を担保し，支えていることが，これら諸国の実質的主権(国内における開発の進展)を妨げていると主張している［Jackson and Rosberg 1982］．このように主として脆弱国への対応においては，米国の国際政治学者やアフリカ地域研究者によって，途上国の主権を相対化する考えが提起されている．

第2のタイプとしては，国際関係が各国政治・経済・社会においてもつ重要性を強調するものである．クラズナー自身も，今日の世界で国際組織や国際条約への参加が従来にも増して重要になってきており，国際法主権は今日再評価されてきているとしている［Krasner 1999b］．国際法・国際組織研究において，「地位（status）としての主権」が新たな主権の役割として主張されてきている点も注目される[38]．

こうした議論をふまえて，国際法・政治学者のスローターは，今日の世界では，様々な政府機関（行政官，司法官，立法者）と国際組織が，それぞれの全体としてではなく，それぞれの部分同士が水平的・垂直的ネットワークを形成して，一種の国際秩序を形成しているとするのである．そしてこうした国家の部分的ネットワークに対しても主権を認めるべきであるというのである［Slaughter 2005］．

主権の絶対性を再考する第3のタイプの議論としては，人道的介入から「保護する責任」にいたる，主として人権保護の観点から内政不干渉原則を克服しようとの動きを挙げることができる．保護する責任は，カナダ政府によって設置された干渉と国家主権に関する国際委員会（International Commission on Intervention and State Sovereignty: ICISS）が国連総会に2001年12月に提出した報告書「保護する責任」（The Responsibility to Protect）に端を発する．国家が当然の権利として主権を有するのではなく，住民を保護する責任をもつことを強調している[39]．これは主権が絶対ではなく，あくまでも一定の条件においてのみ認められるとする点で，主権概念の根本的な再構成をもたらすものとなっている．

以上検討してきた主権をめぐる新しい議論は，グローバル化によって，国家による国境内部や国家間における諸活動（商品，資本，理念，疾病などに関する）を統御する国家の能力（相互依存主権）が掘り崩されたとの見方にたっている．しかしこれらの議論においても，主権の他の側面はなお基本的に保たれているとみられている（ただし保護する責任の議論はウェストファリア主権を脅かすものであろ

う）[Krasner 1999b]．主権のコントロール機能は減退しているものの，領域支配の権威（authority）としての側面（国内主権）はなお変わらないというべきであろう．さらに国際法主権はむしろ再評価されている．

このように主権をめぐる議論が錯綜する中で，今日の国際関係において主権についてどのように考えたらよいのであろうか？　ジャクソンによれば主権の中核的価値は，① 諸国家間の秩序，② 国際社会への参加と参加資格，③ 政治システムの共存，④ 諸国の法的平等，⑤ 諸国の政治的自由，⑥ 世界の人々の異なる生活様式の多元性・尊重，であるとしている［Jackson 2005: 97］．以下では先進国・途上国関係の今後の展望を探るために，民主主義の実現，人権の保障，小国の保護という3つの観点から今日における主権の意義を考えてみたい．

(1) 民主主義の実現

世界政府なるものが存在しない中で，民主主義の原則を国際政治において実現するためには主権国家体制を前提にしなければならない，との主張は今日においても有力な議論となっている．近年の様々な分野の研究においても，それに代わるものがない中で，主権国家を肯定的にとらえる議論が提起されている．

この点で主権を超えて新しい実験を行っているとされるEUに関しても，国家主権の重要性が民主主義の観点から主張されているのが注目される．周知のようにEUが抱える最大の問題点の1つであるとされるのが「民主主義の赤字」の問題である．EU法の専門家であるウォーカーによれば，この点は主権の問題と密接に結びついている．すなわちEUでは統合に伴って超国家的な主権の主張とメンバー国の主権の主張とが混在する「主権の余剰」がみられる．こうした状況の下では，一定の領域において自己の生活に関する最高の意思決定が統一的になされないことから，「民主主義の赤字」が起こることになるとされるのである［Walker 2011］．さらに元ドイツ憲法院判事のグリムは，民主的な自己決定権が主権の根幹であるとして，現状では主権が民主主義を守るために必要であるとしている［Grimm 2015］．このようにEUの事例からいえることは，主権は一体として考えられなければ，その領域での最高の意思決定が担保できず，民主主義の実現にとって問題となりうるということである．

同じように民主主義の観点から，主権国家の擁護を主張したのは国際経済学者のロドリックである．ロドリックは，グローバル化の進展と民主主義をどの

ように両立させられるかを検討した「グローバル化の政治的トリレンマ」というよく知られた議論を展開し，①グローバル化・統合の深化，②国民国家，③民主政治，の間では全てを同時に実現できず，2つを選ばなければならないとした．民主政治の原則を維持するためには，①と③を結ぶグローバル・ガバナンス（国民国家の枠内ではなく国際的な形での民主主義の模索）か，②と③を維持してグローバル化・統合を制限するか，の2つの可能性しかないとするのである．その上で，ロドリックは，グローバルな形での民主主義は国民国家レベルでの民主主義にとって代わることはできないとして，国民国家が今後も欠かせないとした［Rodrick 2011a］[43]．

さらに国際法学者のコスケニエミは，グローバル化の圧力から民主主義を守るという新しい意義を主権はもっているとする．グローバル化が進展する中では，市場の匿名の力やアカウンタビリティーを欠く専門家による支配に対して，主権は市民が自ら決定に参画することを可能にする意義をもっているのである［Koskenniemi 2011: 61-70］．同様に国際法学者のコーエンは，主権の分割やグローバル・ガバナンスへの参加の資格として主権を再構成する議論を批判して，民主主義を守るためには，主権平等と人権の擁護が国際秩序の原則であるとの観点から，一体としての主権がもつ役割の重要性を強調している［Cohen 2012］[44]．またグローバル・ガバナンス自体においても，アカウンタビリティーを確保するためには，主権国家による回路が引き続き考慮されなくてはならないとする指摘がなされている[45]．

(2) 人権の保護

人権論の分野では，コミュニタリアンとコスモポリタンの間でよく知られた論争がある．マイノリティー保護に関する論争においては，コスモポリタン（国境を越えた個人レベルにおける人権保護を重視する考え方）的な流れが主流となっている［Kymlicka 2009］．コミュニタリアン（人権保護の枠組みとして国民国家を重視する考え）は少数であるが，有力な考えであり続けている．

コミュニタリアンの代表的な論者として，人権保護の観点からなされる国家主権擁護論を展開するのは政治哲学者のウォルツァーである．ウォルツァーが『戦争論』の中で述べるように，主権は，国内におけるマイノリティーの保護などで不可欠の役割を果たしているとするのである［Walzer 2004: 174-175］．

この点で示唆的なのは，人道救援活動の分野でも国際的な主権平等原則を維

持することが重要であるとする議論がみられることである．プパバッチは人道救援団体の多数にみられた先進国による途上国への介入を求める議論を批判し，「単一のグローバル共同体に属しているとの時期尚早の宣言は，現実の不平等な関係を曇らせる」とする．途上国の状況を憂い，道義化する試みは，その名目で人道活動が唱導されている途上国における人々の生活にとっては，必ずしも良い影響をもたらすことがなく，国際的な不平等をむしろ強化しているとした．[46]

(3) 小国の権利擁護

逆説的にも，国家間の格差があるからこそ，国際的に形式的な平等を体現する主権国家が，実質的な格差・不平等の代償的価値としての機能を果たす側面が一層重要となることを見逃すことはできない．もとより逆に主権が国内でもたらす否定的な側面（低開発，人権抑圧，圧政など）を忘れてはならない．しかし世界政府のような中央的権威が存在しない今日の国際関係においては，国際法上の主権が，諸国家間の厳然たる力の差が貫徹するのを防ぐ役割を果たしている側面を忘れてはならないであろう．[47]

ジャクソンのいう「消極的主権」は，「積極的主権」が実現されないままに，各国間の競争が激化するという今日の状況においては，その役割がむしろ再評価される傾向にあると思われる．[48] 大国からの介入を防ぐ最後の防波堤としての主権の役割は，本書で検討してきたように大国による介入が従来にも増してみられる今日においては，減じることはないといえよう．

このように今日の国際関係において主権は，もとより多くの問題をはらむことは否定できないが，単に克服すべき過去の遺物としてとらえるべきものではなく，むしろ積極的な役割も評価すべきではなかろうか？　主権は，17世紀にヨーロッパにおいて新たに力を獲得しつつあった領邦国家が中世的な多元的秩序からの自律性を主張する観念として登場して以来，「カメレオンのように」その姿を変えて今日に至っている［Jackson 2005: 76］．主権はその時々の歴史的状況に応じて，中核的意味内容である一定の領土における支配の権威という性格は変わることなく，その内容を変化させてきた．君主の主権から，国民の主権へ，そして民族自決原則を体現した主権へと主権はその姿を変えてきた．そして今日では主権は，国民をグローバル化という世界のテクノクラートやエキ

スパートが唯一の選択肢として提示する政策から，個人のアイデンティティーや価値を守る意義をもっているとされるのである［Koskenniemi 2011: 70］.

実際，従来は「主権国家の限界」を論じることが議論の中心をしめてきた国際政治学において，「我々は主権国民国家に立ち戻るしかない」［Fukuyama 2004: 121］として，むしろ主権を肯定的にとらえ直す流れがでてきている［Bickerton 2007］[49]．国際政治学者のハレルは，世界秩序を展望した著作において，「21世紀においても国家を避けることは困難である」として，グローバル化に対処し，文化的アイデンティティーを保護し，国際正義を実現するための国際協力を推進するために国家の能力が欠かせないと結論づけている［Hurrell 2007: 317］[50].

イラク戦争への賛否が，座標軸の上側の論者（先進国の介入を肯定）の間で左派，右派それぞれにおいて分裂がみられたのは理由なきことではない[51]．2011年の国連安保理決議に基づくNATOによるリビア空爆をめぐっても意見の分裂がみられた[52]．今後は，グローバル化の進展で全体としての見方はますます座標軸の上側へのシフトがみられるであろうが，その動きは主権擁護の流れと交錯して複雑なものとなるのであろう［Noel and Therien 2008］[53].

おわりに

本書における分析が示したのは，先進国側がDACのようなドナーの政策フォーラムにおける議論を通して，そしてフランスのように最も介入主義的なドナーですらもが，実際の援助政策において，途上国側の主権に一定の配慮を示してきたという点である．

先進国側のこうした「自制」の要因としては，介入のコストと正統性という2つが考えられる．特に究極的な介入形態である占領[54]などは，先進国側には政治的・経済的・人的にコストがかかりすぎ，オプションとしては極めて例外的な場合（カンボジア，東ティモール，コソボなど）を除いて先進国にとっては割が合わないという「結果の論理」（logic of consequences）から説明することができる．しかしそれは，各国の実質的平等という意味での「積極的主権」が実現しない不平等な現状にある国際社会においては，形式的な国際法的主権である「消極的主権」は逆に侵さざるべきものとして考えられたという「適正の論理」（logic of appropriateness）からも説明することができる[55]．この視点は開発援助の将来を考える上でも示唆を与えるものである．

開発援助に対しては，当初から自由主義経済学者などから厳しい批判が浴びせられ，今日でも「死んだ援助」［Moyo 2009］としてその批判はむしろ強まっている．また新興国の勃興にみられるように，開発援助が今後次第にその対象を失っていくことも間違いないであろう．[56]

　しかし，先進国・途上国間の格差が存在し，さらに様々な形で（特にそれぞれの内部において）むしろ拡大している状況においては，不平等の代償機能を果たす開発援助は，先進国・途上国関係において引き続き存続意義をもち続けるのであろう．

注

1) ヘルマンとラトナーは，構造調整などコンディショナリティーが付加された国際援助プログラムを受け入れることを途上国が選択した際には，完全な主権（国内政策に関する十全な自由）が減少したと考えるべきだとして，主権国家体制においても主権は実際には担保されてこなかった根拠の1つとしている［Helman and Ratner 1992］．また国際法学者のオーフォードは，IMF，世界銀行，WTOなどの国際経済組織が実質的に途上国の内政に深く関与し，途上国の人権や民主主義にネガティブな影響を与えてきたとして批判している［Orford 1997］．

2) 脆弱国家の事例については，Fisher［2014］を参照．ウガンダは，自らを脆弱国家であるとアピールすることによって，国際社会からの援助を確保しようとしたという．

3) このうち83％はガバナンス関連，17％が平和関連向けとそれぞれなっている［Development Assistance Committee 2014］．

4) ホワイトヘッドは，90年代に勢いがあったリベラル国際主義による主権に対する攻撃への反発（特にレジーム・チェンジを掲げたイラク戦争への批判）から，国家・主権への回帰がみられるとしている．民主主義と主権国家が結びつかざるをえないのは，①民主主義は構成員の範囲が正確に確定される必要がある（そうでなければ選挙も実施できない），②国家以外の信頼でき権威をもった制度が存在しない中では，ほとんどの人々は忠誠・アイデンティティーの対象として国家を選ばざるをえない，③国家はすべからく一定の共通の特徴を有しており，国家の共存や非国家行為主体からの挑戦を抑えることができる（難民であるよりも抑圧的あるいは貧しい国家の保護下にある方がましであると考える人の方が多い），という国家を擁護する議論が通常掲げる点によるという．

5) 土佐［2007: 134-36］が述べるようにバーネットは，排除の論理ではなく統合するという包摂のロジックを強調している．

6) イラク戦争は，米国資本によるグローバル帝国主義戦略の体現であると批判したチョムスキーなどは代表的論者であろう［Chomsky 2003］．米国における左翼がイラク戦争賛成派と反対派に分裂し，さらに左翼反対派が戦争絶対反対を唱える側と戦争一般に必ずしも反対せずに反帝国主義的姿勢をとる側に分裂したことについてはBerube［2003］を参照．

7）具体的には，ミアシャイマー（John J. Mearsheimer），ウォルツ（Kenneth N. Waltz），ポーゼン（Barry Posen），ウォルト（Stephen M. Walt）らの国際政治学者が挙げられている．久保によれば，「これらの『リアリスト』はむしろ撤退論を奉ずる民主党左派や孤立主義者と連合を組んでいる面もある」という．リアリストの主張に関してはScmidt and Williams［2008］も参考になる．代表的なリアリストであるミアシャイマーとウォルトの議論は，Mearsheimer and Walt［2008］に簡潔に示されている．同書は，題名の通り，ネオコンのイスラエル擁護者たちが主導してブッシュ政権のイラク開戦が決定されたとして，批判している．米国は抑制されたグランド・ストラテジーに転換するべきだとするリアリストの国際政治学者による議論は，Posen［2013］である．また保守派でありながらネオコンの外交政策を厳しく批判し，イラク戦争に当初から反対をしたのは国際政治学者のベースビッチである．ベースビッチは，米国の第二次世界大戦後の歴代政権は帝国建設と軍事冒険主義に走り，本来優先されるべき国内の課題をないがしろにしてきたとする［Bacevich 2008］．政治思想研究者のシャピロは，冷戦期の封じ込め戦略が今日においても引き続き有効であるとして，ブッシュ（息子）大統領の先制攻撃戦略を批判している［Shapiro 2007］．

8）Gene Healy, "Think Tanks and the Iraq War," June 8, 2015（http://www.cato.org/blog/think-tanks-iraq-war, 2015年10月25日アクセス）．

9）イグナティエフは，国際人権活動，倫理，人道介入に関して多数の著書があり，2006年に母国カナダの政界に転じ，自由党党首として活躍したが，2011年総選挙で落選し，カナダ政界から引退した．2014年にハーバード大学に復帰し，ケネディ政治大学院教授に就任した．イグナティエフは，ブッシュ政権によるイラク戦争を当初から支持した．フランスの週刊誌『レクスプレス』でのインタビュー記事においてイグナティエフは，ブッシュ大統領の意図にかかわらず，サダム・フセインを追放することがイラクの人権によい結果をもたらすと考えたため支持したと述べている．またフランスの政策は，多国間の枠組を維持するのに熱中するあまり，行動することをおろそかにしてしまったとして，批判している（*L'Express*, 11 décembre 2003）．イグナティエフはその後2008年には，イラク国民の状況は戦争によって改善されなかったとして自己批判を行っている．イグナティエフによる自己批判の内容は，特にクルド人などイラク反体制派と実際に会って直接彼らの意見を聞いたという体験によって判断が左右されたとして，自分を客観的に判断することができなかったことにあるとしている（"Getting Iraq Wrong," *The New York Times Magazine*, August 5, 2007）．イグナティエフのイラク戦争に関する立場は予防戦争を認めるものだとして，阪口［2006］が批判的に検討している．また遠藤［2009］は，イグナティエフのイデオロギーと行動主義を批判し，「人道的介入」について慎重に考える必要があるとの教訓を導き出している．イグナティエフの出自（ロシア貴族の末裔）から内的にイグナティエフのリベラルな心情と帝国的な介入主義的姿勢の共存に迫った塩川［2011］を参照．

10）パワーは米国における代表的な国際人権活動家・研究者であり，オバマ政権の外交政策ブレーンであり，国家安全保障会議（NSC）の部長に2010年に就任し，2013年には国連大使に任命された．Power［2002］において，集団殺戮に立ち向かったアメリカ人の役割を描き，注目された．パワーは自らを「ボスニア世代」と語っており，20代前半に

1990年代のボスニアにトレッキングに行った際に，西側諸国の無力さに憤りを感じて，過去の集団殺戮に対する国際社会，特に米国の対応を研究するようになったという［Knaus 2012: 108］．『タイム』誌においてパワーは，ブッシュ（父）政権が第一次湾岸戦争の前と後に軍事力を用いて殺戮（クルド人の）を阻止しようとしなかったことを批判する一方で，ジョージ・W．ブッシュ政権によるイラク戦争には当初から反対をした．2つの異なる立場の理由として，「私の軍事介入を求める基準――多国間によるものを強く希望するが――は，大規模な人命の喪失の差し迫った脅威」であるとして，1988年にはその基準は満たされていたが，2003年には満たされていなかったとしている（Time, 26 April 2004）．パワーの立場を「軍事的人道主義」（チョムスキーによる用語法を用いて）として批判するのが，Rieff［2005: 163-67］である．その点では，パワーとイグナティエフは同じ立場に分類されるであろう．

11) ベイナートはNew Republic誌の元編集長であり，同誌が当初はイラク戦争を支持しながら途中から反対に回った展開を主導した．同誌でのベイナートの主張が民主党支持派の間で巻き起こした論争については砂田［2006: 205（注5）］が詳しい．砂田［2006: 229-230］によれば，ベイナートの主張はリベラル・ホークとして位置づけられるものであり，民主党主流派によっては共有されていないという．砂田［2005］も参照．2004年当時よりもイスラム過激派の脅威が大きくなれば，ベイナートの主張は再び民主党内で注目される可能性は否定できないであろう．

12) International Herald Tribune, October 3, 2003. グリュックスマンは2015年11月9日に他界し，フランスで大きく報道され，左右両派からその死を惜しまれた（日本ではほとんど報道されなかった）．グリュックスマンは1937年に東欧のシオニストで共産主義者のユダヤ人の両親をもち，フランスで生まれた．グリュックスマンは13歳で共産主義運動に参加したが，1956年のソ連のハンガリー侵攻に抗議して追放された．国立師範学校に入学し，アルチュセール（Louis Pierre Althusser）の下でヘーゲル哲学を研究し，ソルボンヌ大学でアロン（Raymond Aron）の助手に採用された．1968年の5月革命では毛沢東主義運動のメンバーとして活動したが，1970年代始めの一連の出来事（1972年2月に同運動のメンバーが自動車会社ルノー重役を誘拐したことや，1972年のミュンヘン五輪をパレスチナ人グループが襲撃し11人のイスラエル選手を殺害したこと），そして特に1973年に仏語訳が出版されたソルジェニーツィン（Alexandr Isaevich Solzhenitsyn）の『収容所群島』を読み，マルクス主義を厳しく批判するようになった．グリュックスマンによる共産主義批判によって，ソ連によるアフガニスタン侵攻（1981年）の前に，フランスにおける共産主義の影響力は大きな知的打撃を受けたといわれる．ベトナムからのボートピープルを救済するために委員会を立ち上げ，不倶戴天の関係であったアロンとサルトル（Jean-Paul Sartre）の2人を担ぎ出した（1979年6月20日）ことで知られ，その後も1990年の旧ユーゴスラビアにおける難民，チェチェン難民の救済運動の先頭にたった．2007年の大統領選挙でサルコジ候補を公然と支援して，左派からはネオコンとして批判されたが，その後チェチェンでの抑圧を続けるプーチン大統領と親密な関係を結んだことに幻滅して，サルコジ支持を撤回した．左派からはネオコンと揶揄されたが，グリュックスマンは党派の区分を何よりも嫌った人権支援活動に傾注した知識人であったとの評価は，William Grimes, "André Glucksmann, Counterweight to France's Left,

Dies at 78," *International New York Times*, November 13, 2015. Marion Van Renterghem et Nicolas Weill, "André Glucksmann, philosophe de l'indignation," *Le Monde*, 10 novembre 2015. 哲学者・行動家としてのグリュックスマンについては，バーマンがおそらく最も鋭く全体像を示している [Berman 1996: 254-339].

13)「第三世界主義」とは，1960年代からアジア，アフリカ，中南米など途上国（第三世界）に同情的な議論を指す．これら諸国の低開発が先進国（旧植民地宗主国）の責任であると追及する考えであり，フランスにおいてはファノン（Frantz Fanon），デュモン（René Dumont）らが代表的な論者である．ブリュックネールによる第三世界主義批判は，Bruckner [1983] である．

14) Pascal Bruckner, André Glucksmann et Romain Goupil, "La faute," *Le Monde*, 14 avril 2003.

15) Nicolas Weil, "En France, ces intellectuels qui disent 'oui' à la guerre," *Le Monde*, 20 mars 2003.

16) Régis Soubrouillard, "Les 'idiots utiles' de la guerre en Irak," *Marianne*, 17 juin 2014.

17) クシュネルについては，イグナティエフが「帝国主義者としての人道主義者」として紹介している [Ignatieff 2003: 45-75].

18) Bernard Kouchner et Antoine Veil, "Ni la guerre ni Saddam," *Le Monde*, 2 février 2003. この寄稿においてクシュネルは，表題にあるように戦争にも反対だとしたが，米国の政策を一方的に批判することはイラクの独裁者であるサダム・フセインを利すことになり，イラク人が最大の被害者となると述べていた．大量破壊兵器が実際にイラクに存在するかどうかは疑問であるが，より重大な問題はサダム・フセインによる人道上の罪であるとしていた．クシュネルは国連安保理でのフランスの拒否権行使にも反対しており，国際社会全体による行動が望ましいとしていたが（可能ならば平和裏に，やむをえない場合は軍事力により），開戦後も米国の政策への不信を表明しつつも，基本的に支持し続けた．以上の点に関しては，(*Newsweek*, January 12, 2004) におけるクシュネルへのインタビュー記事による．フランスの哲学者グリュックスマンはタイム誌において好意的にクシュネルを紹介し，ナチスの収容所で祖父母を失った経験（赤十字は食料を支給するだけで何もしなかった）がクシュネルの出発点にあるとしている (*Time*, April 26, 2004).

19) レビの知識人としての影響力に関する最も詳細な著作においても，「レビはネオコンではない」との評価がなされている [Lindgaard and de La Porte 2011: 169].

20) Lévy [2011] ではレビ自身がリビア介入を振り返っている．またレビ，サルコジ大統領のリビア介入論を厳しく批判したのが，元外相デュマらによる論争的な著作 Dumas and Vergès [2011] である．レビの役割は，サルコジ大統領を説得して，リビアの反カダフィ勢力をいち早く承認させたことにあった．"Why Sarkozy Went to War," *Newsweek*, April 3, 2011; "Comment la France a-t-elle décidé d'intervenir en Libye?" *Le Monde*, le 9 avril 2011. しかし国際政治学者のボニファースは，レビはフランス単独での（国連枠外での）リビア空爆を主張していたとして，レビが果たした一定の肯定的役割を認めつつも，厳しく批判している [Boniface 2011: 202-203].

21) David Clark, "The Neoconservative Temptation Beckoning Britain's Bitter Liberals,"

The Guardian, 21 November 2005.

22) http://www.henryjacksonsociety.org/（2012年1月4日アクセス）．また彼らのマニフェストである［*The British Moment* 2006］が参考になる．ヘンリー・ジャクソン・ソサエティは，公式にはいかなる党派にも属さないとしており，何人かの労働党議員も参加していた．しかし実際には，中心メンバーは保守党系であり，創設の経緯からも，イギリスにおけるネオコンとして位置づけられよう（自らは公式にはネオコンであることを否定している）［Griffin, Aked, and Marusek 2015］．

23) ブレア外交については細谷［2009］，Hill［2005］が参考になる．

24) ユーストン・グループについては，http://eustonmanifesto.orgを参照．

25) 同様の議論を展開したのは，Kamm［2005］である．

26) この点については，Kundnani［2009: Ch.11］を参照．

27) フィッシャーとコーンベンディットはドイツの左翼急進運動に参加していた1970年代初めにルームメイトであり，コーンベンディットとクシュネルはフランスにおける左翼運動で近い関係にあった．この3人の結びつきについては，Berman［2005］が詳しい．当時有力な首相候補であったメルケル（Angela Merkel）はシュレーダー（Gerhard Fritz Kurt Schröder）首相の政策を批判して，米国のイラク政策を支持する投稿を『ワシントン・ポスト』紙にしたが，逆にこれがドイツ国内世論の猛反発を招き，危うく首相の座を逃すところだったとされる．メルケルにとってはこの経験がトラウマになったといわれる［Packer 2014］．

29) フィッシャー外相は後に当時を振り返ってイラク攻撃の可能性を全面的に排除していたわけではないと語り，その可能性を自ら否定する発言を当時したシュレーダー首相を批判している．親露的でドイツ・ナショナリズムを主張したシュレーダー首相と，アウシュビッツの経験から行動原則を引き出そうとしたフィッシャー外相の違いについては，以下が詳しい［Kundnani 2009: 283-308］．

30) この点はマンフレッド・スティーガーが政治思想の分野で同様の指摘をしている［Steger 2008］．

31) フリードマンはイラク戦争がブッシュ共和党政権，ブレア労働党政権によって進められたことにみられるように，1990年代以降の人道的介入の議論からイラク戦争に至るまで，民主的規範を掲げて他国への内政干渉を厭わない姿勢が左右という党派の別を問わずコンセンサスとなった感があるとしている［Freedman 2005: 97］．

32) 本書においては，主権は「ある領土内における最高の権威」との通常とられる定義によっている（"Stanford Encyclopedia of Philosophy", http://plato.stanford.edu/entities/sovereignty/, 2016年9月20日アクセス）．主権にはいわばコインの表と裏として，対内的側面（一国における最高の権威）と対外的側面（他の国々によって同等であると認められる）がみられるのであり，国際政治学者のレイクが強調するように，この定義の下では国内におけるヒエラルキー（主権者と被統治者の間での）と国外におけるアナキー（主権国家間の形式的な平等）の両方が本来的に内包されている［Lake 2003］．主権概念については，遠藤［2003］及び篠田［2012］が参考になる．

33) 古くはハーツによる国民国家終焉論（そしてその後の自己批判），キョヘインとナイによるトランスナショナル論が代表的な議論である［Hertz 1959; Keohane and Nye

34) クラズナーは主権を、① 国内主権、② 国際法主権、③ 相互依存主権、④ ウェストファリア主権に分割可能であると論じており、経済のグローバル化によって挑戦を受けているのは相互依存主権であるとしている［Krasner 1999c］．
35) 納谷［2003: 167］は、「民族自決や主権平等論は、主権国家体制の問題処理能力を維持しうるところまで制約しなければならないかも知れない」として、こうした主権制限論を自由主義的な国際秩序を擁護する立場から好意的に検討している．先進国による介入に比較的慎重な姿勢をとっているのは、山田［2005］である．
36) アフリカ研究者(Richard Joseph)によるハーブスト批判及びハーブストによる反論は、Joseph［1997］を参照．ジョゼフはこの中でハーブストの立場を「ダーウィン主義」とよび、かえって混乱を増大させるだけだと批判している．
37) エングルベールは他方では、国際社会の関与は必ずしも望ましいとはしておらず、「より多くの介入がより良い介入である」とはいえないとしている［Englebert and Tull 2008］．エングルベールにとってアフリカの現状を改善するために必要なのは、主権によって国家権力が守られているのをやめさせ、国際社会からの援助を減少させることであるという（復興、国家建設を含めて）．それによって国家権力を希薄化させ、非国家主体を強化することが望ましいとしている［Englebert 2010］．
38) Chayes and Chayes［1995: 27］を参照．
39) 人道的介入の観点から他国の介入を肯定的にとらえる代表的議論は国際法学者によるTesón［1998］である．人道的介入を批判的に検討するのが、Menon［2016］である．保護する責任については今日多くの研究があるが、Bellamy［2009］を参照．
40) Brown［2013］は多くの議論が、両者を混同しているとして2つを区別すべきことを強調している．主権におけるコントロール機能を重視する見方（主として経済的結果を制御する力・能力を国家が有しているとする）は、国際関係理論においては少数派であり、多数意見は主権の中核は「正当であるとみなされ、公的・法的になされる命令や従う義務を発する権利に基づく国内の権威的関係」であり、「国際システムにおいては他の国は他の諸国に命令をする権利がなく、他の諸国は従う義務がない状況」に裏打ちされたもの（前者はクラズナーのいう国内主権、後者はウェストファリア主権に対応するものであろう）とするのは、Hobson and Sharman［2005: 67］である．
41) ブルは、主権国家に寄せられた国際政治分野における批判を、① 平和と安全保障、② 経済的・社会的正義、③ 環境、の3つに整理している．ブル自身は、これらの批判に応える形で主権国家が果たす積極的な機能を評価している［Bull 1995］．
42) ウォーカーはEUが主権の余剰と民主主義の赤字という構造的な問題を抱えつつも、そこから新たな憲法体制構築の試みが生まれる可能性もあるとしている．
43) ロドリックは別の論文（初出2000年）では、グローバル連邦主義が今後の方向としては望ましく、それが将来実現する可能性が最も高いオプションであると述べていた［Rodrick 2011b］．
44) こうした国際法学者の主張に関しては、主権の一体性を強調するのは国際法学者であり、それに対して国際政治学者は主権の一体性に執着せず、程度の差（「より多くの主権」、「より少ない主権」）を認める傾向があるとする指摘もみられる［Weiss and Chopra

1995: 99-100].

45) たとえば城山［2013］は，グローバル・ガバナンスにおいてアカウンタビリティーを確保する1つの有力な道筋として，国民国家による統御を掲げている．

46) 先進諸国を拠点とする人道活動団体が途上国への介入を安易に求めたために，先進諸国による途上国への介入をもたらし，人道救援活動が中立性を失うことになり，肝心の救援活動自体が困難になっているとする［Pupavac 2007］．

47) チャンドラーは，人権保護の上では最大の問題が主権国家であるとして国家を超えた人権保護のための様々な枠組を設置する試み（人道的介入，国際刑事司法裁判所の設置など）を批判している．チャンドラーは，公正に執行する中央権威が存在しない中では，弱小国の権利を守る唯一の機能する枠組である各国間の主権の平等を破壊することは，本来の目的をも台無しにする可能性があるとしている［Chandler 2006a］．

48) ジャクソン自身も，2000年の著作において，国際社会は主権平等を原則にしていかざるを得ないとして，近年の西側諸国によるコソボ介入など人権・民主主義の名の下での介入を批判している［Jackson 2000］．

49) 異なる論調であるが，Jacobsen, Sampford, and Thakur eds.［2008］も参照．

50) 主権批判論者と主権擁護論者の議論を比較検討した以下の著作においても，全体として主権が依然として有益な役割を果たす余地があるとされている［Fowler and Bunck 1995］．

51) 9.11後の政治思想を分析したブレンクマンによれば，イラクへの介入をめぐる論争における実践的・思想的議論においては，明確な政治的・イデオロギー的分裂は現れなかったという［Brenkman 2007: 115］．

52) Bill Keller, "America's Urge to Interfere," *International Herald Tribune*, 18 April, 2011.

53) Noel and Therien［2008］は，グローバル化の進展によっても左右の対立は国際関係において引き続き重要な対立軸として残るであろうとしている．これに対して，冷戦後の世界では，「左右の緊張は，グローバル対ローカル，市場対市民社会の緊張によってとって代わられる」としているのは，Boâs and McNeil［2003: 156］である．同様に左右対立に代わってテクノクラート支配とポピュリズム，コスモポリタン主義と民族・エスニシティ・宗教などの個別主義，という二重の対立が重要になるとフランスの代表的な国際政治学者アスネルは主張している［Hassner 2013］．

54) クラップハムは，冷戦後の先進国・国際組織による途上国への介入形態は，① 完全な帝国（fully imperial）モデル，② 弱い帝国（weakly imperial）モデル，の2つに分けられるとしている．ボスニア，東チモールなどは①であり，それ以外の事例は②であるとしている［Clapham 2003: 39］．

55)「結果の論理」と「適切さの論理」については，March and Olsen［1998］．これはチャンドラーが描く「否定の帝国」（先進国が帝国としてのパワーをもち，行使しながらも，脆弱国家の抱える問題を根本的に解決しようとしない）や，イグナティエフが望ましいとする「軽い帝国」（帝国による秩序維持と途上国の自決を組み合わせた解決策）という帝国による支配の一形態としても説明されるであろう［Chandler 2006b; Ignatieff 2003］．

56) 世界銀行のゼリック総裁は,「1989年に共産主義の没落とともに第二世界の終焉を迎えたとすれば,2009年には『第三世界』として知られていたものの終焉を迎えた」として,途上国の経済成長によって途上国が終焉を迎えたと述べた("The End of the Third World? Modernizing Multilateralism for a Multipolar World," address by Robert B. Zoellick, President of The World Bank Group, for Woodrow Wilson Center for International Scholars, April 14, 2010).

あとがき

　本書の執筆に至る問題意識は，冷戦終焉という国際政治の激変をヨーロッパ（フランス）で体験した驚きに由来する．国際政治史の研究を志しフランス政府給費留学生としてフランスに留学していた筆者は，当時パリで開かれたさまざまな研究会，講演会の類に参加し，新聞・雑誌・テレビ等を通じて，眼前で展開する出来事を無我夢中で理解しようとした．肝心の研究自体はおかげであまり進展しなかったが，冷戦の終焉という歴史的な事態をとにかく自分なりに理解するのに必死であった．本書が今日までの先進国・途上国関係を対象としつつも，その重点が1990年代からの動きにあるのは，こうした当時の問題意識によるところが大きい．

　元をただせば，フランスにそもそも留学した際のテーマであった第一次インドシナ戦争も，先進国と途上国の関係を学問的に追求したいとの問題意識によるものであった．冷戦の終焉という激動の時代において，先進国と途上国の関係がどのようなものになるのかが私自身の問題意識であった．

　その点では，その後のフランスにおける様々な職務経験は，そうした問題関心を実務の面で追求する格好の機会となった．まず1992年からはOECDのDAC事務局（開発協力局援助政策審査部）で職を得ることができ，冷戦後の先進諸国の対途上国援助政策に関する実務（援助政策審査）に携わることができた．また1994年から1996年まで在フランス日本大使館（政務班）においてフランスのアフリカ政策・開発政策を担当し，それまでほとんど土地勘のなかったアフリカ問題について仕事をしながら勉強するという恵まれた環境を得ることができた．本書で事例研究として取り上げたのがDACとフランスであるのは，もとよりそれぞれがもつ本書のテーマにとっての重要性によるものであるが，こうした筆者の職務経験もその背景にある．

　今日の世界は文字通り海図のない世界に突入した感がある．第二次世界大戦後に世界をリードしてきた米国の自己主張の強まり（保護主義か？），米国とロシア・中国との対立の激化（新冷戦か？），欧州統合の停滞（逆統合か？），イラク戦争とその前後からみられた中東秩序の混乱（セクタリアニズムにより解体か？）

など分解の動きが強まっている．今後の世界においては，各地域固有のダイナミズムと世界秩序全体との連関が今までになく問われるのであろう．本書における先進国・途上国関係という視角は，そうした中でも，今後の世界の動向を考える上で引き続き有益ではないかと信じている．

拙い本書ではあるが，1990年代始めに問題意識をもち，研究を開始してから書物としてまとめるまで多くの年月がたってしまった．この間様々な個人的・学問的恩義を賜った方々に御礼を述べる機会がないまま過ごしてしまい，数限りない不義理をしてしまった．本書に関わる研究を開始してから四半世紀たっているだけに，ここで謝辞を記すのが不可能なほど多くの方々にお世話になった．

筆者に最初に社会科学の魅力を教えていただいたのは，ハワード・S・ゴールドバーグ先生，故山之内靖先生であった（いずれも当時東京外国語大学）．そして東京大学法学部及び大学院法学政治学研究科では，故篠原一先生には，公私にわたって言葉に尽くせない恩義を賜った．篠原先生および馬場康雄先生，故五十嵐武士先生，三谷太一郎先生からは，理論的な政治史研究という新しい魅力的な世界を，模範的な実例をもってみせていただいた．故坂本義和先生は，1980年の大学共同セミナー「平和と人権」でご指導いただいて以来，筆者にとっては憧憬の的であった．その後学部，大学院における講義・ゼミ等でご指導いただけたのは望外の幸せであった．

本書の刊行を早くから強く勧められ，出版への道筋をつけてくださった恩師・高橋進先生が2010年に早逝されたのは痛恨の極みである．先生には，1980年の大学セミナーハウスで坂本先生とともにセッションでの指導役としてお世話になったのが最初の出会いであった．その後筆者が学士入学した学部の演習以来，大学院の指導教員としてご指導いただき，筆者の9年にわたるパリ滞在中もほとんど毎年のようにパリを訪問され，公私にわたって温かい励ましをいただいた．先生に賜った御恩の数々を思いだしながら，あまりにも遅くなってしまった本書を悔悟の念とともにご霊前に捧げる次第である．

フランス留学にあたっては，坪井善明先生，舛添要一先生，柳田陽子先生にお世話になった．フランスの留学先では，パリ第一大学の故ルネ・ジロー（René Girault）教授に指導教授を引き受けていただいた．ジロー先生門下の兄弟子である渡邊啓貴先生とともに病床のジロー先生を訪ねた際には，「お前を歴史家と考えている」との励ましをいただいたのは一生の思い出である．OECD事務

局及び在フランス日本大使館在職中には，さまざまな方々にお世話になった．ここで1人ひとりお名前を挙げることは控えさせていただくが，多くの実務家や研究者の方々にお世話になった．感謝の気持ちで一杯である．

日本に1996年に帰国してからは，最初の就職先である獨協大学で金子正史先生（当時法学部長），森山茂徳先生，星野昭吉先生に大学でのイロハを懇切丁寧にご指導いただくことができた．神戸大学に移籍してからは，磯村保先生（当時法学研究科長），五百籏頭真先生，吉川元先生，伊藤光利先生，久米郁男先生，月村太郎先生（いずれも当時）に有形無形にご指導・ご鞭撻をいただき，政治学専攻のアレキサンダー・ロニー先生，飯田文雄先生，品田裕先生，大西裕先生，栗栖薫子先生，安井宏樹先生，簑原俊洋先生，多湖淳先生，藤村直史先生には，次第にせちがらくなる大学をめぐる状況の中で，研究に精励できる職場環境を形成していただいている．

本書のとりまとめにかかったのは2007年であったので，10年近い年月がかかってしまったことになる．同時代に書いた論稿を書き直しつつ，書き下ろしの原稿と合わせて1冊の本にするという作業は，当初考えていたよりもはるかに険しい道のりであった．それらの論稿を記せば以下の通りである．形をとどめないほど大幅な修正，加筆を行っており，必ずしも各章に対応していないものもある．また第Ⅲ部は書き下ろしである．

「フランスの対アフリカ政策の新展開」（『獨協法学』43, 1996年）

「民主化支援と援助——開発援助委員会の議論から」（『アジア経済』36 (3), 1996年）

「フランスと民主化支援」（『平和研究』24, 1999年）

「冷戦後の開発協力政策」（『獨協法学』47, 1998年）

「OECDと民主化」（『獨協法学』52, 2000年）

"Good Governance at the Development Assistance Committee (DAC): Ideas and Organisational Constraints" (In Morten Bøås and Desmond McNeil eds., *Global Institutions and Development*, London: Routledge, 2004)

「冷戦後の先進諸国における途上国認識・政策配置——介入と主権の相克——」（『思想』1107, 2016年7月）

なお本書の一部の執筆にあたっては科学研究費補助金基盤研究（C）「民主化支援の国家・国際機関・NGO——総合的枠組の構築をめざして」（研究代表者は

著者，2003年度-2005年度）から助成を得た．

　この間多くの方にお世話になったが，高橋先生門下の先輩である月村先生からは，日ごろから叱咤激励いただいた上に，出版社への紹介の労もとっていただいた．また城山英明先生（東京大学），及びここでお名前を記すことができない方々には様々な形で本書完成に至る過程でお世話になった．本書は神戸大学六甲台後援会の出版助成を得て刊行される．同後援会ならびに助成を獲得するためにご助力をいただいた品田研究科長（当時）には厚く御礼を申し上げたい．

　本書の出版が，土倉莞爾先生・今林直樹先生とともに翻訳をした『フランスの政治』（ピーター・モリス著）を出版した晃洋書房であるのも縁を感じる．編集部の丸井清泰氏には筆の重い筆者を優しく見守っていただき，手際よく作業を進めていただいた．また校正では石風呂春香氏にお世話になった．また図表の作成等では神戸大学の大西彩加氏の助力を得た．

　最後に私事となるが，本書の完成を誰よりも待ち望みながら2011年に他界した父・増島宏に本書を捧げることをお許し願いたいと思う．

　　2016年12月　京都の自宅にて

　　　　　　　　　　　　　　　　　　　　　　　　増　島　　建

引用文献一覧

欧文献

Acharya, A. [1998] "Beyond Anarchy: Third World Instability and International Order after the Cold War," in S. Newman ed., *International Relations Theory and the Third World*, London: Palgrave Macmillan.

Adda, J. and M.-C. Smouts [1989] *La France face au Sud*, Paris: Karthala.

Adelman, H. and A. Suhrke [1999] *The Path of a Genocide: The Rwanda Crisis from Uganda to Zaire*, New Brunswick: Transaction Publishers.

Aeschimann, E. and C. Boltanski [2006] *Chirac d'Arabie: Les mirages d'une politique française*, Paris: Grasset.

Airault, P. and J.-P. Bat [2016] *Françafrique: Opérations secrètes et affaires d'État*, Paris: Tallandier.

Alden, C., Morphet, S. and M. A. Vieira [2010] *The South in World Politics*, Basingstoke: Palgrave Macmillan.

Alexander, T. [1996] *Unravelling Global Apartheid: An Overview of World Politics*, Cambridge: Polity Press.

Ambrosetti, D. [2009] "Nouvelles normes, nouveaux espaces de jugement: la valeur légitimatrice de l'ONU et ses effets normatifs," in Y. Shemeil and W.-D. Eberwein ed., *Normer le monde*, Paris: L'Harmattan.

Andersen, R. [2010] "How Multilateral Development Assistance Triggered the Conflict in Rwanda," *Third World Quarterly*, 21 (3).

Andersson, C. [1986] "Breaking Through: Politics and Public Opinion in the Period of Rapid Expansion," in P. Frühling ed., *Swedish Development Aid in Perspective: Policies, Problems, & Results since 1952*, Stockholm: Almqvist & Wiksell International.

Anell, L. [1986] "Images of Distant Countries: Reflections on the Theoretical Foundations for Sweden's Development Cooperation Policies," in P. Frühling ed., *Swedish Development Aid in Perspective: Policies, Problems, & Results since 1952*, Stockholm: Almqvist & Wiksell International.

Annan, K. [2005] "Larger Freedom: Toward Development, Security and Human Rights For All," March 2005 (http://www.un.org/largerfreedom/index.html, 2011年1月4日アクセス).

Archibugi, D. [2008] *The Global Commonweath of Citizens: Toward Cosmopolitan Democracy*, Princeton, N.J.: Princeton University Press.

Ariffin, Y. [1992] "Développement et démocratie: ajustement macroécomonique et transformations micropolitiques," *Le Trimestre du Monde*, 17 (1er trimestre).

Asian Development Bank [1999] *Governance: Sound Development Management*, Manila: Asian Development Bank.
Assemblée nationale [1998] *Enquête sur la tragédie rwandaise (1990-1994)*, Mission d'information sur le Rwanda, cédérom no.1.
Assemblée nationale [2001] "Rapport d'information no. 3394, deposé par la Commission de la Défense nationale et des forces armées sur la réforme de la coopération militaire".
Assemblée nationale [2014] "Rapport d'information sur l'évolution du dispositif militaire français en Afrique et sur le suivi des opérations en cours," no. 2114, le 9 juillet.
Aspaturian, V. V. [1971] *Process and Power in Soviet Foreign Policy*, New York: Little, Brown.
Ayoob, M. [1995] "The New-Old Disorder in the Third World," *Global Governance*, 1 (1).
Babb, S. [2009] *Behind the Development Banks: Washington Politics, World Poverty, and the Wealth of Nations*, Chicago: University of Chicago Press.
Bacevich, A. J. [2008] *The Limits of Power: The End of American Exceptionalism*, New York: Henry Holt and Company.
Bagayoko, N. and A. Kovacs [2007] "La gestion interministérielle des sorties de conflits," Centre d'études en sciences sociales de la défense.
Bagayoko-Penone, N. [2003] *Afrique: les stratégies française et américaine*, Paris: L'Harmattan.
Bah, A. S. and K. Aning [2008] "US Peace Operations Policy in Africa: From ACRI to AFRICOM," *International Peacekeeping*, 15 (1).
Balencie, J.-M., Arnaud de La Grange, and Jean-Christophe Rufin [1999] *Mondes rebelles*, Editions Michalon.
Ball, N. and M. Holmes [2002] "Integrating Defence into Public Expenditure Work," Commissioned by UK Department for International Development, January 11 (http://www1.worldbank.org/publicsector/pe/DefenseExpendPaper.DOC, 2015年9月1日アクセス).
Balladur, E. [2009] *Le pouvoir ne se partage pas: Conversations avec François Mitterrand*, Paris: Fayard.
Banégas, R. and P. Quantin [1996] "Orientation et limites de l'aide française au développement démocratique," *Canadian Journal of Development Studies*, 17 (4).
Banégas, R. and R. Marchal [2013] "La politique africaine: stratégie d'impuissance, ou impasses d'une politique d'indécision," in C. Lequesne et M. Vaïsse eds., *La politique étrangère de Jacques Chirac*, Paris: Rivenueve éditions.
Bangoura, D. [2002] "Les armées africaines face au défi démocratique," *Géopolitique africaine*, 5.
Barder, O. [2007] "Reforming Development Assistance: Lessons from the U.K. Experience," in L. Brainard ed., *Security by Other Means: Foreign Assistance, Global Poverty, and American Leadership*, Washington, D.C.: Brookings Institution Press.

Barnett, M. [1995] "The New United Nations Politics of Peace: From Juridical Sovereignty to Empirical Sovereignty," *Global Governance*, 1(1).
Barnett, M. and M. Finnemore [2004] *Rules for the World: International Organizations in Global Politics*, Ithaca, N.Y.: Cornell University Press.
Barnett, T. P. M. [2004] *The Pentagon's New Map: War and Peace in the Twenty-First Century*, New York: GP Putnam and Sons(新崎京助訳『戦争はなぜ必要か』講談社〔講談社インターナショナル〕，2004年）．
Bat, J.-P. [2012] *Le syndrome Foccart: La politique française en Afrique, de 1959 à nos jours*, Paris: Gallimard.
Bayart, J.-F. [1984] *La politique africaine de François Mitterrand*, Paris: Karthala.
Bayart, J.-F. [1998] "'Bis repetita': la politique africaine de François Mitterrand de 1989 à 1995," in S. Cohen ed., *Mitterrand et la sortie de la guerre froide*, Paris: PUF.
Bayart, J.-F. [2000] "Africa in the World: A History of Extraversion," *African Affairs*, 99 (395).
Bayart, J.-F. and G. Massiah [1995] "La France au Rwanda," *Les Temps modernes*, 583.
Beinart, P. [2006] *The Good Fight: Why Liberals-and Only Liberals-Can Win the War on Terror and Make America Great Again*, New York: Harper Perennial.
Bell, D. [1992] "The Cultural Wars: American Intellectual Life, 1965-1992," *Wilson Quarterly*, 16 (3).
Bellamy, A. J. [2009] *Responsibility to Protect*, Cambridge: Polity Press.
Berman, P. [1996] *A Tale of Two Utopias: The Political Journey of the Generation of 1968*, New York: W. W. Norton.
Berman, P. [2004] *Terror and Liberalism*, New York: W. W. Norton.
Berman, P. [2005] *Power and the Idealists: Or, the Passion of Joschka Fishcer, and Its Aftermath*, New York: W. W. Norton.
Berube, M. [2003] "Peace Puzzle," in C. Cerf and M. L. Sifry eds., *The Iraq War Reader: History, Documents, Opinions*, New York: Touchstone.
Bessis, S. [1994] "Portrait-robot du nouveau dirigeant africain," *Politique internationale*, 63.
Biagiotti, I. [1995] "Discours allemands et conditionalité démocratique," *Politique africaine*, 60.
Bickerton, C. J., Cunliffe, P. and A. Gourevitch eds. [2007] *Politics without Sovereignty: A Critique of Contemporary International Relations*, London: UCL Press.
Bierthtaker, T. [1995] "The 'Triumph' of Liberal Economic Ideas in the Developing World," in B. Stallings ed., *Global Change, Regional Response: The New International Context of Development*, New York: Cambridge University Press.
Bitsch, M.-T. and G. Bossuat eds. [2006] *L'Europe unie et l'Afrique*, Brussels: Bruylant.
Bøås, M. [1998] "Governance as Multilateral Development Bank Policy: The Cases of the African Development Bank and the Asian Development Bank," *European Journal of Development Research*, 10 (2).

Bøås, M. and D. McNeil [2003] *Multilateral Institutions: A Critical Introduction*, London: Pluto Press.

Bocquet, D. [2012] *Pour une mondialisation raisonnée: les révolutions discrètes de l'OCDE*, Paris: Documentation française.

Boisbouvier, C. [2015] *Hollande l'Africain*, Paris: La Découverte.

Boniface, P. [2011] *Les intelletuels faussaires: Le triomphe médiatique des experts en mensonge*, Paris: Jean-Claude Gawsewitch Editeur.

Bonvin, J. and C. Morrison [1998] *L'Organisation de Coopération et de Développement économiques (OCDE)*, Paris: Que sais-je? PUF.

Börzel, T. A. and T. Risse [2009] "Venus Approaching Mars? The European Union's Approaches to Democracy Promotion in Comparative Perspective," in A. Magen, T. Risse, and M. A. McFaul eds., *Promoting Democracy and The Rule of Law : American and European Strategies*, Basingstoke: Palgrave Macmillan.

Bourmaud, D. [2012] "Discours de rupture et politique d'impuissance: La politique africaine de Nicolas Sarkozy," in J. de Maillard et Y. Surel eds., *Les politiques publiques sous Sarkozy*, Paris: Les Presses de Sciences Po.

Boutros-Ghali, B. [1992] "An Agenda for Peace: Preventive Diplomacy, Peacemaking and Peace-keeping," New York: United Nations (http://www.un.org/fr/events/democracyday/pdf/An_agenda_for_democratization.pdf, 2016年8月10日アクセス）.

Brenkman, J. [2007] *The Cultural Contradictions of Democracy: Political Thought since September 11*, Princeton, N.J.: Princeton University Press.

The British Moment [2006] *The British Moment: The Case for Democratic Geopolitics in the Twenty-First Century*, London: The Social Affairs Unit.

Brooks, S. G. and W. C. Wohlforth eds. [2008] *World Out of Balance: International Relations and the Challenge of American Primacy*, Princeton, N.J.: Princeton University Press.

Brown, W. [2013] "Sovereignty Matters: Africa, Donors, and the Aid Relationship," *African Affairs*, 112 (447).

Brown, W. and S. Harman eds. [2013] *African Agency in International Politics*, London: Routledge.

Bruckner, P. [1983] *Le Sanglot de l'homme blanc*, Paris: Editions du Seuil.

Bryden, A. [2007] "From Policy to Practice: the OECD's Evolving Role in Security Sector Reform," Policy Paper 22, Geneva Centre for the Democratic Control of Armed Forces (DCAF).

Brzoska, M. [2003] "Development Donors and the Concept of Security Sector Reform," Occasional Paper 4, Geneva, Geneva Centre for the Democratic Control of Armed Forces (DCAF).

Brzoska, M. [2008] "Extending ODA or Creating a New Reporting Instrument for Security-Related Expenditures for Development?" *Development Policy Review*, 26.

Buchanan-Smith, M. and S. Maxwell [1994] "Linking Relief and Development: An

Introduction and Overview," *IDS Bulletin*, 25 (4).
Bull, H. [1995] *The Anarchical Society: A Study of Order in World Politics*, 2nd edition, Hampshire: Macmillan（臼杵英一訳『国際社会論——アナーキカル・ソサイエティ——』岩波書店，2000年）.
Butler, B. E. [1968] "Title IX of the Foreign Assistance Act: Foreign Aid and Political Development," *Law & Society Review*, 3 (1).
Buzan, B. [1998] "Conclusions: System versus Units in Theorizing about the Third World," in S. G. Neuman ed., *International Relations Theory and the Third World*, New York: St. Martin's Press.
Buzan, B., O. Wæver, and J. de Wilde [1998] *Security: A New Framework for Analysis*, Boulder, C.O.: Lynne Riener.
Call, C. T. [2008] "The Fallacy of the 'Failed State'," *Third World Quarterly*, 29 (8).
Callahan, D. [1994] "Saving Defense Dollars," *Foreign Policy*, 96.
Cammack, D., McLeod, D., Menocal, A. R. and K. Christiansen [2006] "Donors and the 'Fragile States' Agenda: A Survey of Current Thinking and Practice," Report submitted to the Japan International Cooperation Agency, March.
Carothers, T. [1991] *In the Name of Democracy: US Policy toward Latin America in the Reagan Years*, Berkeley C.A.: University of California Press, 1991.
Carothers, T. [1999] *Aiding Democracy Abroad: The Learning Curve*, Washington, D.C.: Carnegie Endowment for International Peace.
Carothers, T. [2008] "Does Democracy Promotion Have a Future?" in B. Berendsen ed., *Democracy and Development*, Amsterdam: KIT Publishers.
Carothers, T. [2009] "Democracy Assistance: Political vs. Developmental?" *Journal of Democracy*, 20 (1).
Carothers, T. and D. de Gramont [2013] *Development Aid Confronts Politics: The Almost Revolution*, Washington D.C.: Carnegie Endowment for International Peace.
Carroll, P. [2014] "Australia and the OECD: Argument, Persuasion, and Accession," *The OECD Observer*, 300.
Carroll, P. and A. Kellow [2011] *The OECD: A Study of Organisational Adaptation*, Cheltenham: Edward Elger.
Castañeda, J. G. [1993] "Latin America and the End of the Cold War," *Transition*, 59.
Chafer, T. [2002] "Franco-African Relations: No Longer So Exceptional?" *African Affairs*, 101.
Chafer, T. [2014] "Hollande and Africa Policy," *Modern & Contemporary France*, 22 (4).
Chanaa, J. [2002] *Security Sector Reform: Issues, Challenges and Prospects*. Adelphi Papers 344, New York: Oxford University Press for the International Institute for Strategic Studies.
Chandler, D. [2006a] *From Kosovo to Kabul and Beyond: Human Rights and International Intervention*, New Edition, London: Pluto Press.
Chandler, D. [2006b] *Empire in Denial: The Politics of State-Building*, London: Pluto

Press.

Chandler, D. [2007] "The Security-Development Nexus and the Rise of 'Anti-Foreign Policy'," *Journal of International Relations and Development*, 10 (4).

Chandler, D. [2010] *International Statebuilding: The Rise of Post-Liberal Governance*, London: Routledge.

Chase, R. S., Hill, E. B. and P. Kennedy [1996] "Pivotal States and U.S. Strategy," *Foreign Affairs*, 75.

Châtaigner, J.-M. [2004] "Aide publique au développement et réformes des systèmes de sécurité: l'improbable rencontre du Dr Jekyll et de Mr Hyde," *Afrique contemporaine*, 209.

Châtaigner, J.-M. [2006] "La réforme du secteur de sécurité dans les Etats et societés fragiles: Préalable indispensable ou dernière des illusions néocoloniales?" *Afrique contemporaine*, 218.

Chayes, A., and A. H. Chayes [1995] *The New Sovereignty: Compliance with International Regulatory Agreements*, Cambridge, M.A.: Harvard University Press.

Chesterman, S. [2004] *You, The People: The United Nations, Transnational Administration, and State-Building*, Oxford: Oxford University Press.

Chipman, J. [1986] *Ve République et défense de l'Afrique*, Paris: Editions Bosquet.

Chollet, D. and J. Goldgeier [2008] *America between the Wars, from 11/9 to 9/11: The Misunderstood Years between the Fall of the Berlin Wall and the Start of the War on Terror*, New York: Public Affairs.

Chomsky, N. [2003] *Hegemony or Survival: America's Quest for Global Dominance*, New York: Metropolitan Books（鈴木主税訳『覇権か，生存か——アメリカの世界戦略と人類の未来——』集英社，2004年）.

Chubin, S. [1993] "The South and the New World Order," *The Washington Quarterly*, 16 (4), reprinted in B. Roberts ed., *Order and Disorder after the Cold War: A Washington Quarterly Reader*, Cambridge, M.A.: The MIT Press.

Clapham, C. [1996] *Africa and the International System: The Politics of State Survival*, Cambridge: Cambridge University Press.

Clapham, C. [1997] "International Relations in Africa after the Cold War," in W. Hale and E. Kienle eds., *After the Cold War: Security and Democracy in Africa and Asia*, London: I. B. Tauris.

Clapham, C. [2003] "The Challenge to the State in a Globalized World," in J. Milliken ed., *State Failure, Collapse, and Reconstruction*, Malden, M.A.: Blackwell.

Clément, J. A. P. [1994] "Striving for Stablity: CFA Franc Realignment," *Finance & Development*, 31 (2).

Clifton, J. and D. Diaz-Fuentes [2011] "The OECD and Phases in the Political Economy, 1961-2011," *Review of International Political Economy*, 18 (5).

Cohen, J. L. [2012] *Globalization and Sovereignty: Rethinking Legality, Legitimacy, and Constitutionalism*, Cambridge: Cambridge University Press.

Cohen, N. [2007] *What's Left: How Liberals Lost Their Way*, London: Fourth Estate.
Cohen-Tanugi, L. [1995] "La politique européenne de la France à l'heure des choix," *Politique étrangère*, 4.
Conklin, A. L. [1997] *A Mission to Civilize: The Republican Idea of Empire in France and West Africa, 1895-1930*, Stanford C.A.: Stanford University Press.
Cooper, R. [2003] *The Breaking of Nations: Order and Chaos in the Twenty-First Century*, New York: Atlantic Monthly Press(北沢格訳『国家の崩壊』日本経済新聞社, 2008年).
Cortrgiht, D. [1997] *The Price of Peace: Incentives and International Conflict Prevention*, Lanham, M.D.: Rowman & Littlefield.
Cottarelli, C. and A. Schaechter [2010] "Long-Term Trends in Public Finances in the G-7 Economies," IMF Staff Position Note, September 1, 2010, SPN/10/13, International Monetary Fund.
Coudurier, H. [1998] *Le monde selon Jacques Chirac. Les coulisses de la diplomatie française*, Paris: Calmann-Lévy.
Crawford, G. [2000] "European Union Development Co-operation and the Promotion of Democracy," in P. Burnell ed., *Democracy Assistance: International Co-operation for Democratization*, London: Frank Cass.
Crawford, G. [2001] *Foreign Aid and Political Reform: A Comparative Analysis of Democracy Assistance and Political Conditionality*, New York: Palgrave.
Dabezies, P. [1980] "La politique militaire de la France en Afrique noire sous le général de Gaulle," in *La politique africaine du général De Gaulle, 1958-1969, Actes du colloque de Bordeaux, 19-20 octobre 1979*, Paris: Pedone.
Daviron, B. and T. Giordano [2007] " 'Etats fragiles': genèse d'un consensus international," in J.-M. Châtaigner et H. Magro eds., *États et sociétés fragiles: Entre conflits, reconstruction, et développement*, Paris: Karthala.
Davis, J. U. and A. B. Kossomi [2001] "Niger Gets Back on Track," *Journal of Democracy*, 12 (3).
Défense et sécurité nationale [1998] *Défense et sécurité nationale. Le Livre blanc*, Paris: Odile Jacob/La Documentation française.
de la Sablière, J.-M. [2013] *Dans les coulisses du Monde*, Paris: Robert Laffont.
de Renzio, P. and S. Mulley [2007] "Donor Coordination and Good Governance: Donor-Led and Recipient-Led Approaches," in J. Welsh and N. Woods eds., *Exporting Good Governance: Temptations and Challenges in Canada's Aid Program*, Waterloo: Wilfrid Laurier University Press.
De Siquiera, I. R. [2014] "Measuring and Managing 'State Fragility': the Production of Statistics by the World Bank, Timor-Leste and the G7+," *Third World Quarterly*, 35 (2).
Development Assistance Committee (DAC) [1996] "Shaping the 21st Century: The Contribution of Development Co operation," Paris: OECD.

Development Assistance Committee (DAC) [2014] "Development Assistance Flows for Governance and Peace," OECD, 2014 (http://www.oecd.org/dac/governance-peace/publications/documentuploads/Dev%20Assistance%20flows%20for%20gov%20and%20peace.pdf, 2016年3月19日アクセス)

Domínguez, J. I. [1999] "U.S.-Latin American Relations during the Cold War and Its Aftermath," Working Paper Series 99-01 (January), Weatherhead Center for International Affairs, Harvard University.

Dorrien, G. [2004] *Imperial Designs: Neoconservatism and the New Pax Americana*, New York: Routledge.

Doty, R. L. [1996] *Imperial Encounters: The Politics of Representation in North-South Relations*, Minneapolis M.N.: University of Minnesota Press.

Dozon, J.-P. [2003] *Frères et sujets: La France et l'Afrique en perspective*, Paris: Flammarion.

Drori, G. S. [2006] "Governed by Governance: The New Prism for Organizational Change," in G. S. Drori, J. W. Meyer, and H. Hwang eds., *Globalization and Organization: World Society and Organizational Change*, Clarendon: Oxford University Press.

Dueck, C. [2006] *Reluctant Crusaders: Power, Culture, and Change in American Grand Strategy*, Princeton, N.J.: Princeton University Press.

Duffield, M. [1994] "Complex Emergencies and the Crisis of Developmentalism," *IDS Bulletin*, 25 (4).

Duffield, M. [2001] *Global Governance and the New Wars: The Merging of Development and Security*, London: Zed Books.

Duffield, M. [2002] "Reprising Durable Disorder: Network War and Securitisation of Aid," in B. Hettne and B. Odén eds., *Global Governance in the 21ST Century: Alternative Perspectives on World Order*, Stockholm, Sweden: Almkvist & Wiksell International.

Dumas, R. and J. Vergès [2011] *Sarkozy sous BHL*, Paris: Pierre-Guillaume de Roux Editions.

Dumoulin, A. [1997] *La France militaire et l'Afrique*, Bruxelles: Editions Complexe.

Echenberg, M. [1991] *The Tirailleurs Senegalais in French West Africa, 1857-1960*, Portsmouth, N.H.: Heinemann.

Ekbladh, D. [2006] "From Consensus to Crisis: The Postwar Career of Nation-Building in U.S. Foreign Relations," in F. Fukuyama ed., *Nation-Building: Beyond Afghanistan and Iraq*, Baltimore M.D.: The Johns Hopkins University Press.

Ellis, S. [2005] "How to Rebuild Africa," *Foreign Affairs*, 84 (5).

Emmerij, L., Jolly, R. and T. G. Weiss eds. [2001] *Ahead of the Curve? UN Ideas and Global Challenges*, Bloomington I.N.: Indiana University Press.

Englebert, P. [2003] "Souvraineté, sous-développement et le paradoxe nationaliste congolais," *Mondes en Développement*, 123.

Englebert, P. [2010] "African States Need Dilution, Not Reconstruction," *The Forum: Discussing International Affairs and Economics*, Spring.
Englebert, P. and D. M. Tull [2008] "Postconflict Reconstruction in Africa: Flawed Ideas about Failed States," *International Security*, 32 (4).
Erdmann, A. and S. Nossel [2008] "Are We All Nation-Builders Now?" in D. Chollet, T. Lindberg, and D. Shorr eds., *Bridging the Foreign Policy Divide: Liberals and Conservatives Find Common Ground on 10 Key Global Challenges*, New York: Routledge.
Esman, M.J. and D. S. Cheever [1967] *The Common Aid Effort: The Development Assistance Activities of the Organisation for Economic Co-operation and Development*, Columbus, O.H.: Ohio State University Press.
Evrard, C. [2016] "Retour sur la construction des relations militaires franco-africaines," *Relations internationales*, 165.
Ferguson, J. [1994] *Anti-Politics Machine: Development, Depoliticization, and Bureaucratic Power in Lesotho*, Minneapolis M.N.: University of Minnesota Press.
Finnemore, M. [1996] *National Interests in International Society*, Ithaca, N.Y.: Cornell University Press.
Fisher, C. T. [2006] "The Illusion of Progress: CORDS and the Crisis of Modernization in South Vietnam, 1965-1968," *Pacific Historical Review*, 75 (1).
Fisher, J. [2014] "When It Pays to Be a 'Fragile State': Uganda's Use and Abuse of a Dubious Concept," *Third World Quarterly*, 35 (2).
Fitz-Gerald, A. M. [2004] "Addressing the Security-Development Nexus: Implications for Joined-up Government," *Policy Matters* (Montreal: Institute for Research on Public Policy), 5 (5).
Fowler, M. R. and J. M. Bunck [1995] *Law, Power, and the Sovereign State: The Evolution and Application of the Concept of Sovereignty*, foreword by Inis L. Claude, Jr., University Park, P.A.: Pennsylvania University Press.
Franck, T. M. [1992] "The Emerging Right to Democratic Governance," *The American Journal of International Law*, 86 (1).
Frankel, J. [2000] "Globalization of the Economy," in J. D. Donahue and J. S. Nye, Jr., eds., *Governance in a Globalizing World*, Washington, D.C.: Brookings（嶋本恵美訳『グローバル化で世界はどう変わるか——ガバナンスへの挑戦と展望——』英治出版, 2004年).
Freedman, L. [2005] "The Age of Liberal Wars," in D. Armstrong, T. Farrell, and B. Maiguashca eds., *Force and Legitimacy in World Politics*, Cambridge: Cambridge University Press.
Friedman, M. [2005] *The Neoconservative Revolution: Jewish Intellectuals and the Shaping of Public Policy*, New York: Cambridge University Press.
Führer, H. [1994] "The Story of Official Development Assistance," Paris: OECD (http://www.oecd.org/dac/1896816.pdf, 2016年8月9日アクセス).
Fukuda-Parr, S. [2010] "Conflict Prevention as a Policy Objective of Development Aid,"

in G. Mavrotas ed., *Foreign Aid for Development: Issues, Challenges, and the New Agenda*, Oxford: Oxford University Press.

Fukuda-Parr, S. and R. Ponzio [2002] "Governance: Past, Present, Future: Setting the Governance Agenda for the Millennium Declaration," Draft Paper for Global Forum: Dialogue and Partnerships for the Promotion of Democracy and Development, December 2002, Morocco (http://unpan1.un.org/intradoc/groups/public/documents/un/unpan006224.pdf, 2015年4月15日アクセス).

Fukuyama, F. [1992] *The End of History and the Last Man*, London: Penguin Books. (渡部昇一訳『歴史の終わり』上下巻, 三笠書房, 2005年).

Fukuyama, F. [2004] *State-Building: Governance and World Order in the 21st Century*, Ithaca, N.Y.: Cornell University Press.

Fukuyama, F. [2006] *After the Neocons: America at the Crossroads*, London: Profile Books.

Garcin, T. [1996] "L'intervention française au Rwanda," *Le trimestre du monde*, 1er trimestre.

Garton Ash, T. [2000] *History of the Present: Essays, Sketches and Despatches from Europe in the 1990s*, London: Updated edition by Penguin Books.

Gautier, L. [1999] *Mitterrand et son armée, 1990-1995*, Paris: Grasset.

Gazibo, M. [2005] "Foreign Aid and Democratization: Benin and Niger Compared," *African Studies Review*, 48(3).

Gazibo, M. [2006] *Introduction à la politique africaine*, Montréal: Les Presses de l'Université de Montréal.

Gebhard, C. [2011] "Coherence," in C. Hill and M. Smith eds., *International Relations and the European Union*, Second Edition, Oxford: Oxford University Press.

Glaser, A. [2014] *Africafrance: Quand les dirigeants africains deviennet les maîtres du jeu*, Paris: Fayard.

Glaser, A. and S. Smith [2008] *Sarko en Afrique*, Paris: Plon.

Godfrain, J. [2001] "Le rôle des Troupes de marine dans la coopération militaire," in *Les Troupes de Marine dans l'Armée de Terre: Un siècle d'histoire 1900-2000*, Paris: Lavauzelle.

Goldgeier, J. M. and M. McFaul [1992] "A Tale of Two Worlds: Core and Periphery in the Post-Cold War Era," *International Organization*, 46.

Goldman, E. O. [2011] *Power in Uncertain Times: Strategy in the Fog of Peace*, Stanford, C.A.: Stanford University Press.

Gounin, Y. [2009] *La France en Afrique*, Bruxelles: de Boeck.

Green, J. D. [1991] "USAID's Democratic Pluralism Initiative: Pragmatism or Altruism," *Ethics and International Affairs*, 5.

Griffin, M. [2003] "The Helmet and the Hoe: Linkages between United Nations Development Assistance and Conflict Management," *Global Governance*, 9(2).

Griffin, T., Aked, H., Miller, D. and S. Marusek [2015] "The Henry Jackson Society and

the Degeneration of British Neoconservatism: Liberal Interventionism, Islamophobia, and the 'War on Terror'," *Spinwatach*, June.
Grimm, D. [2015] *Sovereignty: The Origin and Future of a Political and Legal Concept*, New York: Columbia University Press (translated from German originally published in 2009 by Berlin University Press).
Grimm, S. [2014] "The European Union's Ambiguous Concept of 'State Fragility'," *Third World Quarterly*, 35(2).
Grimm, S., Lemay-Hébert, N., and O. Nay eds. [2015] *The Political Invention of Fragile States: The Power of Ideas*, Abingdon: Routledge.
Grosser, A. [1993] "Le rôle et le rang," in *Mélanges Marcel Merle. Les relations internationales à l'épreuve de la science politique*, Paris: Economica, 1993.
Guilhot, N. [2005] *The Democracy Makers: Human Rights and International Order*, New York: Columbia University Press.
Haastrup, T. [2010] "EURORECAMP, an Alternative Model for EU Security Actorness", *Studia Diplomatica*, 63(3-4).
Halliday, F. [1995] "The Third World and the End of the Cold War," in B. Stallings ed., *Global Change, Regional Response: The New International Context of Development*, New York: Cambridge University Press.
Harris, D., Moore, M. and H. Schmitz [2009] "Country Classifications for a Changing World," Discussion Paper 9/2009, Deutsches Institut für Entwicklungspolitik, Bonn.
Harsch, E. [1996] "The Global Coalition for Africa: Towards a Broader Dialogue?" *Review of African Political Economy*, 23 (67).
Hassner, P. [2013] "L'Eclatement de l'État: Territoires, populations, légitimité, administration," *Esprit*, février.
Healy, G. [2015] "Think Tanks and the Iraq War," June 8, 2015 (http://www.cato.org/blog/think-tanks-iraq-war, 2015年10月25日アクセス).
Heilbrunn, J. R. and C. M. Toulabor [1995] "Une si petite démocratisation pour le Togo...," *Politique africaine*, 58.
Helman, G. B. and S. R. Ratner [1992] "Saving Failed States," *Foreign Policy*, 89.
Herbst, J. [1996] "Responding to State Failure in Africa," *International Security*, 21 (3).
Herbst, J. [2000] *States and Power in Africa: Comparative Lessons in Authority and Control*, Princeton N.J.: Princeton University Press.
Héritier, A. [1996] "The Accommodation of Diversity in European Policy-Making and Its Outcomes: Regulatory Policy as a Patchwork," *Journal of European Public Policy*, 3 (2).
Hertz, J. [1959] *International Politics in the Atomic Age*, New York: Columbia University Press.
Hewitt, A. and T. Killick [1993] *Bilateral Aid Conditionality: A First View*, London: Overseas Development Institute.
Hill, C. [2005] "Putting the World to Rights," in A. Seldon and D. Kavanagh eds., *The*

Blair Effect 2001-5, Cambridge: Cambridge University Press.

Hobson, J. M. and J. C. Sharman [2005] "The Enduring Place of Hierarchy in World Politics: Tracing the Social Logics of Hierarchy and Political Change," *European Journal of International Relations*, 11 (1).

Hobson, J. M. and J. C. Sharman [2005] "The Enduring Place of Hierarchy in World Politics: Tracing the Social Logics of Hierarchy and Political Change," *European Journal of International Relations*, 11 (1).

Hoffmann, S. [1993] "French Dilemmas Strategies in the New Europe," in R. O. Keohane, J. S. Nye and S. Hoffmann eds., *After the Cold War: International Institutions and State Strategies in Europe 1989-1991*, Cambridge, M. A.: Harvard University Press.

Holmberg, S. L. [1989] "Welfare Abroad: Swedish Development Assistance", in B. Sundelius ed., *Committed Neutral: Sweden's Foreign Policy*, Boulder, C. O.: Westview.

Hout, W. [2007] *The Politics of Aid Selectivity: Good Governance Criteria in World Bank, US and Dutch Development Assistance*, London: Routledge.

Howlett, M., Ramesh, M. and A. Perl [2009] *Studying Public Policy: Policy Choices & Policy Subsystems*, Third Edition, Oxford: Oxford University Press.

Huntington, S. P. [1991] *The Third Wave: Democratization in the Late Twentieth Century*, Norman O.K.: University of Oklahoma Press.（坪郷実・藪野祐三・中道寿一訳『第三の波――20世紀後半の民主化――』三嶺書房，1995年）.

Huntington, S. P. [1996] *The Clash of Civilizations and the Remaking of World Order*, New York: Simon and Schuster（鈴木主悦訳『文明の衝突』集英社, 1998年）.

Hurrell, A. [2007] *On Global Order: Power, Values, and the Constitution of International Society*, Oxford: Oxford University Press.

Hydén, G. [1999] "Governance and the Reconstitution of Political Order," in J. Richard ed., *State, Conflict, and Democracy in Africa*, Boulder, C.O. Lynne Rienner.

Hynes, W. and S. Scott [2013] "The Evolution of Official Development Assistance: Achievements, Criticisms and a Way Forward," OECD Development Co-operation Working Papers 12, OECD Publishing.

Ignatieff, M. [2003] *Empire Lite: Nation-Building in Bosnia, Kosovo, and Afghanistan*, London: Vintage（中山俊宏訳『軽い帝国――ボスニア，コソボ，アフガニスタンにおける国家建設』風光社，2003年）.

Ikenberry, G. J. [2010] "The Restructuring of the International System after the Cold War," in M. P. Leffler and O. A. Westad eds., *The Cambridge History of the Cold War*, Volume III: Endings, Cambridge: Cambridge University Press.

Irondelle, B. [2011] *La réforme des armées en France*, Paris: Presses de Sciences-Po.

Jackson, R. [2005] *Classical and Modern Thought on International Relations: From Anarchy to Cosmopolis*, New York: Palgrave Macmillan.

Jackson, R. H. [1993] *Quasi-States: Sovereignty, International Relations and the Third World*, Cambridge: Cambridge University Press.

Jackson, R. H. [2000] *The Global Covenant: Human Conduct in a World of States*,

Oxford: Oxford University Press.
Jackson, R. H. and C. G. Rosberg [1982] "Why Africa's Weak States Persist: The Empirical and the Juridical in Statehood," *World Politics*, 35 (1).
Jacobsen, T., Sampford, C. and R. Thakur eds. [2008] *Re-envisioning Sovereignty: The End of Westphalia?* Aldershot, UK: Ashgate.
Jacobson, H. and R. Cox [1972] *The Anatomy of Influence: Decision Making in International Organization*, New Haven, C.T.: Yale University Press.
Jaquet, L [1995] "L'avenir de l'armée française," *Marchés tropicxaux et meditérranéens*, 29 décembre.
Jauffret, J. -C. [2001] "Crise et renaissance des troupes coloniales 1903-1914," in *Les Troupes de Marine dans l'Armée de Terre: Un siècle d'histoire 1900-2000*, Paris: Lavauzelle.
Jenkins, R. [2013] *Peacebuilding: From Concept to Commission*, London: Routeledge.
Johnson, G., Ramachandran, V. and J. Walz, [2011] "The Commanders Emergency Response Program in Afghanistan: Refining U.S. Military Capabilities in Stability and In-Conflict Development Activities," Working Paper, 265 (September), Center for Global Development.
Johnson, G., Ramachandran, V. and J. Walz [2012] "CERP in Afghanistan: Refining Military Capabilities in Development Activities," *PRISM*, 3 (2).
Jokinen, J. [2004] "Balancing between East and West: The Asian Development Bank's Policy on Good Governance," in M. Bøås and D. McNeil eds., *Global Institutions and Development: Framing the World?* London: Routledge.
Jones, G. and B. Stallings [1995] "New Global Financial Trends," in B. Stallings ed., *Global Change, Regional Response: The New International Context of Development*, Cambridge: Cambridge University Press.
Joseph, R. [1997] "Correspondence," *International Security*, 22 (2).
Joyner, C. C. [1999] "The United Nations and Democracy," *Global Governance*, 5.
Kahler, M. [2009] "Statebuilding after Afghanistan and Iraq," in R. Paris and T. D. Sisk eds., *The Dilemmas of Statebuilding: Confronting the Contradictions of Postwar Peace Operations*, London: Routledge.
Kamm, O. [2005] *Anti-Totalitarianism: The Left-Wing Case for a Neoconservative Foreign Policy*, London: The Social Affairs Unit.
Kaplan, R. D. [1994] "The Coming Anarchy: How Scarcity, Crime, Overpopulation, Tribalism, and Disease Are Rapidly Destroying the Social Fabric of Our Planet," *The Atlantic Monthly*, February.
Kappagoda, N. [1995] *The Asian Development Bank, Multilateral Development Banks*, vol. 2, Boulder, C.O.: Lynne Riener.
Keen, D. [2008] *Complex Emergencies*, Cambridge: Polity Press.
Keohane, R. O. [2003] "Political Authority after Intervention: Gradations in Sovereignty," in J. L. Holzgrefe and R. O. Keohane eds., *Humanitarian Intervention: Ethical, Legal,*

and Political Dilemmas, Cambridge: Cambridge University Press.

Keohane, R. O. and J. S. Nye, Jr., eds. [1972] *Transnational Relations and World Politics*, Cambridge, M.A.: Harvard University Press.

Keohane, R. O. [2000] "Sovereignty in International Society," in D. Held and A. McGrew eds., *The Global Transformation Reader: An Introduction to the Globalization Debate*, Cambridge: Polity Press.

Kessler, M.-C. [1999] *La politique étrangère de la France*, Paris: Presses de Sciences Po.

Kessler, M.-C. and F. Charillon [2001] "France: un 'rang' à réinventer," in F. Charillon ed., *Les politiques étrangères: Ruptures et continuité*, Paris: La Documentation française.

Keukeleire, S. and K. Raube [2013] "The Security-Development Nexus and Securitization in the EU's Policies towards Developing Countries," *Cambridge Review of International Affairs*, 26 (3).

Khanna, P. [2008] *The Second World: How Emerging Powers Are Redefining Global Competition in the Twenty-first Century*, New York: Random House.

Kier, E. [1996] "Culture and French Military Doctrine before World War II," in P. Katzenstein ed., *The Culture of National Security: Norms and Identity in World Politics*, New York: Columbia University Press.

King, E. and R. O. Matthews [2012] "A New Agenda for Peace: 20 Years Later," *International Journal*, 67 (2).

Klein, M. [2008] "Les forces de présence françaises: des outils stratégiques majeurs adaptés à la situation internationale africaine," *Notes de la FRS*, Fondation pour la Recherche Stratégique, 2 janvier.

Klingebiel, S. and K. Roehder [2004] "Development-Military Interfaces: New Challenges in Crises and Post-conflict Situations," Reports and Working Papers, Bonn: German Development Institute.

Knaus, G. [2012] "The Rise and Fall of Liberal Internationalism," in R. Stewart and G. Knaus, *Can Intervention Work?*, New York: W.W. Norton.

Kohler, G. [1978] "Global Apartheid," Working Paper No 7, World Order Models Project, New York.

Koskenniemi, M. [1995] "The Police in the Temple: Order, Justice and the UN: A Dialectical View," *European Journal of International Law*, 6.

Koskenniemi, M. [2011] "What Use for Sovereignty Today?" *Asian Journal of International Law*, 1 (1).

Krasner, S. D. [1985] *Structural Conflict: The Third World against Global Liberalism*, Berkeley C.A.: University of California Press.

Krasner, S. D. [1999a] "Logics of Consequences and Appropriateness in the International System," in M. Egeberg and P. Lægreid eds., *Organizing Political Institutions: Essays for Johan P. Olsen*, Oslo: Scandinavian University Press.

Krasner, S. D. [1999b] "Globalization and Sovereignty," in D. A. Smith, D. J. Solinger, and S. C. Topik eds., *States and Sovereignty in the Global Economy*, London: Routeledge.

Krasner, S. D. [1999c] *Sovereignty: Organized Hypocrisy*, Stanford, C.A.: Stanford University Press.

Krause, K. and O. Jutersonke [2005] "Peace, Security and Development in Post-Conflict Environments," *Security Dialogue*, 36 (4).

Kroslak, D. [2007] *The Role of France in the Rwandan Genocide*, London: Hurst and Company.

Kudo, M. [2010] "Security Sector Reform and Development Assistance: Bridging the Gaps between Concepts and Realities," JBICI Woking Paper 28 (May).

Kumaraswamy, P. R. [2000] "South Asia after the Cold War: Adjusting to New Realities," in L. Fawcett and Y. Sayigh eds., *The Third World beyond the Cold War: Continuity and Change*, Oxford: Oxford University Press.

Kundnani, H. [2009] *Utopia or Auschwitz: Germany's 1968 Generation and the Holocaust*, New York: Columbia University Press.

Kupchan, C. A. [2002] *The End of the American Era: U.S. Foreign Policy and the Geopolitics of the Twenty-first Century*, New York: Alfred A. Knopf（坪内淳訳『アメリカ時代の終わり』上下巻，日本放送出版協会，2003年）．

Kymlicka, W. [2009] "Categorizing Groups, Categorizing States: Theorizing Minority Rights in a World of Deep Diversity," *Ethics & International Affairs*, 23 (4).

L'OPCF ed. [1999] *La coopération française en questions*, Paris: Centre Georges Pompidou.

Lafourcade, G. J.-C. and G. Rifaud [1994] *Opération Turquoise, Rwanda, 1994*, Paris: Perrin.

Laïdi, Z. [1993] *L'ordre mondial relaché*, Paris: Presses de la FNSP.

Lake, D. A. [2003] "The New Sovereigny in International Relations," *International Studies Review*, 5.

Lake, D. A. [2008] "The New American Empire?" *International Studies Perspectives*, 9 (3).

Lake, D. A. [2009] *Hierarchy in International Relations*, Ithaca N.Y.: Cornell University Press.

Laloupo, F. [2013] *France-Afrique: La rupture maintenant?* Paris: Acoria Editions.

Lancaster, C. [2006] *Foreign Aid: Diplomacy, Development, Domestic Politics*, Chicago: University of Chicago Press.

Latham, M. E. [2000] *Modernization as Ideology: American Social Science and "Nation Building" in the Kennedy Era*, Chapel Hill, N.C.: University of North Carolina Press.

Layne, C. [1995] "The Unipolar Illusion: Why New Great Powers Will Rise," in M. E. Brown, S. M. Lynn-Jones, and S. E. Miller eds., *The Perils of Anarchy: Cotemporary Realism and International Security*, Cambridge, M.A.: The MIT Press.

Leboeuf, A. [2006] "Sécurité et développement: acteurs et consensus," *Afrique contemporaine*, 218.

Leboeuf, A. and H. Quénot-Suarez [2014] "La Politique africaine de la France sous François Hollande: Renouvellement et impensé stratégique," Paris: IFRI..
Leebaert, D. [2012] *The Fifty-Year Wound: How America's Cold War Victory Shapes Our World*, Boston: Little, Brown and Company.
Leffler, M. P. and J. W. Legro eds [2011] *In Uncertain Times: American Foreign Policy after the Berlin Wall and 9/11*, Ithaca, N.Y.: Cornell University Press.
Leftwich, A. [1993] "Governance, Democracy, and Development in the Third World," *Third World Quarterly*, 14 (3).
Legler, T., Lean, S. F. and D. S. Boniface eds., [2007] *Promoting Democracy in the Americas*, Baltimore, M. D.: The Johns Hopkins University Press.
Legro, J. W. [2005] *Rethinking the World: Great Power Strategies and International Order*, Ithaca, N.Y.: Cornell University Press.
Lelart, M. [1992] "Le Fonds monétaire international et la démocratie," *Le Trimestre du Monde*, 17 (ler trimestre).
Lellouche, P. [1992] *Le nouveau monde, de l'ordre de Yalta au désordre des nations*, Paris: Grasset.
Lévy, B. -H. [2011] *La Guerre sans l'aimer*, Paris: Grasset.
Levy, C. [1992] "Gender and the Environment: The Challenge of Cross-Cutting Issues in Development Policy and Planning," *Environment and Urbanization*, 4 (1).
Lieven, A. and J. C. Hulsman [2006] "Neo-Conservatives, Liberal Hawks, and the War on Terror: Lessons from the Cold War," *World Policy Journal*, 23 (3).
Lindenberg, D. [2002] *Le rapple à l'ordre. Enquête sur les nouveaux réactionnaires*, Paris: Seuil.
Lindgaard, J. and X. de La Porte [2011] *Le nouveau B.A. BA du BHL: Enquête sur le plus grand intelletuel français*, Paris: La Découverte.
Lippmann, W. [1915] *Stakes of Diplomacy*, New York: Henry Holt and Company.
Livre blanc de la défense nationale [1994] *Livre blanc de la défense nationale*, Paris: Odile Jacob/La Dcocumentation française.
Ludwig, R. [2004] "The UN's Electoral Assistance: Challenges, Accomplishments, Prospects," in E. Newman and R. Rich eds., *The UN Role in Promoting Democracy: Between Ideals and Reality*, Tokyo: United Nations University Press.
Lumsdaine, D. H. [1993] *Moral Vision in International Politics: The Foreign Aid Regime, 1949-89*, Princeton N. J.: Princeton University Press.
Lynch, D. C. [2006] *Rising China and Asian Democratization: Socialization to "Global Culture" in the Political Transformations of Thailand, China, and Taiwan*, Stanford, C. A.: Stanford University Press.
Magen, A. and M. A. NcFaul [2009] "Introduction: American and European Strategies to Promote Democracy – Shared Values, Common Challenges, Divergent Tools?"in A. Magen, T. Risse, M. A. McFaul eds., *Promoting Democracy and The Rule of Law: American and European Strategies*, Basingstoke: Palgrave Macmillan.

Mahbubani, K. [2013] *The Great Convergence: Asia, the West, and the Logic of One World*, New York: Public Affairs.
Mahon, R. and S. McBride eds. [2008] *The OECD and Transnational Governance*, Vancouver: UBC Press.
Mair, S. [2000] "Germany's Stiftungen and Democracy Assistance: Comparative Advantages, New Challenges," in P. Burnell ed., *Democracy Assistance: International Co-operation for Democratization*, London: Frank Cass.
Maison, R. [2008] "L' Opération 'Turquoise', une mise en oeuvre de la responsabilité de proteger?" in *La responsabilité de proteger, colloque de Nanterre*, Paris: Pedone.
Maison, R. [2010] "Que disent les 'Archives de l'Elysée'?" *Esprit*, mai.
March, J. G. and J. Olsen [1998] "The Institutional Dynamics of International Political Orders," *International Organization*, 52.
Marchal, R. [1998] "France and Africa: The Emergence of Essential Reforms?" *International Affairs*, 74.
Marchesin, P. [1995] "Mitterrand l'Africain," *Politique africaine*, 58.
Marcussen, M. [2004] "The Organization for Economic Cooperation and Development as Ideational Artist and Arbitrator: Reality or Dream?" in B. Reinalda and B. Verbeek eds., *Decision Making within International Organizations*, London: Routledge.
Martens, K. and A. P. Jacobi eds. [2010] *Mechanisms of OECD Governance: International Incentives for National Policy-Making?* Oxford: Oxford University Press.
Martin, G. [1995] "Continuity and Change in Franco-African Relations," *The Journal of Modern African Studies*, 33.
Masujima, K. [1999] "Europe, America, and Developing Countries: The Transformation of the O.E.E.C. to the O.E.C.D. (1959-1961),"『獨協法学』49.
Masujima, K. [2011] "Development and Security in Foreign Aid: Ever Closer Partners?" *Kobe University Law Review*, 45.
Mathias, G. [2014] *Les guerres africaines de François Hollande*, Paris: L'Aube.
McFate, S. [2008a] "U. S. Africa Command: A New Strategic Paradigm?" *Military Review*, 88 (1).
McFate, S. [2008b] "Securing the Future: A Primer on Security Sector Reform in Conflict Countries," *Special Report*, no. 209 (September), United States Institute of Peace.
McFate, S. [2010] "The Link between DDR and SSR in Conflict-Affected Countries," *Special Report*, no. 238 (May), United Sates Institute of Peace.
Mearsheimer, J. J. [1990] "Back to the Future: Instability in Europe after The Cold War," *International Security*, 15 (1).
Mearsheimer, J. J. and S. M. Walt [2008] *The Israel Lobby and U.S. Foreign Policy*, New York: Farrar, Straus and Giroux(副島隆彦訳『イスラエル・ロビーとアメリカの外交政策』1・2 講談社, 2007年).
Médard, J.-F. [1995] "France-Afrique: des affaires de famille," in D. Della Porta and Y.

Mény eds., *Démocratie et corruption en Europe*, Paris: La Découverte.

Meijers, E. and D. Stead [2004] "Policy Integration: What Does It Mean and How Can It Be Achieved ? A Multi-Disciplinary Review," Paper Presented to the 2004 Berlin Conference on Human Dimensions of Global Environment Change: Greening of Policies - Interlinkages and Policy Integration (userpage.fu-berlin.de/ffu/.../meijers_stead_f.pdf, 2015年9月29日アクセス).

Meimon, J. [2007] "L'invention de l'aide française au développement: Discours, instruments et pratiques d'une dynamique hégémonique," *Questions de Recherche*, 21, Centre d'études et de recherches internationals, CERI/Sciences-Po (http://www.ceri-sciencespo.com/publica/question/qdr21.pdf, 2016年8月9日アクセス)

Melly, P. and V. Darracq [2013] "A New Way to Engage? French Policy in Africa from Sarkozy to Hollande," Africa 2013/01, Chatham House (https://www.chathamhouse.org/sites/files/chathamhouse/public/Research/Africa/0513pp_franceafrica.pdf, 2016年7月24日アクセス).

Menon, R. [2016] *The Conceit of Humanitarian Intervention*, New York: Oxford University Press.

Michailof, S. and A. Bonnel [2010] *Notre maison brûle au Sud: Que peut faire l'aide au développement?*, Paris: Fayard.

Michel, M. [1982] *L'Appel à l'Afrique*, Paris: Publications de la Sorbonne.

Miller, R. [1992] *Aid as Peacemaker: Canadian Development Assistance and Third World Conflict*, Montreal: McGill-Queen's University Press.

Moyar, M. [2009] *A Question of Command: Counterinsurgency from the Civil War to Iraq*, New Haven C.T.: Yale University Press.

Moyo, D. [2009] *Dead Aid: Why Aid Is Not Working and How There Is a Better Way for Africa*, New York: Farrar Straus & Giroux（小浜裕久訳『援助じゃアフリカは発展しない』東洋経済新報社, 2010年).

Nay, O. [2014] "International Organisations and the Production of Hegemonic Knowledge: How the World Bank and the OECD Helped Invent the Fragile State Concept," *Third World Quarterly*, 35 (2).

Nayyar, D. [2002] "Towards Global Governance," in D. Nayyar ed., *Governing Globalization: Issues and Institutions*, New York: Oxford University Press.

Nayyar, D. [2013] *Catch Up: Developing Countries in The World Economy*, Oxford: Oxford University Press.

Nelson, J. M. and S. J. Eglinton [1992] *Encouraging Democracy: What Role for Conditioned Aid?* Washington, D.C.: Overseas Development Council.

Neuman, S. G. ed. [1998] *International Relations Theory and the Third World*, New York: St. Martin's Press.

Noël, A. and J.-P. Thérien [2008] *Left and Right in Global Politics*, Cambridge: Cambridge University Press.

Nunan, F., Campbell, A. and E. Foster [2012] "Environmental Mainstreaming: The

Organizational Challenge of Policy Integration," *Public Administration and Development*, 32.
OECD (Organisation for Economic Co-operation and Development)［1988］*Development Co-operation: Efforts and Policies of the Members of the Development Assistance Committee*, Paris: OECD.
OECD［1989］*Development Co-operation in the 1990s. Efforts and Policies of the Members of the Development Assistance Committee*, Paris: OECD.
OECD［1990］*Development Co-operation: Efforts and Policies of the Members of the Development Assistance Committee*, Paris: OECD.
OECD［1991］*Development Co-operation: Efforts and Policies of the Members of the Development Assistance Committee*, Paris: OECD.
OECD［1992a］*The Annual Report of the OECD 1991*, Paris: OECD.
OECD［1992b］*Integration of Developing Countries into the International Trading System*, Paris: OECD.
OECD［1992c］*Development and Democracy: Aid Policies in Latin America*, Paris: OECD.
OECD［1992d］*Development Assistance Manual: DAC Principles for Effective Aid*, Paris: OECD.
OECD［1993］*DAC Orientations on Participatory Development and Good Governance*, Paris: OECD.
OECD［1997a］*The World in 2020: Towards a New Global Age*, Paris: OECD（吉冨勝監訳『2020年の世界経済』東洋経済新報社，1999年）.
OECD［1997b］*Report by the Secretary-General*, 1997 Edition, Paris: OECD.
OECD［1997c］"DAC Guidelines on Conflict, Peace and Development Co-operation," (http://www.fas.org/asmp/campaigns/smallarms/eguide.pdf, 2016年10月19日アクセス).
OECD［1997d］"Conflict, Peace and Development Co-operation on the Threshold of the 21st Century," Paris: OECD (http://pdf.usaid.gov/pdf_docs/Pcaaa817.pdf, 2016年10月19日アクセス).
OECD［1998］"Helping Prevent Violent Conflict: Orientations for External Partners," Paris: OECD (http://www.oecdbookshop.org/get-it.php?REF=5LMQCR2K5ND8&TYPE=browse, 2016年10月19日アクセス).
OECD［1999］*Guidance for Evaluating Humanitarian Assistance in Complex Emergencies*, Paris: OECD.
OECD［2000］*DAC Peer Review of France*.
OECD［2005a］"Conflict Prevention and Peace Building: What Counts as ODA?" March 3 (http://www.poa-iss.org/RevCon2/Documents/PrepCom-Background/OECD-DAC%202005%20decision.pdf, 2016年10月19日アクセス).
OECD［2005b］"Security System Reform and Governance," DAC Guidelines and reference series (http://www.OECD.org/development/conflictandfragility/31785288.

pdf, 2016年10月16日アクセス).

OECD [2005c] "Piloting the Principles for Good International Engagement in Fragile States. Fragile States Group (FSG), Concept Note," DCD (2005)11/REV2.

OECD [2007a] "Principles for Good International Engagement in Fragile States & Situations," April (http://www.oecd.org/dacfragilestates/43463433.pdf, 2016年3月6日アクセス).

OECD [2007b] "OECD DAC Handbook on Security System Reform: Supporting Security and Justice," 2007 (http://www.OECD.org/development/conflictandfragility/38406485.pdf, 2012年8月25日アクセス).

OECD [2008] "Is It ODA?" Factsheet, November (https://www.oecd.org/dac/stats/34086975.pdf, 2016年10月19日アクセス).

OECD [2010] "The DAC, 50 Years, 50 Highlights," Paris: OECD (https://www.oecd.org/dac/46717535.pdf, 2016年9月4日アクセス).

OECD [2011] "Measuring Aid: 50 Years of DAC Statistics: 1961-2011," Paris: OECD, (https://www.oecd.org/dac/stats/documentupload/MeasuringAid50yearsDACStats.pdf, 2016年9月8日アクセス).

OECD [2014] "Mainstreaming Cross-Cutting Issues: 7 Lessons from DAC Peer Reviews."

Ohmae, K. [1991] *The Borderless World: Power and Strategy in the Interlinked Economy*, New York: Harper Collins.

Olson, J. S. ed. [1988] *Dictionary of the Vietnam War*, Westport, C.T.: Greenwood Press.

Orford, A. [1997] "Locating the International: Military and Monetary Interventions after the Cold War," *Harvard International Law Journal*, 38 (2).

Ougaard, M. [2011] "A New Role for the OECD? The 'Enhanced Engagement' Strategy toward Emerging Economies," in D. H. Claes and C. H. Knutsen eds., *Governing the Global Economy: Politics, Institutions, and Economic Development*, London: Routledge.

Packenham, R. A. [1973] *Liberal America and the Third World: Political Development Ideas in Foreign Aid and Social Science*, Princeton N.J.: Princeton University Press.

Packer, G. [2014] "The Quiet German: The Astonishing Rise of Angela Merkel, the Most Powerful Woman in the World," *The New Yorker*, December 1.

Painter, G. [2004] "Gender Mainstreaming in Development and Trade Policy and Practice: Learning from Austria, Belgium, and the UK," Baussels: Women in Development Europe (WIDE).

Pal, L.A. [2012] *Frontiers of Governance: The OECD and Global Public Management Reform*, Basingstoke: Palgrave Macmillan.

Palmlund, T. [1986] "Altruism and Other Motives: Swedish Development Aid and Foreign Policy," in P. Frühling ed., *Swedish Development Aid in Perspective: Policies, Problems, & Results since 1952*, Stockholm: Almqvist & Wiksell International.

Paris, R. [2004] *At War's End: Building Peace After Civil Conflict*, Cambridge, M.A.:

Cambridge University Press.
Paris, R. [2011] "Ordering the World: Academic Research and Policymaking on Fragile States," *International Studies Review*, 13.
Paris, R. and T. D. Sisk [2007] "Managing Contradictions: The Inherent Dilemmas of Postwar Statebuilding," Research Partnership on Postwar Statebuilding, International Peace Academy (http://aix1.uottawa.ca/~rparis/IPA.pdf, 2016年3月6日アクセス).
Passage, D. [2007] "Speaking Out. Caution: Iraq Is Not Vietnam," *Foreign Service Journal*, 84 (11).
Patrick, S. and K. Brown [2007] "The Pentagon and Global Development: Making Sense of the DoD's Expanding Role," Center for Global Development, Working Paper, no. 131.
Paul, R. [2009] *End the FED*, New York: Grand Central Publishing (副島隆彦訳『ロン・ポールの連邦準備銀行を廃止せよ』成甲書房, 2012年).
Périès, G. and D. Servenay [2007] *Une guerre noire: Enquête sur les origins du génocide rwandais (1959-1994)*, Paris: La Découverte.
Perina, R. M. [2005] "The Role of the Organization of American States," in M. H. Halperin and M. Galic eds., *Protecting Democracy: International Responses*, Lanham M.D.: Lexington Books.
Petiteville, F. [1996] "Quatre décennies de la coopération franco-africaine: usage et usure d'un clientélisme," *Etudes internationales*, 27 (3).
Picard, L. A. and T. F. Buss [2009] *A Fragile Balance: Re-examining the History of Foreign Aid, Security, and Diplomacy*, Sterling, V.A.: Kumarian Press.
Picq, J. [1995] *L'Etat en France. Servir une nation ouverte sur le monde*, Paris: La Documentation française.
Pinto-Duschinsky, M. [1991] "Foreign Political Aid: The German Political Foundations and Their US Counterparts," *International Affairs*, 67 (1).
Ponzio, R. [2004] "UNDP Experience in Long-Term Democracy Assistance," in E. Newman and R. Rich eds., *The UN Role in Promoting Democracy: Between Ideals and Reality*, Tokyo: United Nations University Press.
Posen, B. R. [2013] "Pull Back: The Case for a Less Activist Foreign Policy," *Foreign Affairs*, January-February.
Possio, T. S. [2007] *Les Evolutions récentes de la coopération militaire française en Afrique*, Paris: Editions Publibook.
Power, S. [2002] *A Problem from Hell: America and the Age of Genocide*, New York: Basic Books (星野尚美訳『集団人間破壊の時代――平和維持活動の現実と市民の役割――』ミネルヴァ書房, 2010年).
Pridham, G. [1999] "The European Union, Democratic Conditionality and Transnational Party Linkages: The Case of Eastern Europe," in J. Grugel ed., *Democracy without Borders: Transnationalization and Conditionality in New Democracies*, London:

Routledge.
Pupavac, V. [2007] "Witnessing the Demise of the Developing State: Problems for Humanitarian Advocacy," in A. Hehir and N. Robinson eds., *State-Building: Theory and Practice*, London: Routledge.
Raffer, K. and H. W. Singer [2001] *The Economic North-South Divide: Six Decades of Unequal Development*, Cheltenham: Edward Elgar.
Raffinot, M. and C. Roselini [2007] "Sortir de la trappe de financement? Financer les Etats fragiles," in J.-M. Châtaigner et H. Magro eds., *Etats et Sociétés fragiles: Entre conflilts, reconstruction et développement*, Paris: Karthala.
The Reality of Aid 2006 [2007] *The Reality of Aid 2006*, Quezon City, The Philippines: IBON Books.
Rhode, P.W. and G. Toniolo eds. [2008] *The Global Economy in the 1990s: A Long-run Perspective*, Cambridge: Cambridge University Press.
Rieff, D. [2002] *A Bed for the Night: Humanitarianism in Crisis*, New York: Simon and Shuster.
Rieff, D. [2005] *At the Point of a Gun: Democratic Dreams and Armed Intervention*, New York: Simon & Schuster.
Rigot, M. [1998] "La Mission militaire française de coopération," *Défense nationale*, août.
Robinson, M. [1993] "Aid, Democracy, and Political Conditionality in Sub-Saharan Africa," in G. Sorensen ed., *Political Conditionality*, London: Frank Cass.
Robinson, M. [1995] "Introduction," *IDS Bulletin*, 26 (2).
Rodrick, D. [2011a] *The Globalization Paradox: Democracy and the Future of the World Economy*, New York: W. W. Norton (柴山桂太・大川良文訳『グローバリゼーション・パラドックス：世界経済の未来を決める三つの道』白水社, 2013年).
Rodrick, D. [2011b] "How Far Will International Economic Integration Go?" in L. Cabrera ed., *Global Governance, Global Government: Institutional Visions for an Evolving World System*, Albany, N.Y.: SUNY Press.
Rostow, W. W. [1960] *The Stages of Economic Growth: A Non-Communist Manifesto*, Cambridge: Cambridge University Press (木村健康・久保まち子・村上泰亮訳『経済成長の諸段階：一つの非共産主義宣言』ダイヤモンド社, 1961年).
Roussin, M. [1997] *Afrique Majeure*, Paris: France-Empire.
Rubin, S. J. [1965] *The Conscience of Rich Nations: The Development Assistance Committee and the Common Aid Effort*, New York: Harper & Row.
Ruckert, A. [2008] "Making Neo-Gramscian Sense of the Development Assistance Committee: Towards an Inclusive Neoliberal World Development Order," in R. Mahon and S. McBride eds., *The OECD and Transnational Governance*, Vancouver: UBC Press.
Rufin, J.-C. [1991] *L' Empire et les nouveaux barbares*, Paris: JC Lattes.
Rufin, J.-C. [2001] *L' Empire et les nouveaux barbares*. Nouvelle édition revue et augmentée, Paris: JC Lattès.

Ruggie, J. G. [1983] "Political Structure and Change in the International Economic Order: The North-South Dimension," in J.G. Ruggie ed., *The Antinomies of Interdependence: National Welfare and International Division of Labor*, Berkeley, C.A.: University of California Press.
Rwanda [2012] *Rwanda, les Archives "secrètes" de Mitterrand (1982-1995)*, Paris: Aviso, 2012.
Sabarantam, M. [2011] "The Liberal Peace? An Intellectual History of International Conflict Management, 1990-2010," in S. Campbell, D. Chandler, and M. Sabarantam eds., *A Liberal Peace? The Problems and Practices of Peacebuilding*, London: Zed Books.
Sadoulet, D. [2007] *La coopération au développement en France 1997-2004: Réforme et modernisation de l'Etat*, Paris: l'Harmattan.
Salama, G. [1996] *Appel d'Empire*, Paris: Fayard.
Saliou, M. [1993] "La France et l' ONU. Des ambitions mondiales," *Politique étrangère*, 3.
Sartre, P. [2005] "De la coopération militaire à la réforme du secteur de sécurité en Afrique," *L' ENA, hors les murs*, 350.
Saull, R. [1989] "One World, Many Cold Wars: 1989 in the Middle East," in G. Lawson, C. Ambruster, and M. Cox eds., *The Global 1989: Continuity and Change in World Politics*, Cambridge: Cambridge University Press.
Schmelzer, M. [2014] "A Club of the Rich to Help the Poor? The OECD, 'Development,' and the Hegemony of Donor Countries," in M. Frey, S. Kunkel and C. R. Unger eds., *International Organizations and Development, 1945-1990*, Basingstoke: Palgrave Macmillan.
Schmelzer, M. [2016] *The Hegemony of Growth: The OECD and the Making of the Economic Growth Paradigm*, Cambridge: Cambridge University Press.
Scmidt, B. C. and M. C. Williams [2008] "The Bush Doctrine and the Iraq War: Neoconservatives Versus Realists," *Security Studies*, 17 (2).
Selbervik, H. [1999] "Aid and Conditionality. The Role of Bilateral Donor: A Case Study of Norwegian-Tanzanian Aid Relationship," Bergen: Chr. Michelsen Institute (http://www.oecd.org/countries/tanzania/35178610.pdf, 2016年8月9日アクセス).
Selbervik, H. and K. Nygaard [2006] "Nordic Exceptionalism in Development Assistance? Aid Policies and the Major Donors: The Nordic Countries," Bergen: Chr. Michelsen Institute (http://www.cmi.no/publications/file/2371-nordic-exceptionalism-in-development-assistance.pdf, 2016年8月9日アクセス).
Sen, G. [2000] "Developing States and the End of the Cold War: Liberalization, Globalization, and Their Consequences," in L. Fawcett and Y. Sayigh eds., *The Third World beyond the Cold War: Continuity and Change*, Oxford: Oxford University Press.
Shapiro, I. [2007] *Containment: Rebuilding A Strategy against Global Terror*, Princeton, N.J.: Princeton University Press.

Shleifer, A. [2009] "Peter Bauer and the Failure of Foreign Aid," *Cato Journal*, 29 (3).
Short, C. [2013] "Inaugural HCRI Annual Public Lecture on Humanitarianism. A Humanitarian Surge and Its Demise, 1997 to 2003: A Personal Account," *Peacebuilding*, 1 (1).
Shraeder, P. J. [1994] *United States Foreign Policy toward Africa: Incrementalism, Crisis and Change*, Cambridge: Cambridge University Press.
Schraeder, P. J. [1997] "Competitors or Common Front? French and American Foreign Aid Practices and the Process of Democratization in Francophone Africa (1989-1997)," Paper presented to a symposium "L' Afrique, les Etats-Unis et la France, " held in Bordeaux (France), 22-24 May.
Sicurelli, D. [2008] "Framing Security and Development in the EU Pillar Structure. How the Views of the European Commission Affect EU Africa Policy," *Journal of European Integration*, 30.
Sigmund, P. E. [1993] *The United States and Democracy in Chile*, Baltimore M.D.: Johns Hopkins University Press.
Sil, R. and P. J. Katzenstein [2010] *Beyond Paradigms: Analytic Eclecticism in the Study of World Politics*, London: Palgrave Macmillan.
Simon, J.-M. [2016] *Secrets d' Afrique: Le témoignage d'un ambassadeur*, Paris: Le cherche-midi.
Sindzingre, A. [2004] "The Evolution of the Concept of Poverty in Multilateral Financial Institutions: The Case of the World Bank," in M. Bøås and D. McNeil eds., *Global Institutions and Development: Framing the World?* London: Routledge.
Singer, H. W. [1977] *Rich and Poor Countries*, Baltimore M.D.: The Johns Hopkins University Press.
Singer, M. and A. Wildavsky [1996] *The Real World Order: Zones of Peace / Zones of Turmoil*, Revised edition, London: Chatham House Publishing.
Slaughter, A.-M. [2005] *A New World Order*, Princeton N.J.: Princeton University Press.
Sluglett, P. [2013] "The Cold War in the Middle East," in L. Fawcett ed., *International Relations of the Middle East*, Third Edition, Oxford: Oxford University Press.
Smith, M. E. [2013] "The European External Action Service and the Security-Development Nexus: Organizing for Effectiveness or Incoherence?" *Journal of European Public Policy*, 20 (9).
Smith, S. [1995] "Afrique noire: Le duel Washington-Paris," *Politique internationale*, 67.
Smith, S. [2013] "France in Africa: A New Chapter?" *Current History*, May.
Snow, D. M. and E. Brown [1996] *The Contours of Power: An Introduction to Contemporary International Relations*, New York: St. Martin's.
Sommerville, K. [1999] "Africa after the Cold War: Frozen Out of Frozen in Time?" in L. Fawcett and Y. Sayigh eds., *The Third World beyond the Cold War : Continuity and Change*, New York: Oxford University Press.
Souley, A. N. [1997] "La gestion d' un événement particulier par la France et les Etats-

Unis après la Guerre froide: l'exemple du coup d'Etat au Niger," contribution au colloque "L'Afrique, les Etats-Unis et la France," tenu à Bordeaux, 22-24 mai.

Stallings, B. and W. Streek [1995] "Capitalisms in Conflict? The United States, Europe, and Japan in the Post-Cold War World," in B. Stallings ed., *Global Change, Regional Response: The New International Context of Development*, New York: Cambridge University Press.

Steger, M. [2008] *The Rise of the Global Imagineray: Political Ideologies from the French Revolution to the Global War on Terror*, New York: Oxford University Press.

Stokke, O. [1995] "Aid and Political Conditionality: The Case of Norway," in O. Stokke ed., *Aid and Political Conditionality*, London: Frank Cass.

Stokke, O. ed. [1995] *Aid and Political Conditionality*, London: Frank Cass.

Straus, S. [2006] *The Order of Genocide: Race, Power, and War in Rwanda*, Ithaca N.Y.: Cornell University Press.

Sugden, J. [2006] "Security Sector Reform: the Role of Epistemic Communities in the UK," *Journal of Security Sector Management*, 4 (4) (November).

Sutter, R. G. [2015] *The United States and Asia: Regional Dynamics and Twenty-First Century Relations*, Landham, M.D.: Rowman & Littlefield.

Taillat, S. [2014] "La résonance des discours et des pratiques de la 'pacification' en Irak," S. El Mechat ed., *Coloniser, pacifier, administrer, XIXe-XXI siècles*, Paris: CNRS Edtions.

Tardy, T. [1999] "French Policy towards Peace Support Operations," *International Peacekeeping*, 6 (1).

Tardy, T. [2007] "France: between Exceptionalism and Orthodoxy," in E. J. Kirchner and J. Sperling eds., *Global Security Culture: Competing Perceptions of Security in the 21st Century*, Abingdon: Routledge.

Tesón, F. R. [1998] *A Philosophy of International Law*, Boulder, C. O.: Westview Press.

Themnér, T. and P. Wallensteen [2012] "Armed Conflict, 1946-2011," *Journal of Peace Research*, 49 (4).

Thiam, A. [Y. Gounin] [2008] "La politique africaine de Nicolas Sarkozy: rupture ou continuité," *Politique étrangère*, 4.

Tomasevski, K. [1988] *Development and Human Rights*, London: Pinter（宮崎繁樹・久保田洋監訳『開発援助と人権』国際書院，1992年）.

Tomasevski, K. [1997] *Between Sanctions and Elections*, London: Pinter.

Tortora, M. [1992] "Gouvernance: une nouvelle dimension de la coopération financière internationale," *Le Trimestre du Monde*, 17 (ler trimestre).

Toye, J. [1993] *Dilemmas of Development: Reflections on the Counter-Revolution in Development Economics*, Second Edition, Oxford: Blackwell.

UNDP (United Nations Development Programme) [2002] *Human Development Report 2002: Deepening Democracy in a Fragmented World*, New York: Oxford University Press.

USAID (United States Agency for International Development) [1991] "Democracy and Governance," Washington, D.C.: Directorate for Policy, USAID.
USAID [2009] "Security Sector Reform," (http://www.state.gov/documents/organization/115810.pdf, 2016年8月30日アクセス).
Utley, R. [1998] "The New French Interventionism," *Civil Wars*, 1 (2).
Uvin, P. [1998] *Aiding Violence: The Development Enterprise in Rwanda*, West Hartford, C.T.: Kumarian Press.
Vallée, O. [1989] *Le prix de l'argent CFA*, Paris: Karthala.
van de Walle, N. [2001] *African Economies and the Politics of Permanent Crisis, 1979-1999*, Cambridge: Cambridge University Press, 2001.
Van Evera, S. [1990] "Why Europe Matters, Why the Third World Doesn't: American Grand Strategy after the Cold War," *Journal of Strategic Studies*, 13 (2).
van Wersch, J. and J. de Zeeuw [2007] "Mapping European Democracy Assistance: Tracing the Activities and Financial Flows of Political Foundations," in M. van Doorn and R. von Meijenfeldt eds., *Democracy, Europe's Core Value? On the European Profile in World-Wide Democracy Assistance*, Delft: Eburon Academic Publishers for the Netherlands Institute for Multiparty Democracy.
Védrine, H. [1996] *Les mondes de François Mitterrand. A l'Elysée 1981-1995*, Paris: Fayard.
Vernet, C. J. [2001] "Les Troupes Coloniales de 1914 à 1958," in *Les Troupes de Marine dans l'Armée de Terre: Un siècle d'histoire 1900-2000*, Paris: Lavauzelle.
Verschave, F. -X. [1998] *La françafrique: le plus long scandal de la République*, Paris: Stock (大野英士・高橋武智訳『フランサフリック——アフリカを食いものにするフランス——』緑風出版, 2003年).
Walker, N. [2011] "Surface and Depth: The EU's Resilient Sovereignty Question," in J. Neyer and A. Wiener eds., *Political Theory of the European Union*, Oxford: Oxford University Press.
Waller, P. P. [1995] "Aid and Conditionality: The Case of Germany, with Particular Reference to Kenya," in O. Stokke ed., *Aid and Political Conditionality*, London: Frank Cass.
Wallerstein, I. M. [1974] *The Modern World-System: Capitalist Agriculture and The Origins of The European World-Economy in The Sixteenth Century*, New York: Academic Press (川北稔訳『近代世界システム——農業資本主義と「ヨーロッパ世界経済」の成立——』I・II, 岩波書店, 1981年).
Waltz, K. [1979] *Theory of International Politics*, New York: McGraw-Hill (河野勝・岡垣知子訳『国際政治の理論』勁草書房, 2010年).
Walzer, M. [2004] *Arguing about War*, New Haven, C.T.: Yale University Press.
Wauthier, C. [1995] *Quatre Présidents et l'Afrique*, Paris: Editions du Seuil.
Weaver, C. [2010] "The Meaning of Development: Constructing the World Bank's Good Governance Agenda," in R. Abdelal, M. Blyth, and C. Parsons eds., *Constructing the*

International Economy, Ithaca, N.Y.: Cornell University Press.

Weber, S. [1994] "Origins of the European Bank for Reconstruction and Development," *International Organization*, 48.

Weiss, T. G. [2009] "Moving beyond North-South Theatre," *Third World Quarterly*, 30(2).

Weiss, T. G. and J. Chopra [1995] "Sovereignty under Siege: From Intervention to Humanitarian Space," in G. M. Lyons and M. Mastanduno eds., *Beyond Westphalia? State Sovereignty and International Intervention*, Baltimore, M.D.: The Johns Hopkins University Press.

Weitz, R. [2010] "CORDS and the Whole of Government Approach: Vietnam, Afghanistan, and Beyond," *Small Wars Journal*, 6 (1).

Wendt, A. and D. Friedheim [1996] "Hierarchy under Anarchy: Informal Empire and the East German State," in T. J. Biersteker and C. Weber eds., *State Sovereignty as Social Construct*, Cambridge: Cambridge University Press.

West, J. [2011] "The OECD and Asia: Worlds Apart in Today's Globalization?" *Revista de Economia Mundial*, 28.

Whitehead, L. [1991] "The Imposition of Democracy," in A. F. Lowenthal ed., *Exporting Democracy: The United States and Latin America, Themes and Issues*, Baltimore, M.D.: The Johns Hopkins University Press.

Whitehead, L. [2010] "State Sovereignty and Democracy: An Awkward Coupling," in P. Burnell and R. Youngs eds., *New Challenges to Democratization*, London : Routledge.

Wilson, J. Q. [1989] *Bureaucracy: Why Government Agencies Do and Why They Do It*, New York: Basic Books.

Wilzer, P.-A. [2004] "Vers une paix et un développement durables en Afrique," *Afrique contemporaine*, 209.

Windsor, J. L. [2008] "Mainstreaming of Democracy and Governance in Foreign Assistance," in L. A. Picard, R. Groelsema, and Terry F. Buss eds., *Foreign Aid and Foreign Policy: Lessons for the Next Half-Century*, Armonk, N.Y.: M. E. Sharpe.

The World Bank [1993] *The East Asian Miracle: Economic Growth and Public Policy*, New York: Oxford University Press（白鳥正喜監訳『東アジアの奇跡——経済成長と政府の役割——』東洋経済新報社，1994年）.

The World Bank [1994] *Adjustment in Africa: Reforms, Results, and the Road Ahead*, New York: Oxford University Press.

The World Bank (Africa Region) [1995] *A Continent in Transition: Sub-Saharan Africa in the mid-1990s*, Washington, D.C. : The World Bank.

The World Bank [1997] *World Development Report 1997: The State in a Changing World*, New York: Oxford University Press（世界開発報告『世界開発報告〈1997〉——開発における国家の役割——』東洋経済新報社，1997年）.

Wood, R. E. [1986] *From Marshall Plan to Debt Crisis: Foreign Aid and Development Choices in the World Economy*, Berkeley, C.A.: University of California Press.

Woodward, R. [2009] *The Organisation for Economic Co-operation and Development*

(*OECD*), London: Routledge.
Wren, D. A. [1967] "Interface and Interorganizational Coordination," *Academy of Management Journal*, 10 (1).
Yahunda, M. [1996] *The International Politics of the Asia-Pacific, 1945-1995*, London: Routledge.
Youngs, R. [2007] "Fusing Security and Development: Just Another Euro-Planitude?" Working Paper, 43, FRIDE.
Zartman, I. W. ed. [1995] *Collapsed States: The Disintegration and Restoration of Legitimate Authority*, Boulder, C.O.: Lynne Riener.

邦文献
青井千由紀［2013］「英国の対反乱ドクトリン」『軍事史学』49（2）．
有賀貞編［1993］『アメリカの人権外交』日本国際問題研究所．
アルチブギ，D.［1999］「国連での民主主義」，猪口孝・E.ニューマン・J.キーン編『現代民主主義の変容』有斐閣．
稲田十一［2004］「国際開発援助体制とグローバル化」，藤原帰一・李鍾元・古城佳子・石田淳編『国際政治講座3　経済のグローバル化と国際政治』東京大学出版会．
稲田十一［2013］『国際協力のレジーム分析――制度・規範の生成とその過程――』有信堂．
井上スズ［1998］「フランソワ・ミッテランの対アフリカ政策（1981-1982）」『獨協大学フランス文化研究』29．
井上スズ［1999］「フランソワ・ミッテランの対アフリカ政策（1981-1982）（続）」『獨協大学フランス文化研究』30．
岩野智［2015］「EUにおける開発協力政策と共通外交・安全保障政策のリンケージ――『アフリカ平和ファシリティ』の運用権限をめぐる機関間対立――」『国際政治』182．
上杉勇司・青井千由起編［2008］『国家建設における民軍関係――破綻国家再建の理論と実践をつなぐ――』国際書院．
遠藤乾［2003］「ポスト主権の政治思想――ヨーロッパ連合における補完性原理の可能性――」『思想』945．
遠藤誠治［2009］「自由民主主義のアイデンティティと『戦士の誉れ』――マイケル・イグナティエフにおける人権と軍事介入の政治学――」『思想』1020．
遠藤貢［2006］「崩壊国家と国際社会――ソマリアと『ソマリランド』――」，川端正久・落合雄彦編『アフリカ国家を再考する』晃洋書房．
大芝亮［1994］『国際組織の政治経済学』有斐閣．
大隈宏［2007］「開発協力政策――開発アジェンダから安全保障アジェンダへ――」，植田隆子編『EUスタディーズ1　対外関係』勁草書房．
大津留（北川）智恵子［2000］「民主主義の普遍性とアメリカの利害」，大津留（北川）智恵子・大芝亮編『アメリカが語る民主主義――その普遍性，特異性，相互浸透性――』ミネルヴァ書房．
大林稔［1996］「冷戦後のフランスの対アフリカ政策」，林晃史編『冷戦後の国際社会とアフリカ』アジア経済研究所．

大平剛［2008］『国連開発援助の変容と国際政治——UNDPの40年——』有信堂.
岡垣知子［2007］「主権国家の『ラング』と『パロール』——破綻国家の国際政治学——」『国際政治』147.
小川浩之［2008］『イギリス帝国からヨーロッパ統合へ——戦後イギリス外交政策転換とEEC加盟申請——』名古屋大学出版会.
小川裕子［2008］「開発分野におけるレジームの動態」『グローバル経済と国際政治』『国際政治』153.
小田英郎編［1991］『アフリカの政治と国際関係』勁草書房.
尾和潤美［2014］「開発援助政策の変遷と限界——OECD開発援助委員会での議論を通じて——」，大林稔・西川潤・阪本公美子編『新生アフリカの内発的発展——住民自立と支援——』昭和堂.
外務省経済協力局編［1992］『わが国の政府開発援助 1992年版』国際協力推進協会.
加瀬みき［2007］「エバンジェリカルの外交観と孤立主義の要因」，久保文明編『アメリカ外交の諸潮流——リベラルから保守まで——』日本国際問題研究所.
片岡貞治［2010］「フランスの新たな対アフリカ政策」『国際政治』159.
片岡貞治［2014］「アフリカにおける安全保障の現在」『国際安全保障』41.
加茂省三［2014］「アフリカの安全保障とフランス」『国際安全保障』41.
川口融［1980］『アメリカの対外援助政策——その理念と政策形成——』アジア経済研究所.
川田侃［1977］『南北問題——経済的民族主義の潮流——』東京大学出版会.
菅英輝［2015］「アメリカニゼーションとアメリカの『民主化支援』」，初瀬龍平・松田哲編『人間不在の国際関係論——グローバル化のなかで考える——』法政大学出版局.
北川勝彦・高橋基樹編［2011］『現代アフリカ経済論』ミネルヴァ書房.
工藤正樹［2012］「開発援助の視点からみたSSR」，上杉勇司・藤重博美・吉崎知典編『平和構築における治安部門改革』国際書院.
工藤美佳子［2009］「開発援助機関の視点でとらえた『脆弱国家』」，稲田十一編『開発と平和——脆弱国家支援論——』有斐閣.
久保文明［2007］「外交論の諸潮流とイデオロギー——イラク戦争後の状況を念頭に置いて」，久保文明編『アメリカ外交の諸潮流——リベラルから保守まで——』日本国際問題研究所.
栗栖薫子［2005］「人間安全保障『規範』の形成とグローバル・ガヴァナンス——規範複合化の視点から——」『国際政治』143.
斎藤優［1982］『南北問題——開発と平和の政治経済学——』有斐閣.
阪口正二郎［2006］「最近のアメリカが考える『正しい戦争』」，山内進編『「正しい戦争」という思想』勁草書房.
坂田正三［2003］「参加型開発概念再考」，佐藤寛編『参加型開発の再検討』アジア経済研究所.
坂本義和［1997］『相対化の時代』岩波書店〔岩波新書〕.
坂本義和［2015］『権力政治を超える道』岩波書店.
佐藤章［1996］「中央アフリカの5月事件——民主化後アフリカ諸国とフランス——」『アフリカレポート』23.

佐藤誠・安藤次男編［2004］『人間の安全保障——世界危機への挑戦——』東信堂.
佐野康子・髙橋基樹・遠藤衡［2014］「1980年代以降の援助レジームの変遷とポストMDGs」『国際開発研究』23（2）.
塩川伸明［2011］「『リベラルなタカ派』の軍事介入論——マイケル・イグナティエフの場合——」『民族浄化・人道的介入・新しい冷戦——冷戦後の国際政治——』有志舎.
篠田英朗［2003］『平和構築と法の支配——国際平和活動の理論的・機能的分析——』創文社.
篠田英朗［2012］『「国家主権」という思想——国際立憲主義への軌跡——』勁草書房.
篠原一［1986］『ヨーロッパの政治——歴史政治学試論——』東京大学出版会.
城山英明［2007］『国際援助行政』東京大学出版会.
城山英明［2013］『国際行政論』有斐閣.
新谷卓［2004］「シュレーダー政権の対応外交」，櫻田大造・伊藤剛編『比較外交政策——イラク戦争への対応外交——』明石書店.
神余隆博 編［1995］『国際平和協力入門』有斐閣.
末廣昭［1998］「発展途上国の開発主義」，東京大学社会科学研究所編『20世紀システム4開発主義』東京大学出版会.
杉浦功一［2010］『民主化支援——21世紀の国際関係とデモクラシーの交差——』法律文化社.
砂田一郎［2005］「二〇〇四年選挙で活力を取り戻したリベラル派」，久保文明編『米国民主党——2008年政権奪回への課題——』日本国際問題研究所.
砂田一郎［2006］『現代アメリカのリベラリズム——ADAとその政策的立場の変容——』有斐閣.
高橋進［2008］『国際政治史の理論』岩波書店.
武内進一［2009］『現代アフリカの紛争と国家——ポストコロニアル家産制国家とルワンダ・ジェノサイド——』明石書店.
武内進一［2011］「独立後の政治経済体制」，北川勝彦・高橋基樹編『現代アフリカ経済論』ミネルヴァ書房.
武内進一［2013］「紛争後の国家建設」『国際政治』174.
田所昌幸［2004］「グローバル化と国際秩序」，藤原帰一・李鍾元・古城佳子・石田淳編『講座国際政治4国際秩序の変動』東京大学出版会.
田中明彦［1989］『世界システム』東京大学出版会.
田中明彦［1996］『新しい「中世」』日本経済新聞社.
田中俊郎・平林正司［1991］「英・仏とアフリカ」，小田英郎編『アフリカの政治と国際関係』勁草書房.
谷口誠［1999］「国際機関における大国の横暴」『世界』664.
谷口誠［2001］『21世紀の南北問題——グローバル化時代の挑戦——』早稲田大学出版部.
土佐弘之［2003］『安全保障という逆説』青土社.
土佐弘之［2007］「グローバルな統治性」，芹沢一也・高桑和己編『フーコーの後で——統治性・セキュリティー・闘争——』慶應義塾大学出版会.
中川淳司［1993］「政府開発援助と人権保障のリンケージをめぐる法的問題点——米国の

人権外交を中心に──」『国際開発研究』2（2）.
中野憲志［2011］「『保護する責任』にNO！という責任──21世紀の新世界秩序と国際人権・開発NGOの役割の再考──」，藤岡美恵子・越田清和・中野憲志編『脱「国際協力」──開発と平和構築を超えて──』新評論.
中山俊宏［2003］「解説　リベラル・デモクラティック・インターナショナリストによる帝国是認論──マイケル・イグナティエフと対イラク武力行使をめぐる論争──」，マイケル・イグナティエフ（中山俊宏訳）『軽い帝国──ボスニア，コソボ，アフガニスタンにおける国家建設──』風行社.
納谷政嗣［2003］『国際紛争と予防外交』有斐閣.
西川潤［1979］『南北問題──世界経済を動かすもの──』日本放送出版協会.
日本国際政治学会編［2013］『国際政治』174.
東野篤子［1999］「冷戦後の国際秩序再編成とOECD──チェコ，ハンガリー，ポーランドの加盟をめぐる問題を中心に──」『法学政治学論究』43.
平田章［1994］「OECD──非加盟国との新たな関係構築へ──」『アジ研ニュース』155.
藤原帰一［1985］「世界システム論の展開──Ⅰ・ウォーラーステインをこえて──」『思想』738.
藤原帰一［1998］「ナショナリズム・冷戦・開発──戦後東南アジアにおける国民国家の理念と制度──」，東京大学社会科学研究所編『20世紀システム 4 開発主義』東京大学出版会.
古谷旬［2008］「アメリカの対外介入──歴史的概観──」，黒木英充編『「対テロ戦争」の時代の平和構築──過去からの視点，未来への展望──』東信堂.
細谷雄一［2009］『倫理的な戦争──トニー・ブレアの栄光と挫折──』（慶應義塾大学出版会.
増島建［1993］「DACにおける評価システム」，行政管理研究センター調査研究部編『ODAの評価システム──理論と国際比較──』行政管理研究センター.
村田良平［2000］『OECD（経済協力開発機構）──世界最大のシンクタンク──』中央公論新社.
最上敏樹［1994］「国際機構と民主主義」，坂本義和編『世界政治の構造変動　2国家』岩波書店.
元田結花［2007］『知的実践としての開発援助──アジェンダの興亡を超えて──』東京大学出版会.
山澤逸平・平田章編［1992］『日本・アメリカ・ヨーロッパの開発協力政策』アジア経済研究所.
山田哲也［2005］「ポスト冷戦期の内戦と国際社会」『国際問題』545.
山本吉宣［2006］『「帝国」の国際政治学──冷戦後の国際システムとアメリカ──』東信堂.
湯川拓［2010］「地域機構における民主主義体制の集団防衛──ASEANとECOWASにおける行動規範の比較──」『アジア経済』51（4）.
横田洋三［1977a］「世界銀行の『非政治性』に関する一考察」（一）『国際法外交雑誌』76（2）.
横田洋三［1977b］「世界銀行の『非政治性』に関する一考察」（二）『国際法外交雑誌』76（3）.

人名索引

〈A〉

アルヌー，E.（Arnoult, E.）　159
アタリ，J.（Attali, J.）　158

〈B〉

バラデュール，E.（Balladur, E.）　87-95, 97, 99, 159, 160
バーネット，T. P. M.（Barnett, T. P. M.）　246, 247
バウアー，P. T.（Bauer, P. T.）　29
バイヤール，J. F.（Bayart, J. F.）　244
ベディエ，A. H. K.（Bedie, A. H. K.）　86, 174
ベイナート，P.（Beinart, P.）　248, 249
バーマン，P.（Berman, P.）　248, 249
ビアンコ，J.-L.（Bianco, J.-L.）　158
ビスマルク，O.（Bismarck, O.）　4
ビヤ，P.（Biya, P.）　162
ブレア，T.（Blair, T.）　188, 250, 251
ボッケル，J.-M.（Bockel, J.-M.）　99
ボロレ，V.（Bolloré, V.）　99
ボンゴ，A. O.（Bongo, A. O.）　161
ボンゴ，O.（Bongo, O.）　86, 99, 99, 166
ブルジ，R.（Bourgi, R.）　99
ブートロス・ガリ，B.（Boutros-Ghali, B.）　185
ブラウン，E.（Brown, E.）　24, 25
ブリュックネール，P.（Bruckner, P.）　249
ブキャナン，P.（Buchanan, P.）　29, 75
ブッシュ，G. W.（Bush, G. W.）　24, 148, 157, 246, 249
ブッシュ G. H. W.（Bush, G. H. W.）　76
ブザン，B.（Buzan, B.）　25, 26, 28

〈C〉

カムデシュ，M.（Camdessus, M.）　90

シャテニエ（Châtaigner, J.-M.）　238
シラク，J.（Chirac, J.）　86, 91, 92, 95-97, 99, 160, 161, 163, 232, 250
クリントン，B.（Clinton, B.）　24, 75, 76
コーエン，J. L.（Cohen, J. L.）　251, 256
コーンベンディット，D.（Cohn-Bendit, D.）　251
クーパー，R.（Cooper, R.）　25, 26, 27
コット，J.-P.（Cot, J.-P.）　96, 158

〈D〉

ドゥ・シャレット，H.（de Charette, H.）　97
ドゴール，C.（de Gaulle, C.）　222, 224, 226, 231
ドゥ・ラ・サブリエール，J.-M.（de la Sablière, J.-M.）　91
ドゥ・ビルパン，D.（de Villepin, D.）　97, 163
ドブレ，M.（Debré, M.）　223, 224
デビ，I.（Déby, I.）　161
ドレー，B.（Delaye, B.）　166
ディウフ，A.（Diouf, A.）　166
デュエック，C.（Dueck, C.）　75
ダッフィールド，M.（Duffield, M.）　196, 214
デュピュッチ，M.（Dupuch, M.）　163

〈E〉

エングルベール，P.（Englebert, P.）　253
エヤデマ，G.（Eyadéma, G.）　86, 162, 166

〈F〉

フィッシャー，J.（Fischer, J.）　251, 252
フォカール，J.（Foccart, J.）　86, 99, 100, 160, 163, 226, 227
フクヤマ，F.（Fukuyama, F.）　19, 23, 27, 30, 36

〈G〉

ゴーチェ，L.（Gautier, L.） 77
バグボ，L.（Gbagbo, L.） 101, 174
グリュックスマン，A.（Glucksmann, A.） 249
ニャシンベ，F.（Gnassingbé, F.） 162
ゴドフラン，J.（Godfrain, J.） 163
ゴールドガイアー，J. M.（Goldgeier, J. M.） 23, 24, 26, 27, 30
グリム，D.（Grimm, D.） 255

〈H〉

ハビヤリマナ，J.（Habyarimana, J.） 92, 93, 183, 231
アンリ・レビ，B.（Henri Levy, B.） 250
オランド，F.（Hollande, F.） 99, 162
ウフェボワニ，F.（Houphouët-Boigny, F.） 86
ハレル，A.（Hurrell, A.） 258
ハサン二世（Hussein II） 161

〈I〉

イグナティエフ，M.（Ignatieff, M.） 31, 248
イロンデル，B.（Irondelle, B.） 76

〈J〉

ジャクソン，R. (H.)（Jackson, R. (H.)） 37, 254, 255, 257
ジョンストン，D.（Johnston, D.） 205
ジョスパン，L.（Jospin, L.） 98, 100, 158, 161, 165, 231, 232
ジョックス，P.（Joxe, P.） 158, 166
ジュッペ，A.（Juppé, A.） 93, 97, 98, 160, 231

〈K〉

ケーガン，R.（Kagan, R.） 75
海部俊樹（Kaifu, T.） 113
カプラン，R. D.（Kaplan, R. D.） 19

ケネディ，J. F.（Kennedy, J. F.） 116
ケネディ，P.（Kennedy, P.） 19, 28
キョヘイン，R. O.（Keohane, R. O.） 253
カーナ，P.（Khana, P） 246
キッシンジャー，H.（Kissinger, H.） 75
コフィゴ，J. K.（Koffigoh, J. K.） 166
コリンバ，A.（Kolingba, A.） 164
コスケニエミ，M.（Koskenniemi, M.） 256
クシュネル，B.（Kouchner, B.） 31, 250
クラズナー，S.（Krasner, S.） 81, 253, 254

〈L〉

ルロリエ，A.（Le Lorier, A.） 90, 91
レオタール，F.（Léotard, F.） 93
リーベン，A.（Lieven, A.） 249

〈M〉

マイナサラ，I. B.（Maïnassara, I. B.） 163
マロック・ブラウン，M.（Malloch Brown, M.） 151
マジール，K.（Masire, K.） 122
マクフォール，M.（McFaul, M.） 23, 24, 26, 27, 30
マクナマラ，R. S.（McNamara, R. S.） 122
ミアシャイマー，J. J.（Mearsheimer, J. J.） 23
メチアル，V.（Mečiar, V.） 57
メスメル，P.（Messmer, F.） 91, 92
ミッテラン，F.（Mitterrand, F.） 77, 89, 90, 92, 93, 96, 99, 158-161, 230
ミッテラン，J.-C.（Mitterrand, J.-C.） 166
モブツ，J.-D.（Mobutu, J.-D.） 86
モーゲンソー，H.（Morgenthau, H.） 29

〈N〉

ネーダー，R.（Nader, R.） 75
ナセル，G. A.（Nasser, G. A.） 39
ニーバー，R.（Niebuhr, R.） 248
ニスカネン，B.（Niskanen, B.） 248
ノワイエ，C.（Noyer, C.） 91

ヌタリアミラ，C.（Ntaryamira, C.） 92

〈O〉

オバマ，B.（Obama, B.） 38
大前研一（Ohmae, K） 19
ワタラ，A.（Ouattara, A.） 86
ウスマネ，M.（Ousmane, M.） 163, 164

〈P〉

パリス，R.（Paris, R.） 211
パタセ，A.-F.（Pattasé, A.-F.） 164, 165
ポール，R.（Paul, R.） 29
プイユート，A.（Peuilleute, A.） 91
パワー，S.（Power, S.） 248
プレストン，L.（Preston, L.） 90
プロンク，J.（Pronk, J.） 122

〈R〉

レーガン，R.（Reagan, R.） 157
ロドリック，D.（Rodrick, D.） 255
ロストウ，W. W.（Rostow, W. W.） 40
ルッサン，M.（Roussin, M.） 91, 160, 164
リュファン，J.-C.（Rufin, J.-C.） 20-22, 26, 27, 252

〈S〉

サダト，A.（Sadat, A.） 39
サルコジ，N.（Sarkozy, N.） 20, 73, 99, 100, 101, 161, 162, 249, 250
サスヌゲッソ，D.（Sassou Nguesso, D.） 162
シュレーダー，P. J.（Schraeder, P. J.） 169
セベリノ，J.-M.（Severino, J.-M.） 91, 99

ショート，C.（Short, C.） 188
シンガー，M.（Singer, M.） 24, 27
スローター（Slaughter, A.-M.） 254
スノー，D. M.（Snow, D. M.） 24, 25
ソラナ，J（Solana, J.） 193

〈T〉

トゥーボン，J.（Toubon, J.） 73
トルーマン，H. S.（Truman, H. S.） 219

〈U〉

ユービン，P.（Uvin, P.） 183

〈V〉

バン・エベラ，S.（Van Evera, S.） 30
ベドリーヌ，H.（Védrine, H.） 161

〈W〉

ワッド，A.（Wade, A.） 20
ウォーカー，N.（Walker, N.） 255
ウォーラーステイン，I.（Wallerstein, I.） 20, 247
ウォルツァー，M.（Walzer, M.） 256
ウィーラー，J.（Wheeler, J.） 139
ホワイトヘッド，L.（Whitehead, L.） 245
ウィルダフスキー，M.（Wildavsky, M.） 24, 27
ウッド，B.（Wood, B.） 205

〈Z〉

ゼッキーニ，S.（Zechini, S.） 58
ゼラ，D.（Zerah, D.） 91, 99

事 項 索 引

〈アルファベット〉

ACP　129, 193
AFRICOM　191
APF　195
CCEET　57, 61
CCET　68
CFA フラン　84, 87, 89-92, 94, 98, 159
DAC リスト　3, 62-64, 202
DDR　214, 237
DFID　189, 206
ENVR　233, 234
ESF（Economic Support Fund）　191, 219
EU（EC）　13, 22, 25, 26, 53, 59, 60, 81, 83, 84, 126, 129, 151, 169, 172, 174, 192-195, 207, 209, 233, 255
G7　126, 236
G7+　213
G77　4
GATT　36, 45, 76
IMF　35, 36, 86, 87, 90, 128, 160, 203, 204, 237, 243
MMC　232
NAFTA　76
NATO　53, 54, 81, 203, 258
NIES　35, 68
NIS　58, 59
PDD　122
PHARE　59
PIT プログラム　58
PKO　45, 64, 194, 208, 219
PRT　191, 237
RECAMP　233, 234
RPF　93
SIGMA　59, 60, 61
UNDP　151, 184, 207, 209, 235
USAID　116, 125, 141-143, 156, 157, 190-192, 209, 220

〈ア 行〉

アウシュビッツ　251
アサド体制　150
アジア開発銀行　128
アビジャン・ライン　87, 89, 92, 159, 237
アフガニスタン　191, 192, 250
アフリカ開発銀行　128
アフリカのための地球連合　122
アフリカ平和維持能力強化プログラム　232
アフリカ平和ファシリティー　194
アフリカ連合（AU）(アフリカ統一機構：OAU)　94, 120, 122, 173, 233
アルジェリア戦争　235
アルテミス（Artemis）作戦　193
安全保障システム改革（SSR）　206, 207, 214, 219, 237, 238
移行経済支援センター（CCET）　61
一部の NIES 諸国　43
イラク　148, 191, 192, 247-252, 258
援助協力ミッション（Mission d'aide à la coopération: MAC）　227
欧州委員会　124, 194
欧州移行経済協力センター　57
欧州経済協力機構（OEEC）　52, 54, 70
欧州復興開発銀行（EBRD）　62, 128

〈カ 行〉

開発援助グループ（Development Assistance Group: DAG）　6, 202
開発センター　209
カストロ政権　38
カダフィ政権　149, 162
カルチェ主義　85
環境　11, 12
協力援助基金（Fonds d'aide à la coopération:

FAC） 227
協力省軍事協力ミッション（Mission militaire de la coopération: MMC） 228
構造調整　89, 139, 203, 243
構造調整政策　86
公的援助（Official Aid: OA）　64
後発開発途上国（Least Developed Country: LDC）　6
国際開発省（Department for International Development: DFID）　188
国際通貨基金（International Monetary Fund: IMF）　6
国際平和アカデミー　206
国立民主主義財団　157
国連　7, 84, 128-130, 151, 210, 233
国連開発計画（United Nations Development Programme: UNDP）　129
国連憲章　114, 129
国連ルワンダ監視団　93
コソボ　250, 251
国家建設　8, 210, 211, 213
国境なき医師団　20, 250
コトヌー協定　193
コモンウェルス　122
孤立主義　29
コンディショナリティー　43, 123, 124, 148, 163, 167

〈サ　行〉

参加型開発　137, 139-146
ジェンダー　11, 12
従属論　3, 20
消極的主権　257, 258
新自由主義　41, 43, 139, 140
人道援助　183, 184
人道的介入　254
新独立国家（NIS）　57
政策統合　11, 12
脆弱国家　208, 210-214, 237

脆弱国家論　208
世界銀行　6, 7, 10, 35, 36, 47, 86, 87, 90, 127, 128, 140, 144, 147, 150, 151, 160, 171, 172, 203, 207, 210-212, 243
積極的主権　257, 258

〈タ　行〉

対反乱戦争（COIN）　220
多国間投資条約（MIA）　68
治安システム改革　204
地域国立軍事学院　233
重畳　10, 230
東京アフリカ開発会議（TICAD）　122
トルコ石作戦　93

〈ナ　行〉

南北問題　3
人間の安全保障　184
ネオコン　24, 28, 29, 248-250, 252
ネオリベラル　28, 29, 248, 250, 252

〈ハ　行〉

バンドン会議　40, 114
非加盟国支援センター（CCNM）　61, 68
複合的緊急事態　44, 184
フセイン体制　149, 251
フランコフォニー　122
フランサフリック　101, 226
フランス海外領土中央学院（Ecole centrale de la France d'outre-mer）　226
文民活動革命的開発支援（CORDS）　191
米州開発銀行　128
米州機構　121
平和構築　8, 184, 193, 196, 204, 210, 213
ベーシック・ヒューマン・ニーズ（BHN）　46, 116, 138, 139, 243
ベトナム戦争　29
ヘンリー・ジャクソン・ソサエティ　250
ポイントフォー　40, 219
ボエニ戦争　20

北欧会議（Nordic Council）　121, 125
保護する責任　254
ボスニア　230, 250

〈マ 行〉

マーシャル・プラン　54
マーストリヒト条約　129
ミレニアム開発目標　46, 65
民主主義・選挙支援国際研究所（International Institute of Democracy and Electoral Assistance: International IDEA）　122
民主主義と開発のためのパートナーシップ　122

〈ヤ 行〉

ユーストン・マニフェスト　251

優先的連帯基金（FSP）　236
要塞主義　21, 22

〈ラ・ワ行〉

ラボール・ドクトリン　155, 156, 158, 159, 162, 163, 167, 170, 171
リアリズム　3, 23, 24, 27, 29, 30, 246, 252
リスボン条約　193, 195
リバタリアン　29
リビア　250, 258
リベラリズム　180, 182
ルワンダ　92, 218, 231
ローマ帝国　20, 21
ロメ協定　124, 129, 193
湾岸戦争　230

《著者紹介》

増島　建（ますじま　けん）
東京大学大学院法学政治学研究科博士課程依願退学
現在，神戸大学大学院法学研究科教授

主要業績

「冷戦後の先進諸国における途上国認識・政策配置——介入と主権の相克——」『思想』2016年7月号（1107号）所収．

"EU-Japan Relations," in Knud Erik Jørgensen, Åsne Kalland Aarstad, Edith Drieskens, Katie Laatikainen, and Ben Tonra eds., *Sage Handbook of European Foreign Policy*, London: Sage, 2015.

"Good Governance at the Development Assistance Committee (DAC): Ideas and Organisational Constraints," in Morten Bøås and Desmond McNeil eds., *Global Institutions and Development: Framing the World?* London: Routledge, 2004.

"Europe, America and Developing Countries: The Transformation of the O.E.E.C. to the O.E.C.D. (1959-1961)," *Dokkyo Law Review* (Dokkyo University), no. 49 (December 1999).

シリーズ　転換期の国際政治 3
開発援助アジェンダの政治化
——先進国・途上国関係の転換か？——

2017年3月10日　初版第1刷発行	＊定価はカバーに表示してあります

著者の了解により検印省略	著　者	増　島　　　建 ⓒ
	発行者	川　東　義　武
	印刷者	西　井　幾　雄

発行所　株式会社　晃洋書房

〒615-0026　京都市右京区西院北矢掛町7番地
電話　075 (312) 0788番代
振替口座　01040-6-32280

ISBN978-4-7710-2794-7　印刷・製本　㈱NPCコーポレーション

JCOPY 〈(社)出版者著作権管理機構委託出版物〉
本書の無断複写は著作権法上での例外を除き禁じられています．複写される場合は，そのつど事前に，(社) 出版者著作権管理機構（電話 03-3513-6969，FAX 03-3513-6979，e-mail: info@jcopy.or.jp）の許諾を得てください．